Introduction

LES JARDINIERS d'aujourd'hui disposent d'un choix considérable de plantes. De nouvelles sont créées sans cesse, toujours plus belles et intéressantes ; en outre, on les trouve beaucoup plus facilement qu'autrefois, dans les Jardineries, pépinières, ou même les supermarchés et magasins de bricolage, où il est cependant parfois malaisé d'obtenir informations et conseils. Rien d'étonnant alors si certains jardiniers amateurs jugent souvent l'achat de plantes nouvelles quelque peu complexe.

Ce guide est conçu pour les aider à faire leur choix et à trouver des végétaux à la fois décoratifs et bien adaptés à leur jardin, quelle que soit leur expérience du jardinage.

Tous les végétaux qui y figurent ont été primés par différentes institutions, dont la très célèbre Société Royale d'Horticulture britannique - RHS - (pages 27 à 545), les Mérites de Courson et la Société Nationale d'Horticulture de France à Saint-Jean-de-Beauregard (pages 546 à 574). Même les débutants peuvent y puiser en toute confiance.

Un choix toujours plus grand
Les fleurs exotiques, comme ce pavot bleu (Meconopsis grandis), *sont une tentation pour le jardinier, mais il faut bien connaître leurs exigences avant de les acheter.*

Mais ces recommandations, bien entendu, ne concernent que les plantes elles-mêmes, sur le plan botanique. Il est impossible de garantir la qualité des produits offerts par telle ou telle Jardinerie, pépinière ou magasin. Pour vous aider, les pages qui suivent donnent des conseils pour reconnaître des plantes saines, pour les rapporter chez soi en bon état et bien les installer.

Un choix adapté

Il est capital de choisir des végétaux adaptés à votre climat et au sol de votre jardin ; vous trouverez dans ce guide les préférences de chacune des plantes citées.

Un sol bien préparé et enrichi, un bon arrosage au démarrage par temps sec sont également essentiels dans la plupart des cas.

Les textes qui décrivent les plantes primées donnent des conseils pour l'entretien de chaque plante ainsi que pour la taille ou la protection hivernale des végétaux frileux. Si vous suivez ces conseils, les plantes que vous aurez choisies dans ce guide, qu'elles soient décoratives ou utilitaires, prospéreront et justifieront leur distinction par la Société Royale d'Horticulture britannique, les Mérites de Courson ou la Société Nationale d'Horticulture de France.

Comment utiliser ce guide

Cet ouvrage vous accompagnera partout, lors de vos achats ou lorsque vous vous rendrez à votre « fête de plantes » préférée... Vous pourrez aussi vous reporter à ces pages pour trouver des détails sur une plante dont vous aurez lu le nom sur une étiquette ou dont vous aurez entendu parler à la radio ou à la télévision.

1500 plantes primées par la RHS

Cette partie est un catalogue alphabétique de 1500 plantes ayant obtenu l'*Award of Garden Merit* de la RHS. Chaque plante est accompagnée d'une photo et d'une courte notice descriptive.

D'autres plantes prestigieuses

Cette partie est un inventaire des plantes récompensées depuis 1992 lors des fêtes de plantes de Courson (les Mérites de Courson) et de Saint-Jean-de-Beauregard (les Médailles d'or et d'argent, décernées par la Société Nationale d'Horticulture de France).

Le guide des meilleurs choix

Cette partie regroupe des listes de plantes pour tous les besoins particuliers liés à votre jardin (répertoriés également dans l'index thématique). Vous y retrouverez les plantes décrites dans les autres parties du livre et d'autres en complément.

SYMBOLES UTILISÉS

♈ Médaille de la RHS (Award of Garden Merit)

✱ Mérite de Courson

✱ Médaille de la SNHF

HUMIDITÉ

◊ Sol drainé
◊ Sol frais
♦ Sol humide

EXPOSITION

☼ Plein soleil
☼ Mi-ombre
☼ Ombre

NB Deux symboles peuvent illustrer une même plante, indiquant ainsi que celle-ci s'adapte à diverses conditions de culture.

RUSTICITÉ

(symbole regroupé avec le symbole de l'Award of Garden Merit)

♈R1 Plantes non rustiques, demandant un climat chaud, sans gelées (minimum : 0 °C).

♈R2 Plantes peu rustiques demandant une protection mobile pour l'hiver ou l'abri d'une serre froide (minimum : – 5 °C).

♈R3 Plantes rustiques pour climat doux (minimum : – 10 °C).

♈R4 Plantes très rustiques, supportant le gel (minimum : – 15 °C et au-delà).

♈R1 +3 Plantes craignant les gelées au-dessous de – 5 °C, qu'il est recommandé de protéger l'hiver et de cultiver en pots l'été.

Les plantes de ce guide

LA GAMME DES PLANTES – plus de 3 000 – de ce guide a été soigneusement mise au point pour offrir le meilleur choix des divers types de végétaux, pour des situations variées.
La plupart sont disponibles dans le commerce – mais certaines demandent un peu de recherche. Beaucoup d'entre elles sont dotées de l'*Award of Garden Merit* (AGM) de la Société royale d'horticulture britannique (RHS), médaille reconnue un peu partout comme un symbole de qualité, figurant dans certains catalogues et sur des étiquettes, voire dans certaines revues.

Les plantes primées par la RHS

L'*Award of Garden Merit*, restauré en 1992, récompense des plantes d'une qualité particulièrement bonne, de plein air comme d'intérieur. Son champ d'action est vaste, couvrant les plantes d'ornement comme les fruits et légumes. Tous les types de plantes sont concernés, de la plus minuscule plante alpine jusqu'aux arbres imposants.
L'AGM est une prestigieuse récompense attribuée par la Société royale d'horticulture britannique, mais c'est avant tout, pour le jardinier moyen, un outil fantastique pour l'aider à faire son choix parmi les milliers de végétaux en vente.
En effet, une plante ainsi distinguée répond forcément à un très grand nombre de critères. Ainsi elle doit obligatoirement :

***G. clarkei* 'Kashmir White'**
L'AGM récompense des plantes faciles et qui s'adaptent bien dans n'importe quel jardin.

***Camellia* x *williamsii* 'Brigadoon'**
Les meilleures formes et l es plus décoratives sont récompensées.

***Hydrangea macrophylla* 'Altona'**
Les plus belles sélections des classiques horticoles sont recommandées.

• être décorative, qu'elle soit d'intérieur ou d'extérieur ;
• être robuste ;
• être disponible dans le commerce (sous forme de plant ou, à défaut, de graines) ;
• être peu sensible aux maladies et parasites ;
• ne pas demander de soins trop complexes après la plantation, qui devra tenir compte des conditions de base exigées par sa nature (par exemple, un sol acide) ;
• n'avoir que peu tendance à dégénérer et à perdre ses caractéristiques végétatives ou florales. Il faut savoir en effet que beaucoup de plantes aux caractères inattendus, comme des fleurs doubles ou des feuilles panachées, proviennent souvent d'un sujet apparu spontanément ; il s'agit alors d'une mutation naturelle, ou « sport ».

Les enfants des sports – surtout lorsqu'ils sont issus de semis – présentent parfois une couleur de feuilles ou une forme de fleur redevenue banale. Il faut plusieurs générations de multiplication soigneuse pour obtenir un caractère stable qui permettra à la plante d'être reconnue et enregistrée sous un nom de cultivar propre (généralement choisi par l'obtenteur), puis mise en vente.

L'AGM est octroyé à la suite d'essais comparatifs menés dans les terrains de la Société royale d'horticulture, à Wisley, ou dans d'autres lieux spécialisés dans la culture d'un genre donné.

Pour les groupes très riches en cultivars, les critères de sélection sont obligatoirement sévères : la décision finale constitue donc une garantie pour le jardinier.

Prunus laurocerasus
Cet arbuste persistant reste beau toute l'année, qu'il soit planté isolément ou en haie.

***Anemone blanda* 'White Splendour'**
Des cultivars florifères pour chaque situation sont lauréats de l'AGM.

***Acer negundo* 'Flamingo'**
Les plantes à feuillage panaché lauréates de l'Award of Garden Merit ne doivent pas dégénérer.

Les autres plantes primées

Vingt-huit pages sont consacrées à l'inventaire des plantes primées aux fêtes de plantes de Courson et de Saint-Jean-de-Beauregard depuis 1992. N'ont été retenues dans ces textes que les plus hautes distinctions : les Mérites de Courson et les Médailles d'or et d'argent décernées par la Société Nationale d'Horticulture de France. Là encore, ces récompenses prestigieuses sont un gage de qualité. Elles ont été décernées par des jurys indépendants constitués de personnalités éminentes du monde du jardin. Les végétaux ont été sélectionnés en fonction de leur beauté, de leur charme, de leur originalité et de leur intérêt botanique ou horticole.

Les plantes du « Guide des meilleurs choix »

Pour offrir un choix de plantes intéressantes encore plus étendu, cet important chapitre ouvre ses listes, cette fois classées selon une logique thématique (plantes pour l'ombre, le soleil, ou tel type de sol particulier...) à d'autres plantes consacrées « valeurs sûres » du jardin, qui ont prouvé leurs qualités au fil du temps. Certaines de ces plantes ont été cultivées dans les jardins de la RHS à Wisley, d'autres ont été distinguées par des organismes comme la très sérieuse Fleuroselect. Les plantes primées décrites dans les autres parties du livre (*Award of garden Merit*, Mérites de Courson ou Médailles de la SNHF) sont mentionnées sous forme de renvois. Pour vous aider à utiliser le « Guide des meilleurs choix », un index (page 647) répertorie les thèmes abordés.

Mise à l'essai
Les cultures de Viola *du jardin de Wisley permettent de choisir les meilleures formes pour le jardinier.*

Comment trouver telle ou telle plante

C'est le nom botanique des plantes, en latin, qui est utilisé tout au long de ce guide, car c'est celui que les amateurs trouveront sur les étiquettes et les catalogues des pépiniéristes : en effet, il est internationalement employé, ce qui évite toute barrière linguistique.
Certaines plantes ont d'autres noms - plus anciens, ou usurpés - qui sont parfois utilisés : nous donnons donc les synonymes les plus répandus pour quelques plantes. Vous trouverez un peu plus loin (pages 24-25) quelques éléments vous permettant de mieux comprendre la nomenclature horticole.
Par ailleurs, les noms communs français des plantes, lorsqu'ils sont différents des noms botaniques, figurent dans les notices descriptives et dans l'index.

Bien acheter

POUR GARNIR VOTRE JARDIN de plantes saines, il faut d'abord bien choisir et bien acheter.

Où acheter ?

On trouve les plantes dans des endroits si divers, aujourd'hui (Jardineries, hypermarchés, pépinières, fêtes de plantes, marchés aux fleurs...), qu'il n'existe guère de règle valable pour tous les lieux d'achats. D'une manière générale, n'achetez que si vous êtes à peu près sûr de l'identité, de la bonne santé et de la vigueur de la plante. Certains signes ne trompent pas sur la qualité (voir pages 18-19).
Par ailleurs, exigez toujours que votre plante soit bien étiquetée.
Les principales conditions de culture seront parfois indiquées sur l'étiquette, ce qui est un plus.

Acheter par correspondance

L'achat par correspondance est un des moyens les plus faciles d'obtenir l'objet de vos désirs les plus chers.
Le choix est bien plus vaste que dans n'importe quelle Jardinerie, et des pépinières spécialisées dans certains genres ou groupes, parfois fermées à la visite, vous sont ainsi accessibles.
Armé d'un répertoire spécialisé, vous pourrez, douillettement installé dans un fauteuil, vous mettre en chasse et, à condition que quelqu'un soit présent pour la réceptionner, la plante vous parviendra en pleine forme. La plupart des maisons qui se chargent de l'expédition remplacent d'ailleurs la casse éventuelle.
Attention, les végétaux arrivent fréquemment avec peu de terre et gagnent à être replantés dès que possible.

Quand acheter ?

Arbres, arbustes et rosiers disponibles en racines nues sont en général caducs ; les plantes ligneuses vendues en motte sont caduques ou persistantes. Tous ne sont vendus que pendant la saison de repos ; il vaut mieux les acheter au cœur de l'automne ou en fin d'hiver, et les planter aussitôt.
Les plantes en conteneur ont beaucoup de succès et sont vendues toute l'année. On peut les installer n'importe quand mais, comme le veut la tradition, le meilleur moment reste l'automne ou le printemps, hors des conditions extrêmes. Si le sol est gelé, brûlé ou desséché, les plantes peuvent attendre des jours meilleurs dans leur conteneur.
En climat froid, seuls des végétaux très rustiques peuvent être installés en hiver. Le printemps convient aux plantes frileuses et aux plantes à

massifs. N'achetez pas ces dernières trop tôt, si tentant que ce soit après les tristes jours d'hiver. Ces végétaux, en fin d'hiver, sont réservés aux possesseurs de serres et châssis, qui pourront les abriter jusqu'à la fin du froid. Si vous les plantez trop tôt en plein air, une gelée tardive risque de vous faire tout perdre.

La liste d'achats

Que vous peupliez un jardin tout récemment créé, que vous combliez des vides ou que vous souhaitiez simplement ajouter un peu de piquant à un coin à l'ombre, un choix raisonné est le plus sûr moyen d'acquérir la plante idoine saine et bien cultivée.

Prenez en compte les facteurs liés à votre jardin (voir pages 16-17) et les règles d'achat (voir pages 18-19) pour faire le meilleur choix possible sur le marché.

Nombre de jardiniers préfèrent partir avec en tête un choix précis de plantes. Mais personne ne niera que les « coups de cœur » sont un des grands plaisirs du jardinage.

Avec cet ouvrage, vous trouverez immédiatement ce qu'il vous faut et éviterez les erreurs coûteuses.

Des plantes de qualité

Des plantes saines, bien étiquetées, dans un milieu net et propre, sont l'indice d'une maison de qualité.

Les bonnes plantes

MÊME S'IL EXISTE DES MOYENS artificiels de faire face aux exigences de sol et de climat de nombreux végétaux, vous éviterez bien des tracas et dépenses inutiles en achetant des plantes adaptées à votre jardin.

Rusticité

Nous avons presque tous des jardins où il gèle au moins un peu. L'optimisme ne suffit pas à faire survivre les plantes frileuses. Mieux vaut les hiverner dans une serre, ou même un débarras ou une pièce fraîche.

Sous un climat froid, recourez au choix toujours plus vaste d'annuelles à massifs. Réservez les emplacements chauds aux arbustes et aux vivaces peu rustiques et, pendant l'hiver, protégez soigneusement leur souche avec une épaisse couche de paille,

Une gamme plus vaste
La culture en pot offre un recours aux jardiniers amateurs de plantes de terres particulières, telles ces azalées acidophiles, que leur jardin ne peut accueillir.

maintenue au sec par une bâche en matière plastique, à bulles ou non.

Soleil et ombre

Un plan détaillé de votre jardin vous permettra de bien repérer la dose de soleil reçue par les différents emplacements, au cours d'une même journée et tout au long de l'année. Pour obtenir une bonne végétation et le meilleur effet de feuillages colorés, par exemple, il vous faudra tenir compte des exigences en soleil et en ombre des végétaux.

Votre sol

De nombreux végétaux tolèrent des sols imparfaits et beaucoup survivent dans des conditions très difficiles. Il est néanmoins préférable - et plus reposant - de choisir des plantes adaptées à votre terre plutôt que de travailler celle-ci en y ajoutant, par exemple, des masses de tourbe ou de chaux. Car leur effet ne dure jamais bien longtemps et se révèle à long terme néfaste pour l'environnement - notamment pour les insectes, oiseaux et autres, qui se révèlent incapables de se nourrir de plantes inconnues. Mais il faut tout de même enrichir le sol. Faites d'un pierre deux coups en évitant les poudres et granulés au profit d'un paillis, de compost ou de fumier, qui amélioreront la structure.

Il est important de connaître l'acidité ou, à l'inverse, l'alcalinité du sol, mesurées en pH. Nombre de végétaux s'accommodent d'une vaste gamme de pH autour de la neutralité ; mais certains groupes ont évolué de telle sorte qu'ils sont adaptes a un terrain franchement acide ou franchement alcalin. Il est vain de mépriser ces préférences et de tenter de cultiver des azalées, par exemple, dans la craie, où elles périront à coup sûr.

Apprenez à connaître les plantes qui apprécieront votre sol ou, si vous en désirez d'extrêmement particulières, cultivez-les en bac, dans un substrat adapté.

Le drainage

L'expression « sol bien drainé mais frais » est une des plus employées en horticulture, si incongrue semble-t-elle : la contradiction n'est qu'apparente. Elle s'applique à un sol où ne dominent ni gravier ou sable, qui dessèchent, ni argile, qui colle et retient l'eau en une masse gluante et compacte.

La présence d'une matière organique sombre, fibreuse, l'humus, permet au sol de retenir à la fois l'air et l'eau, pour le plus grand profit des végétaux.

Enfouir des matières organiques riches en humus (voir page 21) est le meilleur moyen d'amender la terre soit dans tout le jardin, soit à la plantation.

Choisir une plante saine

ÉVITEZ D'ACQUÉRIR une plante mal soignée, même si c'est le seul exemplaire disponible d'une espèce convoitée. Sa remise en forme demandera toute la saison, sans aucune gratification entre-temps, alors que, grâce aux conteneurs, si répandus de nos jours, vous aurez des chances de retrouver un spécimen de la même espèce peu après, en meilleur état, prêt à être planté.
Quel amateur, me direz-vous, n'a pas au moins une fois pris en pitié une plante affamée ou négligée ? Soit, mais restez fermes et excluez à tout prix les plantes malades ou parasitées, vous risqueriez de contaminer d'autres végétaux.

Qu'acheter ?

Les plantes, à l'achat, devront être clairement étiquetées, saines, non blessées et bien vigoureuses. Passez une inspection très minuteuse.
Pour les plantes en motte, vérifiez que celle-ci est ferme et uniformément irriguée, entièrement enrobée de son filet ou de sa tontine.
Les sujets en conteneur doivent y avoir été élevés. Rejetez ceux qui semblent avoir été arrachés en pépinière et empotés à la hâte. Vous ne verrez alors aucune racine en surface.
Traquez sous le pot les racines apparentes, signe que la plante est à l'étroit depuis longtemps. Retirez toujours le conteneur pour vérifier que les racines ne forment pas un « chignon », autre signe de logement insuffisant. Les racines, si elles sont emmêlées, ne peuvent conquérir le sol après la plantation, et la plante ne pourra alors que végéter lamentablement.

Un beau sujet
Ce skimmia, bien cultivé, est doté d'un beau chevelu, proportionné à l'importance de la cime.

Bulbe sain
Un col épais, une tunique (l'enveloppe extérieure) intacte et un plateau basal d'où partiront les racines, sont de bons indices.

Plateau basal dense et ferme

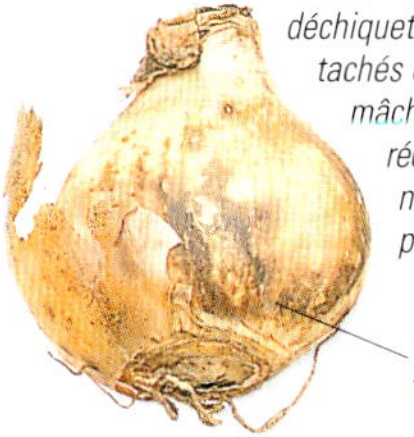

Mauvais exemple
Le col et la tunique déchiquetés, les tissus tachés et le plateau mâché indiquent une récolte et un stockage négligés : le bulbe poussera mal.

Les blessures favorisent les maladies

Une belle végétation

Un feuillage vigoureux est également essentiel. Écartez les feuillages pâles ou jaunissants, les tiges aux pointes abîmées ou trop allongées, faibles ou étiolées.

Regardez bien la surface du substrat : il ne doit présenter ni mauvaises herbes, ni algues, ni hépatiques.

Pour les plantes herbacées, de petits sujets sains sont plus avantageux que des gros et se développeront vite une fois installés. Les groupes de trois ou quatre sont plus beaux que les isolés. Dans tous les cas, annuelles et plantes à massifs comprises, sélectionnez les individus les plus trapus, touffus et en bouton (pour les plantes à fleurs) plutôt qu'épanouis.

Forme et aspect

Pour les arbres et arbustes, qui sont destinés à rester longtemps en place, la silhouette importe autant que la santé. Prenez des plantes dotées d'une charpente équilibrée et pas trop importante par rapport à leur masse radiculaire.

Un arbuste trapu, très branchu, donnera la meilleure plante ; pour les arbres sur tige, ils doivent n'avoir qu'un tronc dès le départ, droit et rigide.

Un arbuste à une seule face sera naturellement parfaitement adapté au palissage contre un mur, mais il s'étoffera et habillera donc mieux l'espace après une taille des pointes au moment de la plantation.

Acheter des bulbes

Achetez les bulbes (voir ci-dessus) exactement comme s'il s'agissait d'oignons pour la cuisine ; écartez ceux qui sont mous, décolorés, malades ou blessés. S'ils ont commencé à pousser, ce n'est pas idéal, certes, mais sans gravité.

Préparer le sol

LES MEILLEURES PLANTES pour votre jardin sont celles qui s'accommodent du sol tel qu'il est, mais la plupart des terres peuvent être amendées pour accueillir une plus vaste gamme de végétaux.

Identifier votre type de sol

Il est essentiel, pour le bien-être des plantes et la beauté du jardin, que vous cherchiez à connaître les caractéristiques de votre terre. Le plus souvent, elle est sableuse, argileuse, ou un peu des deux.

Si elle est légère et sèche vite, elle est sans doute sableuse. Dans ce cas, elle est grumeleuse au toucher et crisse d'une manière caractéristique sous la lame de la bêche. Facile à travailler, elle est peu riche.

Argileuse, la terre sera lourde, collante, froide, facile à modeler, mouillée, et vite saturée d'eau. Difficile à travailler, elle est souvent riche.

L'idéal est un mélange des deux : la « bonne terre de jardin ».

Pour mieux connaître le type de plantes adaptées à votre terrain, vous pouvez déterminer son pH (son degré d'acidité ou d'alcalinité) et sa richesse en nutriments à l'aide de divers kits simples, disponibles dans les Jardineries.

Désherber

Dans un jardin qui vient d'être créé ou une ancienne friche, la première tâche consiste à éliminer débris et mauvaises herbes. Désherber finement avant la plantation est capital, car les mauvaises herbes piratent la lumière, l'humidité et la nourriture.

Si les mauvaises herbes sont vivaces, vous économiserez du travail en traitant à l'aide d'un désherbant systémique, qui tuera leurs racines, pendant la saison précédant la plantation. L'effet est supérieur en pleine pousse, à la fin du printemps. La plantation sera peut-être retardée, mais votre patience sera bien récompensée. Attention, il faut parfois recommencer le traitement.

Les adventices isolées peuvent être arrachées, en retirant soigneusement tout tronçon de racine.

Les annuelles peuvent être binées ou traitées peu avant la plantation.

Travailler le sol

Labourer le sol fragmente les terres tassées, les aère et favorise une bonne végétation. Plus vous labourez profond, meilleur c'est, mais ne ramenez jamais le sous-sol pauvre en surface : les plantes ont besoin de toute la nourriture que le sol de surface, sombre, peut leur donner. Pour un labour très profond, retirez la

Le labour facile
Une technique et des outils adéquats facilitent le labour en épargnant votre dos. Vérifiez la hauteur et le poids de la bêche avant de l'acheter et tenez-vous toujours droit en l'utilisant.

Bien bêcher
Plantez la fourche-bêche dans la terre, puis, en la relevant, faites-la pivoter pour briser et aérer le sol. Épandez à l'avance une couche de matière organique pour l'incorporer en bêchant.

terre de la surface et remettez-la en place après le travail du sous-sol. Labourez les sols lourds à la fin de l'automne. Les gels et dégels successifs de l'hiver les amélioreront en brisant finement les mottes. Évitez de travailler un sol trempé, cela le déséquilibre. Des amendements incorporés au fur et à mesure vous faciliteront la tâche.

Les amendements

Labour et bêchage améliorent la texture du sol, mais pour rendre celui-ci vivant, l'apport d'un amendement est sans pareil.
Le drainage, l'aération, la fertilité et l'hygrométrie de la plupart des terres seront fortement augmentés par le simple apport de matière organique bien mûre, riche en humus.
Il est toujours préférable d'agir une saison à l'avance pour permettre ensuite au sol de se tasser.
Dans une terre sableuse, le compost et le terreau de feuilles retiennent l'eau et l'enrichissent. S'ils sont apportés régulièrement, ils rééquilibrent aussi la structure des terres argileuses.
On peut faire plus en ajoutant à une terre argileuse du gravier fin sur 30 cm de profondeur au moins.
Les paillis organiques d'écorce, de cacao ou de copeaux peuvent aussi avec profit être incorporés au sol.

La plantation

QUOI QUE VOUS PLANTIEZ, faites tout pour que vos végétaux démarrent bien. Une bonne installation permet de gagner du temps et de l'argent : les plantes pousseront mieux, en résistant aux maladies et parasites.

Avant de planter

Vérifiez avant tout l'encombrement des plantes adultes pour les espacer correctement. Pour les grouper, mêlez-en de toutes les saisons en pensant aussi à leur aspect hivernal.

Quand planter ?

Les meilleures saisons sont l'automne et le printemps. En automne, les plantes ont le temps de s'établir avant l'hiver, quand le sol est encore assez chaud et humide pour que les racines s'y développent. En climat froid, le printemps est préférable pour des plantes craignant le froid ou l'humidité de l'hiver.

Les vivaces peuvent être plantées toute l'année, sauf cas extrêmes. Elles poussent vite et, d'ordinaire, donnent des résultats dès la première année. Si le temps est chaud et sec, pour limiter le choc lié à la plantation, supprimez les fleurs et les plus grandes feuilles. En plein soleil, donnez à vos plantes juste installées l'ombre d'un filet.

Plantation classique

Faites tremper les plantes dans une cuvette. Mettez-les en place en faisant coïncider le collet avec le niveau du sol, puis comblez de terre.

Tasser la terre

En comblant le trou, pressez légèrement le sol pour la faire adhérer aux racines. Arrosez copieusement puis paillez largement au-dessus des racines.

Comment planter ?

Pour les plantes en conteneur ou en tontine, faites un trou deux fois plus grand que la motte. Si nécessaire, arrosez-le bien pour humidifier le sol environnant. Retirez soigneusement la plante du pot et dégagez doucement les racines du bout des doigts. Vérifiez qu'elle est à bonne hauteur dans le trou, puis comblez celui-ci avec un mélange de compost, d'engrais et de terre. Tassez et arrosez copieusement pour combler les vides entre les racines. Paillez en surface, sans toucher le collet de la plante, pour retenir l'humidité et empêcher la pousse des mauvaises herbes.

Pour les racines nues, la technique est similaire, mais il importe que les racines ne sèchent pas avant plantation. Creusez les trous à l'avance ; si les conditions sont défavorables, il est préférable de faire attendre les plantes en jauge, dans du sable ou du compost maintenus frais. Il faut faire un trou assez grand pour que les racines soient à l'aise une fois étendues. La profondeur doit être suffisante pour que le sol, une fois tassé, soit au niveau de celui du pot, ou de la pépinière d'origine, sur le collet. Après la plantation, nivelez légèrement avec le pied.

Lianes et arbustes palissés

Posez toujours les supports avant la plantation. Vous installerez lianes et arbustes à 25 cm au moins des murs ou palissades, pour que les racines profitent de la pluie, et en les inclinant légèrement vers la paroi. Étalez les tiges principales et attachez-les solidement à leur support.

Les arbustes et les lianes non « accrocheuses » demandent un palissage régulier des nouvelles pousses ; les lianes volubiles seront guidées.

Annuelles et massifs

Pour obtenir le meilleur de ces plantes à courte durée de vie, leur plantation doit être soignée. Un sol humide et la suppression des fleurs fanées sont les clés du succès.

Les plantes à massifs demandent des apports réguliers d'engrais durant la saison, surtout lorsqu'elles sont cultivées en pot, mais les vraies annuelles fleurissent souvent mieux dans un sol non enrichi.

Nombre d'entre elles sont disponibles en mini-mottes, à cultiver sous abri. À la plantation, leur système radiculaire dense souffre peu et la reprise est rapide.

Les bulbes

En général, on plante les bulbes sous une à trois fois leur hauteur de terre. Plantez superficiellement les bulbes de petite taille, profondément les plus gros, de tulipes hybrides ou de lis, par exemple.

Comprendre le nom des plantes

DANS TOUT LE LIVRE, les plantes apparaissent sous leur nom botanique usuel latin. Le nom latin des plantes, écrit en caractères italiques, est en deux parties : la première est le nom du genre et la seconde le nom de l'espèce.

Genre

Un groupe d'une ou de plusieurs plantes ayant de nombreuses caractéristiques en commun, tels *Chrysanthemum* ou *Rosa,* est appelé genre. Un nom de genre est un peu comme nos noms de famille, porté par des individus très apparentés. Les hybrides de genres (il s'agit de croisements entre plantes de deux genres, comme x *Halimiocistus*), sont indiqués par le signe x devant le genre.

Espèce

Un groupe de plantes capables de s'hybrider mutuellement pour produire des rejetons identiques est appelé espèce. Dans le nom botanique double (genre + espèce), le nom de l'espèce distingue une plante de ses sœurs du même genre, un peu comme un prénom. Cette « épithète » évoque souvent un trait particulier de l'espèce, comme *alpinum* ou *tricolor,* ou rappelle la personne qui l'a découverte.

Sous-espèce, variété et forme

Les variantes naturelles d'une espèce - sous-espèce, variété ou forme - reçoivent un nom de plus en italique, précédé des abréviations « ssp. », « var » ou « f ». Ce sont des subdivisions

Genre et espèce
Malus floribunda *appartient au genre* Malus *(pommiers) ; son nom d'espèce signifie « couvert de fleurs ».*

Variété
Dictamnus albus *var.* purpureus *a des fleurs pourpres, celles de l'espèce type étant blanc rosé.*

Hybride
*Le signe de multiplication après le nom de genre d'*Osmanthus *x* burkwoodii *le désigne comme hybride.*

mineures de l'espèce, en différant faiblement dans leur structure botanique ou leur aspect.

Hybrides

Différentes espèces d'un même genre, cultivées côte à côte, peuvent se croiser et engendrer des hybrides ayant des caractères communs aux deux parents. Cette faculté est mise à profit par les jardiniers qui veulent cumuler les qualités de deux plantes. L'hybride est alors propagé. *Camellia* x *williamsii,* fils de *C. japonica* et de C. *saluensis,* en est un exemple.

Cultivars

Les variations d'une espèce sélectionnées ou artificiellement produites reçoivent un nom vernaculaire. Il apparaît entre guillemets simples après les noms d'espèce. Certains cultivars sont en outre déposés sous un nom de marque, souvent employé à la place du nom de cultivar officiel. Si la parenté est obscure, ou complexe, le nom de cultivar peut suivre immédiatement le nom du genre comme dans *Dahlia* 'Conway', par exemple. Dans certains cas, entre autres pour les rosiers, la plante est répandue sous un nom populaire différent du nom de cultivar ; dans ce cas, le nom populaire figure en premier, comme dans *Rosa* BONICA 'Meidomonac'.

Groupes et séries

Divers cultivars très proches sont, dans un souci de commodité, classés en groupes ou séries dotés d'un nom, pour indiquer leur similitude. Il s'agit parfois de mélanges volontaires de cultivars, aux caractères identiques, mais aux fleurs de divers coloris.

Cultivar
La généalogie de plantes comme Osteospermum *'Buttermilk' est complexe et non précisée.*

Cultivar d'espèce
Ophiopogon planiscapus *'Nigrescens' est une forme inhabituelle cultivée pour ses feuilles noires.*

Série
Antirrhinum *série Sonnet est un mélange de cultivars aux vifs coloris, pour massifs d'été.*

1500 plantes primées par la RHS

VOUS TROUVEREZ dans cette partie un catalogue de 1500 bonnes plantes de jardin, belles et robustes, convenant à de multiples situations et toutes récompensées par la *Royal Horticultural Society* (RHS) qui leur a décerné la célèbre *Award of garden Merit.* Avant de les acheter, et quels que soient leur beauté et leur intérêt saisonnier, assurez-vous de leur rusticité, de leur taille et de leurs exigences en matière de sol et d'exposition.

Abelia 'Edward Goucher'
Abélia

Arbuste semi-persistant à branches souples, au feuillage luisant, d'abord bronze puis vert foncé. Les fleurs en trompette, rose lilacé, éclosent en été et automne. Comme nombre d'abélias, il aime le soleil.

CULTURE *Plantez-le dans un sol riche et drainant, au soleil et à l'abri des vents froids. Supprimez au printemps les pousses abîmées et retirez quelques tiges âgées au ras du sol après la floraison, pour provoquer des repousses.*

☼ ◇ ♀R4 ↕1,50 m ↔2 m

Abelia floribunda
Abélia

Arbuste persistant à pousses simples d'où pendent, à partir de juin, des profusions de fleurs tubulaires. Les feuilles sont ovales, vert foncé luisant. Idéal dans une bordure ensoleillée, il peut disparaître après un hiver froid, sauf dans un emplacement très abrité.

CULTURE *Plantez-le dans un sol drainant, riche, en plein soleil et à l'abri des vents froids et secs.Recépez les branches les plus âgées après la floraison et retirez les bois morts au printemps.*

☼ ◇ ♀R3 ↕3 m ↔4 m

Abelia x *grandiflora*
Abélia

Arbuste arrondi, semi-persistant, aux branches souples. On le cultive pour ses belles feuilles vert foncé et ses abondantes fleurs parfumées, d'un blanc rosé, écloses en été et en automne. Il convient aux bordures ensoleillées.

CULTURE *Plantez-le dans un sol drainant et riche, en plein soleil, à l'abri des vents froids et secs. Rabattez les vieilles branches après la floraison et les bois morts au printemps.*

☼ ◊ ♈R4 ↕3 m ↔4 m

Abutilon 'Kentish Belle'

Arbuste semi-persistant, à pousses pourpre brun sombre et à minces tiges arquées. Les grosses fleurs, en cloche, suspendues aux branches en été et en automne, sont abricot et rouge. Les feuilles sont étroitement lobées, vert foncé. En climat froid, plantez-le à l'abri, au chaud, avec un support pour le palisser contre un mur ensoleillé.

CULTURE *Plantez-le dans un sol drainant et riche. À la fin de l'hiver, chaque année, taillez-le pour maintenir une charpente aérée et saine.*

☼ ◊ ♈R2 à 3 ↕↔ jusqu'à 2,50 m

Abutilon megapotamicum

Arbuste semi-persistant à port mou, à fleurs estivales et automnales pendantes, en clochette, rouge et jaune. Les feuilles, ovales, d'un vert vif, ont une base cordiforme. En climat froid, guidez-le contre un mur ou installez-le sous une véranda.

CULTURE *Il apprécie un sol drainant, moyennement riche et une exposition très ensoleillée. Supprimez les pousses rebelles à la fin de l'hiver.*

☼ ◊ 🏆R3 ↕↔ 2 m

Abutilon vitifolium 'Veronica Tennant'

Arbuste caduc, à pousse rapide, pouvant atteindre la taille d'un petit arbre touffu. En juin apparaissent des masses de grandes fleurs en coupe, mauves, pendant au bout des robustes pousses veloutées de gris. Les feuilles, doucement duveteuses, sont très dentées. Le froid peut le tuer. 'Tennant's White', à fleurs blanc pur, est également recommandable.

CULTURE *Plantez-le dans un sol drainant, pas trop riche, en plein soleil. Taillez les jeunes plantes après la floraison pour les former ; ne taillez pas les vieux sujets.*

☼ ◊ 🏆R3 ↕ 5 m ↔ 2,50 m

Acaena microphylla

Vivace tapissante à floraison estivale, qui porte des pompons de petites inflorescences d'un rouge mat, à bractées épineuses, qui se transforment en boules hérissées, très décoratives. Les feuilles, très divisées, vert moyen, teintées de bronze dans leur jeunesse, sont persistantes, sauf par hiver très froid. Parfaite pour une rocaille, une restanque ou une auge.

CULTURE *Plantez-la dans un sol bien drainé, en plein soleil ou à mi-ombre. Pour la contenir, arrachez les stolons latéraux marcottés.*

☼◑ ◊ ♈R4 ↕5 cm ↔ 15 cm

Acanthus spinosus

Acanthe

Vivace imposante, à grandes feuilles recourbées, vert foncé, aux bords découpés et épineux. En été apparaissent, sur de grandes tiges robustes, les fleurs blanches, bilabiées, à bractées pourpres, qui se prêtent aux bouquets et au séchage. Donnez-lui de la place.

CULTURE *Elle apprécie un sol profond, drainant et riche, le soleil ou la mi-ombre. Donnez-lui de l'espace pour apprécier son architecture.*

☼◑ ◊ ♈R4 ↕1,50 m ↔ 0,60 m

Acer griseum
Érable

Cet érable à parchemins est un arbre caduc, à pousse lente, étalé, apprécié pour son écorce brun-orangé, qui s'exfolie. Les feuilles, vert foncé, divisées en trois folioles, virent à l'orange et à l'écarlate en automne. Les minuscules fleurs jaunes apparaissent au printemps en grappes pendantes et donnent des fruits bruns, ailés.

CULTURE *Plantez-le dans un sol frais mais bien drainé, riche, au soleil ou à mi-ombre. Attendez l'hiver pour retirer les branches qui cachent l'écorce, sur le tronc et le bas des charpentières.*

☼ ◐ ◇ ♀R4 ↕↔ 10 m

Acer grosseri var. *hersii*
Érable

Cet érable à peau de serpent, à l'écorce jaspée de vert et d'argent, est un arbre caduc, dressé ou étalé. Les feuilles, triangulaires, trilobées, vert vif, virent à l'orange et au jaune en automne. Au printemps, des grappes pendantes de petites fleurs jaune pâle donnent des fruits ailés, brun rosé.

CULTURE *Plantez-le dans un sol frais mais bien drainé, riche, au soleil ou à mi-ombre Abritez-le des vents froids. En hiver, retirez les branches basses qui cachent l'écorce sur le tronc et les charpentières.*

☼ ◐ ◇ ♀R4 ↕↔ 15 m

Acer japonicum 'Aconitifolium'
Érable du Japon

Arbre caduc buissonnant ou arbuste aux feuilles fortement lobées, vert moyen, virant au chaud rouge foncé en automne. Florifère, il donne au printemps des grappes dressées de jolies fleurs rouge pourpré suivies de fruits bruns ailés. 'Vitifolium', comparable, est moins florifère, mais se colore bien.

CULTURE *Plantez-le dans un sol frais mais drainé, riche, à mi-ombre. En climats très froids, paillez la base en automne. Attendez l'hiver pour retirer les branches mal placées.*

R4 ↕5 m ↔6 m

Acer negundo 'Flamingo'
Érable négundo

Arbre caduc à cime ronde et feuilles divisées en folioles ovales, bordées de rose, puis de blanc en été. Recépé court, il peut entrer dans un massif d'arbustes ; les feuilles sont alors plus grandes. Fleurs insignifiantes. La var. *violaceum*, à feuilles unies, produit des pousses bleutées et de longues grappes de fleurs violettes.

CULTURE *Plantez-le dans tout sol frais mais drainé, riche, en plein soleil ou à mi-ombre. Pour avoir un buisson à grandes feuilles, rabattez le sur une charpente courte, en hiver, chaque année ou tous les deux ans. Supprimez les pousses à feuilles vertes.*

R4 ↕15 m ↔10 m

Érables japonais *(Acer palmatum)*

Les cultivars de *Acer palmatum,* l'érable japonais, sont souvent des arbustes arrondis, petits, caducs ; quelques-uns, tel 'Sango-kaku', peuvent former de petits arbres. On apprécie leur délicat feuillage coloré, donnant souvent un beau spectacle automnal. Les feuilles de 'Butterfly', par exemple, sont panachées de gris-vert, de blanc et de rose, et celles d''Osakazuki' virent au rouge vif avant de tomber.

Au printemps éclosent des grappes pendantes de petites fleurs rougeâtres, suivies de fruits ailés. Les érables japonais conviennent aux jardins de toute taille.

CULTURE *Plantez-les dans un sol frais mais drainé, riche, au soleil ou à mi-ombre. Réservez taille et formation aux jeunes sujets ; retirez en hiver les branches entrecroisées ou mal placées pour conserver une charpente aérée. Évitez de tailler les sujets adultes.*

☼ ◐ ◊ 🏆R4

1 ↕↔5 m

2 ↕3 m ↔1,50 m

3 ↕↔3 m

4 ↕2 m ↔3 m

1 *A. palmatum* 'Bloodgood' **2** *A. palmatum* 'Butterfly' **3** *A. palmatum* 'Chitoseyama' **4** *A. palmatum* 'Garnet'

5 ↕5 m ↔ 4 m

AUTRES CHOIX

'Burgundy Lace' Feuilles très découpées rouge pourpré ; 4m de haut et très étalé.

var. *coreanum* 'Korean Gem' Feuilles vertes virant au cramoisi et écarlate en automne.

var . *dissectum* 'Crimson Queen' (voir p. 620).

var. *dissectum* (voir p. 638).

var. *dissectum* 'Inabe-Shidare' Feuilles pourprées très découpées.

'Seiryû' (voir p. 638).

6 ↕↔ 6 m

7 ↕↔ 1,50 m

8 ↕6 m ↔ 5 m

5 *A. palmatum* 'Linearilobum' **6** *A. palmatum* 'Osakazuki' **7** *A. palmatum* 'Red Pygmy' **8** *A. palmatum* 'Sango-kaku' (syn. 'Senkaki')

Acer pensylvanicum 'Erythrocladum'

Cet érable jaspé, caduc, forme un arbre érigé. Ses feuilles vert vif virent au jaune clair en automne. Ses jeunes pousses, rose ou rouge vif en hiver, donnent un beau spectacle ; en vieillissant, elles passent au rouge-orangé réticulé de blanc. Les grappes printanières de petites fleurs jaune acide donnent des fruits ailés. Excellent en isolé.

CULTURE *À planter en sol riche, frais mais drainé, au soleil ou à mi-ombre. Retirez, en hiver seulement, les branches entrecroisées ou abîmées.*

☼ ◑ ◊ 🏆R4 ↕ 12 m ↔ 10 m

Acer platanoides 'Crimson King'

Ce cultivar de l'érable plane, *Acer platanoides*, forme comme lui un grand arbre caduc étalé. On le cultive pour ses feuilles rouge pourpré, fonçant avec l'âge. Elles sont précédées de grappes de petites fleurs printanières, jaune marqué de rouge, donnant des samares. Arbre coloré à isoler.

CULTURE *À planter en sol riche, frais mais drainé, au soleil ou à mi-ombre. Ne taillez qu'en plein hiver, pour supprimer les tiges entrecroisées, tassées ou malsaines.*

☼ ◑ ◊ 🏆R4 ↕ 25m ↔ 15m

Acer platanoides 'Drummondii'

Plus court et plus étalé que l'érable plane, cet arbre est aussi large que haut. Ses feuilles, largement marginées de vert clair ou de crème, se colorent joliment en automne. Il donne au printemps des bouquets de fleurs jaunes, suivies de samares. Bel arbre à isoler dans les petits jardins.

CULTURE *À planter en sol riche, frais mais drainé, au soleil ou à mi-ombre. Ne taillez qu'en plein hiver, pour supprimer les tiges entrecroisées, tassées ou malsaines.*

☼ ◑ ♢ 🏆R4 ↕ ↔ 10-12m

Acer pseudoplatanus 'Brilliantissimum'

Sycomore

Ce petit cultivar, à pousse lente, forme un arbre caduc, étalé, à large cime. Il porte des feuilles colorées, à cinq lobes, passant dans la saison du saumon au jaune puis au vert foncé. Des grappes pendantes de petites fleurs jaune-vert éclosent au printemps, suivies de fruits ailés. C'est un beau sujet pour petits jardins.

CULTURE *Il se satisfait de tous les sols, au soleil ou à mi-ombre, et supporte le vent. Taillez les jeunes plants en hiver pour former la charpente et dégager le tronc.*

☼ ◑ ♢ 🏆R4 ↕6 m ↔8 m

Acer rubrum 'October Glory'

Ce cultivar de l'érable rouge, ou des marais, est un arbre caduc à cime arrondie ou évasée, aux feuilles luisantes vert foncé virant au rouge vif en début d'automne. Les bouquets dressés de petites fleurs rouges printanières donnent des fruits ailés. Bel arbre à isoler dans un grand jardin.

CULTURE *À planter en sol riche, frais mais drainé, plutôt acide pour avoir de belles couleurs. Installez-le au soleil ou à mi-ombre et réduisez la taille hivernale à la suppression des tiges tassées ou entrecroisées.*

☼ ◐ ◊ ♈R4 ↕20 m ↔ 10 m

Acer tataricum ssp. *ginnala*

Cet érable forme un arbre caduc arrondi, buissonnant, aux minces tiges souples et aux feuilles vert foncé brillantes, très découpées ; elles prennent en automne un riche ton rouge bronze. Il produit au printemps des bouquets dressés de fleurs crème donnant des samares rouges. Mieux vaut l'isoler.

CULTURE *À planter en sol riche, frais mais drainé, au soleil ou à mi-ombre. Ne taillez qu'en plein hiver, pour supprimer si nécessaire les tiges entrecroisées, tassées ou malsaines.*

☼ ◊ ♈R4 ↕10 m ↔ 8 m

Achillea ageratifolia

Cette courte achillée est une vivace rampante à pousse rapide, formant des tapis de rosettes argentées, soyeuses, surmontées en été de petits capitules blancs sur des tiges dressées. À planter au premier plan d'une bordure ensoleillée, en rocaille, sur graviers ou entre des dalles.

CULTURE *Planter en tout sol moyen, bien drainé, au soleil. Au printemps ou en automne, divisez les plantes trop développées ou amaigries. Nettoyez les fleurs fanées pour favoriser la remontance.*

☼ ◊ ♈R4 ↕5-8 cm ↔ jusqu'à 45 cm

Achillea 'Coronation Gold'

Ce cultivar d'achillée est une vivace touffue aux grosses têtes plates de fleurs or estivales. Les abondantes feuilles persistantes, plumeuses, argentées sont complémentaires de la couleur des fleurs (leur contact provoque parfois des allergies). Elle est remarquable en mixed-border et en bouquets frais ou secs.

CULTURE *Donnez-lui un sol frais mais drainé et le plein soleil dans un coin dégagé. Divisez les touffes serrées ou fortes pour les garder vigoureuses.*

☼ ◊◊ ♈R4 ↕75-90 cm ↔ 45 cm

Achillea filipendulina 'Gold Plate'

Cette vivace persistante, vigoureuse, touffue et dressée, comparable à *A.* 'Coronation Gold' (p. 39), est plus grande, avec un feuillage gris-vert. Les têtes aplaties de fleurs or vif éclosent sur de longues tiges entre juin et août ; elles sont parfaites en vase. Plantez-la en massif et mixed-border. Le feuillage peut irriter les peaux sensibles.

CULTURE *Donnez-lui un sol frais mais drainé et le plein soleil dans un coin dégagé. Divisez les touffes serrées ou fortes pour les garder vigoureuses.*

☼ ◊◊ 🏆R4 ↕1,20 m ↔ 45 cm

Achillea x *lewisii* 'King Edward'

Cette vivace cotonneuse en touffes rases donne en juin des fleurs jaune pâle, en têtes serrées, qui s'éclaircissent joliment en vieillissant. Les feuilles, dentelées, semi-persistantes, sont étroites, plumeuses, gris-vert doux. Elle est superbe en rocaille ou jardin sauvage. Le feuillage peut irriter les peaux sensibles.

CULTURE *Donnez-lui un sol frais mais drainé et le plein soleil dans un coin dégagé. Rafraîchissez les touffes tous les trois ans environ.*

☼ ◊◊ 🏆R4 ↕8-12 cm ↔ 23 cm ou plus

Achillea 'Moonshine'
Achillée

Vivace en touffe, persistante, à feuilles plumeuses, étroites, vert-gris. Les inflorescences, jaune clair à cœur plus soutenu, éclosent tout l'été, en têtes aplaties. Elles font de très beaux bouquets secs. Parfaite pour les mixed-borders, les jardins sauvages ou « de curé ». Les hivers très durs peuvent la tuer si elle n'est pas protégée.

CULTURE *Plantez-la dans un sol drainant, dans un endroit ensoleillé. Divisez-la tous les deux ou trois ans, au printemps, pour la maintenir vigoureuse. Paillez-la pour la protéger des hivers froids.*

☼ ◊ 🏆R3 ↕↔ 60 cm

Achillea tomentosa

Cette achillée cotonneuse, vivace, forme des touffes aux denses bouquets aplatis de fleurons citron, éclos de juin à septembre. Ses feuilles duveteuses, vert argenté, sont étroites et plumeuses. Amateur de sécheresse, elle prend place dans un jardin sauvage ou une rocaille, ou au premier plan d'une bordure. Ses fleurs sèchent bien. Le feuillage peut irriter les peaux sensibles.

CULTURE *Donnez-lui un sol frais mais drainé et le plein soleil dans un coin dégagé. Divisez les touffes serrées ou fortes pour les garder vigoureuses.*

☼ ◊♦ 🏆R4 ↕ jusqu'à 35 cm ↔ 45 cm

Aconitum 'Bressingham Spire'
Aconit

Vivace trapue aux épis bien dressés de fleurs en capuchon, violet foncé, de l'été à l'automne. Les feuilles divisées sont vert foncé brillant. L'aconit est parfait en sous-bois, ou pour les bordures semi-ombragées. Prenez *A. carmichaelii* 'Kelmscott' pour avoir une plante plus grande, à fleurs lavande. Ces plantes sont toxiques.

CULTURE *Il apprécie un sol frais, riche, et la mi-ombre, mais supporte quantité de sols et une exposition ensoleillée. Les plus grandes tiges doivent être tuteurées.*

☼ ◐ ♦ ♀R4 ↕90-100 cm ↔30 cm

Aconitum 'Spark's Variety'
Aconit

Vivace érigée, plus haute que 'Bressingham Spire', aux épis de fleurs en capuchon, violet foncé, serrées sur des tiges branchues, du milieu à la fin de l'été. Les feuilles, d'un beau vert, sont finement découpées. Comme tous les aconits, celui-ci convient aux sous-bois et à l'ombre. Toutes les parties de cette plante sont toxiques.

CULTURE *Dans un sol frais, humide, à l'ombre ou à mi-ombre. Les grandes tiges seront tuteurées. Divisez-le tous les trois ans en automne ou à la fin de l'hiver pour le garder vigoureux.*

◐ ● ♦ ♀R4 ↕1,50 m ↔0,45 m

Actinidia kolomikta

Vigoureuse liane caduque aux grandes feuilles vert foncé pourpré lors de leur développement, s'éclairant ensuite de vives taches roses et blanches. Les petites fleurs blanches, odorantes, éclosent en juin. Les plantes femelles donnent de petits fruits ovoïdes, vert-jaune, en présence d'une plante mâle. Guidez-la contre un mur ou dans un arbre.

CULTURE *Dans un sol riche et drainé. Pour avoir des fruits, ménagez-lui une exposition ensoleillée et un abri contre le vent. Palissez les jeunes pousses et retirez en hiver les tiges mal placées.*

☼ ◊ 🏆R4 ↕5 m

Adiantum pedatum

Capillaire

Fougère caduque, à longues frondes vert moyen de 1 m de haut au plus. Leurs tiges luisantes, brun foncé ou noires, naissent sur des rhizomes traçants. Il n'y a pas de fleurs. *A. aleuticum*, très proche, est également recommandable ; la var. *subpumilum* est une forme naine, de 15 cm de haut seulement. À planter en sous-bois ou dans une bordure ombragée.

CULTURE *Il apprécie un sol frais, humide, à l'ombre ou à mi-ombre. Coupez les frondes âgées ou abîmées à la fin de l'hiver. Divisez la souche tous les deux ou trois ans.*

◐ ● ♦ 🏆R4 ↕↔ 30-40 cm

Adiantum venustum

Cheveux-de-Vénus

Fougère portant sur des tiges noires des frondes triangulaires, vert moyen, joliment divisées en nombreuses folioles. Le jeune feuillage est rose-brun lumineux à sa sortie, en fin d'hiver, sur les rhizomes traçants. Il reste persistant au-dessus de – 10° C. Il n'y a pas de fleurs. Joli couvre-sol pour sous-bois ou coin d'ombre.

CULTURE *Donnez-lui un sol moyen, frais mais drainé, à mi-ombre. Retirez au printemps les frondes abîmées ou anciennes et divisez les rhizomes en mars, tous les deux ou trois ans.*

◑ ◊◆ R4 — ↕ 15 cm ↔ continu

Aeonium haworthii

Arbrisseau succulent aux tiges fines couronnées de rosettes nettes de feuilles charnues, vert bleuté bordées de rouge. Au printemps éclosent des bouquets de fleurs jaune clair à rosées. C'est une plante appréciée en véranda et serre froide.

CULTURE *Sous abri, donnez-lui une lumière douce et un substrat pour cactées que vous laisserez sécher entre deux arrosages. Dehors, un sol moyen, bien drainé, et la mi-ombre lui conviennent. Température minimale : 10 °C.*

◑ ◊ R1 — ↕↔ 60 cm

Aeonium 'Zwartkop'

Arbrisseau dressé succulent, aux branches peu nombreuses couronnées de rosettes pourpre sombre. En juin éclosent de gros épis pyramidaux de fleurs jaune vif. Plante pour pot de couleur étonnante. *A. arboreum* 'Atropurpureum' est aussi frappant.

CULTURE *Sous abri, donnez-lui une lumière douce et un substrat pour cactées que vous laisserez sécher entre deux arrosages. Dehors, un sol moyen, bien drainé, et la mi-ombre lui conviennent. Température minimale : 10 °C.*

◑ ◊ 🏆R1 ↕↔ jusqu'à 2 m

Aesculus carnea 'Briotii'

Marronnier rouge

Ce cultivar est un arbre étalé, apprécié pour ses gros cônes printaniers, dressés, de fleurs rose foncé. Ses feuilles vert foncé sont divisées en cinq à sept folioles. Les fleurs donnent des fruits épineux. Pour un grand jardin ; pour un petit espace, voyez plutôt *A. neglecta* 'Erythroblastos', de 10 m de haut, ou *A. pavia*, de 5 m de haut.

CULTURE *Donnez-lui un sol profond, riche, frais mais drainé, et le plein soleil ou la mi ombre. Retirez en hiver les bois morts, malades ou entrecroisés.*

☼ ◑ ◊◊ 🏆R4 ↕20 m ↔15 m

Aesculus parviflora
Pavier blanc

Grand arbuste en taillis, caduc, proche du marronnier, aux feuilles vert foncé, fortement lobées. Le feuillage est vert bronze dans sa jeunesse et vire à l'or en automne. Des épis floraux dressés, de 30 cm de haut, apparaissent en juin-juillet, suivis de fruits lisses.

CULTURE *Plantez-le dans un sol frais, mais drainé, riche, avec une exposition ensoleillée ou semi-ombragée ; il n'apprécie pas les terres trempées. Si nécessaire, limitez son extension en rabattant à l'automne les tiges au ras du sol.*

☼ ◑ 👁 R4 ↕3 m ↔5 m

Aethionema 'Warley Rose'
Aéthionème

Arbrisseau à vie courte, persistant ou semi-persistant, compact, donnant à la fin du printemps des bouquets de fleurs cruciformes, rose vif. Les petites feuilles étroites sont gris bleuté. Pour avoir des fleurs rose pâle, voyez *A. grandiflorum*, très proche, mais plus grand. Les aéthionèmes sont parfaits en rocaille et murets.

CULTURE *À l'aise dans un sol drainé, riche, alcalin, il supporte les sols maigres et acides. Exposez-le au plein soleil.*

☼ R4 ↕↔ 15-20 cm

Agapanthus campanulatus ssp. *patens*
Agapanthe

Vigoureuse vivace en touffes, aux bouquets estivaux de fleurs en clochette, bleu clair, sur des tiges dressées, robustes. Les étroites feuilles rubanées sont caduques. Pour les plates-bandes ou grosses potées, comme vivace tardive. Ce cultivar et 'Loch Hope', bleu foncé, sont parmi les plus rustiques.

CULTURE *Dans un sol frais mais drainé, riche, en plein soleil. Arrosez beaucoup pendant la végétation, peu en hiver.*

☼ 💧 🏆R3 ↕jusqu'à 45 cm ↔30 cm

Agapanthus caulescens
Agapanthe

Vivace en touffes, à collet allongé, portant de l'été à l'automne de grosses têtes florales, rondes, de clochettes bleu-violet, écloses au-dessus de feuilles caduques rubanées, vert moyen. Très utile comme vivace tardive, à planter en pot en climat froid.

CULTURE *Plantez-le dans un sol frais mais drainé, riche, en plein soleil. En climat froid, hivernez-le à l'abri. Température minimale : 2 °C.*

☼ 💧 🏆R1 ↕1-1,20 m ↔0,60 m

Agave victoriae-reginae

Vivace succulente, aux feuilles triangulaires, en rosettes basales vert foncé à marques blanches. Au centre, elles s'incurvent vers l'intérieur et portent un aiguillon terminal brun. Des épis dressés de fleurs crème naissent en été. Beau sujet à isoler. En climat froid, plantez-la en potées, à rentrer à l'abri du gel en hiver.

CULTURE *À l'aise dans un sol très drainé, pas trop riche, un peu acide, ou dans un mélange pour cactées. Demande une exposition très ensoleillée. Température minimale : 2 °C.*

☼ ◇ ♈R1 ↕↔ jusqu'à 50 cm

Ajuga reptans 'Atropurpurea'
Bugle rampante

Vivace persistante, couvre-sol, s'étendant par ses stolons radicants. Fleurs bleu foncé éclosant au printemps, en étages, sur les tiges dressées. Feuilles luisantes, pourpre foncé. *A. reptans* 'Catlin's Giant' a des feuilles de même couleur. Irremplaçable en lisière de massif, sous des arbustes et des vivaces vigoureuses.

CULTURE *Préfère les sols frais et drainés, mais supporte de nombreuses situations. Offrez-lui une exposition ensoleillée ou semi-ombragée.*

☼ ◐ ◇◆ ♈R4 ↕0,15 m ↔1 m

Ajuga reptans
'Burgundy Glow'
Bugle rampante

Vivace couvre-sol, basse, persistante, à tiges légèrement villeuses, portant de jolies feuilles argentées ombrées de lie-de-vin. Les fleurs, bleu foncé, éclosent au printemps, en étages, sur des épis élevés.

CULTURE *Préfère les sols frais et drainés et la mi-ombre, mais tolère les terres maigres et l'ombre.*

◐ ● 💧 🏆R4 ↕0,15 m ↔1 m

Alchemilla mollis
Alchémille

Grande vivace en touffes, supportant la sécheresse, émettant des nuages de petites fleurs chartreuse vif durant tout l'été. Les feuilles, vert pâle, sont rondes, à bords frisés. Elle est très belle dans un jardin sauvage ou une grande rocaille. *A. erythropoda*, comparable en plus court, a des feuilles bleutées.

CULTURE *Plantez-la dans un sol frais mais drainé, humifère, dans un lieu dégagé, ensoleillé. Supprimez les fleurs sitôt fanées, car elle se ressème abondamment.*

☼ 💧💧 🏆R4 ↕60 cm ↔75 cm

Grands ails d'ornement *(Allium)*

Les grands oignons d'ornement sont des plantes vivaces bulbeuses du genre *Allium* ; leurs jolies têtes florales sont superbes en mixed-borders, en groupe de préférence. Leurs petits fleurons printaniers sont d'ordinaire groupés en denses têtes rondes ou hémisphériques - telles celles de *A. giganteum* - mais peuvent être lâches, comme sur les têtes jaunes de *A. flavum*. Froissées, leurs feuilles rubanées dégagent une odeur forte ; elles fanent souvent à la floraison. Les graines sèchent bien, d'ordinaire, persistant et restant belles jusqu'en automne. Quelques espèces se ressèment et se naturalisent.

CULTURE *Dans une terre riche, ensoleillée et drainée, qui rappelle leurs habitats naturels. Plantez-les en automne, à 5-10 cm de profondeur ; divisez-les à la même époque ou au printemps. Dans les régions froides, offrez un épais paillis à* A. cristophii *et* A. caeruleum.

☼ ◊ ♀R3, R4

1 ↕1 m ↔ 15 cm

AUTRES CHOIX

A carinatum ssp. *pulchellum* Fleurs pourpres, de 30 à 45 cm de haut.

A. cernuum 'Hidcote' Fleurs pendantes roses.

A. hollandicum Fleurs rose pourpré, 1 m de haut ; très proche de 'Purple Sensation'.

2 ↕60 cm ↔ 2.5 cm

1 *Allium* 'Beau Regard' **2** *A. caeruleum*

3 ↕30-60 cm ↔ 18 cm

5 ↕1,50 m-2 m ↔ 15 cm

4 ↕ jusqu'à 35 cm ↔ 5 cm

6 ↕1,20 m ↔ 15 cm

7 ↕80 cm ↔ 20 cm

8 ↕1 m ↔ 7 cm

3 *A. cristophii* **4** *A. flavum* **5** *A. giganteum* **6** *A.* 'Gladiator'
7 *A.* 'Globemaster' **8** *A. hollandicum* 'Purple Sensation'

Petits ails d'ornement *(Allium)*

Les petits ails sont des vivaces bulbeuses, épanouies en mai-juin, pour les premiers plans de bordures ou la rocaille. Avec le temps, ils forment des touffes ; certains, tel *A. moly*, se ressèment. Leurs fleurs éclosent en bouquets serrés, petits ou gros ; ceux de *A. karataviense*, bien que courts sur tige, peuvent atteindre 8 cm de diamètre. Les fleurs se parent d'or, de pourpre, de bleu et de rose tendre. Les capsules de graines, qui se gardent l'hiver, sont également décoratives. Leurs feuilles rubanées fanent souvent à la floraison. Celles des ciboulettes décoratives, tels *A. schoenoprasum* 'Pink Perfection' et 'Black Isle Blush', très proches, sont comestibles.

CULTURE *Un sol humifère, drainé et ensoleillé, est préférable. Plantez les bulbes en automne, à 5-10 cm de profondeur, et divisez les touffes serrées en automne ou au printemps. En région froide, donnez un épais paillis hivernal sec à* A. karataviense.

☼ ◊ ♈R4

1 ↕10-25 cm ↔ 10 cm

2 ↕15-25 cm ↔ 5 cm

3 ↕ 5-20 cm ↔ 3 cm

4 ↕30-60 cm ↔ 5 cm

1 *Allium karataviense* **2** *A. moly* **3** *A. oreophilum* **4** *A. schoenoprasum* 'Pink Perfection'

Alnus glutinosa 'Imperialis'
Aulne commun

Arbre presque conique aux feuilles laciniées, lobées, vert moyen. En fin d'hiver apparaissent des grappes de chatons jaune-brun, suivis en été de petits cônes ovales. C'est un bel arbre à feuillage, surtout au bord de l'eau, où il supporte un sol pauvre et trempé.

CULTURE *Il pousse au soleil, en tout sol moyen, frais mais non asphyxié. Taillez-le après la chute des feuilles, si nécessaire, pour retirer les bois entrecroisés ou abîmés.*

R4 ↕ 25 m ↔ 5m

Aloe variegata
Aloès tigré

Succulente acaule formant des touffes de feuilles étroites, charnues, vert foncé à bandes horizontales argent. Les fleurs éclosent parfois, en été, en grappes pendantes roses ou écarlates. Pour jardin sec si la température ne descend jamais au-dessous de 10 °C, ou pour potées d'intérieur ; plus petit que *Aloe vera*, uni, il se prête mieux à cet usage.

CULTURE *Sous abri, donnez-lui un substrat drainant et un coin aéré et ensoleillé. Arrosez peu en hiver. Dehors, plantez en plein soleil, en sol riche et drainé.*

R1 ↕ 20 cm ↔ continu

Alonsoa warscewiczii

Vivace compacte, touffue, cultivée pour ses fleurs écarlates ou parfois blanches. Elles apparaissent en été et automne dans le feuillage vert foncé. Utile en massifs d'été et mixed-borders, elle sert aussi en bouquets.

CULTURE *Dehors, plantez-la dans tout bon sol drainé, en plein soleil ; en pot, donnez-lui un substrat riche. Arrosez peu.*

☼ ◊ R3 ↕45-60 cm ↔30 cm

Aloysia triphylla

Verveine citronnelle

Arbuste caduc buissonnant cultivé pour son feuillage vert vif, citronné, employé en tisanes et pots-pourris. Cueillez-les et séchez-les en été, avant l'apparition des fleurs. Petites, lilas clair à blanches, les fleurs éclosent en épis lâches, en fin d'été. En climat doux, cultivez-la dehors ; ailleurs, placez-la en serre froide.

CULTURE *Donnez-lui un sol drainé, maigre, et du soleil. Paillez-la bien pour l'hiver en climat froid. Recépez-la court au printemps pour lui garder sa forme.*

☼ ◊ R2 ↕↔2m

Alstroemeria ligtu hybrides
Alstroemère

Ces vivaces tubéreuses estivales donnent des têtes de fleurs évasées, très diversement colorées, du blanc à divers tons de rose, de jaune et d'orange, souvent tachetées ou rayées de couleurs contrastées. Les feuilles, vert clair, étroites, sont vrillées. Elles sont idéales dans les bordures herbacées ; coupées, les fleurs tiennent longtemps en vase.

CULTURE *Dans un sol frais mais drainé, riche, en plein soleil. Paillez-les fortement dans les régions froides. Laissez-les épaissir sans les déranger.*

☼ 💧 🏆R4 ↕50 cm ↔75 cm

Amelanchier x *grandiflora* 'Ballerina'
Amélanchier

Arbre étalé, cultivé pour l'abondance de ses fleurs blanches printanières et ses couleurs d'automne. Jeunes, les feuilles luisantes sont bronzées, deviennent vertes en été puis pourpres en automne. Les fruits, sucrés, juteux, mûrs en été, sont d'abord rouges, puis pourpre-noir. Ils sont comestibles cuits et attirent les oiseaux.

CULTURE *Plantez-le dans un sol frais mais drainé, riche, neutre ou acide, en plein soleil ou à mi-ombre. Laissez-le prendre sa forme naturellement ; taillez très peu en hiver.*

☼ ◐ 💧💧 🏆R4 ↕6 m ↔8 m

Amelanchier lamarckii
Amélanchier

Arbuste branchu, dressé, caduc, aux feuilles d'abord bronze, puis vertes, virant en automne au rouge vif et à l'orange. Des grappes de fleurs blanches, pendantes, éclosent au printemps, suivies de fruits pourpre-noir à maturité, comestibles lorsqu'ils sont cuits et qui attirent les oiseaux. On l'appelle aussi *A. canadensis*.

CULTURE *Plantez-le dans un sol frais mais drainé, humifère, neutre ou acide, à une exposition ensoleillée ou semi-ombragée. Un simple nettoyage hivernal suffit à lui donner sa forme.*

☼ ◑ ◊ ♦ ♀R4 ↕10 m ↔12 m

Anaphalis triplinervis 'Sommerschnee'
Bouton-d'argent

Vivace en touffes aux feuilles claires, vert-gris, duveteuses. Les petites têtes florales, jaunes, entourées de bractées d'un blanc pur, éclosent tout l'été ; elles sèchent bien et sont parfaites en bouquets. Cette plante donne de jolis contrastes de feuillage dans les bordures trop arrosées pour les autres plantes à feuilles grises.

CULTURE *Plantez-le dans un sol assez drainé et riche, qui ne sèche pas en été, en plein soleil ou à mi-ombre.*

☼ ◑ ◊ ♀R4 ↕80-90 cm ↔45-60 cm

Anchusa azurea 'Loddon Royalist'
Buglosse

Vivace en touffes, dressée, parfaite dans une mixed-border. Les fleurs en épis d'un bleu intense apparaissent en juin sur les tiges, au-dessus des feuilles, velues, lancéolées, vert moyen, en rosettes à la base des tiges. En rocaille, *A. caespitosa* est semblable, mais en miniature de 5 à 10 cm de haut seulement.

CULTURE *Plantez-la dans un sol profond, frais mais drainé, riche, avec une exposition ensoleillée. Souvent fugitive, elle est facile à bouturer à partir des racines. Les plantes vigoureuses demandent un tuteurage.*

☼ ◊ R4 ↕90 cm ↔60 cm

Androsace carnea ssp. *laggeri*
Androsace

Vivace persistante en coussins, aux petites fleurs printanières en coupe, rose vif à œil jaune d'or. Les feuilles, pointues, vert moyen, sont en petites rosettes serrées. Poussant spontanément en prairie alpine et dans les rochers, ces plantes conviennent aux auges et rocailles.Idéale en banquettes, *A. sempervivoides* a des fleurs parfumées.

CULTURE *Plantez-la dans un sol frais mais très drainé, graveleux, en plein soleil. Faites un paillis de graviers pour maintenir tiges et feuilles au sec.*

☼ ◊ R4 ↕5 cm ↔8-15 cm

Androsace lanuginosa

Vivace en touffes, persistante, émettant au printemps des têtes compactes de petites fleurs plates, roses, à cœur plus sombre, ou jaune. Les feuilles, gris-vert soutenu, apparaissent sur des tiges rampantes, vert et rouge, duveteuses. Elle pousse dans les pierriers, banquettes et auges.

CULTURE *Elle pousse dans un sol graveleux, frais mais drainé. Choisissez un endroit ensoleillé. Dans les régions à hivers humides, abritez-la sous une cloche.*

☼ ◊ ♈R4 ↕jusqu'à 10 cm ↔jusqu'à 30 cm

Anemone blanda 'White Splendour'

Anémone

Vivace printanière traçante, formant vite des touffes de rhizomes issus de tubercules noueux. Fleurs solitaires, aplaties, dressées, blanches à revers rosé, surmontant des feuilles quasi ovales, vert foncé, en folioles finement découpées. Se naturalise au soleil ou à l'ombre, en sol drainé. À mélanger avec 'Radar', aux fleurs magenta à centre blanc ou 'Ingramii', à fleurs bleu foncé.

CULTURE *Plantez-la dans un sol drainé, riche en humus. Offrez-lui une exposition ensoleillée ou semi-ombragée.*

☼ ◐ ◊ ♈R4 ↕↔ 15 cm

Anemone hupehensis 'Hadspen Abundance'
Anémone

Vivace à massifs, dressée, à base ligneuse, tardive, stolonifère. Les tiges, branchues, produisent à leur extrémité, du milieu à la fin de l'été, des masses de fleurs rose foncé dont les bords virent au blanc. Les feuilles, fortement divisées, longuement pétiolées, vert foncé, sont ovales et très dentées. *A. hupehensis* 'Prinz Heinrich', comparable, s'étend plus vigoureusement.

CULTURE *Plantez-la dans un sol drainé, riche en humus. Offrez-lui une exposition ensoleillée ou semi-ombragée.*

☼◑ 💧💧 🏆R4 ↕60-90 cm ↔40 cm

Anemone x *hybrida* 'Honorine Jobert'
Anémone

Vivace érigée, à base ligneuse et aux fines tiges branchues, sans pareille, pour sa longue floraison, dans les plates-bandes d'arrière-saison. De la fin de l'été à l'automne, fleurs en coupe, simples, blanches au cœur jaune d'or et à revers rosé, au-dessus du feuillage, vert moyen, très découpé. Pour des fleurs blanc pur, sans trace de rose, choisissez 'Géante des Blanches'. Elle peut être envahissante.

CULTURE *Donnez-lui un sol frais mais drainé, pas trop riche, humifère, et une exposition ensoleillée ou semi-ombragée.*

☼◑ 💧💧 🏆R4 ↕1,20-1,50 m ↔illimité

Anemone nemorosa 'Robinsoniana'

Anémone

Vigoureuse vivace tapissante, aux abondantes fleurs en étoile, bleu lavande pâle, écloses au printemps sur des tiges brunes, au-dessus des feuilles vert moyen, découpées, disparaissant avec l'été. Comme toutes les anémones des bois, elle est parfaite sous des arbustes ou des arbres ; elle se naturalise volontiers. 'Allenii' est d'un bleu plus foncé ; 'Vestal' est blanc pur.

CULTURE *Plantez-la dans un sol léger, frais mais drainé et humifère, sous une lumière tamisée.*

◐ ◊ 🏆R4 ↕8-15 cm ↔30 cm ou plus

Anemone ranunculoides

Anémone

Vivace printanière traçante qui se naturalise à la perfection dans un sous-bois frais. Les grandes fleurs jaune d'or, solitaires, éclosent au-dessus des collerettes de feuilles vert frais, découpées, sur des tiges courtes.

CULTURE *Installez-la dans un sol humide mais drainé, humifère, à mi-ombre ou au soleil tamisé. Elle supporte la sécheresse estivale.*

◐ ◊◑ 🏆R4 ↕5-10 cm ↔jusqu'à 45 cm

Antennaria microphylla
Antennaire

Vivace en touffes, semi-persistante, portant des feuilles en forme de cuillère, recouvertes d'un dense duvet gris. Au printemps, elle produit sur de courtes tiges des têtes de petites fleurs roses, mousseuses. À employer en rocaille, comme couvre-sol ras au bord d'une plate-bande, dans les murs et crevasses. Les inflorescences se prêtent aux bouquets secs.

CULTURE *Apprécie un sol drainant, pas trop riche. Ménagez-lui une exposition très ensoleillée.*

☼ ◊ 🏆R4 ↕5 cm ↔ jusqu'à 45 cm

Anthemis punctata ssp. *cupaniana*
Camomille

Vivace en touffes, semi-persistante, donnant au début de l'été une masse de petites marguerites de longue durée, avec une légère remontance. Blanches à cœur jaune, celles-ci sont solitaires, sur des tiges courtes, au milieu d'un dense feuillage gris, plumeux, devenant vert mat en hiver. Excellente en lisière de massifs.

CULTURE *Plantez-la dans un sol bien drainé, à l'abri et au soleil. Rabattez-la après la floraison pour la renforcer.*

☼ ◊ 🏆R3 à 4 ↕30 cm ↔ 45 cm

Antirrhinum
Série Sonnet
Muflier

Ces vivaces fugitives, meilleures comme annuelles, donnent de juin à septembre des épis odorants de fleurs bilabiées, dans des tons allant du blanc au jaune et au pourpre, au rose et au rouge, disponibles en mélange ou séparées. Lorsque les mufliers sont plantés en groupe, les feuilles vert foncé de la base ligneuse sont quasi invisibles. Ils sont parfaits en massif et pour les bouquets.

CULTURE *Plantez dans un sol bien drainé, riche, en plein soleil. Supprimez tout l'épi fané pour favoriser la remontance.*

☼ ◊ ♕R3 ↕30-60 cm ↔30 cm

Aquilegia vulgaris
'Nivea'
Ancolie

Vivace vigoureuse, érigée, formant des touffes, portant au printemps des bouquets feuillus de fleurs inclinées, à éperons courts. Chaque feuille, vert argenté, est profondément divisée en folioles lobées. Elle est jolie dans un sous-bois clair ou dans une bordure herbacée ; à associer à *Aquilegia* 'Hensoll Harebell' pour un mélange lumineux à mi-ombre.

CULTURE *Elle apprécie un sol frais mais drainé, riche. Ménagez-lui une exposition ensoleillée ou semi-ombragée.*

☼ ◐ ◊ ♕R4 ↕90 cm ↔45 cm

Aquilegia vulgaris
'Nora Barlow'
Ancolie

Cette vigoureuse vivace, hérissée, est très appréciée pour ses bouquets feuillus de fleurs doubles, en pompon ; celles-ci sont rose et blanc à points verts et éclosent en mai-juin. Les feuilles, gris-vert, sont divisées en lobes étroits. Elle convient aux bordures herbacées et jardins sans prétentions.

CULTURE *Plantez-la dans un sol frais mais drainé, riche. Choisissez un emplacement dégagé et une exposition ensoleillée.*

☼ ◊ 🏆R4 ↕90 cm ↔45 cm

Arabis procurrens
'Variegata'
Arabette

Vivace tapissante, persistante ou semi-persistante, portant au printemps des panicules lâches de fleurs blanches, cruciformes, sur de hautes tiges minces. Les feuilles, étroites, vert moyen, en rosettes plates, sont bordées de crème et parfois teintées de rose. Convient en rocaille. Les hivers froids lui sont parfois fatals.

CULTURE *Plantez-la dans tout sol drainé, au soleil. Éliminez les pousses vert uni.*

☼ ◊ 🏆R3 ↕5-8 cm ↔30-40 cm

Aralia elata 'Variegata'

Angélique en arbre

Bel arbuste caduc à l'aspect exotique. Ses grandes feuilles panachées comportent 80 folioles et plus, irrégulièrement bordées de blanc crème. Des bouquets plats de petites fleurs blanches éclosent au cœur de l'été et donnent des fruits noirs, ronds. Pour bordure ombragée ou berge de ruisseau dans un grand jardin ; il est moins traçant que *Aralia elata* uni.

CULTURE *En sol riche, humifère, frais, au soleil ou à mi-ombre. Retirez en fin d'hiver les branches à feuilles unies. Abritez-le des vents forts qui abîment ses feuilles.*

◐ ◖ ♈R4 ↕ ↔ 5 m

Araucaria heterophylla

Pin de Norfolk

Grand conifère pointu, apprécié pour sa forme géométrique et ses branches au feuillage étagé. Ses feuilles rugueuses, vert clair, sont écailleuses. Il n'y a pas de fleurs. Excellent arbre côtier, poussant et résistant au vent ; en climat froid, c'est une plante de véranda.

CULTURE *Donnez-lui un sol moyen, frais mais drainé, et un coin dégagé, à l'abri des vents froids. Jeune, il supporte un peu d'ombre.*

☼ ◊◖ ♈R1 ↕ 25-45 m ↔ 6-8 m

Arbutus x *andrachnoides*
Arbousier

Arbre ou arbuste étoffé à l'écorce peleuse brun-roux. Ses feuilles vert moyen, luisantes, sont finement dentées. Entre l'automne et le printemps, bouquets de petites fleurs blanches, donnant exceptionnellement des fruits. Excellent en grand bosquet, ou isolé.

CULTURE *À planter dans un sol riche, drainé, humifère, en un coin abrité et ensoleillé. Protégez-le des vents froids même à l'âge adulte et réduisez les tailles, à effectuer en hiver si nécessaire, au minimum. Il supporte les sols alcalins.*

☼ ◊ ♈R4 ↕↔ 8 m

Arbutus menziesii

Cet arbre étalé porte une belle écorce peleuse, brun-rouge et des feuilles vert foncé, luisantes et dentées. En mai-juin, il se couvre de grappes dressées de fleurs blanc pur, suivies de petits fruits épineux sphériques, rouge-orangé, qui mûrissent l'année suivante. Bon arbre pour grand bosquet ou sous-bois en sol acide.

CULTURE *Plantez-le en sol riche et humifère, acide, abrité et ensoleillé. Protégez-le des vents froids et réduisez les tailles hivernales au strict minimum.*

☼ ◊ ♈R4 ↕↔ 15 m

Arbutus unedo
Arbre aux fraises

Arbuste persistant étalé, à belle écorce rêche, squameuse, brun-roux. Des grappes pendantes de clochettes blanches, parfois rosées, éclosent en automne, quand mûrissent les fruits de la saison précédente, rappelant les fraises. Les feuilles, vert foncé luisant, sont finement dentées. Il est parfait dans les grands massifs d'arbustes.

CULTURE *Dans un sol drainé, riche, humifère et acide. Il supporte un peu d'alcalinité. Choisissez un emplacement abrité, au soleil. Taillez, mais le moins possible, les branches basses au printemps.*

☼ ◊ 🏆R4 ↕↔ 8 m

Arenaria montana
Sabline

Vivace rase, étalée, vigoureuse et persistante, donnant au printemps une profusion de fleurs blanches en coupe. Les petites feuilles, étroites, lancéolées, vert-gris, sur des tiges minces, forment un tapis lâche. Elle est facile à cultiver dans les murs, les joints ou la rocaille.

CULTURE *Plantez-la dans un sol sableux, frais mais drainé, maigre, en plein soleil. Elle demande de la fraîcheur.*

☼ ◊ 🏆R4 ↕2-5 cm ↔30 cm

Argyranthemum 'Jamaica Primrose'
Anthémis

Vivace buissonnante, persistante, aux marguerites jaune primevère à cœur plus soutenu. Elles éclosent tout l'été au-dessus du feuillage plumeux, vert argenté. En climat froid, réservez cette plante aux massifs d'été ou aux potées abritées l'hiver. 'Cornish Gold', plus court et jaune foncé, est aussi recommandé.

CULTURE *Plantez-le dans un sol bien drainé, plutôt riche, dans un endroit ensoleillé et chaud. Paillez fortement les plantes de pleine terre. Pincez les pousses pour les faire se ramifier. Température minimale : 2 °C.*

☼ ◊ 🏆R1+3 ↕1,10 m ↔1 m

Argyranthemum 'Vancouver'
Anthémis

Arbrisseau estival, compact, persistant, est apprécié pour ses fleurs roses doubles, en forme de pâquerette, à cœur plus soutenu, et son feuillage plumeux gris-vert. Il s'intègre aux bordures herbacées.

CULTURE *Plantez-le dans un sol drainé assez riche, au soleil. Apportez un paillis épais, sec, aux plantes de pleine terre. Pincez les pousses pour les aider à se ramifier. Température minimale : 2 °C. En climat froid, plantez-le en massifs ou en potées à hiverner à l'abri du gel.*

☼ ◊ 🏆R1+3 ↕90 cm ↔80 cm

Armeria juniperifolia

Ce petit sous-arbrisseau en coussinet, persistant, porte au printemps des fleurs rose pourpré à blanc, en bouquets courts, sphériques. Les petites feuilles, linéraires, gris-vert, duveteuses et pointues, forment des rosettes lâches. Originaire des pâturages alpins et des crevasses, il est parfait en rocaille et en auge. On le connaît aussi comme *A. caespitosa.*

CULTURE *Cultivez-le dans un sol drainé, pauvre à moyen, en plein soleil.*

☼ ◊ 🏆R4 ↕5-8 cm ↔jusqu'à 15 cm

Armeria juniperifolia 'Bevan's Variety'

Sous-arbrisseau compact, en coussin, persistant. Il donne à la fin du printemps de petites fleurs rose foncé, en bouquets arrondis, sur des pédoncules courts, au-dessus de rosettes lâches de petites feuilles étroites, pointues, vert-gris. Il convient aux rocailles et aux auges ; pour la lisière des bordures, prenez *Armeria* 'Bee's Ruby', vivace comparable, de 30 cm de haut aux fleurs de ciboulette.

CULTURE *Plantez-le dans un sol drainé, maigre à moyen, en un lieu dégagé et ensoleillé.*

☼ ◊ 🏆R4 ↕jusqu'à 5 cm ↔jusqu'à 15 cm

Artemisia absinthium
'Lambrook Silver'
Absinthe

Vivace persistante en touffes, à base ligneuse, cultivée pour ses abondantes feuilles plumeuses, aromatiques, vert argenté. 'Lambrook Mist', très proche, est comparable, bien qu'un peu moins rustique. Les inflorescences d'été, d'un jaune grisâtre, sont peu ornementales. Elle convient aux rocailles et bordures, à l'abri du vent.

CULTURE *Plantez-la dans un sol drainé, riche, en plein soleil. Elle ne vit pas longtemps dans un sol maigre. Recépez-la en automne pour la garder compacte.*

☼ ◊ 🏆R4 ↕jusqu'à 75 cm ↔60 cm

Artemisia ludoviciana
'Silver Queen'
Armoise

Vivace semi-persistante, en touffes, buissonnante, dressée, aux étroites feuilles duveteuses, parfois échancrées ; argentées jeunes, elles verdissent avec l'âge. De minces épis plumeux, duvetés de blanc, de fleurs jaune-brun éclosent tout l'été. Indispensable dans une bordure argentée. 'Valerie Finnis', aux feuilles plus finement incisées sur les bords, est également recommandé.

CULTURE *Dans un sol drainé, dans un lieu aéré et ensoleillé. Rasez-la au printemps pour qu'elle ait un plus beau feuillage.*

☼ ◊ 🏆R4 ↕75 cm ↔60 cm ou plus

Artemisia 'Powis Castle'
Armoise

Vigoureuse vivace à base ligneuse, buissonnante, formant une touffe dense de feuilles entremêlées, plumeuses, aromatiques, gris argenté. En été éclosent des fleurs insignifiantes. Excellente en rocaille ou plates-bandes Supporte mal les hivers froids.

CULTURE *Plantez-la dans un sol drainé, riche, en plein soleil. Souvent fugitive, elle disparaît dans un sol asphyxié et lourd. Recépez-la court en automne pour la garder dense.*

☼ ◊ 🏆R3 ↕60 cm ↔90 cm

Asparagus densiflorus 'Myersii'

Vivace souple, rampante, persistante, formant des fuseaux étroits, plumeux, de tiges feuillues, vertes. En climat chaud, cet asparagus donne en été des bouquets de petites fleurs d'un blanc rosé suivies de baies rouge vif. En climat froid, on le cultive plutôt sous abri où il fait bel effet sous une véranda, à l'intérieur, ou dans une corbeille suspendue.

CULTURE *Plantez-le dans un sol frais mais drainé, fertile, à mi-ombre. Température minimale : 2 °C.*

◑ ◊ 🏆R1 ↕0,60-0,90 m ↔1-1,20 m

Asplenium scolopendrium

Langue-de-cerf

Vivace persistante, érigée, aux couronnes irrégulières de frondes vert vif, coriaces, en pagaies allongées, de 40 cm de long. Cordiformes à la base, elles ont des bords souvent ondulés,de façon marquée dans le cultivar 'Crispum Bolton's Nobile'. Au revers des frondes mûres, les spores rouille sont disposées en chevrons. Cette plante, excellente dans un sol alcalin, ne donne pas de fleurs.

CULTURE *Dans un sol frais mais bien drainé, plutôt alcalin, amendé de gravier, à mi-ombre.*

◑ ◊◆ 🏆R4 ↕45-70 cm ↔60 cm

Aster alpinus

Vivace traçante en touffes, cultivée pour ses abondantes pâquerettes bleu pourpré ou pourpre rosé à cœur jaune foncé ; elles éclosent à la fin du printemps sur des tiges érigées au-dessus de feuilles à court pétiole, étroites, vert moyen. De pousse lente, cet aster convient au premier plan des bordures ou à la rocaille. Divers cultivars de qualité sont disponibles.

CULTURE *Plantez-le dans un sol drainé, pas trop riche, au soleil. Paillez-le chaque année en automne, après nettoyage.*

☼ ◊ 🏆R4 ↕jusqu'à 25 cm ↔45 cm

Aster amellus 'King George'

Vivace en touffe, buissonnante, portant tout l'été des bouquets lâches de grandes pâquerettes bleu-violet à cœur jaune. Les feuilles, rêches, vert moyen, duvetées, sont lancéolées. Remarquable plante tardive pour les bordures ; parmi les autres cultivars recommandés, on trouve 'Framfieldii', aux fleurs bleu lavande, 'Jacqueline Genebrier', rouge pourpré vif, et 'Veilchenköningen', pourpre foncé.

CULTURE *Plantez-le dans un sol drainé, peu riche, en plein soleil. Les sols alcalins lui conviennent.*

☼ ◊ 🏆R4 ↕↔ 45 cm

Aster 'Andenken an Alma Pötschke'

Vigoureuse vivace érigée, en touffe, portant tout l'été des bouquets de grandes pâquerettes, rose saumon vif à cœur jaune. Elles éclosent sur des tiges robustes, quasi ligneuses, dominant le feuillage lancéolé, rugueux, acaule, vert moyen. Cet aster convient en bouquets et pour des compositions tardives. *A. novae-angliae* 'Harrington's Pink' est très proche, mais à fleurs plus claires.

CULTURE *Dans un sol frais mais drainé, riche, bien travaillé, au soleil ou à mi-ombre. Pour le garder vigoureux et florifère, divisez-le tous les trois ans. À tuteurer, parfois.*

☼ ◐ ◊ 🏆R4 ↕1,20 m ↔0,60 m

Aster x *frikartii* 'Mönch'

Vivace buissonnante, érigée, donnant du milieu de l'été à l'automne une profusion de pâquerettes de longue durée, bleu lavande clair à cœur orange. Les feuilles vert foncé sont rêches, oblongues. C'est une plante précieuse pour ajouter un bleu lumineux à une scène d'arrière-saison.

CULTURE *Il préfère un sol bien drainé, pas trop riche. Placez-le au soleil. Après nettoyage, paillez la souche.*

☼ ◊ 🏆R4 ↕70 cm ↔35-40 cm

Aster laterifolius 'Horizontalis'

Vivace en touffe, très ramifiée, portant du cœur de l'été à l'automne des bouquets de pâquerettes, blanches, parfois teintées de rose, à centre rose foncé. Les minces tiges duveteuses portent de petites feuilles lancéolées, vert moyen. C'est une fleur tardive, sans égale en mixed-border.

CULTURE *Plantez-le dans un sol frais mais drainé, moyennement riche, à mi-ombre. Tenez au frais en été.*

◑ ◊ 🏆R4 ↕60 cm ↔30 cm

Aster 'Little Carlow'

Vivace en touffes dressées, donnant tout l'automne de gros bouquets de pâquerettes bleu-violet au cœur jaune d'or. Les feuilles, vert foncé, sont ovales à cordiformes et dentées. Parfaites pour les scènes d'automne, les fleurs sont idéales en bouquets, même secs. Il est très proche des *A. cordifolius* 'Chieftain', à fleurs mauves, et 'Sweet Lavender', également recommandés.

CULTURE *À l'aise dans un sol frais, moyennement riche, à mi-ombre, il tolère un sol drainé et le soleil. Paillez chaque année la touffe rabattue, à la fin de l'automne. À tuteurer, parfois.*

R4 ↕90 cm ↔45 cm

Astilbe x *arendsii* 'Fanal'

Vivace en touffes, feuillue, cultivée pour ses épis effilés, durables, plumeux, de petites fleurs, cramoisies en début d'été, virant au brun, sans tomber, jusqu'en hiver. Les feuilles, vert foncé, portées par de fortes tiges, sont divisées en nombreuses folioles. Installez-la dans une bordure humide, en sous-bois ou sur une rive. 'Brautschleier' est comparable, avec des plumets blanc crème.

CULTURE *Donnez-lui un sol frais, riche, plutôt humifère, et une exposition ensoleillée ou semi-ombragée.*

R4 ↕60 cm ↔45 cm

Astilbe x *crispa* 'Perkeo'

Vivace estivale en touffes, plus courte que les autres astilbes et portant de petits plumets dressés de petites fleurs, en étoile, rose foncé. Le robuste feuillage, ciselé, frisé, vert foncé, est bronze au départ. Elle convient aux bordures et rocailles ; la couleur est plus belle à mi-ombre. 'Bronce Elegans' est une autre bonne astilbe compacte pour sites restreints.

CULTURE *Donnez-lui un sol assez frais, fertile, riche en matière organique, et une exposition semi-ombragée.*

R4 ↕15-20 cm ↔15 cm

Astilbe 'Sprite'

Vivace estivale en touffes, feuillue, courte, pour le bord de l'eau. Les plumets, légers, effilés, de petites fleurs rose coquillage s'inclinent élégamment sur une masse de larges feuilles aux nombreuses folioles. *A.* 'Deutschland' a le même port souple avec des épis crème.

CULTURE *Plantez-la dans un sol plutôt frais, riche en matière organique, à mi-ombre.*

R4 ↕0,50 m ↔jusqu'à 1 m

Astilbe 'Straussenfeder'

Vigoureuse vivace en touffes portant à la fin de l'été des bouquets lâches, souples, de fleurs corail vif. Les têtes florales virent au brun en séchant et persistent jusqu'en hiver. Les feuilles, vert foncé, divisées en folioles ovales, sont d'abord bronze. Elle est parfaite pour les bordures fraîches, les fondrières et les rives. Également appelée 'Ostrich Plume'.

CULTURE *Donnez-lui un sol humide, riche, et une exposition ensoleillée ou semi-ombragée. Elle demande beaucoup d'eau pendant la période de végétation. Apportez chaque année un paillis organique pour maintenir le sol frais.*

☼ ◑ 💧 🏆R4 ↕90 cm ↔60 cm

Astrantia maxima
Astrance à feuilles d'hellébore

Vivace en touffes portant de jolies feuilles basales très lobées, diversement panachées de crème au bord. En début d'été éclosent des fleurs sphériques vertes, roses, ou souvent pourpres, à collerette étoilée de bractées rose pâle, sur des tiges minces. Il lui faut une bordure fraîche, le sous-bois ou un bord de ruisseau.

CULTURE *Installez-la dans tout sol frais mais drainé, riche. Le soleil exalte ses coloris.*

☼ ◑ 💧💧 🏆R4 ↕60 cm ↔30 cm

Astrantia major 'Sunningdale Variegated'
Grande astrance

Vivace en touffes portant de jolies feuilles basales, très lobées, diversement panachées de crème au bord. En début d'été éclosent des fleurs sphériques, vertes, roses ou souvent pourpres, à collerette en étoile de bractées rose pâle, sur des tiges minces. L'astrance convient pour une bordure fraîche, un sous-bois ou le bord d'un ruisseau.

CULTURE *Dans tout sol frais mais drainé, riche. Le soleil exalte ses coloris.*

☼ ◊ R4 ↕30-90 cm ↔45 cm

Athyrium filix-femina
Fougère femelle

Cette fougère produit des frondes vert clair, très divisées, caduques, en éventails dressés de 1 m de haut environ, qui se recourbent avec l'âge. La subdivision des frondes est variable et les pétioles peuvent être mordorés. Précieuse dans les lieux ombragés comme les sous-bois. Ses cultivars 'Fritzelliae' et 'Vernoniae' ont des frondes découpées pittoresques.

CULTURE *Plantez-la dans un sol frais et riche, neutre ou acide, enrichi de terreau de feuilles ou de compost, dans un endroit ombragé et abrité.*

☀ ◊ R4 ↕jusqu'à 1,20 m ↔0,60-0,90 m

Aucuba japonica 'Crotonifolia' (femelle)

Cette forme panachée d'aucuba est un arbuste arrondi, persistant, à grandes feuilles luisantes, vert foncé largement sablé d'or. Les épis printaniers de petites fleurs pourpres sont suivis de baies rouges en automne. Cet arbuste est idéal pour des haies denses, peu rigides.

CULTURE *Dans tout sol non trempé, en plein soleil pour avoir une belle couleur, ou à l'ombre. Protégez-le en climat froid. Associez-le à un sujet mâle pour une bonne fructification. Il tolère une taille légère, en toute saison ; rabattez-le au printemps, pour qu'il s'étoffe.*

☼ ◑ ◊ ♦ 🏆R4 ↕↔ 3 m

Aurinia saxatilis Corbeille-d'or

Vivace persistante donnant des bouquets denses de fleurs printanières jaune vif, qui lui ont valu son surnom. Les fleurs de son cultivar 'Citrinus', excellent, sont d'un jaune plus clair. Les feuilles, ovales, duveteuses, argentées, forment des touffes. Idéale en rocailles, murets et talus. Également appelée *Alyssum saxatile*.

CULTURE *Donnez-lui un sol moyen bien drainé et une exposition ensoleillée. Rabattez-la après la floraison pour la garder touffue.*

☼ ◊ 🏆R4 ↕20 cm ↔jusqu'à 30 cm

Ballota pseudodictamnus
Ballote

Sous-arbrisseau persistant, formant des boules de feuilles gris-jaune sur des tiges dressées, feutrées. Des étages de petites fleurs blanches ou blanc rosé, entourées d'une collerette vert clair, éclosent au printemps et en été. Les hivers froids et humides peuvent détruire la ballote.

CULTURE *Plantez-la dans un sol maigre, bien drainé, en plein soleil, à l'abri de l'humidité hivernale. Rabattez les plantes au printemps pour les maintenir denses.*

☼ ◊ R3 à 4 ↕45 cm ↔60 cm

Baptisia australis
Faux lupin

Vivace légèrement traçante, érigée, décorative pendant une longue période. Les feuilles, d'un vert vif bleuté, sur des tiges grises, sont divisées en trois folioles ovales. Les épis de fleurs indigo, souvent tachées de blanc ou de crème, s'ouvrent en mai-juin et durent longtemps. Les gousses gris foncé sèchent volontiers.

CULTURE *Donnez-lui un sol profond, frais mais drainé, riche, plutôt neutre ou acide, en plein soleil. Ne le dérangez pas une fois en place.*

☼ ◊ R4 ↕1,50 m ↔0,60 m

Bégonias à feuillage

Ces bégonias vivaces sont parfois cultivés comme annuelles pour leurs grandes feuilles ornementales, généralement asymétriques, présentant une large gamme de couleurs. Citons par exemple les feuilles vives de 'Merry Christmas', soulignées d'émeraude, ou celles, plus nuancées, vert foncé métallique, de *B. metallica*. Ce sont parfois leurs dessins inhabituels que l'on recherche ; *B. masoniana* est justement surnommé 'Croix-de-fer'. Bien cultivé, 'Thurstonii' devient un vrai arbuste, mais la plupart, comme 'Munchkin', sont plus réduits. Employez-les en massifs d'été, en véranda ou à l'intérieur.

CULTURE *Plantez-les dans un sol riche, drainé, neutre ou acide, sous une lumière tamisée. Conservez-les denses en pinçant les pousses durant la saison de végétation. Dans le même temps, donnez-leur régulièrement un engrais riche en azote. Température minimale : 15 °C.*

☀ ◇ ♀R1

1 ↕↔ 60 cm

2 ↕50 cm ↔ 45 cm

1 *Begonia listada* **2** *B. masoniana*

3 ↕25 cm ↔ 30 cm

4 ↕90 cm ↔ 60 cm

5 ↕20 cm ↔ 25 cm

6 ↕30 cm ↔ 45 cm

7 ↕2 m ↔ 45 cm

8 ↕20 cm ↔ 25 cm

3 *B.* 'Merry Christmas' 4 *B. metallica* 5 *B.* 'Munchkin'
6 *B.* 'Silver Queen' 7 *B.* 'Thurstonii' 8 *B.* 'Tiger Paws'

Bégonias à fleurs

Généralement cultivés en plein air comme annuelles, ces bégonias florifères varient beaucoup en taille et forme, offrant quantité de possibilités pour l'été au jardinier. Pour avoir des détails sur leur végétation, lisez l'étiquette ou interrogez le vendeur. Les bégonias dressés ou compacts, comme 'Pin Up' et 'Irene Nuss', sont parfaits en massifs ; pour les potées et les corbeilles suspendues, il existe des variétés retombantes, comme 'Illumination Orange'. On peut aussi cultiver les bégonias à l'intérieur ; leurs fleurs, également variées en taille et en couleur, simples ou doubles, resteront épanouies tout l'été, en panicules lâches.

CULTURE *Plantez-les dans un sol riche, humifère, neutre à acide, bien drainé. Les fleurs sont plus belles à l'ombre et souffrent au soleil. Donnez-leur un engrais complet. 'Irene Nuss' demande une température minimale de 15 °C.*

◑ ♢ ♈R1, R2 à 3

2 ↕jusqu'à 40 cm

1 ↕jusqu'à 45 cm ↔ jusqu'à 35 cm

3 ↕20 cm ↔ 20-22 cm

4 ↕60 cm ↔ 30 cm

1 *Begonia* 'Alfa Pink' (R2-3) 2 *Begonia* 'All Round Dark Rose Green Leaf' (R2-3)
3 *Begonia* 'Expresso Scarlet' (R2-3) 4 *Begonia* 'Illumination Orange' (R2-3)

5 ↕ jusqu'à 35 cm ↔ jusqu'à 30 cm

6 ↕ 75 cm ↔ 60 cm

7 ↕↔ 30 cm

8 ↕ ↔ jusqu'à 20 cm

9 ↕ 60 cm ↔ 45 cm

10 ↕ 25 cm ↔ 20 cm

11 ↕ 75 cm ↔ 45 cm

5 *Begonia* 'Inferno Apple Blossom' (R2-3) **6** *Begonia* 'Irene Nuss' (R1) **7** *Begonia* 'Nonstop' (R2-3) **8** *Begonia* 'Olympia White' (R2-3) **9** *Begonia* 'Orange Rubra' (R1) **10** *Begonia* 'Pin Up' (R2-3) **11** *Begonia sutherlandii* (R1)

Bellis perennis 'Pomponette'
Pâquerette vivace

Cette forme double de la pâquerette commune est répandue comme bisannuelle printanière à massifs. Ses pompons roses, rouges ou blancs, à pétales tuyautés, éclosent de la fin de l'hiver au printemps, au-dessus des rosettes de feuilles arrondies, vert vif. 'Dresden China' et 'Rob Roy' sont également de bonnes variétés.

CULTURE *Elle demande un sol drainé, pas trop riche, et une exposition ensoleillée ou semi-ombragée. Supprimez les fleurs fanées pour aider à la remontance et éviter le semis spontané.*

☼ ◑ ◊ 🏆 R4 ↕↔ 10-20 cm

Berberis darwinii
Berbéris

Vigoureux arbuste retombant, persistant, portant tout au long du printemps des masses de petites fleurs jaune-orangé sur des branches épineuses, puis des baies bleues en automne. Les feuilles, épineuses, sont vert foncé luisant. Employez-le comme clôture dissuasive.

CULTURE *Plantez-le dans tout sol non trempé, en plein soleil ou à mi-ombre, à l'abri des vents froids et secs. Si nécessaire, nettoyez-le après la floraison.*

☼ ◑ ◊◊ 🏆 R4 ↕3 m ou plus ↔3 m

Berberis x *ottawensis* 'Superba'
Berbéris

Cet arbuste caduc, arrondi et épineux, donne au printemps de petites fleurs jaune pâle ombré de rouge puis en automne des baies rouges. Les feuilles pourpres virent au cramoisi avant de tomber. Il fait beaucoup d'effet planté isolément ou en mixed-border.

CULTURE *Plantez-le dans tout bon sol drainé, en un lieu plutôt ensoleillé. Éclaircissez les buissons denses en plein hiver.*

☼ ◊♦ ♀R4 ↕↔ 2,50 m

Berberis x *stenophylla* 'Corallina Compacta'
Berbéris

Alors que *Berberis stenophylla* est un gros buisson souple, parfait en haie libre, ce cultivar est un petit arbuste persistant, aux feuilles à pointe épineuse, vert foncé, sur des rameaux arqués, garnis d'aiguillons. D'abondantes petites fleurs orange clair éclosent au printemps, suivies de baies bleu-noir. On peut le cultiver en haie libre.

CULTURE *Il apprécie un sol riche, humifère, plutôt bien drainé, en plein soleil. Recépez-le après la floraison.*

☼ ◊ ♀R4 ↕↔ jusqu'à 30 cm

Berberis thunbergii 'Bagatelle'
Berbéris

Arbrisseau très compact, épineux, caduc, à floraison printanière ; ses feuilles pourpres virent à l'orange et au rouge en automne. Les fleurs jaune pâle sont suivies de fruits luisants rouges. Utile en rocaille, il ne supporte pas les hivers rudes. *B. thunbergii* 'Atropurpurea', ou 'Red Pygmy', est une autre forme compacte de 60 cm de haut.

CULTURE *Plantez-le dans un sol drainé, en plein soleil, pour avoir des fleurs et des feuilles colorées. En hiver, éclaircissez les sujets trop touffus.*

☼ 💧 🏆R3 ↕30 cm ↔40 cm

Berberis thunbergii 'Rose Glow'
Berbéris

Arbuste épineux, compact, caduc, à feuilles pourpres, se tachetant peu à peu de blanc en cours de saison. Les légères fleurs jaune pâle éclosent au printemps, suivies de petites baies rouges. Excellent en clôture défensive.

CULTURE *Plantez-le dans tout sol non trempé, en plein soleil ou à mi-ombre. Supprimez les bois morts en été.*

☼ ◐ 💧💧 🏆R4 ↕2 m ou plus ↔2 m

Berberis verruculosa
Berbéris

Arbuste persistant, compact, à pousse lente, fleuri au printemps, charmant en isolé. Les fleurs jaune d'or, en coupe, éclosent parmi les feuilles épineuses, luisantes, vert foncé, portées par des rameaux armés, recourbés. Les baies, ovales à pyriformes, noires, sont mûres en automne.

CULTURE *À l'aise dans un sol drainé, humifère, riche, en plein soleil. Limitez la taille au strict nécessaire.*

☼ ◊ 🏆R4 ↕↔ 1,50 m

Berberis wilsoniae
Berbéris

Arbuste très épineux, semi-persistant, retombant, formant des coussins épais de feuillage gris-vert virant au rouge et à l'orange en automne. Des bouquets de fleurs estivales jaune pâle donnent des fruits corail à rose cerise. Excellent en clôture. Évitez les plantes issues de semis, souvent hybridées et de mauvaise qualité.

CULTURE *Plantez-le dans tout sol drainé, au soleil ou à mi-ombre. Il fleurit et fructifie mieux au soleil. Éclaircissez les pousses excédentaires en hiver.*

☼ ◐ ◊ 🏆R4 ↕1 m ↔2 m

Bergenia purpurascens 'Ballawley'

Cette vivace en touffes, persistante, est l'une des plus printanières. Elle donne des fleurs cramoisi vif sur d'épaisses tiges rouges. Les feuilles, ovales, coriaces, virent au mordoré en hiver. Elle convient aux sous-bois, ou, en groupe, au premier plan d'une bordure. *B. cordifolia* 'Purpurea' a des feuilles de même couleur et des fleurs magenta soutenu.

CULTURE *Plantez-le dans tout sol bien drainé, en plein soleil ou à mi-ombre. Abritez-le des vents froids et paillez-le en automne.*

☼ ◐ 💧💧 🏆R4 ↕jusqu'à 60 cm ↔60 cm

Bergenia 'Silberlicht'

Vivace précoce, persistante, en touffes, portant au printemps des bouquets denses de fleurs en coupe, blanches, parfois rosées. Vous aurez des plantes comparables avec 'Bressingham White', à fleurs blanc pur, et 'Morgenröte', à fleurs rose foncé. Les feuilles, vert moyen, sont rondes, coriaces, à bords dentés. Excellent couvert sous des arbustes qui l'abriteront en hiver.

CULTURE *Plantez-le dans tout sol drainé, au soleil ou à mi-ombre. Abritez-le des vents froids qui brûlent les feuilles. Paillez en automne.*

☼ ◐ 💧💧 🏆R4 ↕30 cm ↔50 cm

Betula nigra
Bouleau noir

Arbre caduc, élevé, conique à étalé, aux feuilles en losange, vert moyen à sombre. Il est couvert d'une écorce papyracée qui pèle par plaques sur les jeunes arbres ; elle devient presque noire ou blanc argenté et se crevasse sur les plants âgés. Les chatons jaune-brun, printaniers, sont décoratifs. Très bel arbre à isoler, pour un grand jardin.

CULTURE *Plantez-le dans un sol frais mais drainé, pas trop riche, au soleil. Avant l'hiver, retirez les bois morts ou abîmés.*

☼ ◊ 🏆R4 ↕18 m ↔12 m

Betula pendula 'Youngii'
Bouleau pleureur

Arbre à cime retombante, caduc, souvent plus large que haut, au port élégant. Les chatons jaune-brun éclosent à la fin de l'hiver, avant l'apparition des feuilles vertes, luisantes, triangulaires, virant à l'or en automne. Bel arbre pour petit jardin, plus arrondi que 'Tristis' ou 'Laciniata', bouleaux pleureurs populaires également, plus larges que hauts.

CULTURE *Plantez-le dans tout sol frais mais drainé, dans un lieu ensoleillé et dégagé. Évitez la taille ; retirez en automne les gourmands nés sur le tronc même.*

☼ ◊ 🏆R4 ↕8 m ↔10 m

Betula utilis var. *jacquemontii*
Bouleau himalayen

Arbre caduc, large, plus ou moins conique, à écorce blanche, lisse, desquamante. Ses chatons de fin d'hiver sont spectaculaires, et ses feuilles vert foncé virent à l'or en automne. Plantez-le en bosquets ou isolé, dans un grand jardin où le soleil d'hiver illuminera son écorce, remarquable chez 'Silver Shadow', 'Jermyns' et 'Grayswood Ghost'.

CULTURE *Dans tout sol frais mais drainé, au soleil. Sur les jeunes sujets, retirez l'éventuel bois mort ou abîmé en fin d'automne ; évitez la taille sur les arbres adultes.*

☼ ◊ 🏆R4 ↕15 m ↔7,50 m

Bidens ferulifolia

Cette vivace étalée, à courte durée de vie, est surtout cultivée comme annuelle. Elle donne une profusion de fleurs jaune vif, en étoile, de juin jusqu'aux gelées. Les feuilles, vert frais, sont finement découpées. Elle est parfaite pour les paniers suspendus et autres potées, dont elle déborde élégamment.

CULTURE *Plantez-la dans un sol frais mais bien drainé, plutôt riche, au soleil. Elle a une durée de vie courte, mais elle se bouture bien, en automne. Température minimale : 2 °C.*

☼ ◊◆ 🏆R1+3 ↕jusqu'à 30cm ↔illimité

Brachyglottis 'Sunshine'

Arbuste persistant, touffu, en boule, aux feuilles ovales, d'abord feutrées de gris puis virant au vert à revers argent. Ses pâquerettes jaunes éclosent en début d'été. Certains jardiniers privilégient son feuillage et suppriment les boutons floraux avant l'éclosion. Il supporte le bord de mer.

CULTURE *Installez-le dans un sol drainé, au soleil et à l'abri. Rabattez-le après la floraison. Une taille printanière sévère lui convient bien.*

☼ ◊ 🏆R4 ↕1-1,50 m ↔2 m ou plus

Bracteantha Série Bright Bikini

Ces immortelles sont des annuelles ou des vivaces à courte durée de vie, érigées, aux fleurs doubles parcheminées, rouges, roses, orange, jaunes ou blanches, de juin à octobre. Les feuilles, lancéolées, sont vert-gris. Bordez-en une plate-bande ou garnissez-en une jardinière ; les fleurs sont durables et sèchent bien. Pour les couleurs unies, voyez 'Frosted Sulphur' (jaune citron), 'Silvery Rose' et 'Reeves Purple'.

CULTURE *Plantez-les dans un sol frais mais drainé, pas trop riche, en plein soleil.*

☼ ◊ 🏆R3 ↕jusqu'à 30 cm ↔30 cm

Brunnera macrophylla 'Hadspen Cream'
Myosotis du Caucase

Vivace en touffes, à beau feuillage. Au printemps, des bouquets dressés de petites fleurs bleu vif surgissent du feuillage, vert uni chez *Brunnera macrophylla*, mais irrégulièrement marginé de crème chez ce cultivar. Couvre-sol idéal dans les bordures et parmi les arbres caducs.

CULTURE *Il demande un sol arrosé mais drainé, humifère, dans un lieu frais et ombragé.*

◑ 💧💧 🏆R4 ↕45 cm ↔60 cm

Buddleja alternifolia
Buddléia

Arbuste touffu, caduc, aux minces branches arquées. Les fleurs, odorantes, pourpre lilacé, éclosent en juin en bouquets serrés, parmi les étroites feuilles argentées. Parfait palissé ou monté en tige, à isoler. Attire les insectes utiles.

CULTURE *Il aime les sols crayeux, tolérant néanmoins toute bonne terre drainante, et une exposition ensoleillée. Rabattez les tiges, après la floraison, sur un beau bourgeon ; il réagit bien à une taille printanière sévère.*

☼ 💧 🏆R4 ↕↔ 4 m

Arbre aux papillons *(Buddleja davidii)*

Tous les cultivars de *B. davidii* sont des arbustes à croissance rapide, caducs, à la large gamme de coloris. Comme l'indique leur nom, ils attirent les papillons et autres insectes utiles. Les longues pousses arquées portent des feuilles lancéolées, vert moyen à argenté, de 25 cm de long. Des bouquets coniques de fleurs vives, odorantes, de 30 cm de long environ, éclosent au bout des pousses courbes, en été ; 'Royal Red' a les plus fortes, de 50 cm de long.

Ces arbustes réagissent bien à un recépage printanier, qui les tient dense, pour les petits jardins.

CULTURE *Ils poussent dans un sol drainant, riche, au soleil. Réduisez leur volume et améliorez la floraison en les rabattant court au printemps. Supprimez les fleurs fanées, pour éviter le semis anarchique, en taillant sur une paire de feuilles ou une tige latérale ; vous aurez peut-être une seconde floraison.*

☼ ◊ 🏆R4

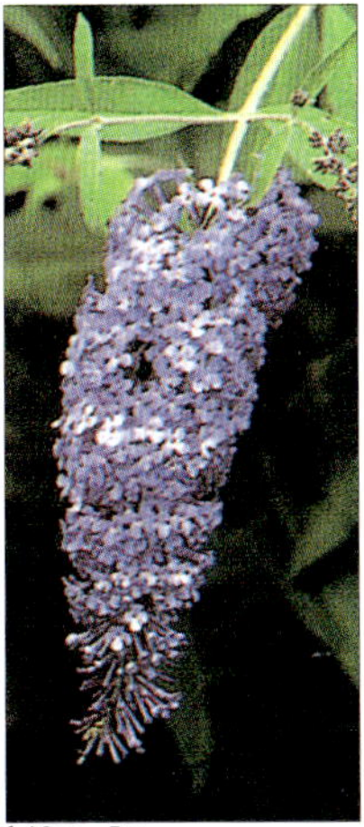

1 ↕3 m ↔5 m

2 ↕3 m ↔5 m

3 ↕3 m ↔5 m

1 *B. davidii* 'Empire Blue' **2** *B. davidii* 'Royal Red' **3** *B. davidii* 'White Profusion'

Buddleja globosa
Buddléia

Cet arbuste persistant ou semi-persistant porte des pompons inattendus dans le genre, de petits fleurons jaune-orangé, au printemps. Les feuilles, lancéolées, sont vert foncé à revers argenté. De grande taille, il se dégarnit volontiers à la base et réagit mal à la taille. Il faut donc le cultiver en arrière-plan d'un massif.

CULTURE *Il apprécie les sols drainants, crayeux, et le soleil, dans un emplacement abrité des vents froids. Évitez la taille sous peine de supprimer les fleurs à venir.*

☼ ◊ R4 ↕↔ 5 m

Buddleja 'Lochinch'
Buddléia

Arbuste caduc, compact, très proche de *Buddleja davidii* (voir p. 93) et portant de longs épis de fleurs bleu lilas durant tout l'été. Les feuilles sont duveteuses et argentées dans leur jeunesse, puis lisses et feutrées au revers. Il attire fortement les papillons.

CULTURE *Donnez-lui un sol bien drainé, pas trop riche, et du soleil. Rabattez court toutes les tiges chaque année, au printemps, quand les bourgeons gonflent.*

☼ ◊ R3 à 4 ↕ 2,50 m ↔ 3 m

Buxus sempervirens 'Elegantissima'
Buis commun

Cette forme panachée est un arbuste arrondi, dense, persistant, portant de petites feuilles étroites, luisantes, vert vif bordé de blanc. 'Latifolia Maculata' est également panaché de taches jaunes. Les fleurs ont peu d'intérêt. Réagissant bien à la taille, ils conviennent aux haies et bordures, ou dans un entrelacs à côté d'un buis vert.

CULTURE *Plantez-le dans tout sol drainé, au soleil ou à mi-ombre. Tondez-le au printemps et en été ; les arbustes négligés réagissent bien à un recépage printanier.*

☼ ◑ ◊ 🏆R4 ↕↔ 1,50 m

Buxus sempervirens 'Suffruticosa'
Buis commun

Buis très dense, à pousse lente, portant de petites feuilles persistantes, vert vif luisant. Il est répandu en bordures et topiaires et excellent en haies. Au printemps, il produit des fleurs sans grand intérêt.

CULTURE *Plantez-le dans un sol drainé, riche, au soleil ou à mi-ombre. L'association plein soleil-sol sec fait brûler le feuillage. Tondez les haies en été et recépez les sujets négligés au printemps.*

☼ ◑ ◊ 🏆R4 ↕1 m ↔1,50 m

Calendula oficinalis 'Fiesta Gitana'
Souci

Annuelle trapue, à pousse rapide, donnant des masses de fleurs d'ordinaire doubles, orange ou jaune doux, parfois bicolores, durant tout l'été. Les feuilles, duveteuses, sont aromatiques. Il est parfait en bouquets, massifs et potées.

CULTURE *Plantez-le dans un sol drainé, maigre à moyen, en plein soleil ou à mi-ombre. Soutenez la floraison en supprimant les têtes fanées.*

☼ ◐ ◇ 🏆R4 ↕jusqu'à 30 cm ↔30-45 cm

Callicarpa bodinieri var. *giraldii* 'Profusion'

Arbuste érigé, caduc, cultivé surtout pour ses baies automnales de longue tenue, brillantes, rondes, violet foncé. Les grandes feuilles effilées, vert pâle, sont bronze à la naissance, et l'été voit éclore des fleurs rose pâle. Il donne un spectacle durable dans un massif ; pour le meilleur effet, plantez-le en groupe. Les hivers rudes peuvent le tuer.

CULTURE *Il se contente de tout sol drainé et riche, en plein soleil ou à mi-ombre. Recépez une tige sur cinq à la base en fin d'hiver.*

☼ ◐ ◇ 🏆R3 ↕3 m ↔ 2,50 m

Callistemon citrinus 'Splendens'
Rince-bouteilles

Ce beau cultivar est un arbuste persistant, à tiges souvent recourbées. Les denses épis de fleurs, rouge brillant, éclosent au printemps et en été au milieu des feuilles, gris-vert, bronze dans leur jeunesse. Installez-le au pied d'un mur ensoleillé pour l'abriter des froids hivernaux.

CULTURE *Il lui faut un sol drainant, riche, neutre ou acide, et le plein soleil. Pincez les pointes des jeunes plantes pour les faire s'étoffer. Il supporte un recépage printanier.*

☼ ◊ 🏆R3 ↕2-8 m ↔1,50-6 m

Callistephus Milady Super Mixed
Reine-marguerite

Le mélange de cette annuelle à pousse rapide, robuste, assez résistant à la fanaison et aux coloris variés, est idéal en massifs et potées. Les inflorescences doubles, arrondies, écloses tout l'été, sont roses, rouges, écarlates, bleues ou blanches. Les feuilles, dentées, sont vert moyen.

CULTURE *Plantez-les dans un sol frais mais drainé, riche, neutre à alcalin, dans un endroit abrité et ensoleillé. Supprimez les fleurs fanées pour favoriser la remontance.*

☼ ◊◆ 🏆R3 ↕jusqu'à 30 cm ↔25 cm

Bruyère commune *(Calluna vulgaris)*

Les cultivars de *Calluna vulgaris* sont des bruyères, érigées à étalées, à feuillage fin. Ce sont d'excellents couvre-sols persistants, si l'on désherbe bien avant la plantation. De denses épis de fleurs en clochette éclosent en été et en automne, dans des tons rouges, pourpres, roses ou blancs ; 'Kinlochruel' est particulier, avec ses fleurs blanches, doubles, en longs épis. L'intérêt saisonnier est prolongé jusqu'en hiver avec les cultivars à feuillage coloré comme 'Robert Chapman' et 'Beoley Gold'. Les bruyères attirent fortement les abeilles et autres insectes utiles et accompagnent bien les conifères nains.

CULTURE *Plantez-les dans un sol drainé, humifère, acide, au soleil, recréant leur lande natale. Tondez les tiges défleuries en fin d''hiver ; raccourcissez les tiges trop longues en coupant sous l'inflorescence.*

☼ ◊ 🏆R4

1 ↕ **2 cm** ↔ **35 cm**

2 ↕ **35 cm** ↔ **jusqu'à 75 cm**

3 ↕ **25 cm** ↔ **40 cm**

4 ↕ **25 cm** ↔ **65 cm**

1 *C. vulgaris* 'Darkness' **2** *C. vulgaris* 'Beoley Gold' **3** *C. vulgaris* 'Kinlochruel'
4 *C. vulgaris* 'Robert Chapman'

Caltha palustris
Souci d'eau

Vivace touffue, idéale en fondrière ou en bordure de ruisseau ou de mare. Les fleurs en coupe, cirées, jaune d'or vif, éclosent au printemps, sur de grandes tiges, au-dessus des feuilles, réniformes, vert brillant. Le cultivar 'Flore Pleno' a des fleurs doubles.

CULTURE *Plantez-le dans un sol riche et boueux, au soleil. Il tolère d'avoir les racines à l'étroit dans des corbeilles immergées, sous 25 cm d'eau au plus, moins de préférence.*

☼ ● 🏆R4 ↕10-40 cm ↔45 cm

Camellia 'Inspiration'
Camélia

Dense arbuste ou petit arbre, érigé, persistant, portant une masse de fleurs en coupe, semi-doubles, rose foncé, entre l'hiver et le printemps. Les feuilles, vert foncé, sont ovales, coriaces. Il est parfait en arrière-plan de bordure ou en isolé.

CULTURE *Il lui faut un sol frais mais drainé, riche, neutre à acide, une exposition semi-ombragée, à l'abri des vents froids et secs. Paillez le pied avec de l'écorce broyée. Après la floraison, rabattez les jeunes plants pour les étoffer et les former.*

◑ ○● 🏆R4 ↕4 m ↔2 m

Camellia japonica

Ces élégants arbustes et petits arbres de sol acide, persistants, vivant lontemps, sont répandus dans les bosquets et sous-bois, ou parfois plantés isolément ; ils conviennent aussi à la culture en bacs. Leurs feuilles ovales, luisantes, vert foncé, soulignent l'éclat des fleurs printanières, simples à pleines. Les formes simples ou demi-doubles ont une masse centrale d'étamines dorées ; la plupart se prêtent aux bouquets mais peuvent souffrir des froids tardifs.

CULTURE *Un sol frais mais bien drainé, humifère, acide leur convient ; ménagez-leur une exposition semi-ombragée. Choisissez un emplacement abrité du soleil matinal, des vents froids et des gels tardifs. Ne les plantez pas trop profondément : le haut de la motte doit affleurer le sol du jardin. Maintenez un paillis de 5 à 7 cm de feuilles mortes ou d'écorce broyée. La taille pàropprement dite est superflue, réduite à un pincement de formation sur les jeunes plants.*

☀ 💧💧 ♀R4

1 ↕5 m ↔8 m

2 ↕9 m ↔8 m

3 ↕9 m ↔8 m

4 ↕2 m↔1 m

5 ↕9 m↔8 m

6 ↕9 m↔8 m

1 *Camellia japonica* 'Adolphe Audusson' **2** 'Alexander Hunter' **3** 'Berenice Boddy' **4** 'Bob's Tinsie' **5** 'Coquettii' **6** 'Elegans'

AUTRES CHOIX

'Akashigata' Fleurs rose foncé.

'Bob Hope' Rouge foncé.

'C. M. Hovey' Cramoisi/écarlate.

'Doctor Tinsley' Blanc rosé.

'Grand Prix' Rouge vif à étamines or.

'Hagoromo' Rose pâle.

'Masayoshi' Blanc marbré de rouge.

'Miss Charleston' Rubis.

'Nuccio's Gem' Blanc.

7 ↕9 m ↔ 8 m

8 ↕9 m ↔ 8 m

9 ↕9 m ↔ 8 m

10 ↕9 m ↔ 8 m

11 ↕9 m ↔ 8 m

12 ↕9 m ↔ 8 m

13 ↕9 m ↔ 8 m

14 ↕9 m ↔ 8 m

7 *Camellia japonica* 'Gloire de Nantes' **8** 'Guilio Nuccio' **9** 'Jupiter' (syn. 'Paul's Jupiter') **10** 'Lavinia Maggi' **11** 'Mrs D. W. Davis' **12** 'R. L. Wheeler' **13** 'Rubescens Major' **14** 'Tricolor'

Camellia 'Lasca Beauty'

Arbuste évasé, dressé, très apprécié pour ses immenses fleurs rose pâle, semi-doubles, printanières. Elles se détachent sur le feuillage vert foncé. Hivernez-le en serre froide et placez-le dehors, à mi-ombre, en mai.

CULTURE *Donnez-lui un substrat non alcalin et une lumière vive. Arrosez bien, à l'eau douce, en pleine saison, moins en hiver. Apportez un engrais complet en mars puis en mai.*

☀ ♢♦ ♀R2 à 3 ↕2-5 m ↔ 1,50-3 m

Camellia 'Leonard Messel'
Camélia

Arbuste étalé, persistant, aux feuilles coriaces, ovales, vert foncé, l'un des plus rustiques du genre. Il donne une profusion de grandes fleurs, en coupe ou aplaties, rose clair, tout au long du printemps. Il est parfait en massifs d'arbustes.

CULTURE *Il lui faut un sol frais mais drainé, riche, neutre à acide, et la mi-ombre, à l'abri des vents froids et secs. Paillez le pied de feuilles ou d'écorce. La taille est inutile.*

☀ ♢♦ ♀R4 ↕4 m ↔3 m

Camellia 'Mandalay Queen'

Ce gros arbuste bien ramifié porte au printemps des fleurs rose franc, demi-doubles. Ses grosses feuilles coriaces sont vert foncé. Idéal en serre froide l'hiver, puis dehors en été.

CULTURE *Donnez-lui un substrat non alcalin et une lumière vive. Arrosez bien, à l'eau douce, en pleine saison, moins en hiver. Apportez un engrais complet en mars puis en mai.*

☀ 💧💧 🏆R2 ↕ jusqu'à 15 m ↔ 5 m

Camellia sasanqua 'Narumigata'

Arbuste ou petit arbre dressé, apprécié pour ses fleurs simples tardives, parfumées, blanches, en octobre-novembre. Ses feuilles sont vert foncé. Excellent en haies, il apprécie l'abri d'un mur ensoleillé en climat froid. *C. sasanqua* 'Crimson King' est très semblable, mais à fleurs rouges.

CULTURE *À planter en sol frais mais drainé, humifère et acide, en conservant un épais paillis. Choisissez un coin ensoleillé ou peu ombragé, abrité des vents froids. Il supporte un recépage après la floraison.*

☀ ☀ 💧💧 🏆R3 ↕ jusqu'à 6 m ↔ jusqu'à 3 m

Camellia x *williamsii*

Les cultivars de *Camellia* x *williamsii* sont des arbustes vigoureux, persistants, appréciés pour leur beau feuillage lustré et l'élégance inégalée de leurs fleurs en rosette, allant du blanc pur au cramoisi. La plupart fleurissent au cœur du printemps, mais 'Anticipation' et 'Mary Christian' commencent à fleurir dès la fin de l'hiver. Beaucoup sont très rustiques et conviennent à la plupart des climats, bien que les fleurs souffrent des fortes gelées. Ce sont de beaux sujets d'orangerie comme de massifs et 'J.-C. Williams', par exemple, peut être palissé contre un mur frais. Évitez l'exposition au soleil levant.

CULTURE *Ils préfèrent un sol frais mais drainé, acide à neutre et la mi-ombre. Abritez-les des vents froids et secs et paillez-les avec de l'écorce. Taillez les jeunes plants après la floraison pour les étoffer ; laissez les plants palissés développer une solide tige centrale.*

☀ 💧💧 🏆R4

1 ↕4 m ↔ 2 m

2 ↕3 m ↔ 2,50 m

3 ↕5 m ↔ 2,50 m

1 *C.* x *williamsii* 'Anticipation' **2** *C.* x *williamsii* 'Brigadoon' **3** *C.* x *williamsii* 'Donation'

4 ↕↔ 4 m

5 ↕ 4 m ↔ 2,50 m

6 ↕ 4 m ↔ 2,50 m

7 ↕ 4 m ↔ 2,50 m

8 ↕ 4 m ↔ 2,50 m

9 ↕↔ 3 m

4 *C.* x *williamsii* 'George Blandford' **5** *C.* x *williamsii* 'Joan Trehane'
6 *C.* x *williamsii* 'J.-C. Williams' **7** *C.* x *williamsii* 'Mary Christian'
8 *C.* x *williamsii* 'Saint Ewe' **9** *C.* x *williamsii* 'Water Lily'

Campanula cochleariifolia
Campanule

Vivace rase, en rosettes, produisant vers le mois de juin d'abondants bouquets de clochettes évasées, bleu-mauve ou blanches. Les feuilles, vert vif, sont cordiformes. Elle s'étend volontiers par ses stolons, parfois envahissants. Elle fait beaucoup d'effet dans le gravier, entre les dalles et au sommet des murets.

CULTURE *Elle aime les sols frais mais drainés et le soleil ou la mi-ombre. Pour réduire son extension, supprimez les rejets en excédent.*

☼◑ ◊ 🏆R4 ↕jusqu'à 8 cm ↔jusqu'à 50 cm ou plus

Campanula glomerata 'Superba'
Campanule

Vivace en touffe, à pousse rapide, portant en été des têtes serrées de grosses fleurs pourpre-violet. Les feuilles, lancéolées à ovales, vert moyen, sont disposées en rosettes à la base et le long des tiges.
Elle est idéale pour les bordures et les jardins libres ou « de curé ».

CULTURE *Plantez-la dans un sol frais mais drainé, neutre ou alcalin, au soleil ou à mi-ombre. Rabattez-la après la floraison pour favoriser la remontance.*

☼◑ ◊♦ 🏆R4 ↕0,75 m ↔1 m ou plus

Campanula lactiflora 'Loddon Anna'
Campanule

Vivace érigée, ramifiée, aux bouquets de grandes fleurs inclinées, en cloche évasée, rose lilacé, dès juin. Les feuilles, ovales, vert moyen, sont réparties en rosettes à la base et le long des tiges. Remarquable en bordure herbacée, il lui faut un tuteurage dans les lieux ventés. Elle s'associe bien avec 'Alba', à fleurs blanches, et 'Pritchard's Variety', pourpre foncé.

CULTURE *Plantez-la dans un sol frais mais drainé, au soleil ou à mi-ombre. Rabattue une fois fanée, elle donnera une seconde vague de fleurs, moins abondantes.*

☼◑ ◊◊ 🏆R4 ↕1,20-1,50 m ↔0,60 m

Campanula portenschlagiana
Campanule des murailles

Robuste vivace en coussin, persistante, qui produit de longues clochettes pourpre foncé durant tout l'été. Les feuilles dentées sont vert moyen. Idéale en rocaille ou sur talus ensoleillé, mais parfois envahissante. *C. poscharskyana* a les mêmes emplois ; prenez plutôt l'excellent cultivar 'Stella'.

CULTURE *Plantez-la dans un sol frais mais drainé, au soleil ou à mi-ombre. Très vigoureuse, à éloigner des plantes plus délicates.*

☼◑ ◊ 🏆R4 ↕jusqu'à 15 cm ↔50 cm ou plus

Campsis x *tagliabuana* 'Madame Galen'
Bignone

Liane ligneuse radicante donnant tout l'été des bouquets de fleurs en trompette rouge-orangé parmi les feuilles ovales, étroites, dentées. À palisser sur un mur, une colonne ou une clôture ou à faire grimper dans un arbre. *C. radicans* f. *flava* vous donnera des fleurs jaunes.

CULTURE *Elle aime les sols frais mais drainés, riches, dans un lieu ensoleillé et abrité. Guidez les jeunes pousses jusqu'à ce qu'elles forment une solide charpente. Recépez-la court chaque année pour la maintenir dense.*

☼ ◊◊ R4 ↕10 m ou plus

Cardiocrinum giganteum
Lis géant

Plante bulbeuse estivale, à fleurs blanches en trompette, ombrées de brun au revers et à la gorge. Les tiges sont épaisses et les feuilles, ovales, sont vert brillant. Il peut demander sept ans pour fleurir. Il faut bien choisir son emplacement : plantez-le en sous-bois ou dans un massif à l'ombre, abrité.

CULTURE *Il apprécie un sol profond, frais mais drainé, plutôt froid, humifère, et un emplacement semi-ombragé. Il supporte mal chaleur et sécheresse. Mais ce sont les limaces ses pires ennemies.*

◐ ◊ R4 ↕1,50-4 m ↔0,45 m

Carex elata 'Aurea'
Laîche dorée

Vivace colorée, dense, aux feuilles luisantes, étroites, jaune d'or. Au printemps apparaissent des épis de fleurs peu décoratives, brun foncé, au-dessus du feuillage. Idéale pour une bordure humide, une ondrière ou les bords de mare et de ruisseau. Souvent vendue comme *C.* 'Bowles' Golden'.

CULTURE *Plantez-la dans un sol humide ou trempé, plutôt riche, en plein soleil ou à mi-ombre.*

☼◑ 💧💧 🏆R4 ↕jusqu'à 70 cm ↔45 cm

Carex hachijoensis 'Evergold'
Laîche

Laîche très populaire, persistante, vive et panachée, en touffes denses, aux feuilles étroites, vert foncé panaché de jaune. Au printemps apparaissent des épis de petites fleurs brun foncé. Elle supporte un sol plus sec que beaucoup de carex et convient aux mixed-borders.

CULTURE *Elle demande un sol frais mais drainé, riche, au soleil ou à mi-ombre. Retirez les feuilles mortes en hiver.*

☼◑ 💧💧 🏆R4 ↕30 cm ↔35 cm

Carpenteria californica

Arbuste persistant, estival, donnant de grandes fleurs odorantes, blanches à étamines jaune d'or. Les feuilles, luisantes, vert foncé, sont ovales et étroites. Il se prête au palissage qui s'accorde à son port mou. En climat frais, mettez-le à l'abri d'un mur chaud.

CULTURE *Plantez-le dans un sol drainé, en plein soleil, à l'abri des vents froids. Au printemps, retirez les branches épuisées par la floraison en les coupant à la base.*

☼ ♢ 🏆R3 ↕2 m ou plus ↔2 m

Caryopteris x *clandonensis* 'Heavenly Blue'
Barbe-bleue

Arbuste compact érigé, caduc, cultivé pour ses bouquets de fleurs bleu intense écloses du cœur de l'été à l'automne. Les feuilles, irrégulièrement dentées, sont vert-gris. En climat froid, abritez-le contre un mur chaud.

CULTURE *Plantez-le dans un sol drainé, pas trop riche, léger, en plein soleil. Rabattez toutes les tiges très court, sur des bourgeons de base, au printemps. Une fois la charpente de base formée, n'y touchez plus.*

☼ ♢ 🏆R3 ↕↔1 m

Cassiope 'Edinburgh'

Arbrisseau à port de bruyère, divisé, persistant, donnant au printemps des fleurs en clochettes pendantes, blanches à petits pétales externes brun-vert. Les feuilles, écailleuses, vert foncé, gainent les tiges. Il convient en rocaille (non calcaire) ou en banquette de tourbe. *C. lycopodioides* a des fleurs très comparables, mais est tapissante, presque prostrée, avec seulement 8 cm de haut.

CULTURE *Plantez-le dans un sol frais, humifère et acide, à mi-ombre. Tondez-le après la floraison.*

R4 ↕↔ jusqu'à 25 cm

Ceanothus arboreus 'Trewithin Blue'
Céanothe

Vigoureux arbuste persistant, étalé, apprécié pour ses abondantes fleurs printanières, odorantes, bleu moyen. Les feuilles, rondes, sont vert foncé. En climat froid, appuyez-le contre un mur chaud ; ailleurs, il ira dans un grand massif abrité.

CULTURE *Plantez-le dans un sol drainé, riche, en plein soleil et à l'abri des vents secs et froids. Pincez les jeunes plants au printemps. Une fois établi, contentez-vous d'une taille de rectification, après la floraison.*

R3 ↕6 m ↔8 m

Ceanothus 'Autumnal Blue'
Céanothe

Vigoureux arbuste persistant, donnant une masse de petites fleurs d'un beau bleu ciel, en été et en automne. Les feuilles, ovales, sont vert sombre, luisantes. L'un des céanothes persistants les plus rustiques, idéal pour une bordure libre ou un palissage lâche contre un mur ; en climat froid, le planter à l'abri.

CULTURE *Dans un sol drainé, pas trop riche, en plein soleil, à l'abri des vents froids. Il supporte le calcaire. Pincez les jeunes sujets au printemps et tondez les plantes défleuries.*

☼ 💧 🏆R3 ↕↔ 3 m

Ceanothus 'Blue Mound'
Céanothe

Arbuste en dôme, printanier, persistant portant des masses de fleurs d'un beau bleu foncé. Les feuilles, finement dentées, sont vert foncé, luisantes. Il est parfait comme couvre-sol, en cascade sur les talus et les murets, ou dans les grandes rocailles ensoleillées. Les céanothes 'Burkwoodii' et 'Italian Skies' ont le même emploi. Les hivers rudes peuvent lui être fatals.

CULTURE *Dans un sol drainé, riche, en plein soleil. Pincez les jeunes sujets et tondez les plantes défleuries en été.*

☼ 💧 🏆R3 ↕1,50 m ↔2 m

Ceanothus x *delileanus* 'Gloire de Versailles'
Céanothe

Arbuste à croissance rapide, épanoui au cœur de l'été. Ses grands épis de petites fleurs bleu clair éclosent parmi les feuilles ovales, caduques, finement dentées, vert moyen. Idéal pour les mixed-borders. 'Topaze' est très comparable, mais à fleurs bleu foncé.

CULTURE *Dans un sol drainé, assez riche, léger, au soleil. Il supporte le calcaire. Au printemps, raccourcissez les anciens rameaux de moitié, ou recépez-le sur une charpente courte. Il appréciera un recépage printanier plus sévère que les persistants.*

R4 ↕↔ 1,50 m

Ceanothus thyrsiflorus var. *repens*
Céanothe

Arbuste en dôme, persistant, rampant, bas, aux bouquets arrondis de petites fleurs printanières bleues. Les feuilles vert foncé sont luisantes. Excellent arbuste pour habiller un talus ensoleillé ou semi-ombragé, il a besoin en climat froid d'un endroit ensoleillé et chaud.

CULTURE *Il apprécie un sol riche, léger et drainé, au soleil ou à mi-ombre. Taillez-le après la floraison pour le garder compact.*

R3 ↕1 m ↔2,50 m

Ceratostigma plumbaginoides
Plumbago rampant

Vivace traçante, à base ligneuse, portant des bouquets de fleurs bleu brillant à la fin de l'été. Les feuilles, ovales, vert vif, sur des tiges dressées, minces, rouges, virent au cramoisi en automne. Elle convient aux rocailles et comme couvre-sol.

CULTURE *Plantez-le dans un sol léger, frais mais bien drainé, pas trop riche, dans un lieu ensoleillé et abrité. Rabattez les tiges à 5 cm du sol au printemps.*

☼ ◊ 🏆R3 à 4 ↕jusqu'à 45 cm ↔jusqu'à 30 cm ou plus

Ceratostigma willmottianum
Plumbago rampant

Arbrisseau caduc, évasé et traçant, donnant des fleurs bleu pâle à bleu moyen en été et en automne. Les feuilles, en vague losange, vert moyen, virent au rouge en automne. Les hivers froids le rabattent, mais il repousse au printemps. Il convient à un massif abrité.

CULTURE *Plantez-le dans un sol riche, même sec, en plein soleil. Au printemps, supprimez les bois morts et rabattez le reste sur une charpente basse.*

☼ ◊ 🏆R3 à 4 ↕1 m ↔1,50 m

Cercis siliquastrum
Arbre de Judée

Arbre ligneux éclatant, étalé, caduc, produisant avec le temps une couronne ronde. Les bouquets de fleurs papilionacées, rose vif, éclosent au printemps sur le vieux bois, avant ou en même temps que les feuilles, cordiformes. Le feuillage est bronze, puis vert bleuté et jaune en automne. Les étés chauds et longs favorisent la floraison future.

CULTURE *Plantez-le dans un sol profond, plutôt drainé, riche, en plein soleil, ou sous une lumière un peu tamisée. Formez les jeunes sujets au printemps et retirez tout le bois mort.*

☼ ◑ ◊ 🏆R4 ↕↔ 10 m

Chaenomeles speciosa 'Moerloosei'
Cognassier du Japon

Arbuste caduc, poussant et s'étendant vite, aux fleurs printanières précoces, blanc rosé. Les branches épineuses, contournées, portent des feuilles ovales, luisantes, vert foncé. Il donne, en automne, des « pommes » vert-jaune, aromatiques. Laissez-le libre ou palissez-le contre un mur.

CULTURE *Plantez-le dans un sol bien drainé, pas trop riche, au soleil pour qu'il fleurisse bien, ou à mi-ombre. Rabattez les branches latérales des arbustes palissés sur deux ou trois feuilles, au printemps. Les arbustes libres ne demandent aucun soin.*

☼ ◑ ◊ 🏆R4 ↕2,50 m ↔5 m

Chaenomeles x *superba* 'Crimson and Gold'
Cognassier du Japon

Arbuste traçant, caduc, portant des masses de fleurs rouge foncé à superbes anthères jaune d'or, durant tout le printemps. Les feuilles vert foncé éclosent sur les branches épineuses juste après la première vague de fleurs, qui donnent des fruits jaune-vert. On l'emploie comme couvre-sol ou en haie basse, mais les gels sévères peuvent le tuer.

CULTURE *Dans un sol drainé et riche, au soleil. Nettoyez-le après la floraison ; rabattez sur deux ou trois feuilles les branches latérales des sujets palissés.*

☼ ◊ ♈R3 ↕1 m ↔2 m

Chaenomeles x *superba* 'Pink Lady'
Cognassier du Japon

Arbuste caduc arrondi à branches étalées épineuses couvertes de fleurs rose foncé, en coupe, dès la fin de l'hiver. Les feuilles, luisantes, vert foncé, apparaissent après la première vague de fleurs ; en automne, des fruits odorants jaune-vert leur succèdent. En climat froid, plantez-le contre un mur chaud.

CULTURE *Dans tout sol non trempé, au soleil ou à mi-ombre. Nettoyez-le, si nécessaire, après la floraison. Taillez les branches latérales des sujets palissés sur deux ou trois feuilles, en juin.*

☼ ◊◊ ♈R3 ↕1,50 m ↔2 m

Cyprès de Lawson *(Chamaecyparis lawsoniana)*

Les cultivars de *C. lawsoniana* sont des conifères persistants très populaires, disponibles dans toute une gamme de formes, tailles et coloris. Tous ont une écorce brun-rouge et une couronne dense de branches à pointes souples. Les bouquets de feuillage aplatis, aromatiques, portant parfois de petits cônes ronds, donnent des grandes formes très adaptées aux haies ; c'est le cas pour 'Pembury Blue', gris bleuté, ou pour 'Lane', doré. Dans les petits jardins, utilisez les cultivars compacts comme 'Ellwoodii' (3 m) et 'Ellwood's Gold' ; les formes érigées naines, comme 'Chilworth Silver', donnent du relief aux plantations en bacs, rocailles et plates-bandes.

CULTURE *Plantez-les dans un sol frais mais drainé, au soleil. Ils supportent le calcaire, mais pas le vent. Tondez-les régulièrement entre printemps et automne, sans toucher au vieux bois. Pour les haies, la taille doit commencer dès leur jeune âge.*

☼ ◊ ♀R4

1 ↕1,50 m ou plus ↔ 0,60 m

2 ↕jusqu'à 40 m ↔ jusqu'à 5 m

3 ↕jusqu'à 15 m ↔ 2-5 m

1 *C. lawsoniana* 'Ellwood's Gold' **2** *C. lawsoniana* 'Lane'
3 *C. lawsoniana* 'Pembury Blue'

Chamaecyparis nootkatensis 'Pendula'

Cyprès de Nootka

Grand conifère retombant, qui développe avec l'âge une large couronne lâche. Les branches, recourbées, portent des bouquets retombants de feuillage sombre, persistant, et de petits cônes arrondis, mûrs au printemps. Son port pittoresque en fait un élément décoratif pour un grand jardin.

CULTURE *Il préfère le plein soleil et un sol frais mais drainé, neutre à un peu acide ; il supporte les sols secs et calcaires. Aucune taille spéciale n'est nécessaire.*

☼ ◊◊ ♕R4 ↕jusqu'à 30 m ↔jusqu'à 8 m

Chamaecyparis obtusa 'Nana Gracilis'

Cyprès hinoki

Cette plante naine est un conifère à port pyramidal compact. Le feuillage, vert profond, odorant, est disposé en bouquets aplatis, incurvés, portant les petits cônes, brun-jaune à maturité. Pour une grande rocaille d'allure orientale. 'Nana Aurea', doré, est très semblable, mais moitié moins grand.

CULTURE *Plantez-le dans un sol frais mais drainé, neutre à légèrement acide, en plein soleil. Il tolère les sols calcaires et secs. Aucune taille n'est requise.*

☼ ◊ ♕R4 ↕3 m ↔2 m

Chamaecyparis obtusa 'Tetragona Aurea'
Cyprès hinoki

Ce conifère à feuillage persistant, or à bronze, est un cultivar à port conique. Son feuillage odorant, disposé en bouquets aplatis sur des branches redressées, est plus vert à l'ombre ; il porte de petits cônes, bruns à maturité. À planter isolément.

CULTURE *Il préfère un sol frais mais drainé, neutre à légèrement acide. Il tolère les sols calcaires et secs. Pour avoir une couleur marquée, placez-le au soleil. Aucune taille n'est requise.*

☼ ◊ 🏆R4 ↕jusqu'à 10 m ↔jusqu'à 3 m

Chamaecyparis pisifera 'Boulevard'
Cyprès Sawara

Large conifère persistant, formant un cône renflé. Le feuillage, d'un doux vert bleuté, forme des bouquets aplatis, avec des cônes anguleux, bruns à maturité. Son port est dense et compact ; il est utile pour les sols humides et asphyxiés.

CULTURE *Plantez-le dans un sol bien frais, plutôt neutre à acide, en plein soleil. Aucune taille n'est requise.*

☼ 💧💧 🏆R4 ↕10 m ↔jusqu'à 5 m

Chimonanthus praecox 'Grandiflorus'
Chimonanthe

Arbuste caduc, vigoureux, dressé, cultivé pour ses fleurs odorantes, écloses en hiver sur ses branches nues ; chez ce cultivar, elles sont grandes, en coupe, jaune soutenu, à stries internes marron. Les feuilles sont vert moyen. Il convient aux massifs d'arbustes ou en palissage contre un mur chaud et ensoleillé.

CULTURE *Dans un sol bien drainé, riche, dans un lieu abrité, au soleil. Ne le taillez pas dans son jeune âge, afin d'obtenir du bois adulte florifère. Rabattez au printemps les branches défleuries des sujets palissés.*

☼ ◊ 🏆R4 ↕4 m ↔3 m

Chionodoxa luciliae

Cette petite plante bulbeuse produit à la fin de l'hiver des fleurs en étoile, bleu clair à œil blanc. Les feuilles, vert brillant, sont généralement récurvées. Plantez-la dans une rocaille ensoleillée ou laissez-la se naturaliser en sous-bois. Parfois vendue sous le nom horticole de *C. gigantea*. *C. forbesii*, très comparable, a des feuilles plus érigées.

CULTURE *Être installée dans tout bon sol bien drainé, en plein soleil, lui convient. Plantez les bulbes à l'automne, à 8 cm de profondeur.*

☼ ◊ 🏆R4 ↕15 cm ↔3 cm

Choisya ternata
Oranger du Mexique

Arbuste persistant, à pousse rapide, arrondi, au beau feuillage aromatique et aux fleurs parfumées. Les feuilles, vert foncé, sont divisées en trois folioles, et les bouquets de fleurs blanches, étoilées, éclosent au printemps. Excellent arbuste, résistant à la pollution urbaine, mais que les vents froids peuvent abîmer. 'Aztec Pearl' est comparable, avec des fleurs peut-être moins odorantes.

CULTURE *Dans un sol bien drainé, assez riche, en plein soleil. Il prend naturellement une forme élégante, sans taille. Supprimer les fleurs fanées favorise la remontance.*

☼ ◊ R4 ↕↔ 2,50 m

Choisya ternata 'Sundance'
Oranger du Mexique

Cette variété très dorée, à pousse lente, forme un arbuste persistant compact. Les feuilles, aromatiques, divisées en trois folioles, virent au vert doré, plus terne à l'ombre. Les fleurs sont rares. Placez-le contre un mur chaud, en le protégeant l'hiver, en climat froid. Son nom correct est *C. ternata* SUNDANCE 'Lich'.

CULTURE *Dans un sol bien drainé, riche, et au soleil, pour qu'il ait une belle couleur. Abritez-le des vents froids. Pincez en été les pousses désordonnées et supprimez au printemps les tiges gelées.*

☼ ◊ R3 ↕↔ 2,50 m

Chrysanthèmes de jardin

Ces vivaces dressées, buissonnantes, sont les vedettes des bordures tardives. Leurs jolies inflorescences lumineuses sont très employées en décors et bouquets. Leurs feuilles découpées ou plumeuses, vert moyen, sont aromatiques. Elles s'épanouissent en fin d'été et automne, suivant les cultivars ; les plus tardifs gagnent à être cultivés sous abri en climat froid (voir p. 125). Les fleurons, toujours fournis, vont de la forme simple en marguerite de 'Pennine Alfie' aux pompons renflés, récurvés, de 'George Griffiths'. Relevez-les en fin d'automne pour les hiverner hors-gel. Replantez-les à la fin des gelées.

CULTURE *Plantez-les en terre fraîche mais bien drainée, neutre à légèrement acide, enrichie de fumier bien mûr, dans un coin ensoleillé et abrité. Tuteurez les tiges élevées. Apportez de l'engrais complet entre le démarrage et la coloration des boutons.*

☼ ◊ ◊ R3

1 ↕1,20 m ↔ 0,75 m

2 ↕1,20 m ↔ 0,60-0,75 m

3 ↕1 m ↔ 0,60-0,75 m

4 ↕50 cm ↔ 25 cm

5 ↕30-60 cm ↔ 60 cm

6 ↕1,10 m ↔ 0,60-0,75 m

1 *Chrysanthemum* 'Amber Enbee Wedding' **2** *C.* 'Amber Yvonne Arnaud' **3** *C.* 'Angora' **4** *C.* 'Bravo' **5** *C.* 'Bronze Fairy' **6** *C.* 'Cherry Nathalie'

7 ↕1,10 m ↔ 0,60-0,75 m

8 ↕90 cm ↔ 30 cm

9 ↕1,30-1,50 m ↔ 0,75 m

10 ↕1,20 m ↔ 0,75 m

11 ↕90 cm ↔ 30 cm

12 ↕60 cm ↔ 30 cm

13 ↕90 cm ↔ 30 cm

14 ↕1,20 m ↔ 0,75 m

15 ↕1,20 m ↔ 0,75 m

7 *C.* 'Eastleigh' **8** *C.* 'Flo Cooper' **9** *C.* 'George Griffiths' **10** *C.* 'Madeleine' **11** *C.* 'Mancetta Bride' **12** *C.* 'Mavis' **13** *C.* 'Miss Mady' **14** *C.* 'Pennine Alfie' **15** *C.* 'Pennine Flute'

18 ↕1,20 m ↔ 60-75 cm

16 ↕70 cm ↔ 30 cm

17 ↕65 cm ↔ 30 cm

19 ↕1 m ↔ 45 cm

20 ↕1,20 m ↔ 75 cm

21 ↕30-60 cm ↔ 60 cm

22 ↕1,20 m ↔ 60-75 cm

23 ↕85 cm ↔ 45 cm

AUTRES CHOIX

'Margaret' Rose, à pétales récurvés.

'Max Riley' Jaune.

'Pennine Signal' Écarlate.

'Yellow Pennine Oriel' Bouquets de petites fleurs jaunes..

24 ↕1,20 m ↔ 60-75 cm

25 ↕1,20 m ↔ 60-75 cm

16 *Chrysanthemum* 'Pennine Lace' **17** *C.* 'Pennine Marie' **18** *C.* 'Pennine Oriel' **19** *C.* 'Primrose Allouise' **20** C. 'Purple Pennine Wine' **21** *C.* 'Salmon Fairie' **22** *C.* 'Salmon Margaret' **23** *C.* 'Southway Swan' **24** *C.* 'Wendy' **25** *C.* 'Yvonne Arnaud'

Chrysanthèmes tardifs

Ce groupe de vivaces herbacées s'épanouit en automne et hiver, ce qui rend impératif l'abri d'une serre tempérée dans les régions de climat frais. Aucun ne supporte le gel, mais on peut les placer dehors en été. Leurs superbes têtes florales revêtent quantité de formes et de tailles et divers tons d'or, de bronze, de jaune, d'orange, de rose et de rouge. Un abri contre les intempéries permet d'obtenir des fleurs de concours parfaites.

Cultivez ces chrysanthèmes en pots ou en massifs, dans la serre.

CULTURE *L'idéal est un substrat consistant, toujours frais, et une lumière vive, sans soleil. Tuteurez régulièrement et apportez un engrais liquide jusqu'à l'apparition des boutons. Aérez bien et maintenez au moins 10 °C. En climat doux, plantez-les dehors en sol riche, frais mais drainé et en plein soleil.*

☼ ◊ ♦ 🏆 R2

1 ↕1,20 m ↔ 60 cm

2 ↕1,20 1,50 m ↔ 60 cm

3 ↕1,40 m ↔ 60 cm

AUTRES CHOIX

'Apricot Shoesmith Salmon' Saumon.

'Bronze Cassandra',

'Dark Red Mayford Perfection' Rouge foncé.

'Pink Gin' Pourpre clair.

'Rose Mayford Perfection'

'Rynoon' Rose pâle.

4 ↕1,20 m ↔ 75-100 cm

5 ↕1,20 m ↔ 60-75 cm

1 *Chrysanthemum* 'Beacon' **2** *C.* 'Golden Cassandra' **3** *C.* 'Roy Coopland' **4** *C.* 'Satin Pink Gin' **5** *C.* 'Yellow John Hughes'

Cimicifuga racemosa
Cierge-d'argent

Vivace en touffes, produisant en été de longs épis, parfois courbes, de petites fleurs blanches à l'odeur déplaisante. Les feuilles vert sombre sont ovales et larges, ou lancéolées. Elle convient aux fondrières, aux bordures fraîches ou aux sous-bois clairs, loin des sentiers et des lieux de repos. *C. simplex* 'Elstead', inodore, est en revanche moins imposant, avec seulement 1 m de haut.

CULTURE *Plantez-le dans un sol bien frais, riche, humifère, à mi-ombre. Cerclez les touffes pour les tuteurer.*

◑ 💧 ♀R4 ↕1,20-2,20 m ↔0,60 m

Cistus x *aguilarii* 'Maculatus'
Ciste

Arbuste persistant à pousse rapide, à grandes fleurs solitaires, blanches, quelques semaines en juin. Le centre des fleurs comporte un bouquet d'étamines jaune d'or entouré de taches cramoisies. Les feuilles, lancéolées, sont poisseuses, aromatiques, vert vif. Parfait pour un talus ensoleillé ou pour la culture en bacs. Un froid vif peut le tuer.

CULTURE *Dans un sol drainé, maigre à moyen, à l'abri, au soleil. Il supporte le calcaire. Si nécessaire, nettoyez-le un peu à la fin de l'hiver, ou après la floraison.*

☼ ◊ ♀R3 ↕↔ 1,20 m

Cistus x *hybridus*
Ciste

Arbuste étalé, dense, donnant des fleurs blanches à cœur taché d'or. Solitaires ou en bouquets de deux ou trois, elles éclosent à la fin du printemps. Les feuilles, aromatiques, gaufrées, ovales, sont vert foncé. Il ira en massif d'arbustes ou en rocaille ; il demande l'abri d'un mur chaud en climat rude et humide. Parfois appelé *C.* x *corbariensis*.

CULTURE *Plantez-le dans un sol bien drainé, maigre à moyen, dans un lieu abrité et ensoleillé. Il supporte le calcaire. Si nécessaire, raccourcissez-le légèrement après la floraison, sans plus.*

☼ ◇ 🏆R4 ↕1 m ↔1,50 m

Cistus x *purpureus*
Ciste

Cet arbuste persistant, arrondi, porte des bouquets peu fournis de fleurs rose foncé à taches centrales marron. Les feuilles, vert foncé, sont disposées sur des tiges dressées, poisseuses, ombrées de rouge. Il est remarquable dans une grande rocaille, sur un talus ensoleillé ou en bac. Les hivers rudes peuvent lui être fatals.

CULTURE *Donnez-lui un sol drainé maigre à moyen, dans un lieu abrité du vent et très ensoleillé. Il supporte le calcaire. Si nécessaire, raccourcissez-le légèrement après la floraison, sans plus.*

☼ ◇ 🏆R3 ↕↔1 m

Clématites précoces

Les « espèces » précoces de clématites donnent un beau spectacle printanier. Il s'agit en général de lianes caduques, à feuilles vert clair à vert foncé, divisées. Les fleurs des plus hâtives sont généralement en cloche ; celles du type *C. montana*, plus tardives, sont soit plates, soit en coupe. Elles sont généralement suivies de graines ornementales. Nombre de clématites, dont les *C. montana*, vigoureuses et qui poussent très vite, sont précieuses pour masquer des murs sans attraits. Associées à des arbustes caducs, elles fleurissent avant même l'apparition des feuilles de leurs congénères.

CULTURE *Plantez-les dans un sol bien drainé riche, humifère, en plein soleil ou à mi-ombre. Il faut de l'ombre à la base des plantes. Palissez soigneusement les jeunes pousses et retaillez les pousses trop exubérantes sitôt après la floraison.*

R4

1 ↕2-3 m ↔1.5 m

2 ↕2-3 m ↔1,50 m

3 ↕10 m ↔4 m

AUTRES CHOIX

C. alpina 'White Columbine' Fleurs blanches.

C. alpina 'Helsingborg' Bleu foncé et brun.

C. cirrhosa var. *balearica* et *C. cirrhosa* 'Freckles' Fleurs crème sablé de brun rosé.

4 ↕10 m ↔2 3 m

5 ↕5 m ↔2 3 m

1 *C. alpina* 'Frances Rivis' 2 *C. macropetala* 'Markham's Pink' 3 *C. montana* f. *grandiflora* 4 *C. montana* var. *rubens* 5 *C. montana* var. *rubens* 'Tetrarose'

Clématites de demi-saison

Essentiellement hybrides, ce sont des lianes caduques, portant une profusion de fleurs superbes, tout l'été durant. Grandes, en coupe, celles-ci sont tournées vers l'extérieur et offrent un grand choix de formes et de couleurs. Elles peuvent foncer vers la fin de saison. Leurs feuilles sont vert clair à vert foncé et divisées en nombreuses folioles. Ces clématites sont superbes lorsqu'elles grimpent sur des arbustes, surtout quand elles fleurissent avant ou après ceux-ci. Leurs pointes peuvent souffrir des hivers rudes mais les plantes repoussent vite.

CULTURE *Plantez-les dans un sol drainé, riche, humifère, le pied à l'ombre et la tête au soleil. Les fleurs claires peuvent pâlir au soleil ; donnez-leur une exposition semi-ombragée. Paillez-les à la fin de l'hiver en laissant la couronne dégagée. Palissez les jeunes pousses et raccourcissez les anciennes sur de forts bourgeons à la fin de l'hiver.*

☼ ◑ ◊ 🏆 R4

1 ↕2,50 m ↔ 1 m

2 ↕2,50 m ↔ 1 m

3 ↕2-3 m ↔ 1 m

1 *Clematis* 'Bees' Jubilee' 2 *C.* 'Doctor Ruppel' 3 *C.* 'Elsa Späth'

5 ↕ jusqu'à 3 m ↔ 1 m

6 ↕ 2,50 m ↔ 1 m

7 ↕ 2,50 m ↔ 1 m

10 ↕ 3 m ↔ 1 m

8 ↕ 3 m ↔ 1 m

9 ↕ 2,50 m ↔ 1 m

11 ↕ 2,50 m ↔ 1 m

12 ↕ 2-3 m ↔ 1 m

5 *C.* 'Fireworks' **6** *C.* 'Gillian Blades' **7** *C.* 'H. F. Young' **8** *C.* 'Henryi'
9 *C.* 'Lasurstern' **10** *C.* 'Marie Boisselot' **11** *C.* 'Miss Bateman' **12** *C.* 'Nelly Moser'

13 ↕2-3 m ↔ 1 m

14 ↕2-3 m ↔ 1 m

15 ↕2 m ↔ 1 m

16 ↕2 m ↔ 1 m

AUTRES CHOIX

'Lord Nevill' Fleurs bleues à étamines pourpres.

'Mrs Cholmondely' Lavande, étamines marron.

'Will Goodwin' Bleu pâle, étamines jaunes.

17 ↕2-3 m ↔ 1 m

18 ↕2-3 m ↔ 1 m

13 *C.* 'Niobe' **14** *C.* 'Richard Pennell' **15** *C.* 'Royalty' **16** *C.* 'Silver Moon' **17** *C.* 'The President' **18** *C.* 'Vyvyan Pennell'

Clématites tardives

Nombre de clématites hybrides à grandes fleurs s'épanouissent en plein été, quand débute également la saison des *C. viticella*, aux fleurs d'ordinaire plus réduites, mais plus abondantes. Elles sont suivies par d'autres espèces tardives, caduques ou persistantes, très variables en couleur et en forme, tant pour les fleurs que pour les feuilles. Beaucoup, comme 'Perle d'Azur', sont vigoureuses et couvriront de larges pans de murs ou masqueront des bâtiments disgracieux. Elles peuvent produire de belles graines argentées qui durent jusqu'au cœur de l'hiver. 'Bill Mackenzie' excepté, la plupart sont superbes lorsqu'elles grimpent dans de petits arbres.

CULTURE *Plantez-les dans un sol humifère, riche et drainé, le pied à l'ombre et la tête au soleil ou à mi-ombre. Paillez-les en hiver, sans toucher au collet. Rabattez-les fortement chaque année avant le démarrage, à la fin de l'hiver.*

☼ ◐ ◊ 🏆R4

1 ↕4 m ↔ 1,50 m

2 ↕7 m ↔ 2-3 m

3 ↕2,50 m ↔ 1,50 m

1 *C.* 'Alba Luxurians' **2** *C.* 'Bill Mackenzie' **3** *C.* 'Duchess of Albany'

4 ↕2-3 m ↔ 1 m

5 ↕3-5 m ↔ 1,50 m

6 ↕3 m ↔ 1 m

7 ↕3 m ↔ 1,50 m

8 ↕3 m ↔ 1 m

9 ↕3 m ↔ 1 m

10 ↕3 m ↔ 1 m

11 ↕3 m ↔ 1 m

12 ↕6-7 m ↔ 2-3 m

4 *C.* 'Comtesse de Bouchaud' **5** *C.* 'Étoile violette' **6** *C.* 'Jackmanii' **7** *C.* 'Madame Julia Correvon' **8** *C.* 'Minuet' **9** *C.* 'Perle d'azur' **10** *C.* 'Venosa Violacea' **11** *C. viticella* 'Purpurea Plena Elegans' **12** *C. rehderiana*

Clianthus puniceus

Arbuste persistant, semi-grimpant, aux tiges ligneuses rampantes. Des bouquets de fleurs en pince de crabe, rouge brillant, apparaissent au printemps. Les feuilles, vert moyen, sont divisées en nombreuses folioles oblongues et étroites. Le cultivar 'Albus' a des fleurs blanc pur. Adapté au palissage, il demande l'abri d'une véranda en climat froid.

CULTURE *Plantez-le dans un sol drainé, riche, au soleil et à l'abri du vent. Pincez les jeunes pousses pour les faire s'étoffer, sans tailler par ailleurs.*

☼ ◊ R2 ↕4 m ↔3 m

Codonopsis convolvulacea

Mince liane herbacée estivale, aux tiges volubiles, portant de gracieuses fleurs en cloche ou en coupe, bleu-violet clair. Les feuilles, lancéolées à ovales, sont vert vif. Installez-la dans une bordure herbacée ou un sous-bois, où elle colonisera ses voisins.

CULTURE *Plantez-le dans un sol frais mais drainé, riche et, si possible, à mi-ombre. Palissez-le ou donnez-lui l'appui d'arbustes voisins. Rabattez-le au printemps.*

◑ ◊◆ R4 ↕jusqu'à 2 m

Colchicum speciosum 'Album'
Colchique

Plante à corme donnant des fleurs épaisses en gobelet, résistant aux intempéries, d'un blanc pur chez ce cultivar, alors que l'espèce type a des fleurs roses. Les feuilles, en ovale étroit, vert moyen, émergent en hiver ou au printemps après la défloraison. Plantez-le en lisière de massif, au pied d'un talus, ou en rocaille. Toutes les parties de la plante sont très toxiques.

CULTURE *Dans un sol frais mais drainé, en plein soleil. Enfouissez les souches en fin d'été sous 10 cm de terre profonde et riche.*

☼ ♢ ♈R4 ↕18 cm ↔10 cm

Convallaria majalis
Muguet

Vivace traçante, aux petites fleurs blanches très odorantes, suspendues aux tiges recourbées, au printemps. Les feuilles, ovales, étroites, sont vert moyen à sombre. Excellent couvre-sol pour le sous-bois et autres emplacements ombragés ; s'il se plaît, il s'étend rapidement.

CULTURE *Plantez-le dans un sol assez frais, riche, humifère, à l'ombre ou à mi-ombre. Paillez-le de terreau de feuilles en automne.*

◐ ● ♦ ♈R4 ↕23 cm ↔30 cm

Convolvulus cneorum
Liseron

Arbuste compact, arrondi, persistant, portant des masses de fleurs en cornet, blanches à gorge jaune, écloses de mai à juillet. Les feuilles, étroites ou lancéolées, sont argentées. Il est parfait comme gros sujet de rocaille ou sur un talus. Dans les régions froides et humides, plantez-le en bacs à rentrer sous une véranda pour l'hiver.

CULTURE *Plantez-le dans un sol graveleux, très drainé, maigre à moyen, dans un emplacement abrité et ensoleillé. Nettoyez-le après la floraison, si nécessaire.*

☼ ◊ ♀R3 ↕60 cm ↔90 cm

Convolvulus sabatius
Liseron

Petite vivace rampante à fleurs en cornet, bleu pourpré vif, épanouies en été et en automne. Les tiges minces sont garnies de petites feuilles ovales, vert moyen. Elle est parfaite dans des fentes de rocher ; en climat froid, mieux vaut la cultiver dans des pots qui passeront l'hiver à l'abri. Parfois vendue comme *C. mauritanicus*.

CULTURE *Plantez-la dans un sol drainé graveleux, maigre à moyen, dans un lieu abrité et ensoleillé.*

☼ ◊ ♀R3 ↕15 cm ↔50 cm

Cordyline australis 'Albertii'

Arbre persistant, à grandes feuilles lancéolées, vert mat, à nervure médiane rouge, striées de crème et à bordures roses. Des bouquets de fleurs crème éclosent en été sur les sujets adultes, suivies de baies blanches ou bleutées. Il devient rarement grand en climat froid, où il vaut mieux le cultiver en bacs, à placer dehors en été.

CULTURE *Il préfère un sol bien drainé, riche, et une exposition ensoleillée ou semi-ombragée. Retirez régulièrement feuilles et fleurs fanées.*

☼ ◐ ♢ R3 ↕jusqu'à 10 m ↔jusqu'à 4 m

Cornus alba 'Sibirica'
Cornouiller blanc

Arbuste caduc, planté d'ordinaire pour l'aspect esthétique de l'écorce hivernale, rouge corail, de ses jeunes pousses. De petits bouquets de fleurs crème éclosent à la fin du printemps au milieu des feuilles ovales, vert foncé, virant au rouge en automne. Il fait beaucoup d'effet au bord de l'eau et partout où ses tiges seront bien en vue l'hiver.

CULTURE *Plantez-le dans un sol moyen, au soleil. Pour avoir de belles tiges, recépez court au printemps les pieds établis et engraissez-les. Mais dans ce cas, vous n'aurez que peu de fleurs.*

☼ ♢♦ R4 ↕↔ 3 m

Cornus alba 'Spaethii'
Cornouiller blanc

Vigoureux arbuste érigé, caduc, aux feuilles elliptiques, vert brillant bordé de jaune. On le cultive surtout pour l'effet hivernal de ses tiges rouge vif. À la fin du printemps, de petits bouquets de fleurs crème éclosent dans le feuillage. Il fera beaucoup d'effet partout où on verra bien ses tiges nues.

CULTURE *Plantez-le dans tout sol moyen, et plutôt en plein soleil. Pour avoir de plus belles tiges, mais moins de fleurs, recépez court les sujets établis à chaque printemps.*

☼ 💧💧 ♈R4 ↕↔ 3 m

Cornus canadensis
Cornouiller rampant

Vivace rampante, superbe comme couvre-sol sous des arbustes ou en sous-bois. Les inflorescences, dotées de larges bractées blanches, éclosent en mai-juin au-dessus des feuilles, ovales, vert vif, et sont suivies de baies rouge vif, rondes.

CULTURE *Il aime les sols humides, acides et humifères, et la mi-ombre. Divisez les souches au printemps ou en automne pour le restreindre ou le propager.*

☼ 💧 ♈R4 ↕jusqu'à 15 cm ↔illimité

Cornus kousa var. *chinensis*
Cornouiller

Arbre plus ou moins conique, à écorce marbrée, aux feuilles ovales, vert foncé, virant à un spectaculaire cramoisi pourpré en automne. Les fleurs de fin de printemps sont accompagnées de grandes bractées blanches virant au rose. Très bel arbre à isoler sur un fond de sous-bois. *C. kousa* 'Satomi' est encore plus coloré en automne et ses bractées sont roses.

CULTURE *Dans un sol drainé, riche, neutre à acide et humifère, au soleil ou à mi-ombre. Limitez la taille au strict nécessaire.*

☼ ◑ ◊ 🏆R4 ↕7 m ↔5 m

Cornus mas
Cornouiller mâle

Vigoureux arbuste ou un petit arbre caduc, étalé. À la fin de l'hiver, les branches nues s'ornent de bouquets de petites fleurs jaunes. Les feuilles, ovales, vert foncé, virent à l'acajou en automne, au moment où les fruits mûrs rougissent. Il est parfait isolé, dans un jardin de sous-bois.

CULTURE *Il se contente de tout sol drainé, au soleil ou à mi-ombre. Mieux vaut éviter de le tailler.*

☼ ◑ ◊ 🏆R4 ↕↔ 5 m

Cornus stolonifera 'Flaviramea'
Cornouiller stolonifère

Vigoureux arbuste caduc qui fait bel effet en hiver grâce à l'écorce de ses branches nues avant l'apparition des feuilles ovales vert foncé. Les fleurs blanches en bouquets éclosent en mai-juin et les feuilles rougissent en automne. Il est parfait en fondrière ou dans un sol frais au bord de l'eau.

CULTURE *Dans un sol bien frais, en plein soleil. Limitez son extension en supprimant une tige ancienne sur quatre chaque année. Rabattez tout le bois restant en début de printemps, puis engraissez-le pour avoir de belles pousses.*

☼ ◑ ♀R4 ↕2 m ↔4 m

Correa backhouseana

Cette plante australienne est un arbuste persistant, étalé, aux petits bouquets de fleurs tubulaires vert pâle et rose ou crème, fleuries de l'automne au printemps. Les tiges, soyeuses, rouille, sont garnies de feuilles ovales, vert foncé. En climat froid, plantez-le contre un mur chaud ou hivernez-le à l'abri. *Correa* 'Mannii' à fleurs rouges est également recommandé.

CULTURE *Plantez-le dans un sol drainé, riche, acide à neutre, en plein soleil. Nettoyez-le après la floraison si nécessaire.*

☼ ◊ ♀R2 ↕1-2 m ↔1,50-2,50 m

Cortaderia selloana
'Aureolineata'
Herbe de la pampa

Vivace persistante en touffes, aux feuilles recourbées bordées d'or, virant entièrement au jaune sombre. Les plumets soyeux de fleurs argentées apparaissent en fin d'été sur de hautes tiges. Elle peut disparaître en climat froid. Les plumets sèchent bien. Parfois appelée 'Gold Band'.

CULTURE *Dans un sol drainé, riche, au soleil. À la fin de l'hiver, supprimez les feuilles mortes et les plumets fanés ; portez des gants, car les feuilles sont coupantes.*

☼ ♢ ♈R3 ↕jusqu'à 2,20 m ↔1,50 m et plus

Cortaderia selloana
'Sunningdale Silver'
Herbe de la pampa

Vivace en touffes, persistante, trapue, qui résiste au vent. En fin d'été, des plumets soyeux de fleurs crème argenté éclosent sur des tiges dressées, au-dessus des feuilles, arquées, aux bords coupants. En climat froid, protégez la souche d'un paillis sec, en hiver. Les plumets sèchent bien.

CULTURE *Dans un sol drainé, riche, pas trop épais, en plein soleil. Supprimez les tiges et feuilles mortes à la fin de l'hiver; portez des gants, les feuilles sont coupantes.*

☼ ♢ ♈R3 ↕3 m ou plus ↔jusqu'à 2,50 m

Corydalis solida 'George Baker'
Corydale

Vivace basse, en touffe, herbacée, aux épis dressés de fleurs saumon foncé qui apparaissent au printemps au-dessus du délicat feuillage gris bleuté. Plante superbe en rocaille ou en serre alpine.

CULTURE *Plantez-la dans un sol bien drainé, moyen, de préférence en plein soleil, bien qu'elle supporte un peu d'ombre.*

☼ ◐ ◊ R4 ↕jusqu'à 25 cm ↔jusqu'à 20 cm

Corylopsis pauciflora

Cet arbuste caduc porte des chatons pendants de petites fleurs odorantes, jaune pâle, écloses en fin d'hiver sur le bois nu. Les feuilles, ovales, vert vif, sont vert bronze à l'éclosion. Doté naturellement d'un beau port, il est superbe dans les lieux ombragés. Le froid peut abîmer ses fleurs.

CULTURE *Plantez-le dans un sol frais mais drainé, humifère, acide, à mi-ombre et à l'abri du vent. Laissez-lui de l'espace. Son port naturel est fragile : réduisez la taille à la suppression du bois mort.*

◐ ◊♦ R4 ↕1,50 m ↔2,50 m

Corylus avellana 'Contorta'
Noisetier tortueux

Arbuste caduc aux branches fortement contournées, spectaculaire en hiver et parfait en bouquet. Son attrait hivernal est encore souligné, un peu plus tard, par les chatons jaunes. Les feuilles, vert moyen, presque rondes, sont dentées.

CULTURE *Plantez-le dans tout sol drainé, riche, au soleil ou à mi-ombre. Avec le temps, les branches contournées deviennent touffues et peuvent casser ; éclaircissez-les à la fin de l'hiver.*

☼ ◑ ◊ 🏆R4 ↕↔ 15 m

Corylus maxima 'Purpurea'
Noisetier pourpre

Vigoureux arbuste évasé, caduc, qui, sans taille, devient un petit arbre. À la fin de l'hiver, les chatons pourprés apparaissent avant les feuilles rondes, pourpres. Les noisettes, comestibles, mûrissent en automne. Il est remarquable isolé, dans un massif d'arbustes ou en sous-bois.

CULTURE *Installez-le dans tout sol drainé, riche, au soleil ou à mi-ombre. Vous aurez de plus belles feuilles, mais pas de noisettes, si vous le rabattez court à la fin de l'hiver.*

☼ ◑ ◊ 🏆R4 ↕jusqu'à 6 m ↔5 m

Cosmos bipinnatus 'Sonata White'

Annuelle branchue mais compacte, portant en été et en automne des fleurs simples, en coupe, blanches à cœur jaune, sur des tiges dressées. Les feuilles, plumeuses, sont vert vif. Cette plante convient parfaitement à un jardin venté. Ses fleurs se prêtent aux bouquets.

CULTURE *Plantez-le dans un sol frais mais drainé, riche, en plein soleil. Supprimez les fleurs fanées pour une bonne remontance.*

☼ 🌢🌢 🏆R4 ↕↔ 30 cm

Cotinus coggygria 'Royal Purple'
Arbre à perruques

Arbuste caduc cultivé pour ses feuilles arrondies, pourpres, virant à un brillant écarlate en automne. Des plumets neigeux de petites fleurs pourpres éclosent sur le vieux bois dans les régions à étés chauds et longs. À planter dans un massif d'arbustes ou isolé ; si la place le permet, faites-en des bosquets.

CULTURE *Dans un sol frais mais drainé, plutôt riche, au soleil ou à mi-ombre. Pour avoir un beau feuillage, rabattez-le court sur des charpentières de vieux bois à la fin de l'hiver, avant le début de la période de végétation.*

☼ ◐ 🌢🌢 🏆R4 ↕↔ 5 m

Cotinus 'Grace'
Arbre à perruques

Arbuste ou petit arbre caduc, à pousse rapide, aux feuilles ovales, pourpres, virant au rouge lumineux, opalescent, en automne. Les nuages de petites fleurs pourprées n'apparaissent que durant les étés chauds. Isolé ou en massif, il apporte au jardin une superbe coloration automnale. *Cotinus* 'Flame' vous donnera des couleurs aussi brillantes en automne, mais son feuillage d'été est vert.

CULTURE *Dans un sol frais mais drainé, assez riche, au soleil ou à mi-ombre. Une taille sévère de fin d'hiver, avant le démarrage de la végétation, donne un beau feuillage.*

☼ ◑ 💧💧 🏆R4 ↕6 m ↔5 m

Cotoneaster atropurpureus 'Variegatus'
Cotonéaster

Arbuste bas, compact, parfois appelé *C. horizontalis* 'Variegatus', aux fleurs peu ornementales, rouges, en juin, suivies en automne d'une superbe fructification rouge-orangé. Les petites feuilles caduques, ovales, ourlées de blanc, ajoutent un charme automnal en devenant rouge et rose avant de tomber. Superbe comme couvre-sol ou en rocaille.

CULTURE *Dans un sol drainé, pas trop riche, en plein soleil. Il supporte un sol sec et un peu d'ombre. Mieux vaut éviter la taille.*

☼ ◑ 💧 🏆R4 ↕45 cm ↔90 cm

Cotoneaster conspicuus 'Decorus'
Cotonéaster

Arbuste dense, en dôme, persistant, cultivé pour ses baies rouge brillant. Mûres en automne, elles persistent souvent jusqu'à la fin de l'hiver. En été, les petites fleurs blanches émaillent les feuilles vert foncé. Il est indiqué pour les massifs d'arbustes ou le couvert d'arbres caducs.

CULTURE *Plantez-le dans un sol drainé, moyen, si possible au soleil, bien qu'il supporte l'ombre. Si nécessaire, formez-le par la taille, après la floraison.*

☼ ◐ ♢ ♈R4 ↕1,50 m ↔2-2,50 m

Cotoneaster horizontalis
Cotonéaster

Arbuste caduc à branches étalées, en arête de poisson. Les petites fleurs printanières, blanc rosé, attirent les abeilles. Les baies rouge vif mûrissent en automne quand les feuilles luisantes, vert foncé, virent au cramoisi avant de tomber. C'est un bon couvre-sol, mais il est aussi superbe palissé contre un mur.

CULTURE *Plantez-le dans tout sol non trempé, au soleil pour avoir de beaux fruits, ou à mi-ombre. Évitez les tailles ; s'il est palissé, supprimez les pousses vagabondes à la fin de l'hiver.*

☼ ◐ ♢♦ ♈R4 ↕1 m ↔1,50 m

Cotoneaster lacteus
Cotonéaster

Dense arbuste persistant à branches arquées, portant des bouquets de petites fleurs blanc laiteux à la fin du printemps, puis des baies rouges en automne. Les feuilles, ovales, coriaces, sont vert foncé, à revers gris, feutré. Parfait pour un jardin écologique où il nourrit abeilles et oiseaux ; il convient aussi comme brise-vent ou en haie libre.

CULTURE *Plantez-le dans un sol drainé, plutôt riche, au soleil ou à mi-ombre. Nettoyez légèrement les haies, si nécessaire, en été ; évitez les tailles sérieuses.*

☼ ◑ 💧 🏆R4 ↕↔ 4 m

Cotoneaster simonsii
Cotonéaster

Arbuste érigé, caduc ou semi-persistant, à petites fleurs printanières blanches. Des baies rouge-orangé vif leur succèdent en automne et jusqu'au cœur de l'hiver. L'automne se manifeste également par le feuillage luisant qui passe du vert foncé au rouge. Ce cotonéaster se prête aux haies et supporte une mise en forme par une taille assez sévère.

CULTURE *Plantez-le dans tout sol bien drainé, en plein soleil ou à mi-ombre. Taillez les haies à la fin de l'hiver, ou bien laissez-les libres.*

☼ ◑ 💧 🏆R4 ↕3 m ↔2 m

Cotoneaster sternianus
Cotonéaster

Cet élégant arbuste, persistant ou semi-persistant, porte des branches souples où s'épanouissent au printemps des bouquets de fleurs blanc rosé, suivies en automne par une abondance de grosses baies rouge-orangé. Les feuilles, vert-gris, sont blanches au revers. Il est parfait en haies.

CULTURE *Plantez-le dans tout sol drainé, au soleil ou à mi-ombre. Tondez légèrement les haies après la floraison, si nécessaire ; limitez les tailles plus sévères.*

☼ ◑ ◊ 🏆R4 ↕↔ 3m

Cotoneaster x *watereri* 'John Waterer'
Cotonéaster

Arbuste ou petit arbre à pousse rapide, plus ou moins persistant, apprécié pour l'abondance des baies rouges qui garnissent ses rameaux en automne. Au printemps, les bouquets de fleurs blanches éclairent le feuillage vert foncé, lancéolé. Il est beau isolé ou à l'arrière d'un massif d'arbustes.

CULTURE *Plantez-le dans tout sol non trempé, au soleil ou à mi-ombre. Supprimez les pousses mal placées des jeunes sujets pour former une charpente aérée. Par la suite, évitez toute taille.*

☼ ◑ ◊◊ 🏆R4 ↕↔ 5 m

Crambe cordifolia
Crambé

Grande vivace vigoureuse, en touffes, cultivée pour sa stature et ses nuages de petites fleurs blanches, odorantes, aériennes, très aimées des abeilles. Elles éclosent en mai-juin sur des tiges robustes, dominant les larges feuilles élégantes, vert foncé. Il est magnifique en mixed-border, si on lui donne de la place.

CULTURE *Plantez-le dans tout sol drainé, plutôt profond et riche, en plein soleil ou à mi-ombre Abritez-le des vents violents.*

☼◑ ♢ 🏆R4 ↕jusqu'à 2,50 m ↔1,50 m

Crataegus laevigata 'Paul's Scarlet'
Aubépine

Arbuste arrondi, épineux, caduc, esthétique tout au long de la saison. Ses abondants bouquets printaniers de fleurs doubles, rose foncé, sont suivis en automne de petits fruits rouges. Les feuilles, divisées en trois ou cinq lobes, sont luisantes, vert moyen. Arbre à isoler, précieux en ville et dans les jardins côtiers ou ventés. Très comparable, 'Rosea Flore Pleno' est un bon substitut.

CULTURE *Plantez-le dans tout sol non trempé, en plein soleil ou à mi-ombre. Évitez les tailles importantes.*

☼◑ ♢♦ 🏆R4 ↕↔ 8 m

Crataegus x *lavallei* 'Carrierei'

Aubépine

Vigoureux arbre semi-étalé, presque persistant, à pousses épineuses et feuilles vertes coriaces virant au rouge en automne et en hiver. Des bouquets aplatis de fleurs blanches apparaissent au printemps, suivis en automne de fruits ronds rouges qui persistent en hiver. Tolérant la pollution, il convient en ville. Souvent vendu comme *C.* x *lavallei.*

CULTURE *Elle pousse dans tout sol non trempé, en plein soleil ou à mi-ombre. Mieux vaux éviter les tailles.*

☼ ◑ 💧 🏆R4 ↕7 m ↔10 m

Crinodendron hookerianum

Arbre aux lanternes

Arbuste persistant, dressé, tirant son nom de ses grosses fleurs écarlates à carmin, suspendues aux pousses érigées au printemps. Les feuilles, luisantes, étroites, sont vert foncé. Il n'aime pas les sols alcalins ni les hivers trop froids.

CULTURE *Plantez-le dans un sol frais mais drainé, riche, humifère, acide, à mi-ombre, à l'abri des vents froids. Il supporte le soleil si ses racines restent au frais et à l'ombre. Nettoyez-le après la floraison si nécessaire.*

◑ 💧 🏆R3 ↕6 m ↔5 m

Crinum x *powellii* 'Album'
Crinole

Robuste plante bulbeuse portant en été jusqu'à dix fleurs en bouquet, parfumées, évasées, d'un blanc pur, sur des tiges dressées. Le type, *C.* x *powelli*, à fleurs roses, est aussi beau. Les feuilles de la base, rubanées, atteignant 1,50 m de long, sont vert moyen et souples. En climat froid, trouvez-lui un emplacement abrité et protégez le bulbe d'un épais paillis sec.

CULTURE *Il pousse dans un sol profond, frais mais drainé, riche et humifère, en plein soleil et à l'abri des vents secs et froids.*

☼ ♢ 🏆R3 ↕1,50 m ↔0,30 m

Crocosmia x *crocosmiiflora* 'Solfaterre'

Cette plante bulbeuse en touffes produit en été des épis de fleurs évasées, abricot, sur des tiges arquées. Les feuilles, caduques, bronze, rubanées, émergent de cormes renflés, à la base des tiges. Le crocosmia est parfait pour les bordures et en bouquet. Il peut souffrir du gel en climat froid.

CULTURE *Plantez-le dans un sol frais mais drainé, riche, humifère, en plein soleil. Posez un paillis sec pour l'hiver.*

☼ ♢ 🏆R3 ↕60-70 cm ↔8 cm

Crocosmia 'Lucifer'

Robuste plante bulbeuse en touffes, à cormes renflés, à la base des tiges. Les cormes donnent naissance à des feuilles plissées, vert vif et, en été, à des épis recourbés de fleurs rouges dressées. L'effet est frappant en lisière d'un massif d'arbustes ou au bord d'une pièce d'eau.

CULTURE *Plantez-le dans un sol frais mais drainé, moyen, humifère, en plein soleil ou à mi-ombre.*

R4 — ↕1-1,20 m ↔8 cm

Crocosmia masoniorum

Robuste plante bulbeuse estivale, aux fleurs dressées, vermillon vif, qui dominent le feuillage vert foncé sur des tiges courbes. Fleurs et feuilles émergent d'un corme renflé, bulbeux d'aspect. Cette plante pousse dans les jardins côtiers. En climat froid, mettez-la à l'abri d'un mur chaud.

CULTURE *Il préfère un sol frais mais drainé, riche, humifère, en plein soleil ou à mi-ombre. Donnez-lui un paillis sec contre les hivers froids.*

R3 — ↕1,20 m ↔8 cm

Crocus printaniers

Les crocus printaniers sont des plantes bulbeuses indispensables, qui apportent au jardin, à la fin de l'hiver, une tache de couleur bienvenue. Certains cultivars de *C. sieberi*, tels 'Tricolor' ou 'Hubert Edelstein', s'ouvrent encore plus tôt,en hiver. Les fleurs en gobelet émergent de cormes souterrains renflés, en même temps que les feuilles, étroites et dressées, ou juste avant. Ces dernières sont vert moyen à nervure centrale argentée, et s'allongent fortement après la floraison. Ils font beaucoup d'effet en lisière d'une bordure herbacée, ou en masse dans la rocaille et les banquettes.

CULTURE *Plantez-les dans un sol graveleux, bien drainé, maigre à moyen, en plein soleil. Arrosez bien durant la pousse et donnez-leur un engrais peu azoté chaque mois.* C. corsicus *doit passer l'été au sec complet. Dans de bonnes conditions, ils se naturalisent bien.*

☼ ◊ 🏆R4

1 ↕8-10 cm ↔ 4 cm

2 ↕7 cm ↔ 5 cm

3 ↕5-8 cm ↔ 2,5 cm

4 ↕5-8 cm ↔ 2,5 cm

5 ↕5-8 cm ↔ 2,5 cm

1 *C. corsicus* **2** *C. chrysanthus* 'E.A. Bowles' **3** *C. sieberi* 'Albus' **4** *C. sieberi* 'Tricolor' **5** *C. sieberi* 'Hubert Edelstein'

Crocus d'automne

Ces crocus sont précieux pour leurs fleurs tardives, en gobelet, très belles à l'intérieur. Ce sont des plantes bulbeuses naines à cormes souterrains d'où sortent fleurs et feuilles. Ces dernières sont étroites, vert moyen, à strie centrale argentée, et apparaissent en même temps ou juste après les fleurs. Tous les crocus sont de culture aisée si les conditions sont bonnes, et font bel effet en groupe, dans une rocaille. Les espèces prolifiques, tel *C. ochroleucus,* sont indiquées pour la naturalisation dans l'herbe ou sous des arbustes caducs. *C. banaticus* est superbe en groupe à la lisière d'un massif, mais veillez à ce que les plantes voisines ne l'étouffent pas.

CULTURE *Plantez-les dans un sol graveleux, drainé, maigre à moyen, en plein soleil. Réduisez fortement les arrosages estivaux pour tous, sauf* C. banaticus, *qui préfère un sol plus frais et tolère un peu d'ombre.*

☼ ◊ ♀R4

1 ↕10 cm ↔ 5 cm

2 ↕10 cm ↔ 5 cm

3 ↕6-8 cm ↔ 5 cm

4 ↕8 cm ↔ 2,5 cm

5 ↕5 cm ↔ 2,5 cm

6 ↕10-12 cm ↔ 4 cm

1 *C. banaticus* 2 *C. goulimyi* 3 *C. kotschyanus* 4 *C. medius* 5 *C. ochroleucus* 6 *C. pulchellus*

Cryptomeria japonica 'Elegans Compacta'
Cèdre du Japon

Petit conifère à pousse lente superbe dans un lit de bruyères ou en rocaille, avec d'autres conifères nains. Il porte des bouquets plumeux d'aiguilles souples, vert tendre, virant à un beau bronze pourpré en hiver. Les arbres adultes ont un port conique marqué. Très comparable, *C. elegans* 'Bandai-Sugu' n'atteint que 2 m de haut.

CULTURE *Plantez-le dans tout bon sol drainé, au soleil ou à mi-ombre. La taille de formation est inutile, mais pour rafraîchir des arbres qui se déforment, rabattez-les à environ 70 cm du sol au printemps.*

☼ ◐ ◊ R4 ↕2-4 m ↔2 m

Cuphea ignea
Plante-cigarette

Arbrisseau étalé, persistant, cultivé comme une annuelle en climat froid. Cette plante produit pendant une longue période, du printemps à l'automne, de petites fleurs minces, rouge-orangé foncé, parmi les feuilles, lancéolées, vert sombre. En climat doux, elle trouvera sa place dans un massif d'arbustes ; ailleurs, elle garnira plates-bandes et vérandas.

CULTURE *Elle pousse dans un sol drainé, moyen, en plein soleil comme à mi-ombre. Pincez les jeunes plants pour les faire s'étoffer. Température minimale : 2 °C.*

☼ ◐ ◊ R1 ↕30-75 cm ↔30-90 cm

x *Cupressocyparis leylandii* 'Haggerston Grey'
Cyprès de Leyland

Ce cultivar populaire est un conifère à pousse rapide, effilé, colonnaire, au dense feuillage vert argenté. Il ne fleurit pas. C'est un écran ou brise-vent vite établi. Il ne fleurit pas.

CULTURE *Donnez-lui un sol profond et drainé, en plein soleil ou à mi-ombre. Il ne demande aucune taille, sauf en haie, où il faut le tondre deux ou trois fois par saison.*

☼ ◑ ◊ ♕R4 ↕ jusqu'à 35 m ↔ jusqu'à 5 m

Cyananthus lobatus

Vivace tapissante cultivée pour ses fleurs estivales bleu pourpré vif, plutôt évasées, aux calices bruns duveteux portés par des tiges simples. Les feuilles charnues, vert mat, sont fortement lobées. Parfaite en rocaille ou auge.

CULTURE *Cultivez-la en sol pauvre à moyen, frais mais drainé, plutôt neutre à un peu acide et très humifère, dans un emplacement un peu ombragé.*

◑ ◊◊ ♕R4 ↕ 5 cm ↔ jusqu'à 30 cm

Cycas revoluta
Sagou du Japon

Cycadacée trapue, à pousse lente et à silhouette de palmier. Ses grandes feuilles, de 1,50 m de long, sont divisées en folioles luisantes. Fleurs et fruits sont rares en pot, mais le feuillage reste très ornemental. C'est une excellente plante de véranda , ou de plein air dans le Midi.

CULTURE *Donnez-lui un mélange de bonne terre, compost mûr et écorce broyée, additionné de charbon de bois, de gravillons et d'engrais-retard. Il lui faut la pleine lumière, non brûlante, et une atmosphère sèche. Arrosez peu en hiver. Température minimale : 5 °C.*

☼ 💧💧 🏆R1 ↕↔ 1-2 m

Cyclamen cilicium

Vivace tubéreuse appréciée pour ses élégantes fleurs penchées, blanches ou roses, automnales, voire hivernales, et son feuillage marbré, arrondi ou cordiforme, vert moyen. Cette plante élégante demande un été chaud et sec pendant son repos. En climat humide, mieux vaut la cultiver en serre froide, ou sous des arbustes, qui retiendront la pluie.

CULTURE *Plantez-la en sol moyen, drainé, humifère, à mi-ombre. Apportez chaque année un paillis de feuilles mortes en juin.*

◑ 💧 🏆R2 à 4 ↕5 cm ↔ 8 cm

Cyclamen coum Groupe Pewter
Cyclamen de l'île de Cos

Plantes tubéreuses hivernales et printanières se naturalisant à merveille sous les arbres et arbustes. Les fleurs, compactes, aux pétales récurvés, vont du blanc au rose et au carmin. Elles émergent des tubercules souterrains, renflés, avec les feuilles, rondes, argentées. En climat froid, protégez-les d'un épais paillis sec.

CULTURE *Plantez-les dans un sol graveleux, bien drainé, riche, sec en été, au soleil ou à l'ombre légère. Paillez chaque année quand les feuilles se fanent.*

☼ ◐ ◊ ♀R4 ↕5-8 cm ↔10 cm

Cyclamen hederifolium
Cyclamen de Naples

Plante tubéreuse automnale, aux fleurs turbinées, rose pâle à foncé, à gorge sombre. Les feuilles, rappelant le lierre, marbrées de vert et d'argent, sortent après les fleurs d'un tubercule souterrain renflé. Ce cyclamen se ressème bien et forme de larges colonies sous les arbres et arbustes, surtout à l'abri des pluies estivales.

CULTURE *Il pousse dans un sol riche et drainé, au soleil ou à mi-ombre. Paillez chaque année quand les feuilles se fanent.*

☼ ◐ ◊ ♀R4 ↕10-13 cm ↔15 cm

Cynara cardunculus
Cardon

Vivace en touffes, imposante, à floraison estivale. Ses grosses fleurs de chardon, très appréciées des abeilles, surplombent les feuilles, argentées, très divisées, en haut de robustes tiges veloutées de blanc. Les têtes florales se prêtent aux bouquets secs ; les pétioles, ou côtes, étiolés, sont comestibles. Plante remarquable en plate-bande.

CULTURE *Il pousse dans tout sol drainé, riche, en plein soleil et à l'abri des vents froids. Pour avoir de plus belles feuilles, supprimez les boutons floraux dès leur apparition.*

☼ ◊ R4 ↕1,50 m ↔1,20 m

Cytisus battandieri
Genêt ananas

Arbuste semi-persistant, au port flou, évasé, aux denses bouquets de fleurs jaune vif, à l'odeur d'ananas, en mai-juin. Les feuilles, argentées, à trois folioles, font un arrière-plan intéressant dans les bordures herbacées. En climat froid, il lui faut l'abri d'un mur. Le cultivar 'Yellow Tail' est excellent.

CULTURE *Il pousse dans tout sol drainé, pas trop riche, en plein soleil. Il demande très peu de taille, mais on peut supprimer le vieux bois après la floraison pour laisser place à de jeunes pousses. Évitez de le transplanter.*

☼ ◊ R4 ↕↔ 5 m

Cytisus x *beanii*
Genêt

Arbuste bas, semi-rampant, caduc, printanier, produisant à foison des fleurs papilionacées jaune vif sur des tiges souples. Les feuilles, réduites, sont vert foncé. C'est un arbuste coloré pour rocaille ou banquette, décoratif également retombant du haut d'un muret. *Cytisus* x *ardoinei*, comparable, est moins étalé, donc moins encombrant.

CULTURE *Dans un sol drainé, maigre à moyen, en plein soleil. Nettoyez-le après la floraison, sans toucher au vieux bois.*

☼ ◊ 🏆R4 ↕jusqu'à 0,60 m ↔jusqu'à 1 m

Cytisus x *praecox* 'Allgold'
Genêt

Arbuste compact, caduc, couvert au printemps d'une masse de fleurs papilionacées jaune foncé. Les petites feuilles gris-vert garnissent les tiges souples. Il convient aux massifs ensoleillés et aux grandes rocailles. 'Warminster' est comparable, mais à fleurs crème plus pâles.

CULTURE *Dans un sol drainé, acide ou neutre, au soleil. Pincez les extrémités pour les faire se ramifier, puis réduisez les pousses neuves des deux tiers après la floraison ; ne touchez pas au vieux bois. Remplacez les vieux sujets aux tiges trop longues.*

☼ ◊ 🏆R4 ↕1,20 m ↔1,50 m

Daboecia cantabrica 'Bicolor'
Bruyère de Saint-Daboec

Arbuste serré, proche des bruyères, aux épis de clochettes, blanches, roses ou rouges, parfois bicolores du printemps à l'automne. Les feuilles, petites, sont vert foncé. Pour occuper l'espace dans les massifs de bruyères ou avec d'autres plantes acidophiles. 'Waley's Red', aux fleurs magenta vif, est également excellent.

CULTURE *Il apprécie un sol sableux, acide, drainé, et le plein soleil, mais supporte une terre neutre et un peu d'ombre. Rabattez-le légèrement en fin de l'hiver pour supprimer les fleurs fanées, sans toucher au vieux bois.*

☼ ◑ ◊ 🏆R4 ↕45 cm ↔60 cm

Daboecia x scotica 'William Buchanan'

Vigoureux arbuste compact, de type bruyère, aux épis de clochettes pourpre-cramoisi, du printemps au cœur de l'automne. Les feuilles, réduites, vert foncé sur le dessus, sont argentées au revers. Remarquable avec d'autres plantes acidophiles ou dans une rocaille, parmi des conifères. Associez-le à 'Silverwells', à fleurs blanches, plus dense.

CULTURE *Plantez-le dans un sol drainé, sableux, acide à neutre, plutôt au soleil, éventuellement tamisé. Tondez-le à la fin de l'hiver pour retirer les fleurs fanées, sans toucher au vieux bois.*

☼ ◑ ◊ 🏆R4 ↕45 cm ↔60 cm

Dahlias

Les dahlias sont de superbes bulbeuses caduques, cultivées comme annuelles en climat froid, dotées d'une souche épaisse, souterraine, à conserver à l'abri du gel dans les régions au climat peu clément. On apprécie la grande variété de leurs fleurs, vivement colorées, épanouies de l'été aux gelées, quand nombre d'autres plantes sont sur le déclin. Leurs feuilles sont vert clair à vert foncé, divisées. Plantées en masse, elles font bel effet. Dans les petits jardins, faites un choix de variétés naines, qui boucheront les trous dans les bordures, ou plantez-les en pot. Les fleurs se prêtent aux bouquets.

CULTURE *Ils aiment les sols drainés et le soleil. En climat froid, relevez les tubercules et hivernez-les dans la tourbe. Replantez-les après les derniers gels. En début d'été, donnez-leur chaque semaine un engrais riche en azote. Tuteurez les variétés hautes. Supprimez régulièrement les fleurs fanées.*

☼ ◊ R3

1 ↕1,10 m ↔ 0,45 m

2 ↕1,10 m ↔ 0,60 m

3 ↕60 cm ↔ 45 cm

4 ↕1,20 m ↔ 0,60 m

5 ↕1,10 m ↔ 0,60 m

1 *D.* 'Bishop of Llandaff' **2** *D.* 'Clair de Lune' **3** *D.* 'Fascination' (nain) **4** *D.* 'Hamari Accord' **5** *D.* 'Conway'

6 ↕1,20 m ↔ 0,60 m

7 ↕1,10 m ↔ 0,60 m

8 ↕1,20 m ↔ 0,60 m

9 ↕1m ↔ 0,45 m

10 ↕↔ 45-50 cm

11 ↕1,10 m ↔ 0,60 m

12 ↕1,10 m ↔ 0,60 m

13 ↕60 cm ↔ 45 cm

14 ↕1,20 m ↔ 0,60 m

15 ↕1,20 m ↔ 0,60 m

6 *D.* 'Hamari Gold' **7** *D.* 'Hillcrest Royal' **8** *D.* 'Kathryn's Cupid' **9** *D.* 'Rokesley Mini' **10** *D.* 'Sunny Yellow' (nain) **11** *D.* 'So Dainty' **12** *D.* 'Wootton Cupid' **13** *D.* 'Yellow Hammer' (nain) **14** *D.* 'Zorro' **15** *D.* 'Wootton Impact'

Daphne bholua 'Gurkha'
Daphné

Arbuste dressé caduc, donnant en hiver, sur le bois nu, des bouquets de fleurs très odorantes, tubulaires, blanc et rose pourpré, rose pourpré foncé en bouton. Ils sont suivis de fruits ronds, pourpre foncé. Les feuilles, coriaces, lancolées, sont vert sombre. Belle plante pour jardin hivernal, demandant un abri en climat froid. Toutes les parties sont toxiques.

CULTURE *Plantez-le dans un sol drainé mais frais, au soleil ou à mi-ombre. Paillez pour tenir les racines au frais. Évitez la taille.*

☼ ◐ ◊ ♀R3 ↕2-4 m ↔1,50 m

Daphne petraea 'Grandiflora'
Daphné

Arbuste persistant, très compact, à pousse lente, portant au printemps des bouquets de fleurs odorantes, rose foncé. Les feuilles, arrondies, coriaces et luisantes, sont vert foncé. Il est idéal dans une rocaille abritée ; il supporte mal les hivers froids. Toutes les parties sont très toxiques.

CULTURE *Il pousse dans un sol frais mais drainé, plutôt riche et humifère, au soleil ou à mi-ombre. Une taille régulière n'est pas nécessaire.*

☼ ◐ ◊ ♀R4 ↕10 cm ↔25 cm

Daphne tangutica Groupe Retusa
Daphné

Ces formes naines de *D. tangutica*, parfois appelées *D. retusa*, sont des arbustes nains, persistants, appréciés pour leurs bouquets de fleurs, très parfumées, blanches à rouge pourpré, du milieu à la fin du printemps. Les feuilles, lancéolées, luisantes, sont vert foncé. Pour une grande rocaille, un massif d'arbustes, ou un mixed-border. Toutes les parties sont toxiques.

CULTURE *Dans un sol moyen, humifère, drainé, mais ne séchant pas, en plein soleil, tamisé éventuellement. Taille superflue.*

☼ ◑ ◊ 🏆R4 ↕↔ 75 cm

Darmera peltata

Belle vivace traçante, parfois rattachée au genre *Peltiphyllum*, formant un large parasol de grandes feuilles rondes, vert moyen, de près de 60 cm de large et virant au rouge en automne. Ce feuillage apparaît après les bouquets serrés de fleurs printanières, en étoile, blanches à rose vif. C'est une plante idéale pour les fondrières ou le bord de l'eau.

CULTURE *Plantez-la dans un sol bien frais, moyen, au soleil ou à mi-ombre ; elle tolère un sol un peu sec si elle est plantée à l'ombre.*

☼ ◑ ♦ 🏆R4 ↕jusqu'à 2 m ↔1 m

Delphiniums

Les delphiniums, ou pieds d'alouette, sont des vivaces en touffes, cultivées pour leurs imposants épis de délicieuses fleurs en coupe plate, à éperon, simples ou doubles. Ils apparaissent en juin-juillet et offrent une gamme de couleurs allant du crème aux rose lilas et du bleu ciel à l'indigo foncé. Les feuilles, dentées et lobées, vert moyen, sont disposées autour de la base des tiges. Les grandes formes iront en mixed-border ou en corbeille, protégées des vents violents qui les couchent ; les plus courtes conviennent à la rocaille. Les fleurs se prêtent aux bouquets.

CULTURE *Plantez-les dans un sol bien drainé, riche, en plein soleil. Pour avoir de belles fleurs, faites chaque semaine un apport d'engrais complet, au printemps, et éclaircissez les jeunes pousses. La plupart des cultivars doivent être tuteurés. Supprimez les épis fanés et rabattez tout en automne.*

☼ ◊ 🏆R4

1 ↕1,70 m ↔ 60-90 cm

2 ↕2 m ↔ 60-90 cm

3 ↕1,70 m ↔ 60-90 cm

1 *Delphinium* 'Blue Nile' **2** *D.* 'Bruce' **3** *D.* 'Cassius'

4 ↕ jusqu'à 2 m ↔ 60-90 cm

5 ↕ jusqu'à 1,50 m ↔ 60-90 cm

6 ↕ 1,70 m ↔ 60-90 cm

7 ↕ 2m ↔ 60-90 cm

8 ↕ 1,70 m ↔ 60-90 cm

4 *Delphinium* 'Claire' **5** *D.* 'Conspicuous' **6** *D.* 'Emily Hawkins' **7** *D.* 'Fanfare' **8** *D.* 'Giotto'

AUTRES CHOIX

'Blue Dawn' Fleurs bleu foncé à œil brun.

'Constance Rivett' Blanc.

'Faust' Bleu bleuet à œil indigo.

'Fenella' Bleu foncé à œil indigo.

'Gillian Dallas' Blanc.

'Loch Leven' Bleu moyen à œil blanc.

'Michael Ayres' Violet.

'Min' Mauve veiné de pourpre foncé, œil brun.

'Oliver' Bleu-mauve clair à œil sombre.

'Spindrift' Bleu cobalt à œil crème.

'Tiddles' Bleu ardoise.

9 ↕ jusqu'à 2 m ↔ 60-90 cm

10 ↕ jusqu'à 1,50 m ↔ 60-90 cm

11 ↕ jusqu'à 1,50 m ↔ 60-90 cm

9 *Delphinium* 'Kathleen Cooke' 10 *D.* 'Langdon's Royal Flush' 11 *D.* 'Lord Butler'

12 ↕2 m ↔75 cm

13 ↕1,50 m ↔60-90 cm

14 ↕jusqu'à 1,50 m ↔60-90 cm

15 ↕jusqu'à 1,50 m ↔75 cm

16 ↕jusqu'à 1,50 m ↔60-90 cm

17 ↕1,20 m ↔60-90 cm

18 ↕1,70 m ↔60-90 cm

12 *D.* 'Mighty Atom' **13** *D.* 'Our Deb' **14** *D.* 'Rosemary Brock' **15** *D.* 'Sandpiper' **16** *D.* 'Sungleam' **17** *D.* 'Thamesmead' **18** *D.* 'Walton Gemstone'

Deutzia x *elegantissima* 'Rosealind'

Cet arbuste compact, arrondi, caduc, porte d'abondants bouquets de petites fleurs rose carmin foncé, du milieu à la fin du printemps, parmi les feuilles ovales, vert mat. Il est très indiqué en mixed-border.

CULTURE *Plantez-le dans tout sol bien drainé, riche, ne séchant pas, au soleil ou à mi-ombre. Pincez les jeunes sujets pour les étoffer ; après la floraison, éclaircissez-le en supprimant quelques vieilles tiges au ras du sol.*

☼ ◑ 💧 🏆R4 ↕1,20 m ↔1,50 m

Deutzia x *hybrida* 'Mont Rose'

Dense arbuste dressé, très semblable à *D.* x *elegantissima* 'Rosealind (ci-dessus), avec des bouquets plus réduits. Les petites fleurs en étoile, rose clair ou rose pourpré, éclosent en mai-juin, parmi les feuilles caduques, étroites, vert foncé. À isoler ou planter en mixed-border.

CULTURE *Plantez-le dans un sol riche, drainé mais restant frais. Il aime le soleil mais supporte un peu d'ombre. Pincez-le à la plantation ; par la suite, taillez les jeunes pousses sous le bois défleuri.*

☼ ◑ 💧 🏆R4 ↕↔ 1,20 m

Œillets de bordure *(Dianthus)*

Les *Dianthus* de ce groupe sont des annuelles ou des vivaces persistantes de taille moyenne, adaptées aux mixed-borders. On les cultive pour leurs fleurs, épanouies en juin, excellentes en vase. Chaque tige en porte cinq ou plus. Doubles, de 8 cm de diamètre, elles ont au moins 25 pétales. Elles peuvent être unies, comme chez 'Golden Cross', ou sablées discrètement, comme chez 'Grey Dove', ou blanches à liseré ou stries de couleurs vives. Certaines sentent la girofle. Les feuilles étroites de toutes les espèces sont gris bleuté et cireuses.

CULTURE *Ces œillets sont à l'aise en sol drainé, neutre à alcalin, enrichi de fumier ou de compost mûrs ; apportez au printemps un engrais complet. Plantez en plein soleil. Tuteurez en avril-mai à l'aide de bambous, de branchettes, ou de cercles métalliques. Nettoyez les fleurs fanées pour favoriser la remontance et garder une forme dense.*

☼ ◊ R4

1 ↕45-60 cm ↔ 45 cm

2 ↕45-60 cm ↔ 45 cm

3 ↕45-60 cm ↔ 45 cm

4 ↕45-60 cm ↔ 45 cm

5 ↕45-60 cm ↔ 45 cm

6 ↕45-60 cm ↔ 45 cm

1 *Dianthus* 'David Russell' **2** *Dianthus* 'Devon Carla' **3** *Dianthus* 'Golden Cross' **4** *Dianthus* 'Grey Dove' **5** *Dianthus* 'Ruth White' **6** *Dianthus* 'Spinfield Wizard'

Œillets estivaux *(Dianthus)*

Les petits œillets d'été appartiennent, comme ceux des fleuristes, au genre *Dianthus*. On les cultive pour leurs fleurs charmantes, à l'odeur épicée, et leurs étroites feuilles gris-bleu. Leur floraison est longue et abondante ; coupées, leurs fleurs aux tiges robustes ont une durée exceptionnelle. Il existe des milliers de cultivars, dans des tons de rose, blanc, carmin, saumon ou mauve, à fleurs simples ou doubles. Ils peuvent être unis, marqués de couleurs contrastées ou à bords irisés. La plupart conviennent bien aux bordures ; les œillets alpins comme 'Pike's Pink' et le magenta 'Joan's Blood' s'adaptent bien à une rocaille ou une banquette.

CULTURE *Plantez-les dans un sol drainé, neutre à alcalin, dans un lieu dégagé et ensoleillé. Les espèces alpines demandent un fort drainage. Apportez un engrais complet au printemps. Supprimez les fleurs fanées pour prolonger l'épanouissement et conserver un port dense.*

☼ ○ 🏆R4

1 ↕25-45 cm ↔ 40 cm

2 ↕25-45 cm ↔ 40 cm

3 ↕25-45 cm ↔ 40 cm

4 ↕25-45 cm ↔ 40 cm

5 ↕25-45cm ↔ 40 cm

6 ↕25-45 cm ↔ 40 cm

1 *Dianthus* 'Becky Robinson' **2** *Dianthus* 'Devon Pride' **3** *Dianthus* 'Doris' **4** *Dianthus* 'Gran's Favourite' **5** *Dianthus* 'Haytor White' **6** *Dianthus* 'Houndspool Ruby'

7 ↕25-45 cm ↔ 40 cm

8 ↕8-10 cm ↔ 20 cm

9 ↕25-45 cm ↔ 40 cm

10 ↕25-45 cm ↔ 40 cm

11 ↕25-45 cm ↔ 40 cm

12 ↕25-45 cm ↔ 40 cm

AUTRES CHOIX

D. alpinus Le vrai œillet alpin, à fleurs rose clair moucheté.

D. alpinus 'Joan's Blood' Fleurs rose foncé à cœur sombre.

'Bovey Belle' Rose fuchsia à odeur de girofle.

'Coronation Ruby' Fleurs rose chaud à taches rubis, parfum de girofle.

'Insriach Dazzler' Œillet alpin à fleurs carmin laciniées.

' Valda Wyatt' Fleurs doubles lavande à odeur de girofle.

13 ↕8-10 cm ↔ 20 cm

14 ↕25-45 cm ↔ 40 cm

15 ↕25-45 cm ↔ 40 cm

16 ↕25-45 cm ↔ 40 cm

7 *Dianthus* 'Kathleen Hitchcock' 8 *D.* 'La Bourboule' 9 *D.* 'Monica Wyatt' 10 *D.* 'Natalie Saunders' 11 *D.* 'Oakwood Romance' 12 *D.* 'Oakwood Splendour' 13 *Dianthus* 'Pike's Pink' 14 *D.* 'Suffolk Pride' 15 *D.* 'Trisha's Choice' 16 *D.* 'White Joy'

Diascia barberae 'Blackthorn Apricot'

Vivace tapissante, portant des épis lâches de fleurs abricot. Celles-ci éclosent longuement en été et en automne au-dessus des feuilles, vert moyen, au cœur allongé. Elle convient à une rocaille, à la lisière d'un massif ou à un talus ensoleillé. *D. barberae* 'Fisher's Flora' et 'Ruby Field' sont également recommandées.

CULTURE *Elle pousse dans un sol riche, frais mais drainé, en plein soleil. En climat froid, protégez-la des fortes gelées et hivernez quelques plants sous châssis.*

☼ ◊ 🏆R3 à 4 ↕25 cm ↔jusqu'à 50 cm

Diascia rigescens

Vivace rampante, cultivée pour ses épis de fleurs saumonées, dominant en été les feuilles vert moyen, cordiformes. Elle est parfaite en rocaille, en banquette ou encore en lisière de massif. En climat froid, mettez-la au pied d'un mur chaud et ensoleillé.

CULTURE *Plantez-la dans un sol frais mais drainé, riche et humifère, en plein soleil. Hivernez quelques plants sous abri.*

☼ ◊ 🏆R3 ↕30 cm ↔jusqu'à 50 cm

Dicentra spectabilis
Cœur-de-Marie

Élégante vivace en buisson, produisant au printemps des fleurs en forme de cœur, pendantes, rose soutenu, en ligne sur des tiges argentées. Les feuilles, très découpées, sont vert moyen. Belle plante pour une bordure à l'ombre ou un sous-bois.

CULTURE *Il pousse dans un sol bien frais, riche, humifère, neutre à légèrement alcalin. Il préfère une exposition semi-ombragée mais tolère le soleil.*

☼◑ 💧 🏆R4 ↕jusqu'à 1,20 m ↔0,45 m

Dicentra spectabilis 'Alba'
Cœur-de-Marie

Cette forme blanche est par ailleurs semblable à l'espèce type (ci-dessus) ; pour éviter toute erreur, achete la plante fleurie. Les feuilles, très découpées, sont d'un vert plus clair et les fleurs en cœur, alignées sur des tiges courbes, éclosent au printemps.

CULTURE *Plantez-le dans un sol bien frais mais drainé, enrichi de matière organique bien mûre. Elle préfère une exposition semi-ombragée mais tolère le soleil.*

☼◑ 💧 🏆R4 ↕jusqu'à 1,20 m ↔0,45 m

Dicentra 'Stuart Boothman'
Cœur-de-Marie

Vivace traçante, aux fleurs en cœur, roses, à la pointe des tiges arquées, en fin de printemps. Le feuillage ciselé, plumeux, est gris-vert. L'effet de cette vivace est très beau dans une bordure ombragée ou en sous-bois.

CULTURE *Il apprécie un sol frais mais drainé, humifère, neutre à alcalin, et la mi-ombre. Divisez et replantez les touffes à la fin de l'hiver, après la chute des feuilles.*

R4 ↕30 cm ↔40 cm

Dictamnus albus
Herbe-aux-éclairs

Haute vivace à base ligneuse, aux épis denses de fleurs en étoile, parfumées, surmontant en juin le feuillage vert clair, à l'odeur citronnée. Les huiles aromatiques produites par les fleurs et les gousses peuvent s'enflammer par temps chaud, d'où le nom commun. Cette plante est bien adaptée aux mixed-borders et aux bordures herbacées.

CULTURE *Plantez-la dans un sol drainé, riche, au soleil ou à mi-ombre. Ses racines n'aiment pas être dérangées : évitez donc la transplantation.*

R4 ↕40-90 cm ↔60 cm

Dictamnus albus var. *purpureus*
Herbe-aux-éclairs

À l'exception de ses fleurs, pourprées, cette vivace est identique à l'espèce type (ci-contre, en bas). Les épis floraux dressés éclosent en juin, au-dessus des feuilles, vert clair, très aromatiques. C'est une plante remarquable dans une mixed-border ou une bordure herbacée.

CULTURE *Plantez-le dans tout sol sec, drainé, moyennement riche, en plein soleil ou à mi-ombre.*

☼ ◐ ◇ 🏆R4 ↕40-90 cm ↔60 cm

Digitalis grandiflora
Digitale jaune

Vivace à courte durée de vie, persistante, aux épis dressés de fleurs tubulaires, jaune pâle, éclos entre mai et juillet. Les feuilles, ovales, sont vert moyen. Plus courte et raffinée que nombre de digitales cultivées, elle est belle en sous-bois et jardins « libres ».

CULTURE *Elle pousse dans un sol frais mais drainé, qui reste humide, à mi-ombre. Elle se ressème bien ; supprimez donc les fleurs fanées pour limiter son extension.*

◐ ◇◆ 🏆R4 ↕jusqu'à 1 m ↔0,45 m

Digitalis x *mertonensis*
Digitale

Vivace persistante en touffes, à courte durée de vie, cultivée pour ses épis de fleurs ouvertes, rose framboise, en mai-juin. Les feuilles, vert foncé, sont lancéolées. Beau sujet pour mixed-borders et massifs ou sous-bois. Le cultivar 'Raspberry', rose mat, est également recommandable.

CULTURE *Elle apprécie un sol frais mais drainé, à mi-ombre, mais supporte le soleil et un sol sec.*

☼◑ 💧💧 ♕R4 ↕jusqu'à 90 cm ↔30 cm

Digitalis purpurea f. *albiflora*
Digitale

Cette forme neigeuse de la digitale commune est une bisannuelle, élevée, aux robustes épis dressés de fleurs tubulaires blanc pur, en mai-juin. Les fortes feuilles lancéolées sont vert vif. Bel apport dans un sous-bois ou en mixed-border. Parfois vendue comme *D. purpurea* 'Alba'.

CULTURE *Plantez-la dans un sol frais mais drainé, à mi-ombre, bien qu'elle tolère soleil et terre sèche.*

☼◑ 💧💧 ♕R4 ↕1-2 m ↔jusqu'à 0,60 m

Dodecatheon meadia f. *album*
Gyroselle

On apprécie cette vivace herbacée pour ses bouquets aérés de fleurs crème aux pétales très récurvés. Celles-ci éclosent sur des tiges inclinées, au printemps, au-dessus des rosettes de feuilles ovales, vert clair, dentées. Convient aux sous-bois et aux rocailles ombragées ; elle entre en repos juste après la floraison. *D. dentatum* est très proche, mais plus petit de moitié.

CULTURE *Dans un sol frais et humifère, à mi-ombre. Les limaces et les escargots peuvent y faire des dégâts au printemps.*

☀ 💧 🏆R4 ↕40 cm ↔25 cm

Dryopteris filix-mas
Fougère mâle

Vivace à feuilles caduques, formant de grandes touffes de frondes lancéolées, vert moyen, émergeant au printemps d'une souche épaisse, écailleuse. Elle ne produit pas de fleurs. Elle est idéale dans une bordure ou un emplacement ombragé, sur les rives d'un ruisseau ou d'une pièce d'eau, ou en sous-bois. 'Cristata', à frondes frisées, est un joli cultivar de cette espèce.

CULTURE *Plantez-la dans un sol plutôt frais, humifère, à mi-ombre, à l'abri des vents froids et secs.*

☀ 💧 🏆R4 ↕↔1 m

Dryopteris wallichiana

Cette fougère est une vivace caduque, au port naturellement dressé, en diadème. Les frondes sont d'abord vert-jaune, au printemps, puis vert foncé en été. Belle plante à structure forte pour un lieu frais et ombragé.

CULTURE *À planter dans un sol humide et humifère, dans un emplacement abrité et avec une exposition semi-ombragée.*

◐ ◑ ♕R4 ↕1-2 m ↔0,75 m

Eccremocarpus scaber

Bignone du Chili

Cette liane à pousse rapide donne en été des fleurs tubulaires, rouge-orangé vif. Ses feuilles, divisées, sont vert moyen. On cultive cette liane comme vivace à courte durée de vie pour garnir arceaux et pergolas, ou même de grands arbustes. En climat froid, employez-la comme annuelle.

CULTURE *Plantez-la dans un sol bien drainé, riche, dans un emplacement abrité et ensoleillé. Au printemps, rabattez-la à 30-60 cm du sol.*

☼ ◊ ♕R3 ↕5 m ↔2 m

Echeveria agavoides
Échévéria

Belle vivace succulente en étoile, formant des rosettes épaisses de feuilles vert pâle, très pointues. Au printemps, des bouquets de fleurs rouges à bord jaune surmontent ce feuillage. En climat froid, on cultive l'échéveria comme plante de serre ou d'appartement ; en climat doux, il formera des touffes dans un jardin de plantes grasses.

CULTURE *Plantez-le dans un sol drainé, plutôt riche (ou un mélange pour cactées), au soleil. Arrosez à peine en hiver, plus abondamment dès le printemps. Température minimale : 2 °C.*

☼ ◊ R1 ↕15 cm ↔30 cm et plus

Echinops ritro
Chardon bleu

Vivace compacte, aux remarquables bouquets de fleurs rondes. Celles-ci, bleu métallique en bouton, deviennent plus lumineuses à l'éclosion. Les feuilles, coriaces, sont vertes, au revers feutré d'argent. Il convient très bien à un jardin sauvage. Les fleurs, cueillies en bouton, sèchent bien. *E. bannaticus* 'Taplow Blue', souvent plus grand, peut le remplacer.

CULTURE *Plantez-le dans un sol drainé, maigre à moyen, en plein soleil, bien qu'il supporte un peu d'ombre. Supprimez les fleurs fanées pour éviter le semis.*

☼ ◐ ◊ R4 ↕60 cm ↔45 cm

Elaeagnus x *ebbingei* 'Gilt Edge'

Fort arbuste dense, persistant, cultivé pour ses feuilles ovales, vert foncé bordées de jaune d'or. En automne éclosent des fleurs crème, sans attrait esthétique, mais très parfumées. Très bel arbuste à isoler, poussant vite et doté d'une belle silhouette ; on peut en faire des haies libres.

CULTURE *Plantez-le dans un sol drainé et riche, en plein soleil. Il n'aime pas la craie. Faites une taille de formation au printemps ; supprimez les rameaux à feuilles vert uni dès leur apparition.*

☼ ◊ 🏆R4 ↕↔ 4 m

Elaeagnus pungens 'Maculata'

Ce gros arbuste persistant porte des feuilles ovales, vert foncé, généralement tachées au centre de jaune foncé. Vers le mois d'octobre apparaissent de petites fleurs, très odorantes, puis des fruits rouges. Il supporte le bord de mer.

CULTURE *Il préfère un sol drainé, bien riche, et supporte mal la craie. Tondez-le au printemps, si nécessaire. Supprimez les rameaux à feuilles vert uni dès leur apparition.*

☼ ◊ 🏆R4 ↕4 m ↔5 m

Elaeagnus 'Quicksilver'

Arbuste à pousse rapide, au port évasé, donnant en mai de petites fleurs crème, puis des fruits jaunes. Les feuilles, argentées, caduques, sont lancéolées et portées par des tiges feutrées de blanc. Excellent arbuste à isoler ou à mêler, pour un bel effet, à d'autres plantes argentées. Parfois donné comme *E. angustifolia* var. *caspica*.

CULTURE *Plantez-le dans tout sol non crayeux, riche et bien drainé, en plein soleil. Il supporte les sols secs, la mer et le vent marin. Évitez la taille.*

☼ ◊ ♈R4 ↕↔ 4 m

Enkianthus campanulatus

Arbuste caduc étalé, cultivé pour ses denses bouquets pendants de clochettes crème, printanières. Les feuilles, vert mat, virent au rouge-orangé et donnent un superbe spectacle automnal. Il demande un lieu dégagé en sous-bois et peut devenir arborescent avec l'âge. *E. cernuus* var. *rubens*, à fleurs rose foncé et haut de 2,50 m seulement, convient mieux à un petit jardin.

CULTURE *Plantez-le dans un sol bien frais mais drainé, tourbeux ou humifère, et acide. Il aime le soleil mais supporte un peu d'ombre. Évitez la taille.*

☼ ◑ ◊♦ ♈R4 ↕↔ 4-5 m

Epimedium x *perralchicum*
Fleur des elfes

Robuste vivace persistante, en touffes, produisant au printemps des épis de délicates fleurs jaune vif, au-dessus des feuilles luisantes, bronze à la naissance, puis vert foncé. Il fait un excellent couvre-sol sous des arbres ou arbustes.

CULTURE *Plantez-le dans un sol frais mais drainé, moyen et riche en humus, à mi-ombre. Abritez-le des vents froids et secs.*

☀ 💧 🏆R4 ↕40 cm ↔60 cm

Epimedium x *rubrum*
Fleur des elfes

Vivace compacte, aux épis lâches de jolies fleurs printanières, cramoisies à éperons jaunes. Les feuilles, divisées, d'abord bronze, virent au vert moyen puis rougissent en automne. Plantez-les en groupe, dans une bordure fraîche et ombragée, ou en sous-bois. *E. grandiflorum* 'Rose Queen' est très proche.

CULTURE *Plantez-la dans un sol frais mais drainé, moyen, humifère, à mi-ombre. Supprimez les feuilles abîmées à la fin de l'hiver, pour bien dégager les fleurs printanières.*

☀ 💧 🏆R4 ↕↔ 30 cm

Epimedium x *youngianum* 'Niveum'
Fleur des elfes

Vivace touffue, donnant de légers épis de petites fleurs blanches, à la fin de l'hiver. Le feuillage, vert brillant, est d'abord bronze et, quoique caduc, tient longtemps en hiver. C'est un bon couvre-sol pour des massifs frais et humides et en sous-bois.

CULTURE *Plantez-la dans un sol frais mais drainé, riche, humifère, à mi-ombre. À la fin de l'hiver, supprimez les feuilles abîmées pour dégager les fleurs printanières.*

R4 ↕20-30 cm ↔30 cm

Eranthis hyemalis
Helléborine

L'une des plus précoces parmi les plantes bulbeuses, elle donne des fleurs jaune brillant, comme des boutons d'or, posées sur une collerette de feuilles vert clair et couvrant le sol à la fin de l'hiver et au début du printemps. C'est une plante idéale pour peupler le couvert d'arbres et de gros arbustes caducs, tout comme le cultivar 'Guinea Gold', à fleurs comparables et feuillage bronzé.

CULTURE *Plantez-la dans un sol frais mais drainé, riche, non desséché en été. Elle apprécie une exposition semi-ombragée.*

R4 ↕5-8 cm ↔5 cm

Erica arborea var. *alpina*

Bruyère en arbre

Buisson érigé, plus grand que d'autres espèces, et couvert de bouquets de petites fleurs blanches à l'odeur de miel en fin d'hiver et début de printemps. Les feuilles, persistantes, filiformes, sont vert foncé. Superbe dans un jardin de bruyères.

CULTURE *Plantez-la dans un sol acide, drainé, si possible sableux, au soleil. Elle tolère une terre alcaline. Rabattez des deux tiers les jeunes plants, au printemps, pour les faire s'étoffer ; par la suite, la taille est inutile. Elle supporte un recépage de rajeunissement.*

☼ ♢ ♀R4 ↕2 m ↔0,85 m

Erica x veitchii 'Exeter'

Arbuste dressé, évasé, persistant, portant des masses de fleurs blanches, tubulaires, en clochette, odorantes, en fin d'hiver et début de printemps. Ses feuilles en aiguille sont vert vif. Bonne plante de grande rocaille, parmi des conifères, ou comme point de mire parmi des bruyères plus basses. Elle craint les hivers froids.

CULTURE *Plantez cet arbuste dans un sol sableux, bien drainé, au soleil. Il préfère un sol acide mais tolère un peu d'alcalinité. Rabattez au printemps les deux tiers des jeunes sujets pour les former ; réduisez la taille avec le temps.*

☼ ♢ ♀R3 ↕2 m ↔0,65 m

Bruyères précoces *(Erica)*

Les bruyères courtes, précoces, sont des arbustes persistants, appréciés pour leurs clochettes hivernales et printanières. Celles-ci peuvent être blanches ou d'une vaste gamme de roses, et donnent un relief précieux aux mois d'hiver. L'effet peut être encore amélioré par un choix de cultivars à feuillage coloré. *E. erigena* 'Golden Lady', par exemple, a des feuilles jaune d'or vif, et *E. carnea* 'Foxhollow', un feuillage jaune à pointes bronze virant à l'orange profond par temps froid. Elles sont idéales comme couvre-sols, soit en groupes uniformes, soit mêlées et associées à des conifères nains.

CULTURE *Plantez-les en terrain dégagé, drainé, plutôt acide, à la rigueur un peu calcaire, au soleil. Tondez les fleurs fanées au printemps pour supprimer une bonne part du vieux bois ; les cultivars de* E. erigena *souffrent du froid vif ; supprimez les bois abîmés au printemps.*

☼ ◊ 🏆 R4

1 ↕15 cm ↔ 25 cm

2 ↕15 cm ↔ 40 cm

3 ↕15 cm ↔ 45 cm

4 ↕15 cm ↔ 35 cm

5 ↕30 cm ↔ 60 cm

6 ↕30 cm ↔ 40 cm

1 *E. carnea* 'Ann Sparkes' **2** *E. carnea* 'Foxhollow' **3** *E. carnea* 'Springwood White' **4** *E. carnea* 'Vivellii' **5** *E.* x *darleyensis* 'Jenny Porter' **6** *E. erigena* 'Golden Lady'

Bruyères tardives *(Erica)*

Essentiellement basses et rampantes, les bruyères estivales sont des arbustes persistants, très rustiques, belles seules ou mêlées à d'autres bruyères ou à des conifères nains. Elles fleurissent longuement. *E.* x *stuartii* 'Irish Lemon' commence sa floraison à la fin du printemps et des cultivars de *E. ciliaris* et *E. vagans* s'épanouissent jusqu'à la fin de l'automne. Leur saison décorative est encore étendue avec les types à feuillage coloré. Les jeunes pousses de *E.* x *williamsii* 'P. D. Williams' sont ponctuées de jaune au printemps et le feuillage doré de *E. cinerea* 'Windlebrooke' vire au rouge foncé en hiver.

CULTURE *Dans un sol drainé, acide* (E. vagans *et* E. williamsii *supportent les milieux alcalins), dans un lieu dégagé, en plein soleil. Taillez-les légèrement à la fin de l'hiver, en les rabattant sur des pousses vigoureuses, ou en tondant le tout à la cisaille.*

☼ ◊ 🏆R4

1 ↕22 cm ↔ 35 cm

2 ↕jusqu'à 40 cm ↔ 45 cm

3 ↕20 cm ↔ 50 cm

4 ↕25 cm ↔ 50 cm

5 ↕15 cm ↔ 45 cm

1 *E. ciliaris* 'Corfe Castle' **2** *E. ciliaris* 'David McClintock' **3** *E. cinerea* 'Eden Valley' **4** *E. cinerea* 'C.D. Eason' **5** *E. cinerea* 'Windlebrooke'

6 ↕25 cm ↔ 45 cm

7 ↕25 cm ↔ 50 cm

8 ↕20 cm ↔ 30 cm

9 ↕30 cm ↔ 50 cm

10 ↕25 cm ↔ 50 cm

11 ↕30 cm ↔ 45 cm

12 ↕15 cm ↔ 30 cm

13 ↕20 cm ↔ jusqu'à 85 cm

14 ↕30 cm ↔ 45 cm

6 *E. cinerea* 'Fiddler's Gold' 7 *E.* x *stuartii* 'Irish Lemon' 8 *E. tetralix* 'Alba Mollis' 9 *E. vagans* 'Birch Glow' 10 *E. vagans* 'Lyonesse' 11 *E. vagans* 'Mrs. D.F. Maxwell' 12 *E. vagans* 'Valerie Proudley' 13 *E. watsonii* 'Dawn' 14 *E.* x *williamsii* 'P.D. Williams'

Erigeron karvinskianus

Vergerette

Cette vivace tapissante, persistante, à feuillage vert-gris, produit en abondance des pâquerettes estivales à cœur jaune. Les segments externes sont d'abord blancs, puis roses et pourpres. Idéale pour les crevasses et les joints de pavement, elle risque de geler durant les hivers très froids. Parfois vendue en tant que *E. mucronatus.*

CULTURE *Plantez-la dans un sol drainé et riche, dans un endroit ensoleillé, avec si possible un peu d'ombre vers midi.*

☼ ◊ ♀R3 ↕0,15-0,30 m ↔1 m et plus

Erinus alpinus

Érine des Alpes

Cette petite vivace à courte durée de vie, persistante, produit de courts épis de fleurs en étoile, roses, pourpres ou blanches, au printemps ou en été. Les feuilles, lancéolées ou cunéiformes, sont lisses, collantes, vert moyen. Cette plante est idéale en rocaille ou dans les fentes des vieux murs. 'Mrs Charles Boyle' est un excellent cultivar.

CULTURE *Plantez-la dans un sol léger, moyen, bien drainé. Elle supporte une exposition semi-ombragée mais préfère le soleil.*

☼ ◐ ◊ ♀R4 ↕8 cm ↔10 cm

Eryngium alpinum
Chardon bleu des Alpes

Cette vivace épineuse, dressée, à port de chardon, donne en été des cônes bleu pourpré, entourés de grandes bractées plumeuses. Les feuilles, très échancrées, vert moyen, entourent la base des tiges. Excellente plante de caractère pour jardin ensoleillé. Les fleurs font de beaux bouquets, frais ou secs.

CULTURE *Plantez-la dans un sol drainé, pas trop sec, maigre à moyen, en plein soleil. Veillez à lui éviter une grande humidité hivernale.*

☼ ◊ 🏆R4 ↕70 cm ↔45 cm

Eryngium x *oliverianum*
Chardon bleu

Vivace dressée, herbacée, plus grande que *E. alpinum* (ci-dessus), portant des cônes bleu métallique vif, à la base entourée d'un anneau plat de bractées effilées, argentées. Ils éclosent en été et en automne au-dessus des feuilles épineuses, vert foncé. Il vit plus vieux que son parent *E. giganteum*. Apport architectural indispensable dans un jardin sec, ensoleillé, avec les plantes grises et argent pour thème.

CULTURE *Dans un sol drainé, assez riche, au soleil. Évitez une excessive humidité hivernale.*

☼ ◊ 🏆R4 ↕90 cm ↔45 cm

Eryngium x *tripartitum*

Chardon bleu

Cette élégante, quoique piquante, vivace dressée, porte des cônes de petites fleurs bleu métallique en été et en automne. Ils sont posés sur une couronne de bractées pointues, en haut de tiges minces, bleutées, dominant le feuillage en rosettes vert-gris. Cueillies en bouton, les fleurs sèchent bien.

CULTURE *Choisissez un emplacement à l'abri de l'humidité hivernale, en plein soleil. Tondez-le légèrement après la floraison, pour éviter son étiolement.*

☼ ◊ 🏆R4 ↕60-90 cm ↔ 50 cm

Erysimum 'Bowles' Mauve'

Giroflée

L'une des vivaces à la plus longue floraison. Elle forme un buisson arrondi, persistant, de feuilles étroites, vert-gris, et produit des épis denses de petites fleurs à quatre pétales, mauves, toute l'année, mais surtout au printemps et en été. Excellent sujet pour massifs, qui demande l'abri d'un mur en climat froid.

CULTURE *Plantez-la dans un sol drainé, plutôt alcalin, en plein soleil. Tondez-la légèrement après la floraison pour la garder dense. Ele vit souvent peu, mais se bouture aisément, en été.*

☼ ◊ 🏆R3 ↕jusqu'à 75 cm ↔60 cm

Erysimum cheiri 'Harpur Crewe'
Giroflée jaune

Vivace persistante, à courte durée de vie, dressée et buissonnante, apportant sa couleur printanière au premier plan d'une bordure. Les épis de fleurs parfumées, jaune vif, éclosent de la fin de l'hiver au mois de juin, au-dessus des étroites feuilles vert-gris. Vendue parfois comme *Cheiranthus* 'Harpur Crewe'.

CULTURE *Plantez-la dans un sol drainé, maigre à moyen, en plein soleil. Tondez-la légèrement après la floraison pour la garder dense. Elle meurt d'ordinaire après quelques années, mais se bouture aisément, en été.*

☼ 💧 🏆R3 ↕30 cm ↔60 cm

Erysimum 'Wenlock Beauty'
Giroflée

Vivace touffue, persistante, donnant des bouquets de fleurs rose bleuté et saumon, teintées de bronze, au printemps. Les feuilles, lancéolées, sont soyeuses, vert moyen. Plante excellente pour apporter de la couleur tôt dans la saison aux rocailles et murets ; dans les régions froides, réservez-lui un emplacement chaud et abrité.

CULTURE *Plantez-la dans un sol maigre à moyen, plutôt alcalin, bien drainé, en plein soleil. Gardez-la compacte en la tondant après la floraison.*

☼ 💧 🏆R3 ↕↔ 45 cm

Erythronium 'Pagoda'
Érythrone

Cette plante bulbeuse, très vigoureuse, est un parent de notre dent-de-chien, *E. dens-canis* et, comme cette dernière, elle fait bon effet en groupe sous des arbres et arbustes caducs. Des bouquets de fleurs couleur soufre, printanières, sont suspendus aux tiges minces, surplombant les légères feuilles ovales, luisantes, vert foncé marbré de bronze.

CULTURE *Il pousse dans un sol frais mais drainé, riche en humus, avec une exposition semi-ombragée.*

◑ 💧💧 🏆R4 ↕15-35 cm ↔10 cm

Escallonia 'Apple Blossom'

Arbuste compact, persistant, au dense feuillage vert foncé, luisant. Dès juin, il donne à profusion des petites fleurs blanc rosé. Outre son intérêt dans un massif d'arbustes, il peut former des haies, des brise-vent et des clôtures. Très utile en zone côtière, si les vents dominants ne sont pas trop froids. Un peu plus rustique et très répandu, *E.* 'Donard Seedling' en est très proche.

CULTURE *Plantez-le dans tout sol bien drainé, riche, en plein soleil. En climat très froid, abritez-le du vent. Supprimez les bois vieux ou abîmés après la floraison.*

☼ 💧 🏆R4 ↕↔ 2,50 m

Escallonia 'Iveyi'

Vigoureux arbuste persistant, dressé, aux grands bouquets de fleurs estivales, odorantes, blanc pur. Les feuilles, arrondies, sont vert foncé et luisantes ; le feuillage prend souvent une coloration bronze par temps froid. Plantez-le dans un massif d'arbustes, ou en haie, en climat pas trop sévère. Donnez-lui un emplacement abrité dans les régions froides.

CULTURE *Il pousse dans un bon sol drainé, en plein soleil, à l'abri du froid. Retirez les bois abîmés en automne, ou au printemps si la floraison s'est prolongée.*

☼ 💧 🏆R3 ↕↔ 3 m

Escallonia 'Langleyensis'

Cet élégant arbuste semi-persistant produit d'abondants bouquets de petites fleurs rose vif. Elles surmontent, en juin-juillet, les feuilles, ovales, vert foncé, luisantes. Il se plaît en zone côtière si le climat est doux, en haie libre ou en massif d'arbustes.

CULTURE *Il préfère un sol drainé, riche, et le soleil. Protégez-le des vents froids et secs si le climat est soumis au gel. Supprimez les bois morts ou abîmés après la floraison. Les vieux sujets peuvent être recépés au printemps.*

☼ 💧 🏆R4 ↕2 m ↔3 m

Eschscholzia caespitosa

Annuelle dense, produisant à foison des fleurs odorantes, jaune vif, en été. Les feuilles, bleutées, très divisées, sont presque filiformes. Cette annuelle convient aux massifs ensoleillés, aux rocailles ou sur du gravier. Par temps gris, les fleurs se ferment.

CULTURE *Installez cette plante dans un sol drainé, maigre, en plein soleil. Pour une floraison précoce, semez en place à l'automne précédent.*

☼ ◊ ♈R4 ↕↔ jusqu'à 15 cm

Eschscholzia californica

Pavot de Californie

Annuelle tapissante, à fleurs en coupe, écloses tout l'été, sur des tiges fines. Les fleurs existent dans de nombreuses couleurs (blanc, rouge, jaune), mais sont le plus souvent orange. Le cultivar 'Dali' est rouge uni. Les feuilles, grisées, sont ciselées. Plantez-le dans un massif ensoleillé ou une rocaille ; les fleurs coupées tiennent longtemps.

CULTURE *Dans un sol léger et maigre, drainé, en plein soleil. Pour une floraison précoce, semez en place à l'automne précédent.*

☼ ◊ ♈R4 ↕jusqu'à 30 cm ↔jusqu'à 15 cm

Eucalyptus gunnii
Gommier

Vigoureux arbre persistant, utile pour garnir rapidement un jardin neuf. L'écorce neuve, jaune à vert argenté, apparaît en fin d'été quand il se dépouille de l'ancienne, argent. Les plantes jeunes ont un feuillage gris bleuté, arrondi, qui devient lancéolé avec le temps. Protégez-le, dans les zones froides, d'un épais paillis hivernal sec, surtout dans sa jeunesse.

CULTURE *Il pousse dans un sol drainé, riche, au soleil. Pour le garder compact et avoir un beau feuillage juvénile, recépez-le chaque printemps.*

☼ ◊ 🏆R3 ↕10-25 m ↔6-15 m

Eucalyptus pauciflora ssp. *niphophila*
Eucalyptus

Bel arbre argenté, persistant, à coupe dressée, et à jolie écorce, blanc et argent, qui s'exfolie. Les jeunes feuilles sont ovales, d'un bleu-vert mat ; sur les tiges adultes, elles sont lancéolées et d'un bleu-vert soutenu. Les fleurs ont peu d'attrait. Il est souvent maitenu en buisson par une taille régulière.

CULTURE *Plantez-le dans un sol drainé, riche, en plein soleil. Pour avoir un beau feuillage juvénile, recépez-le court chaque printemps.*

☼ ◊ 🏆R4 ↕↔ jusqu'à 6 m

Eucryphia x *nymansensis* 'Nymansay'

Arbre persistant, colonnaire, aux bouquets de grandes fleurs odorantes, blanc brillant, à étamines jaunes. Elles éclosent en été et en automne parmi les feuilles ovales, vert foncé, luisantes. Très bel arbre à fleurs à isoler ; il préfère les climats humides et doux.

CULTURE *Plantez-le dans un sol bien drainé, plutôt frais, au soleil mais en ombrageant son pied, ou à mi-ombre. Abritez-le des vents froids. Retirez au printemps les branches abîmées.*

☼ 🌢◖ R3 ↕15 m ↔5 m

Euonymus alatus
Fusain à liège

Arbuste caduc compact, aux tiges ailées, à la belle coloration automnale ; les petits fruits pourpre et rouge s'entrouvrent pour dégager les graines orangées, et les feuilles ovales, vert soutenu, virent à l'écarlate. Les fleurs sont moins intéressantes. Parfait pour un massif d'arbustes dans un sous-bois clair. Les fruits sont toxiques. 'Compactus', moitié moins grand, est une version naine.

CULTURE *Il pousse en tout sol bien drainé, riche. Il supporte la mi-ombre, mais fructification et coloration automnales sont améliorées en plein soleil. Évitez les tailles.*

☼ ◐ 🌢 R4 ↕2 m ↔3 m

Euonymus europaeus 'Red Cascade'
Fusain

Arbuste à port arborescent, caduc, aux belles couleurs automnales. Les fleurs printanières, discrètes, donnent des fruits rose cerise, qui s'ouvrent en révélant les graines orangées. Les feuilles, ovales, vert moyen, virent à l'écarlate en fin de saison. Les fruits sont toxiques.

CULTURE *Tout terrain riche et drainé lui convient, mais il apprécie le calcaire. Il supporte une exposition semi-ombragée, mais fructification et couleur s'améliorent en plein soleil. Il faut deux sujets ou plus pour avoir des fruits abondants. La taille est superflue.*

☼ ◑ ◊ 🏆R4 ↕3 m ↔2,50m

Euonymus fortunei 'Emerald 'n' Gold'
Fusain

Petit arbuste rampant, persistant, capable de grimper, avec un support. Les feuilles ovales, vert vif, sont largement bordées d'or et rosissent par temps froid. Les fleurs, printanières, sont insignifiantes. Employez-le comme bouche-trou dans un massif d'arbustes ou palissez-le.

CULTURE *Plantez-le dans tout sol non trempé. Les feuilles se colorent mieux au soleil, mais il supporte une exposition semi-ombragée. Tondez-le au printemps. Palissé, il peut atteindre 5 m de haut.*

☼ ◑ ◊◆ 🏆R4 ↕60 cm ou plus ↔90 cm

Euonymus fortunei 'Silver Queen'

Arbuste persistant compact, dressé ou rampant, particulièrement beau palissé contre un mur ou dans un arbre. Les feuilles vert foncé ont de larges bords blancs virant au rose par temps froid. Les fleurs, printanières, blanc-vert, sont insignifiantes.

CULTURE *À planter dans tout sol non trempé, à mi-ombre, ou au soleil, où les feuilles sont plus colorées. Tondez les buissons au printemps. Palissé, il peut atteindre 6 m de haut.*

☼ ◑ ◊◊ R4 ↕2,50 m ↔1,50 m

Euphorbia amygdaloides var. *robbiae*
Euphorbe des bois

Vivace persistante, traçante, portant des têtes lâches de fleurs jaune-vert au printemps. Les longues feuilles, vert foncé, forment des rosettes à la base des tiges. Utile pour les zones ombragées, elle peut être envahissante. Également appelée simplement *E. robbiae*.

CULTURE *Elle pousse dans un sol drainé mais frais, en plein soleil ou à mi-ombre. Elle tolère des sols maigres et secs. Arrachez les stolons envahissants. La sève laiteuse peut irriter la peau.*

☼ ◑ ◊◊ R4 ↕75-80 cm ↔30 cm

Euphorbia characias
Euphorbe

Vivace persistante, buissonnante, formant des touffes de feuilles étroites, vert bleuté foncé. Au printemps, les grosses têtes rondes des fleurs chartreuse à œil noir couronnent les tiges érigées. Plante spectaculaire qui apporte de la couleur pendant une longue période à un jardin de style méditerranéen. Les froids sévères lui sont fatals.

CULTURE *Elle pousse dans un sol drainé, léger, en plein soleil et à l'abri des vents froids. Rabattez les tiges florales en automne, avec des gants, car la sève peut irriter la peau.*

☼ ◊ 🏆R3 ↕↔ 1,20 m

Euphorbia characias ssp. *wulfenii* 'John Tomlinson'
Euphorbe

Vivace ébouriffée, buissonnante, produisant des inflorescences plus larges que l'espèce type (ci-dessus). Les fleurs sont chartreuse vif, sans œil noir, et forment des têtes rondes, dominant les étroites feuilles vert grisé. En climat froid, mieux vaut l'abriter contre un mur ensoleillé.

CULTURE *Plantez-la dans un sol léger, drainé, en plein soleil et à l'abri des vents froids. Rabattez en automne les tiges florales, en portant des gants, la sève pouvant irriter la peau.*

☼ ◊ 🏆R3 ↕↔ 1,20 m

Euphorbia x *martinii*
Euphorbe

Ce sous-arbrisseau dressé, en touffes, persistant, produit des épis de fleurs vert acide aux nectaires rouges bien marqués. Ces fleurs éclosent au printemps sur des tiges rougeâtres dominant les feuilles, lancéolées, vert moyen, souvent pourprées dans leur jeunesse. Belle plante à l'intéressante silhouette, pour un emplacement chaud et sec. Les hivers froids lui sont fatals.

CULTURE *Plantez-la dans un sol drainé et un lieu abrité. Supprimez les fleurs fanées, en portant des gants pour protéger vos mains de la sève blanche, caustique.*

☼ ◊ 🏆R3 ↕↔ 1 m

Euphorbia myrsinites
Euphorbe

Courte vivace persistante, aux rameaux rampants couverts de feuilles charnues, elliptiques, bleutées, disposées en spirale. Les bouquets de fleurs vert-jaune illuminent la pointe des tiges au printemps. Elle est parfaite en rocaille riche, ensoleillée, ou retombant du bord d'une banquette.

CULTURE *Elle pousse dans un sol drainé, en plein soleil. Supprimez les fleurs fanées, car elle a tendance à se ressemer avec excès. Portez des gants pour éviter le contact avec la sève, parfois irritante.*

☼ ◊ 🏆R3 à 4 ↕10 cm ↔jusqu'à 30 cm

Euphorbia polychroma
Euphorbe

Cette vivace persistante forme une touffe ronde bien nette de feuilles vert moyen, duveteuses. Elle se couvre pendant une longue période, au printemps, de bouquets de fleurs d'un jaune acide vif. Superbe avec des bulbes printaniers, en massif et en sous-bois, elle tolère de nombreuses terres. Son cultivar 'Major' est un peu plus grand.

CULTURE *Elle pousse aussi bien dans un sol léger, drainé et en plein soleil qu'en terre fraîche, humifère et à mi-ombre. Supprimez les fleurs fanées. La sève peut irriter la peau.*

R4 ↕40 cm ↔60 cm

Euphorbia schillingii
Euphorbe

Cette vigoureuse vivace touffue qui, contrairement à beaucoup d'euphorbes, disparaît en hiver, porte des bouquets très durables de fleurs vert acide, en été et en automne. Les feuilles lancéolées sont vert sombre, à nervure centrale claire ou blanche. Elle est parfaite pour éclairer un sous-bois ou un jardin sauvage ombragé.

CULTURE *Plantez-la dans un sol bien frais, humifère, à mi-ombre. Supprimez les fleurs fanées. La sève peut irriter la peau.*

R4 ↕1 m ↔0,30 m

Exochorda x *macrantha* 'The Bride'

Dense arbuste étalé, caduc, cultivé pour son port souple et ses abondants bouquets odorants, d'un blanc pur. Ils éclosent au printemps parmi les feuilles ovales, vert frais. C'est un fond élégant pour d'autres fleurs dans une mixed-border.

CULTURE *Plantez-la dans tout bon sol drainé, en plein soleil ou avec un peu d'ombre. Il n'aime pas les sols maigres et crayeux. La taille est à peu près superflue.*

☼ ◑ ◊ 🏆R4 ↕2 m ↔3 m

Fallopia baldschuanica

Encore souvent classée dans le genre *Polygonum*, cette très vigoureuse liane caduque, ligneuse, porte des grappes de petites fleurs estivales et automnales, blanc rosé. Les feuilles, ovales, sont vert moyen. Couvrez-en des bâtiments disgracieux ou plantez-la dans un vaste jardin sauvage. Ailleurs, elle est presque incontrôlable.

CULTURE *Elle pousse en tout sol drainé, maigre à moyen, au soleil, où elle fleurit mieux, ou à mi-ombre. Rabattez-la si nécessaire à la fin de l'hiver.*

☼ ◑ ◊ 🏆R4 ↕12 m

Fargesia nitida

Ce bambou est une vivace à pousse lente, formant un bosquet dense de cannes dressées, vert pourpré sombre. Dans l'année qui suit la plantation, des cascades d'étroites feuilles vert foncé apparaissent au sommet. Pour un jardin sauvage ; vous réduirez son extension en la plantant en conteneur ; elle est parfois vendue comme *Sinarundinaria nitida*. *F. murielae* est aussi beau, avec des tiges dorées et des feuilles plus luisantes.

CULTURE *Dans un sol bien frais, riche, à l'ombre légère. Abritez-le des vents secs.*

◑ ♦ ♀R4 ↕jusqu'à 5 m ↔1,50 m ou plus

x *Fatshedera lizei*

Lierre en arbre

Buisson persistant, arrondi, cultivé pour ses belles feuilles luisantes, vert foncé. 'Variegata' vous donnera des feuilles bordées de crème. De petites fleurs blanches éclosent en automne. Il est parfait à l'ombre ; en climat frais, plantez-le au soleil, à l'abri. Palissé, il peut garnir un mur ; c'est également une bonne plante d'intérieur ou de véranda.

CULTURE *Il apprécie un sol frais mais drainé, riche, et une exposition ensoleillée ou semi-ombragée. La taille est superflue. S'il est palissé, liez bien les branches.*

☼ ◑ ◊♦ ♀R3 ↕1,20-2 m ou plus ↔3 m

Fatsia japonica
Aralia

Arbuste persistant, étalé, cultivé pour ses grandes feuilles palmées, vert brillant. De gros bouquets dressés de fleurs rondes, crème, éclosent en automne. Excellente plante pour une bordure ombragée. Il supporte la pollution et pousse dans les jardins urbains abrités. 'Variegata' vous donnera des feuilles bordées de crème.

CULTURE *Dans tout sol drainé, au soleil ou à l'ombre, à l'abri des vents froids et des fortes gelées, surtout dans sa jeunesse. Taille limitée à la suppression des branches mal placées et du bois mort, au printemps.*

☼ ● ◊ 🏆R4 ↕↔ 1,50-4 m

Felicia amelloides 'Santa Anita'
Aster du Cap

Sous-arbrisseau arrondi, persistant, au feuillage vert vif marqué de blanc. Les grandes pâquerettes bleues à cœur jaune d'or se succèdent longuement de juin aux gelées. Il est excellent en rocaille ensoleillée, corbeilles suspendues et autres potées. En climat froid, mieux vaut le traiter en annuelle. Il en existe également une excellente version à feuilles panachées.

CULTURE *Dans un sol drainé, riche, au soleil. Il craint l'humidité. Pincez-le pour le faire s'étoffer et supprimez les fleurs fanées.*

☼ ◊ 🏆R2 à 3 ↕↔ 30-60 cm

Festuca glauca 'Blaufuchs'
Fétuque glauque

Graminée vivace en touffes serrées. Ses épis ont peu d'attrait : vert bleuté ombré de violet, ils éclosent en juin, au-dessus du feuillage. Ce dernier, mince, bleuté, fait toute la beauté de la plante. Elle est superbe en massifs et rocailles, comme fond pour d'autres plantes.

CULTURE *Plantez-la dans un sol drainé, sec, maigre à moyen, au soleil. Pour avoir un feuillage coloré, divisez la plante pour la replanter, tous les deux ou trois ans.*

☼ ◊ 🏆R4 ↕jusqu'à 30 cm ↔25 cm

Filipendula purpurea
Filipendule

Vivace dressée en touffes, très belle en groupe, formant des nappes d'élégant feuillage vert foncé. Les bouquets plumeux de fleurs estivales, rouge pourpré, dominent les feuilles, au bout de tiges pourpres. Elles conviennent au bord de l'eau et aux fondrières ou se naturalisent dans un sous-bois frais.

CULTURE *Plantez-la dans un sol bien frais, moyen, humifère, à mi-ombre. Dans un sol humide, elle supporte le soleil.*

☼ ◑ ♦♦ 🏆R4 ↕1,20 m ↔0,60 m

Filipendula rubra 'Venusta'
Filipendule

Vigoureuse vivace dressée, produisant en juin des plumets légers de petites fleurs rose vif sur de hautes tiges ramifiées. Les grandes feuilles vert foncé sont échancrées en plusieurs lobes. Magnifique dans une fondrière, dans un sol mouillé près de l'eau ou un jardin sauvage frais.

CULTURE *Elle demande un sol bien frais, moyen, et une exposition semi-ombragée. En terrain boueux ou mouillé, où elle devient magnifique, elle supporte le soleil.*

◑ 💧💧 🏆R4 ↕2-2,50 m ↔1,20 m

Forsythia x *intermedia* 'Lynwood'

Vigoureux arbuste caduc, à tiges dressées puis recourbées à la pointe. Ses fleurs jaune d'or éclosent à profusion sur le bois nu, en fin d'hiver. Les feuilles, ovales, vert moyen, apparaissent ensuite. C'est un arbuste fiable, pour une mixed-border ou une haie libre, spectaculaire avec des bulbes printaniers. Il se prête aux bouquets.

CULTURE *Plantez-le dans un sol drainé, riche, au soleil. Il supporte la mi-ombre, mais y fleurit moins. Supprimez quelques vieux bois, après la floraison, sur les plantes adultes.*

☼ ◑ 💧 🏆R4 ↕↔3 m

Forsythia suspensa

Cet arbuste dressé, caduc, parfois aussi appelé « mimosa de Paris », moins dense que *F.* x *intermedia* (ci-contre, en bas), a des tiges plus franchement arquées. On apprécie ses fleurs printanières pendantes, jaune vif, écloses sur le bois nu. Les feuilles, ovales, sont vert moyen. Cet arbuste est intéressant isolé, en haie libre ou en massif.

CULTURE *Il demande un sol drainé, riche, et du soleil ; à mi-ombre, sa floraison est moins dense. Supprimez quelques vieux bois après la floraison, sur les plantes adultes.*

☼◑ ◊ 🏆R4 ↕↔3 m

Fothergilla major

Cet arbuste dressé à pousse lente donne au printemps des goupillons de fleurs blanches odorantes. On apprécie également sa coloration automnale. Ses feuilles, ovales, vert foncé, luisantes, virent au jaune, à l'orange et au rouge en automne. Très bel apport dans un massif d'arbustes ou un sous-bois clair.

CULTURE *Il apprécie un sol frais mais drainé, acide, humifère. Le soleil le fera bien fleurir et se colorer. La taille est quasi superflue.*

☼ ◊◆ 🏆R4 ↕2,50 m ↔2 m

Fremontodendron 'California Glory'

Vigoureux arbuste dressé, semi-persistant, donnant de larges fleurs jaune d'or, en coupe, de juin à septembre. Les feuilles, arrondies, lobées, sont vert foncé. Il est superbe palissé. En climat froid, plantez-le contre un mur baigné de soleil.

CULTURE *Il demande un sol drainé, maigre à moyen, neutre ou alcalin, et du soleil. Abritez-le des vents froids. Évitez la taille, en vous contentant d'équilibrer les arbustes palissés, au printemps.*

☼ ◊ 🏆R3 ↕6 m ↔4 m

Fritillaria acmopetala Fritillaire

Cette plante bulbeuse est appréciée pour ses clochettes inclinées, vert clair teinté de brun à l'extérieur. Elles apparaissent en solitaires ou par deux ou trois, au printemps, en même temps que les feuilles étroites, bleutées. Pour rocaille ou massifs ensoleillés.

CULTURE *Plantez-la dans un sol riche et drainé, en plein soleil. Divisez et replantez les bulbes en été.*

☼ ◊ 🏆R4 ↕jusqu'à 40 cm ↔5-8 cm

Fritillaria meleagris

Œuf-de-vanneau

Plante bulbeuse qui se naturalise bien dans les prairies qui restent fraîches et humides. Ses fleurs en clochette, pendantes, sont roses, pourpre rosé ou blanches, et fortement quadrillées ; elles éclosent seules ou par deux au printemps. Les feuilles, étroites, sont vert-gris. La forme blanche 'Alba' est également recommandée.

CULTURE *Plantez-le dans un sol frais mais drainé, moyen, au soleil ou à mi-ombre. Divisez et replantez les bulbes en été.*

☼☀ 🌢🌢 ♈R4 ↕jusqu'à 30 cm
↔5-8 cm

Fritillaria pallidiflora

Fritillaire

Au cœur du printemps, cette robuste plante bulbeuse produit des fleurs en clochette, à l'odeur musquée, au-dessus des feuilles, lancéolées, gris-vert. Les fleurs sont crème à base verte, quadrillées de brun à l'intérieur. Cette plante convient aux rocailles ou aux bordures restant fraîches en été. Elle se naturalise en prairie humide.

CULTURE *Plantez-la dans un sol frais mais drainé, moyen, au soleil ou à mi-ombre. Divisez et replantez les bulbes en été.*

☼☀ 🌢🌢 ♈R4 ↕jusqu'à 40 cm
↔5-8 cm

Fuchsias rustiques

Les fuchsias rustiques sont des arbustes merveilleusement adaptables : ils conviennent aux mixed-borders ou aux haies fleuries, mais on peut aussi les palisser sur des murs chauds ou les isoler sur tiges ou colonnes. Leurs fleurs, pendantes, simples ou doubles, éclosent en été et en automne. Si les hivers sont très froids, même ces espèces peuvent être plus ou moins abîmées par les gelées. Mais elles se remettent très vite, et la plupart d'entre elles gardent tout leur feuillage en serre froide ou, à l'extérieur, si la température est supérieure à 4 °C. La plus rustique est 'Genii' (R4).

CULTURE *Plantez-les dans un sol drainé mais frais, riche, au soleil ou à mi-ombre, à l'abri des vents froids. Paillez-les fortement en hiver. Pincez les jeunes plants pour qu'ils restent trapus. À la fin de l'hiver, retirez les tiges gelées ; rabattez les tiges saines sur des bourgeons bas.*

☼ ◑ ◇ ◆ 🏆R3, R4

1 ↕↔ 75-90 cm

2 ↕ 1-30 cm ↔ 45 cm

3 ↕↔ 1-1,10 m

4 ↕ 2-3 m ↔ 1-2 m

5 ↕↔ 15-30 cm

6 ↕ 3 m ↔ 2-3 m

1 *F.* 'Genii' (R4) **2** *F.* 'Lady Thumb' (R3) **3** *F.* 'Mrs. Popple' (R3) **4** *F.* 'Riccartonii' (R3) **5** *F.* 'Tom Thumb' (R3) **6** *F. magellanica* 'Versicolor' (R3)

Fuchsias semi-rustiques et non rustiques

Les fuchsias semi-rustiques et ceux qui craignent le gel sont des arbustes à fleurs demandant au moins une protection hivernale en climat froid. En échange de ces soins, vous aurez un spectacle estival de longue durée. Ils offrent une gamme étendue de belles floraisons estivales pour le jardin, des pétales serrés de 'Swingtime' aux tubes allongés de 'Thalia'. Tous peuvent être cultivés dehors en été, et font de beaux sujets de potées, soit pincés pour former des boules trapues, soit conduits sur tiges ou en colonne. En climat froid, abritez-les pour l'hiver dans une serre froide ou une véranda. 'Thalia' est le plus fragile et demande une température minimale de 10 °C.

CULTURE *Dans un sol frais mais drainé, riche, au soleil ou à mi-ombre. Pincez les jeunes plants pour les garder trapus et supprimez les pousses défleuries au sécateur. À la fin de l'hiver, rabattez-les sur la charpente de base.*

☼ ◑ 💧💧 🏆R3

1 ↕↔ 30-60 cm

2 ↕ jusqu'à 60 cm ↔ jusqu'à 45 cm

2 ↕ jusqu'à 4 m ↔ 1-1,20 m

1 *Fuchsia* 'Annabel' (R3) **2** *F.* 'Billy Green' (R1+3) **3** *F. boliviana* var. *alba* (R1+3)

4 ↕↔ 45-75 cm

5 ↕jusqu'à 90 cm ↔ jusqu'à 75 cm

6 ↕jusqu'à 90 cm ↔ jusqu'à 60 cm

7 ↕1,50 m ↔ jusqu'à 80 cm

8 ↕jusqu'à 45 cm ↔ jusqu'à 60 cm

9 ↕jusqu'à 75 cm ↔ jusqu'à 60 cm

4 *Fuchsia* 'Celia Smedley' (R3) **5** *Fuchsia* 'Checkerboard' (R3) **6** *Fuchsia* 'Coralle' (R2)
7 *Fuchsia fulgens* (R1+3) **8** *Fuchsia* 'Joy Patmore' (R3) **9** *Fuchsia* 'Leonora' (R3-4)

10 ↕↔ 30-60 cm

11 ↕jusqu'à 45 cm ↔ 45 cm

12 ↕jusqu'à 75 cm ↔ jusqu'à 60 cm

13 ↕ 60 cm ↔ 45 cm

14 ↕jusqu'à 60 cm ↔ 75 cm

15 ↕↔ 45-90 cm

AUTRES CHOIX

'Brookwood Belle' (R3) Fleurs cerise et blanc.

'Pacquesa' (R3) Rouge et blanc veiné de rouge.

'Winston Churchill' (R3) Lavande et rose.

10 *Fuchsia* 'Mary' (R2) **11** *Fuchsia* 'Nellie Nuttall' (R3) **12** *Fuchsia* 'Royal Velvet' (R3) **13** *Fuchsia* 'Snowcap' (R3 à 4) **14** *Fuchsia* 'Swingtime' (R3) **15** *Fuchsia* 'Thalia' (R1+3)

Fuchsias cascade

Les cultivars de fuchsias à port rampant ou cascadant sont les plantes idéales pour déborder d'un haut contenant, d'une jardinière ou d'une corbeille suspendue, où leurs fleurs pendantes seront bien mises en valeur. Ils fleurissent continuellement en été et automne et peuvent être laissés en place jusqu'à la fin de saison. Après quoi, le mieux est de s'en défaire pour racheter des jeunes plants l'année suivante. On peut également les conduire sur tige pour faire des sujets pleureurs en bacs, qui dureront plusieurs années à condition de les hiverner sous abri.

CULTURE *Plantez-les en sol riche, frais mais drainé, en plein soleil ou à mi-ombre. Abritez-les des vents froids et secs. La taille se réduit à une mise en forme. Pincez les jeunes plants pour les garder serrés et bien équilibrés.*

☼ ◑ ◊◊ ♈R3

1 ↕15-30 cm ↔ 45 cm

2 ↕15-30 cm ↔ 45 cm

3 ↕45 cm ↔ 60 cm

4 ↕jusqu'à 60 cm ↔ 75 cm

1 *Fuchsia* 'La Campanella' **2** *F.* 'Golden Marinka' **3** *F.* 'Jack Shahan' **4** *F.* 'Lena'

Gaillardia 'Dazzler'
Gaillarde

Vivace trapue, à courte durée de vie, à grandes pâquerettes, restant épanouies longuement en été. Les pétales orange vif à pointes jaunes entourent un cœur rouge-orangé. Les feuilles sont douces, lancéolées, vert moyen. Cette plante convient très bien à une mixed-border ensoleillée ; les fleurs font de beaux bouquets. Les hivers froids peuvent la tuer.

CULTURE *Donnez-lui un sol bien drainé, pas trop riche, le plein soleil et un tuteurage éventuel. Souvent éphémère, elle se renouvelle aisément par division, en hiver.*

☼ ◊ R3 ↕60-85 cm ↔ 45 cm

Galanthus elwesii
Perce-neige

Robuste plante bulbeuse à fleurs effilées, blanc pur, écloses à la fin de l'hiver au-dessus du feuillage bleuté, et sentant le miel. Les pétales internes sont marqués de vert. Cette plante à fleur convient aux bordures et rocailles et se naturalise bien en sous-bois clair.

CULTURE *Elle pousse dans un sol frais mais drainé, humifère, ne séchant pas en été, avec un peu d'ombre.*

◑ ◊◊ R4 ↕10-15 cm ↔8 cm

Galanthus 'Magnet'

Perce-neige

Vigoureuse plante bulbeuse aux fleurs pendantes, piriformes, d'un blanc pur, à la fin de l'hiver, et dont les pétales internes ont une marque vert foncé en V à la pointe. Les feuilles, rubanées, gris-vert, sont disposées à la base. Elle se prête à la naturalisation dans l'herbe ou en sous-bois.

CULTURE *Plantez-la dans un sol frais drainé, riche, qui ne sèche pas en été, dans un emplacement légèrement ombragé.*

☀ 💧💧 🏆R4 ↕20 cm ↔8 cm

Galanthus nivalis 'Flore Pleno'

Perce-neige

Cette forme double de la perce-neige commune, *G. nivalis*, est une robuste plante bulbeuse. Ses fleurs piriformes, pendantes, blanc pur marqué de vert sur les pétales internes, éclosent à la fin de l'hiver. Ses feuilles, étroites, sont gris-vert. Elle se naturalise bien sous les arbustes ou arbres caducs.

CULTURE *Plantez-la dans un sol assez frais mais drainé, riche, à mi-ombre. Divisez et replantez les touffes de temps en temps, après la floraison, pour les garder vigoureuses.*

☀ 💧💧 🏆R4 ↕↔ 10 cm

Galanthus 'S. Arnott'
Perce-neige

Cette perce-neige à l'odeur de miel, aux fleurs encore plus grandes que 'Magnet' (ci-contre), est une plante bulbeuse à pousse rapide. Ses fleurs, pendantes, piriformes, blanc pur à marque verte en V à la pointe de chaque pétale interne, éclosent en fin d'hiver. Les feuilles, étroites, sont gris-vert. Elle ira en rocaille ou en banquette. 'Atkinsii', excellent, est un autre grand perce-neige.

CULTURE *Plantez-la dans un sol frais mais drainé, riche, à mi-ombre. Gardez-la au frais en été. Divisez et replantez les touffes après la floraison.*

R4 ↕20 cm ↔8 cm

Garrya elliptica 'James Roof'

Arbuste dressé, persistant, devenant arborescent avec l'âge. On le cultive pour ses longs chatons argentés, pendus aux branches en hiver. Les feuilles sont vert bleuté foncé, à bords ondulés. Il est superbe dans un massif d'arbustes, contre un mur ombragé ou en haie ; il supporte l'air marin.

CULTURE *Plantez-le dans un sol drainé, moyen, en plein soleil ou à mi-ombre. Il tolère les sols maigres et secs. Si nécessaire, tondez-le après la floraison.*

R4 ↕↔4 m

Gaultheria mucronata 'Mulberry Wine' (femelle)

Cet arbuste persistant, traçant, parfois inclus dans le genre *Pernettya,* est très apprécié pour l'attrait automnal de ses grosses baies rondes, magenta à pourpre, bien mises en valeur par les feuilles dentées, vert foncé luisant. Les petites fleurs blanches éclosent tout l'été.

CULTURE *Dans un sol bien frais, tourbeux, acide à neutre, à mi-ombre ou en plein soleil. Plantez une variété mâle à proximité pour avoir beaucoup de fruits. Tranchez les racines traçantes à la bêche pour réduire son extension.*

☼ ◑ ♦ 🏆R4 ↕↔ 1,20 m

Gaultheria mucronata 'Wintertime' (femelle)

Arbuste persistant, traçant, parfois inclus dans le genre *Pernettya* et donnant de grosses baies blanches, spectaculaires, persistant jusqu'au cœur de l'hiver. Les petites fleurs blanches éclosent tout l'été. Les feuilles, vert foncé luisant, elliptiques à oblongues, sont dentées.

CULTURE *Donnez-lui un sol bien frais, acide à neutre, tourbeux. Il préfère un peu d'ombre mais tolère le soleil. Plantez une variété mâle à proximité pour avoir beaucoup de fruits. Si nécessaire, arrachez les racines traçantes pour réduire son extension.*

☼ ◑ ♦ 🏆R4 ↕↔ 1,20 m

Gaultheria procumbens

Cet arbrisseau rampant porte des clochettes estivales blanches ou roses, suivies de fruits aromatiques écarlates. Comme ils persistent jusqu'au printemps, ils illuminent l'hiver. Les feuilles luisantes vert foncé dégagent un parfum puissant quand on les froisse ; ce parfum est utilisé sous le nom de « wintergreen ». Bon couvre-sol d'ombre.

CULTURE *Donnez-lui un sol frais acide à neutre, et la mi-ombre ; il tolère le plein soleil en sol très frais. Tondez-le après la floraison.*

◑ ♁ ♈R4 ↕15 cm ↔ jusqu'à 1 m ou plus

Gaura lindheimeri

Haute vivace buissonnante, à feuilles basales et tiges minces. De juin à octobre, elle porte des épis lâches de boutons rosés qui éclosent le matin en fleurs blanc pur. Cette élégante plante pour mixed-border supporte bien la chaleur et la sécheresse.

CULTURE *Plantez-la en sol riche, frais mais drainé, et plutôt en plein soleil, bien qu'elle supporte un peu d'ombre. Divisez si nécessaire au printemps.*

☼ ◊♁ ♈R3 ↕jusqu'à 1,50 m ↔ 90 cm

Gazanias

Ces intéressantes plantes estivales à massifs sont de vigoureuses vivaces étalées, souvent cultivées comme annuelles. On les plante pour leurs grandes fleurs en forme de marguerite, très colorées, rappelant celles des tournesols mais se fermant par temps gris. Elles peuvent être orangées, blanches, beiges, or, bronze ou rose vif, avec un cœur souvent contrasté. Des sélections aux capitules diversement colorés obtiennent un franc succès.

Les feuilles lancéolées sont vert foncé à revers soyeux argenté. Les *Gazania* poussent bien en bac et supportent l'air marin.

CULTURE *Donnez-leur un sol léger, sableux, drainé, et le plein soleil. Retirez les têtes fanées pour prolonger la floraison. Arrosez bien en été. Les premiers froids mettent fin à leurs jours.*

☼ ◊ R2

1 ↕20 cm ↔25 cm

2 ↕20 cm ↔25 cm

AUTRES CHOIX

G. série Chansonette Tons mélangés barrés de tons contrastés.

G. série Mini-star Tons mélangés ou non, parfois barrés de tons assortis.

G. série Talent Couleurs mélangées ou séparées.

3 ↕20 cm ↔25 cm

4 ↕20 cm ↔25 cm

5 ↕20 cm ↔25 cm

1 *Gazania* 'Aztec' 2 *Gazania* 'Cookei' 3 *Gazania* 'Daybreak Garden Sun' 4 *Gazania* 'Michael' 5 *Gazania rigens* var. *uniflora*

Genista aetnensis
Genêt de l'Etna

Arbuste caduc dressé, presque aphylle, superbe planté isolément ou dans le fond d'une bordure, dans un emplacement chaud et sec. Les masses de fleurs, odorantes, papilionacées, jaune d'or, couvrent en été les tiges pleureuses, vert moyen.

CULTURE *Plantez-le dans un sol drainé, léger, maigre à moyen, en plein soleil. Évitez la taille. Vous gagnerez à remplacer les vieux sujets dénudés.*

☼ ♢ 🏆R4 ↕↔ 8 m

Genista lydia
Genêt

Cet arbuste bas, caduc, forme un monticule de tiges arquées à pointes acérées, couvertes en juin de fleurs jaunes papilionacées. Les petites feuilles étroites sont bleutées. Un emplacement chaud et sec lui convient parfaitement, comme une rocaille ou une banquette.

CULTURE *Plantez-le dans un sol drainé, léger, maigre à moyen, en plein soleil. La taille est superflue ; vous gagnerez à remplacer les vieux sujets dénudés.*

☼ ♢ 🏆R4 ↕jusqu'à 0,60 m ↔jusqu'à 1 m

Genista tenera 'Golden Shower'

Genêt

Cet élégant cultivar est un arbuste caduc à tiges minces et feuilles étroites, vert argenté. On l'apprécie pour sa masse de fleurs odorantes jaune vif, écloses à profusion en mai-juin. On le plante volontiers en bosquet ou en mixed-border.Les hivers très rudes peuvent lui être fatals.

CULTURE *Donnez-lui un sol léger, maigre à moyen, drainé, et le plein soleil. Tondez-le légèrement en fin d'hiver, sans toucher au vieux bois.*

☼ ◊ 🏆R4 ↕3 m ↔5 m

Gentiana acaulis

Gentiane

Cette gentiane tapissante est une vivace persistante, à grandes fleurs printanières en trompette, d'un bleu vif soutenu. Les feuilles sont ovales, vert foncé luisant. Elle convient à une rocaille, une banquette ou une auge ; elle apprécie les étés frais et humides.

CULTURE *Plantez-la dans un sol bien frais mais drainé, humifère, en plein soleil ou à mi-ombre. Dans les régions à étés chauds et secs, protégez-la du soleil brûlant.*

☼ ◐ ◊ ◆ 🏆R4 ↕8 cm ↔jusqu'à 30 cm

Gentiana asclepiadea

Gentiane

Vivace en touffes, souple, donnant en été et en automne des fleurs bleu foncé, en trompette, souvent sablées et striées de pourpre à l'intérieur. Les feuilles, lancéolées, sont vert frais. Elle se plaît dans une bordure ou une grande rocaille.

CULTURE *Plantez-la dans un sol frais, riche, humifère. Elle préfère la mi-ombre, mais supporte le soleil si le sol est humide.*

◐ 💧 🏆R4 ↕60-90 cm ↔45 cm

Gentiana septemfida

Gentiane

Cette gentiane tardive est une vivace traçante, érigée, en touffes. Des bouquets de clochettes étroites, bleu vif à gorge blanche, éclosent dans le feuillage ovale, vert moyen. Elle convient à la rocaille et aux banquettes, et apprécie les étés frais et humides. Également recommandée, la variété var. *lagodechiana* n'a qu'une fleur par tige.

CULTURE *Plantez-la dans un sol frais mais drainé, humifère, en plein soleil ou à mi-ombre. Dans les régions à étés chauds et secs, protégez-la du soleil brûlant.*

☼◐ 💧💧 🏆R4 ↕jusqu'à 15-20 cm ↔jusqu'à 30 cm

Géraniums des jardins, espèces courtes

Les espèces de petite taille du genre *Geranium* (où l'on inclut souvent, à tort, les pélargoniums, voir pages 372 à 377) sont des plantes de forme variable, utiles en lisière de massifs, en rocaille et comme couvre-sols. Ces vivaces bien rustiques, persistantes, de longue durée et peu exigeantes, acceptent quantité de situations et de sols. Les feuilles, lobées et dentées, sont souvent tachetées et aromatiques. Au printemps et en été, elles produisent leurs caractéristiques fleurs en coupe, allant du blanc au bleu de 'Johnson's Blue' et au rose vif de *G. cinereum* var. *caulescens*, avec des veines, des yeux et autres marques contrastées.

CULTURE *Plantez-les dans un sol bien drainé, humifère, en plein soleil. Pendant la croissance, faites chaque mois un apport d'engrais complet, mais arrosez-les peu en hiver. Supprimez fleurs et feuilles fanées pour favoriser la repousse.*

☼ ◊ 🏆R4

1 ↕jusqu'à 0,45 m ↔ 1 m ou plus

2 ↕jusqu'à 15 cm ↔ jusqu'à 30 cm

1 *G.* 'Ann Folkard' **2** *G. cinereum* 'Ballerina'

3 ↕ jusqu'à 15 cm ↔ jusqu'à 30 cm

4 ↕ jusqu'à 45 cm ↔ illimité

5 ↕ jusqu'à 15 cm ↔ 50 cm

6 ↕ 30 cm ↔ 60 cm

7 ↕ jusqu'à 45 cm ↔ 75 cm

8 ↕ jusqu'à 0,30 m ↔ jusqu'à 1 m

9 ↕ 0,30 m ↔ 1,20 m

3 *G. cinereum* var. *subcaulescens* **4** *G. clarkei* 'Kashmir White' **5** *G. dalmaticum*
6 *G. himalayense* 'Gravetye' **7** *G.* 'Johnson's Blue'
8 *G.* x *riversleaianum* 'Russell Prichard' **9** *G. wallichianum* 'Buxton's Variety'

Géraniums des jardins, espèces élevées

Les grandes espèces touffues de géraniums rustiques - à ne pas confondre avec les pélargoniums (voir pages 372 à 377) - constituent de durables plantes de bordure et garnissent les arbustes tout en demandant peu de soins. Elles sont très adaptées aux jardins bon enfant et aux roseraies. Leurs feuilles, lobées, persistantes, souvent colorées ou aromatiques, les rendent décoratives pendant une longue période. Au cours de l'été, elles sont illuminées par d'abondantes fleurs en coupe, blanches, ou de divers bleus, roses et pourpres. Les dessins des fleurs varient, depuis les spectaculaires yeux noirs de *G. psilostemon* jusqu'aux veines délicates de *G. sanguineum* var. *striatum*.

CULTURE *Ils apprécient un sol drainé, riche, en plein soleil ou à mi-ombre, mais acceptent tout sol non trempé. Supprimez fleurs et feuilles fanées pour favoriser la repousse.*

☼ ◐ 👁 ♁ R4

1 ↕45 cm ↔ 60 cm

2 ↕↔ 60 cm

3 ↕50 cm ↔ 60 cm

1 *G. endressii* 2 *G.* x *magnificum* 3 *G. macrorrhizum* 'Ingwersen's Variety'

4 ↕60-90 cm ↔ 60 cm

6 ↕↔ 30 cm

5 ↕60-120 cm ↔ 60 cm

7 ↕10 cm ↔ 30 cm

8 ↕60 cm ↔ 90 cm

9 ↕60 cm ↔ 90 cm

4 *G. pratense* 'Mrs. Kendall Clark' **5** *G. psilostemon* (syn. *G. armenum*)
6 *G. renardii* **7** *G. sanguineum* var. *striatum* **8** *G. sylvaticum* 'Mayflower'
9 *G.* x *oxonianum* 'Wargrave Pink'

Geum 'Lady Stratheden'
Benoîte

Vivace touffue produisant en été des fleurs jaunes doubles sur des tiges courbes. Les grandes feuilles, vert moyen, sont lobées. Plante facile à longue floraison, illuminant une bordure herbacée. 'Fire Opal', plus grand, est proche, avec des fleurs rouge-orangé sur des tiges pourpres.

CULTURE *Plantez-la dans un sol frais mais drainé, riche et ensoleillé. Évitez les sols détrempés en hiver.*

☼ ◊◊ 🏆R4 ↕40-60 cm ↔60 cm

Geum montanum
Benoîte

Courte vivace touffue cultivée pour ses fleurs solitaires en coupe, jaune d'or foncé. Elles apparaissent en mai-juin au-dessus des grandes feuilles lobées, vert foncé. Elle est parfaite en rocaille, banquette ou auge.

CULTURE *Elle demande un sol drainé, graveleux, riche, et le plein soleil. Elle supporte l'humidité hivernale.*

☼ ◊ 🏆R4 ↕15 cm ↔jusqu'à 30 cm

Gillenia trifoliata

Spirée à trois feuilles

Élégante vivace élevée, formant des touffes de feuilles vert olive, virant au rouge en automne. Les délicates fleurs blanches à pétales fins éclosent en été sur des tiges minces, rouges. Elle est superbe dans une bordure ombragée ou un sous-bois clair ; les fleurs tiennent bien en vase.

CULTURE *Plantez-la dans un sol frais mais drainé, riche. Elle préfère l'ombre légère, mais supporte le soleil s'il est tamisé aux heures chaudes.*

◑ ◊◊ R4 ↕jusqu'à 1 m ↔0,60 m

Gladiolus callianthus

Plante dressée à corme, aux fleurs blanches à gorge pourpre, très parfumées. Elles s'accrochent en été à d'élégantes tiges surplombant des feuilles étroites en éventail, vert moyen. Cette plante est parfaite dans une mixed-border, et ses fleurs font de beaux bouquets. Elle ne supporte pas le froid vif.

CULTURE *Plantez-le dans un sol riche, en plein soleil. Améliorez le drainage en le plantant sur un lit de sable. En climat froid, relevez les cormes quand les feuilles brunissent ; coupez-les et stockez à l'abri du gel.*

☼ ◊ R2 ↕70-100 cm ↔5 cm

Gladiolus communis ssp. *byzantinus*

À la fin du printemps, cette plante dressée à corme produit un faisceau de fleurs magenta à lèvres pourprées. Elles sont disposées en épis dominant un éventail d'étroites feuilles vert moyen. Plante parfaite pour une bordure herbacée ; les fleurs se prêtent aux bouquets.

CULTURE *Plantez-le dans un sol riche, en plein soleil, sur un lit de sable grossier pour améliorer le drainage. Laissez les cormes en place en hiver, mais donnez-leur un paillis si le climat est très froid.*

☼ ◊ 🏆R4 ↕jusqu'à 1 m ↔8 cm

Gleditsia triacanthos 'Sunburst'

Févier

Arbre caduc, à pousse rapide, plus ou moins conique, apprécié pour le beau feuillage de sa cime légère. Les feuilles, très divisées, sont or vif à l'éclosion, au printemps, puis vert foncé, et jaunissent de nouveau en automne. Arbre idéal pour un petit jardin, très résistant à la pollution.

CULTURE *Plantez-le dans tout sol drainé, riche, en plein soleil. Limitez la taille au retrait du bois abîmé ou malade, à la fin de l'automne.*

☼ ◊ 🏆R4 ↕12 m ↔10 m

Gomphrena haageana 'Strawberry Fayre'

Annuelle dressée, touffue, donnant tout l'été des inflorescences rouge vif. Les fleurs sont portées par des tiges dressées au-dessus d'étroites feuilles vert moyen, duvetées de blanc dans leur jeune âge. Elle convient aux massifs d'été ; les fleurs font de beaux bouquets secs. 'Amber Glow' est une plante similaire, à fleurs bronze.

CULTURE *Plantez-la dans tout sol moyen, bien drainé. Choisissez un emplacement ensoleillé.*

☼ ◊ R3 ↕75-80 cm ↔jusqu'à 30 cm

Gunnera manicata Gunnéra

Imposante vivace en touffes, produisant les plus grandes feuilles de toutes les plantes de jardin, de près de 2 m de long. Rondes, lobées, très indentées, elles sont vert foncé, avec de solides pétioles épineux. En été apparaissent de grands épis de petites fleurs rouge verdâtre. Plante majestueuse au bord de l'eau ou en fondrière. En climat froid, protégez-la bien pour l'hiver.

CULTURE *Dans un un sol constamment frais, riche, en plein soleil ou à mi-ombre, à l'abri des vents froids. Protégez-la du gel en chapeautant la souche avec des feuilles.*

☼ ◐ ♦♦ R3 ↕2,50 m ↔3-4 m ou plus

Gymnocalycium andreae

Ce cactus épineux forme des touffes de tiges sphériques vert bleuté sombre ou vert-noir, aux côtes ondulées et aux épines crème. Les fleurs jaune vif éclosent en mai-juin. Il est parfait dans un jardin de cactées ; en climat froid, il demande l'abri d'une serre ou d'une véranda chauffée.

CULTURE *Il apprécie un sol drainé, maigre, ou un mélange pour cactées, et une exposition ensoleillée. Tenez-le au sec en hiver. Température minimale : 2 à 10 °C.*

☼ ◊ 🏆R1 ↕jusqu'à 6 cm ↔jusqu'à 15 cm

Gypsophila paniculata 'Bristol Fairy' Gypsophile

Cette vivace herbacée forme un dôme de feuilles un peu charnues, lancéolées, vert bleuté, sur des tiges minces, filiformes. Les petites fleurs blanches, doubles, forment un abondant nuage en été. Retombant d'un muret bas ou comme toile de fond derrière des fleurs dressées, elle fait beaucoup d'effet.

CULTURE *Plantez-la dans un sol drainé, moyen, plutôt alcalin, en plein soleil. Elle n'aime pas être déplacée.*

☼ ◊ 🏆R4 ↕↔ jusqu'à 1,20 m

Gypsophila 'Rosenschleier' Gypsophile

Vivace en dôme, produisant des tiges rampantes, très belles quand elles retombent du haut d'un muret. En été, les petites fleurs doubles, blanc virant au rose, apparaissent en bouquets aériens, formant un nuage dense. Les feuilles, un peu charnues, vert bleuté, sont lancéolées. Les fleurs sèchent bien. Parfois appelée 'Rosy Veil' ou 'Voile Rose'.

CULTURE *Elle pousse dans un sol drainé, profond, moyen, plutôt alcalin, et en plein soleil. Elle n'aime pas être déplacée.*

☼ ◊ 🏆R4 ↕0,40-0,50 m ↔1 m

Hakonechloa macra 'Aureola'

Cette herbe colorée est une vivace caduque, formant une touffe de feuilles étroites, arquées, jaune vif à rayures vertes et blanches. Elles s'ombrent de rouge en automne et durent longtemps en hiver. Plante adaptable, convenant aux bordures, aux rocailles, aux potées.

CULTURE *Plantez-la dans un sol frais mais drainé, riche, humifère. Sa coloration est plus belle si l'exposition est semi-ombragée, mais elle supporte le soleil.*

☼ ◐ ◊◊ 🏆R4 ↕35 cm ↔40 cm

x *Halimiocistus sabucii*

Arbuste compact, arrondi, aux feuilles vert foncé, linéaires, à revers feutré. Les masses de fleurs en coupe, blanches, éclosent tout l'été. Il garnira les bordures, le pied d'un mur chaud ou une rocaille.

CULTURE *Il préfère un sol bien drainé, maigre à moyen, léger et graveleux, et un emplacement ensoleillé. Abritez-le de l'humidité hivernale.*

☼ ♢ R4 ↕45 cm ↔90 cm

x *Halimiocistus wintonensis* 'Merrist Wood Cream'

Arbuste étalé, persistant, à fleurs printanières crème à zones rouges et cœur jaune. Les feuilles, lancéolées, sont gris-vert. Il convient à l'avant d'une mixed-border, au pied d'un mur chaud, à une banquette ou une rocaille. Les hivers froids lui sont parfois fatals.

CULTURE *Il pousse dans un sol bien drainé, maigre à moyen, en plein soleil. Choisissez un emplacement abrité de l'humidité hivernale.*

☼ ♢ R3 ↕60 cm ↔90 cm

Halimium lasianthum

Arbrisseau étalé aux bouquets de fleurs en coupelle, jaune d'or, en mai-juin. Chaque pétale est d'ordinaire taché de brun à la base. Le feuillage est vert argenté. Fleurissant mieux dans les régions à été chaud et long, cet arbrisseau supporte l'air marin.

CULTURE *Il préfère un sol moyen, drainé, sableux, et le plein soleil, à l'abri des vents secs et froids. Les plantes âgées ne supportent pas d'être déplacées. Après floraison, rectifiez légèrement la forme à la cisaille.*

☼ 💧 🏆R3 ↕1 m ↔1,50 m

Halimium 'Susan'

Petit arbuste persistant, étalé, apprécié pour ses fleurs estivales simples ou semi-doubles, jaune vif à macules pourpre foncé. Les feuilles sont ovales, gris-vert. Parfait pour une rocaille dans une zone côtière abritée. En climat frais, plantez-le à l'abri d'un mur ensoleillé. Les étés longs et chauds favorisent une bonne floraison. Semblable, en plus dressé, *H. ocymoides* est également recommandé.

CULTURE *Plantez-le dans un sol très drainé, riche, léger, sableux, en plein soleil. Abritez-le des vents froids. Tondez-le légèrement au printemps, si nécessaire.*

☼ 💧 🏆R3 ↕45 cm ↔60 cm

Hamamélis

Ces arbustes étalés, caducs, sont cultivés pour leurs abondants bouquets de fleurs effilochées, jaunes d'ordinaire, écloses en hiver sur les branches nues ; chez *H. vernalis*, elles peuvent coïncider avec le démarrage de la végétation. Chacune, délicieusement parfumée, est composée de quatre pétales étroits. La plupart des sélections horticoles ont également de belles couleurs d'automne : les larges feuilles vert vif virent alors au rouge et à l'or avant de tomber. Les hamamélis apportent couleur et parfum au jardin en hiver ; ce sont de bons arbustes à isoler, ou à placer en bosquets et sous-bois.

CULTURE *Plantez-les en sol moyen, frais mais drainé, acide ou neutre, au soleil ou à mi-ombre, dans un coin dégagé mais abrité. Ils supportent les sols calcaires s'ils sont profonds et humifères. Retirez en fin d'hiver les branches tordues ou entrecroisées pour conserver une charpente équilibrée.*

☼ ◑ ◊ ♈R4

1 ↕↔ **4 m**

2 ↕↔ **4 m**

1 *Hamamelis* x *intermedia* 'Arnold Promise' **2** *H.* x *intermedia* 'Barmstedt Gold'

3 ↕↔ 4 m

4 ↕↔ 4 m

5 ↕↔ 4 m

6 ↕↔ 4 m

7 ↕↔ 5 m

3 *Hamamelis* x *intermedia* 'Diane' **4** *Hamamelis* x *intermedia* 'Jelena'
5 *Hamamelis* x *intermedia* 'Pallida' **6** *Hamamelis mollis* **7** *H. vernalis* 'Sandra'

Hebe albicans
Hébé

Arbuste arrondi régulier, au feuillage très serré gris bleuté. Il produit en juin-juillet des épis légers de fleurs blanches à la pointe des tiges. Plante persistante intéressante en haies littorales ou en bosquets.

CULTURE *Donnez-lui un sol frais mais drainé, maigre à moyen, neutre ou un peu alcalin, et le plein soleil ou la mi-ombre. Abritez-le des vents froids et secs. La taille est superflue.*

☼ ◑ ◊ ◆ ♕R4 ↕60 cm ↔90 cm

Hebe cupressoides 'Boughton Dome'
Hébé

Cet arbuste nain, persistant, est cultivé pour sa silhouette nette et son feuillage dense, en dôme clair. La floraison est rare. Les branches, serrées, minces, gris-vert, portent des feuilles écailleuses vert tendre. Superbe en rocaille, il donne sans la moindre taille un effet de topiaire et convient aux zones côtières.

CULTURE *Plantez-le dans un sol frais mais drainé, maigre à moyen, en plein soleil ou à mi-ombre. La taille est superflue.*

☼ ◑ ◊ ◆ ♕R3 à 4 ↕30 cm ↔60 cm

Hebe x *franciscana* 'Variegata'
Hébé

Arbuste persistant, dense, aux feuilles ovales, vert moyen à lisière crème. Les fleurs pourpres, contrastant bien avec ce feuillage, apparaissent en épis serrés en été et en automne. Jolie plante, résistant bien à la pollution, convenant à une mixed-border ou une rocaille. En climat froid, il faudra l'abriter au pied d'un mur chaud. 'Blue Gem' est une plante similaire, à feuilles unies.

CULTURE *Dans un sol frais mais drainé, maigre à moyen, au soleil ou à mi-ombre, à l'abri des vents froids et secs. Taille superflue.*

☼ ◐ 💧 🏆R2 ↕↔ 0,60-1,20 m

Hebe 'Great Orme'
Hébé

Arbuste évasé, persistant, portant des épis lâches de petites fleurs rose foncé virant au blanc, écloses tout l'été parmi les feuilles lancéolées, luisantes, vert foncé. Il ira dans une mixed-border ou un massif d'arbustes ; abritez-le au pied d'un mur en climat froid.

CULTURE *Plantez-le dans un sol frais mais drainé, maigre à moyen, au soleil ou à mi-ombre, à l'abri des vents froids. La taille est superflue, mais les arbres dénudés peuvent être recépés au printemps.*

☼ ◐ 💧 🏆R3 ↕↔ 1,20 m

Hebe macrantha
Hébé

Cet arbuste érigé et étalé porte des feuilles vertes coriaces et des fleurs relativement grandes pour le genre. Elles éclosent en juin par bouquets de trois. Bonne plante pour haies de bord de mer en climat doux.

CULTURE *Donnez-lui un sol frais mais drainé, assez riche, neutre à un peu alcalin, et le plein soleil ou la mi-ombre. Abritez-le des vents froids et secs. La taille est superflue.*

☼ ◑ ◊◊ ♕R3 ↕60 cm ↔ 90 cm

Hebe ochracea 'James Stirling'
Hébé

Arbuste dense à fleurs blanches, moyennes, écloses en juin-juillet. Comme toutes les hébés filiformes, elle porte des feuilles écailleuses, appliquées contre les tiges, qui lui donnent l'aspect d'un conifère nain. Excellent persistant pour rocaille dont le brillant feuillage ocré est très décoratif en hiver.

CULTURE *Donnez-lui un sol frais mais drainé, assez riche, neutre à un peu alcalin, en plein soleil ou à mi-ombre. Abritez-le des vents froids et secs. La taille est superflue.*

☼ ◑ ◊◊ ♕R4 ↕45 cm ↔ 60 cm

Hebe pinguifolia
'Pagei'
Hébé

Arbuste bas, persistant, à tiges pourpres, portant quatre rangs de feuilles coriaces, ovales, vert bleuté. Les abondants bouquets de fleurs blanches apparaissent au printemps à la pointe des pousses. Plantez-le en masse, comme couvre-sol, ou en rocaille.

CULTURE *Plantez-le dans un sol frais mais drainé, maigre à moyen, au soleil ou à mi-ombre. Mieux vaut l'abriter des vents froids et secs. Formez-le à la cisaille, si nécessaire, à la fin de l'hiver.*

☼◑ ◊◆ ♕R4 ↕30 cm ↔90 cm

Hebe rakaiensis
Hébé

Arbuste persistant arrondi, portant de mai à juillet des épis de fleurs blanches. Les feuilles, elliptiques, sont vert vif brillant. Il fera un beau sujet isolé ou le point de mire d'une grande rocaille.

CULTURE *Plantez-le dans un sol frais mais drainé, maigre à moyen, au soleil ou à mi-ombre. Mieux vaut l'abriter des vents froids et secs. Formez-le à la cisaille, si nécessaire, au printemps.*

☼◑ ◊◆ ♕R4 ↕1 m ↔1,20 m

Hedera canariensis 'Ravensholst'
Lierre des Canaries

Ce vigoureux cultivar est une liane radicante, persistante, utile comme couvre-sol ou pour masquer un vilain mur. Ses feuilles à lobes courts sont luisantes, vert foncé. Les fleurs sont insignifiantes. Les froids sévères peuvent l'endommager, mais il repart d'ordinaire vigoureusement.

CULTURE *Il préfère un sol frais mais drainé, riche et humifère. Il supporte l'ombre et une taille à tout moment de l'année.*

☼ ◐ ◊◊ R3 ↕5 m

Hedera colchica
Lierre de Colchide

Liane radicante, persistante, à larges feuilles cordiformes. Coriaces, elles sont vert foncé. Les fleurs sont insignifiantes. C'est une liane très efficace pour couvrir rapidement un mur disgracieux, ou pour grimper dans un grand arbre caduc. C'est aussi un bon couvre-sol.

CULTURE *Il préfère un sol frais mais drainé, riche et humifère. Il supporte l'ombre et une taille à tout moment de l'année.*

☼ ◐ ◊◊ R4 ↕10 m

Hedera colchica 'Dentata'
Lierre

Liane très vigoureuse, persistante, radicante, aux grandes feuilles cordiformes, pendantes, vert brillant. Tiges et pétioles sont ombrés de pourpre. Belle plante pour masquer un mur disgracieux à l'ombre ; c'est également un bon couvre-sol. 'Dentata Variegata' a des feuilles marbrées de vert argenté et bordées de crème.

CULTURE *Il préfère un sol frais mais drainé, riche, plutôt alcalin, légèrement ou complètement à l'ombre. Il est possible de le tailler à tout moment pour le réduire.*

R4 ↕10 m

Hedera colchica 'Sulphur Heart'
Lierre

Ce lierre à feuilles colorées est une liane très vigoureuse, radicante, qui fait aussi un excellent couvre-sol. Les grandes feuilles, cordiformes, sont vert foncé éclairé de jaune crème ; la couleur s'uniformise avec le temps. Il tapisse rapidement un mur ombragé.

CULTURE *Plantez-le dans un sol frais mais drainé, riche, plutôt alcalin. Il tolère un peu d'ombre, mais sa couleur est plus belle au soleil. Il est possible de le tailler à tout moment pour le réduire.*

R4 ↕5 m

Lierre commun *(Hedera helix)*

Hedera helix, le lierre commun, est une liane ligneuse persistante, radicante. Il a donné naissance à de nombreux cultivars. Leurs feuilles varient, en forme, de cordiformes à laciniées et, en couleur, de l'or vif de 'Buttercup' au pourpre d''Atropurpurea'. Ce sont d'excellents couvre-sols supportant même l'ombre sèche, et ils masquent vite un mur banal ; sans surveillance, ils peuvent abîmer les peintures ou envahir les gouttières. Les cultivars panachés sont très utiles pour égayer les endroits sombres et les murs tristes. Les petits lierres font de bonnes plantes d'intérieur et peuvent être conduits en topiaires.

CULTURE *Ils préfèrent une terre fraîche mais drainée, humifère, alcaline, en plein soleil comme à l'ombre, où les lierres panachés peuvent se décolorer cependant. Tondez-les si nécessaire pour les maintenir. 'Goldchild' et 'Little Diamond' peuvent souffrir des fortes gelées.*

☼☀ ○● R4, pour certains R3 à 4

1 ↕8 m

2 ↕2 m

3 ↕2 m

4 ↕1 m

5 ↕1 m

6 ↕30 cm

1 *H. helix* 'Atropurpurea' (R4) **2** *H. helix* 'Buttercup' (R4) **3** *H. helix* 'Glacier' (R4)
4 *H. helix* 'Goldchild' (R3 à 4) **5** *H. helix* 'Ivalace' (R4) **6** *H. helix* 'Little Diamond' (R3 à 4)

Hedera hibernica
Lierre d'Irlande

Liane persistante vigoureuse, radicante, cultivée pour ses feuilles presque ovales, vert foncé à veines gris-vert, à cinq lobes triangulaires. Il ira sur un mur ou un arbre solide ou couvrira vite le sol sous les arbres et arbustes.

CULTURE *Il préfère un sol frais mais drainé, riche, plutôt alcalin, et une exposition semi-ombragée ou ombragée. Pour le contenir, taillez-le, à tout moment.*

◐● ◊◆ 🏆R4 ↕jusqu'à 10 m

Helianthemum 'Fire Dragon'
Hélianthème

Arbrisseau étalé, persistant, donnant une profusion de fleurs en coupe, rouge-orangé vif. Elles éclosent de mai à juillet parmi les feuilles, oblongues, gris-vert. Il est parfait dans une rocaille ou une banquette, ou comme couvre-sol, en groupe, sur un talus ensoleillé. On le trouve parfois sous le nom de 'Mrs. Clay'.

CULTURE *Plantez-le dans un sol drainé, un peu alcalin, en plein soleil. Tondez-le après la floraison pour le tenir compact. Souvent fugitif, il se bouture aisément à bois tendre, au printemps.*

☼ ◊ 🏆R4 ↕20-30 cm ↔30 cm ou plus

Helianthemum 'Henfield Brilliant' Hélianthème

Arbrisseau persistant, rampant, produisant de mai à juillet des fleurs en coupe, rouge brique. Ses feuilles sont étroites, gris-vert. Il est beau planté en groupe sur un talus ensoleillé, dans une rocaille, une banquette ou en lisière de massif.

CULTURE *Plantez-le dans un sol moyen, bien drainé, neutre à alcalin, au soleil. Gardez-le compact en le tondant après la floraison. Il a une courte durée de vie mais se bouture aisément à bois tendre, au printemps.*

☼ ◊ 🏆R4 ↕20-30 cm ↔30 cm ou plus

Helianthemum 'Rhodanthe Carneum' Hélianthème

Arbrisseau étalé, persistant, à longue floraison. Les fleurs en coupe, rose pâle à cœur doré, apparaissent de mai à juillet parmi les feuilles, argentées, étroites. Il convient en rocaille, en banquette ou en mixed-border. Souvent vendu comme 'Wisley Pink'.

CULTURE *Il préfère un sol drainé, moyen, neutre à alcalin, et le plein soleil. Tondez-le après la floraison pour le faire remonter.*

☼ ◊ 🏆R4 ↕jusqu'à 30 cm ↔jusqu'à 45 cm ou plus

Helianthemum
'Wisley Primrose'
Hélianthème

Arbrisseau à pousse rapide, étalé, persistant, portant en abondance, entre mai et juillet, des fleurs en coupelle, jaune primevère à cœur or. Ses feuilles argentées sont oblongues et étroites. Faites-en des groupes pour une rocaille, une banquette ou un talus ensoleillé. Pour avoir des fleurs crème plus claires, prenez 'Wisley White'.

CULTURE *Dans un sol drainé, moyen, plutôt neutre ou alcalin, au soleil. Tondez-le après la floraison pour le faire remonter.*

☼ ◊ 🏆R4 ↕jusqu'à 30 cm ↔jusqu'à 45 cm ou plus

Helianthus
'Loddon Gold'
Soleil

Ce soleil double est une grande vivace traçante, à larges feuilles ovales, vert moyen, réparties le long des tiges dressées. On le cultive pour ses grandes fleurs jaune vif, écloses en fin d'été et en automne. Il permet de prolonger l'éclat des bordures herbacées et des mixed-borders.

CULTURE *Plantez-le dans un sol frais mais drainé, moyen, humifère. Choisissez un emplacement abrité, en plein soleil. Il donne plus de fleurs lors d'étés longs et chauds. Tuteurez-le.*

☼ ◊◆ 🏆R4 ↕jusqu'à 1,50 m ↔0,90 m

Helianthus 'Monarch'
Soleil

Ce soleil semi-double est une grande vivace à robustes tiges dressées garnies de feuilles ovales, dentées, vert moyen. Les grandes fleurs en étoile, jaune d'or à cœur jaune-brun, éclosent en fin d'été et en automne. Plante précieuse pour la fin de saison dans une bordure herbacée. 'Capenoch Star' est un autre soleil vivace de qualité, jaune citron à cœur or, de 1,50 m de haut.

CULTURE *Plantez-le dans tout bon sol drainé, moyen, dans un emplacement abrité et ensoleillé. Tuteurez les tiges à fleurs.*

☼ ◊ ♀R4 ↕jusqu'à 2 m ↔1,20 m

Helichrysum petiolare
Hélichrysum

Arbrisseau persistant, aux tiges rampantes, en dôme argenté. Ses petites feuilles sont densément feutrées de blanc. Ses fleurs estivales, sans attrait, sont souvent supprimées, car elles gâchent l'effet du feuillage. Dans les régions froides, utilisez-le comme une annuelle, en corbeille suspendue ou autre potée ; en climat doux, il sert de couvre-sol.

CULTURE *Plantez-le dans tout sol drainé, en plein soleil. Pincez les jeunes tiges pour les faire s'étoffer. Température minimale : 2 °C.*

☼ ◊ ♀R1+3 ↕jusqu'à 0,50 m ↔2 m ou plus

Helichrysum petiolare 'Variegatum'
Hélichrysum panaché

Arbrisseau rampant, planté pour ses feuilles duveteuses, argent et crème. Ses petites fleurs jaune pâle éclosent en été, mais, peu intéressantes, sont supprimées d'ordinaire. Bonne plante pour paniers suspendus et pots ; en climat froid, utilisez-le comme annuelle ou hivernez-le à l'abri.

CULTURE *Plantez-le dans tout sol drainé, en plein soleil. Tondez-le régulièrement et supprimez les boutons floraux. Température minimale : 2 °C.*

☼ ◊ 🏆R1+3 ↕jusqu'à 0,50 m ↔2 m ou plus

Helichrysum splendidum
Hélichrysum

Arbuste compact, feutré de blanc, persistant, à feuilles linéaires, argentées, aromatiques. Ses inflorescences jaune vif éclosent au sommet des tiges dressées en été et durent jusqu'en hiver. Il convient à une mixed-border ou une rocaille. Les fleurs peuvent composer des bouquets secs. Il peut disparaître par froid sévère.

CULTURE *Plantez-le dans un sol bien drainé, maigre à moyen, neutre ou alcalin, en plein soleil. Supprimez les tiges abîmées au printemps, en le rabattant jusque dans le vieux bois.*

☼ ◊ 🏆R3 ↕↔ 1,20 m

Heliotropium 'Princess Marina'
Héliotrope

Arbuste persistant compact, surtout cultivé comme annuelle ou plante de véranda, en climat froid. On apprécie surtout ses fleurs odorantes, violet foncé, écloses en été au-dessus du feuillage oblong, gaufré, vert moyen à foncé. Il ira à l'avant d'une bordure, en pots, ou dans un massif estival ; il ne supporte pas le froid.

CULTURE *Donnez-lui un sol frais mais drainé, riche, au soleil. Température minimale : 2 °C.*

☼ ♢♦ ♕R1 ↕↔ jusqu'à 30 cm

Helleborus argutifolius
Hellébore de Corse

Vivace précoce, en touffes, aux grands bouquets de fleurs pendantes, vert clair, qui éclosent à la fin de l'hiver au-dessus des belles feuilles vert foncé, divisées en trois folioles très dentées. Il est parfait pour donner du relief à un sous-bois ou une bordure, en hiver. Parfois dénommé *H. corsicus*.

CULTURE *Plantez-le dans un sol riche, frais, plutôt neutre ou alcalin, en plein soleil ou à mi-ombre. Souvent éphémère, il se ressème bien.*

☼ ◐ ♦ ♕R4 ↕jusqu'à 1,20 m ↔0,90 m

Helleborus foetidus

Hellébore commun

Vivace persistante dressée, formant des touffes de feuilles vert foncé, divisées, qui, froissées, dégagent une odeur déplaisante. Au printemps, des bouquets de petites fleurs en coupe, pendantes, surmontent le feuillage ; leurs pétales verts sont ourlés de rouge. Beau spécimen pour une plate-bande précoce.

CULTURE *Plantez-le dans un sol frais, riche, neutre à alcalin, au soleil ou à mi-ombre.*

☼ ◐ 💧 🏆R4 ↕jusqu'à 80 cm ↔45 cm

Helleborus niger

Rose de Noël

Vivace en touffes, d'ordinaire persistante, appréciée pour ses bouquets pendants de fleurs en coupe blanches, hivernales et printanières. Ses feuilles vert foncé sont divisées en plusieurs folioles. Très beau avec des perce-neige parmi des arbustes d'hiver, mais parfois difficile à installer. 'Potter's Wheel' est un joli cultivar, à grandes fleurs ; pour des sols très lourds, prenez *H.* x *nigercors*, dont *H. niger* est un parent.

CULTURE *Dans un sol profond, neutre à alcalin, riche et plutôt frais. Placez-le à mi-ombre et à l'abri des vents froids et secs.*

◐ 💧 🏆R4 ↕jusqu'à 30 cm ↔45 cm

Hémérocalles *(Hemerocallis)*

Les hémérocalles sont des vivaces herbacées en touffes, dont les belles fleurs ne durent guère qu'un jour ; les formes nocturnes, tel 'Green Flutter', s'ouvrent en fin d'après-midi et durent toute la nuit. Abondamment produites, elles sont vite remplacées. Certaines espèces sont printanières, d'autres estivales. La forme des fleurs va de l'arrondi à l'effilé, dans des tons rouges, orange et jaunes. Les grandes formes font beaucoup d'effet dans une bordure herbacée ; les plus courtes, comme 'Stella de Oro', conviennent tout particulièrement aux petits jardins et aux potées.

CULTURE *Plantez-les dans un sol drainé mais frais, riche, au soleil ; 'Corky' et 'Green Flutter' supportent la mi-ombre. Paillez-les au printemps et faites un apport d'engrais complet tous les 15 jours jusqu'à la floraison. Divisez-les de temps en temps, au printemps.*

☼ ◐ ◊◊ 🏆 R4

1 ↕70 cm ↔ 40 cm

2 ↕90 cm ↔ 45 cm

3 ↕0,50 m ↔ 1 m

4 ↕↔1 m

5 ↕0,60 m ↔ 1 m

6 ↕30 cm ↔ 45 cm

1 *H.* 'Corky' **2** *H.* 'Golden Chimes' **3** *H.* 'Green Flutter' **4** *H. lilioasphodelus* **5** *H.* 'Nova' **6** *H.* 'Stella de Oro'

Hepatica nobilis
Hépatique

Petite vivace à pousse lente, rappelant une anémone, semi-persistante, à fleurs en coupe, pourpres, blanches ou roses, et apparaissent à la fin de l'hiver, souvent avant les feuilles. Celles-ci, vert moyen parfois marbré, sont coriaces et divisées en trois folioles. Cette vivace convient à une rocaille ombragée. *H.* x *media* 'Ballardii' est très proche, avec des fleurs d'un beau bleu soutenu.

CULTURE *Plantez-la dans un sol frais mais drainé, riche, neutre à alcalin, à mi-ombre. Paillez-la de terreau de feuilles en automne et au printemps.*

◑ ◊◊ 🏆R4 ↕10 cm ↔15 cm

Heuchera micrantha var. *diversifolia* 'Palace Purple'
Heuchère

Vivace en touffes, intéressante par ses feuilles à cinq lobes pointus, rouge pourpré sombre, luisantes, presque métalliques, surmontées en juin de bouquets légers de fleurs blanches. Plantez-en des groupes, comme couvre-sol, à l'ombre. Elle peut s'installer lentement.

CULTURE *Donnez-lui un sol frais mais drainé, riche, au soleil ou à mi-ombre. Elle supporte l'ombre franche dans un sol bien frais. Divisez les touffes de temps en temps, après la floraison.*

☼◑ ◊◊ 🏆R4 ↕↔ 45-60 cm

Heuchera 'Red Spangles'

Heuchère

Vivace en touffes, persistante, appréciée pour ses bouquets de petites clochettes cramoisies. Elles apparaissent en juin, puis en septembre, sur des tiges rouge sombre dominant les feuilles lobées, cordiformes, vert pourpré. En groupe, elles font un beau couvre-sol.

CULTURE *Plantez-la dans un sol frais mais drainé, riche, au soleil ou à mi-ombre. Elle supporte l'ombre franche dans un sol bien frais. Tous les trois ans, après la floraison, divisez les touffes.*

R4 — ↕50 cm ↔25 cm

Hibiscus syriacus 'Oiseau Bleu'

Althéa

Arbuste vigoureux, dressé, caduc, aux grandes fleurs de mauve, bleu lilacé à cœur rouge, qui éclosent tout l'été parmi les feuilles vert foncé. Il est parfait dans une mixed-border ou un massif d'arbustes. La floraison est meilleure par temps chaud ; en climat frais, appuyez-le contre un mur chaud.

CULTURE *Plantez-le dans un sol frais mais drainé, riche, neutre à alcalin, en plein soleil. Taillez court les jeunes plantes, au printemps, pour les étoffer; les plantes adultes supportent un recépage sérieux.*

R4 — ↕3 m ↔2 m

Hibiscus syriacus 'Woodbridge'
Althéa

Arbuste à croissance rapide, dressé, caduc, donnant de grandes fleurs roses à macules centrales brunes. Elles éclosent tout l'été parmi les feuilles vert foncé, lobées. Il est intéressant pour sa floraison tardive. En climat froid, il fleurira mieux contre un mur chaud.

CULTURE *Plantez-le dans un sol frais mais drainé, riche, plutôt alcalin, et en plein soleil. Taillez court les jeunes plantes pour les étoffer ; les plantes adultes supportent un recépage sérieux.*

☼ 💧 R4 ↕3 m ↔2 m

Hippophae rhamnoides
Argousier

Arbuste épineux caduc, à feuillage et fruits esthétiques. Ses petites fleurs jaunes printanières donnent, sur les plantes femelles, des fruits orangés qui durent jusqu'en hiver. Les feuilles, argentées, étroites, ressemblent à des griffes. Il forme de bonnes haies, surtout en bord de mer.

CULTURE *Il préfère un sol sableux, frais mais drainé, et le soleil. Il faut des plantes des deux sexes pour avoir des fruits abondants. Contentez-vous de tondre les haies, si nécessaire, en fin d'été.*

☼ 💧 R4 ↕↔6 m

Hoheria glabrata

Cet arbre caduc étoffé est cultivé pour son joli port et ses bouquets de fleurs blanches en coupe, en mai-juin, attirant les papillons. Les larges feuilles vert foncé virent à l'or avant leur chute. Pour bosquet en climat maritime, à l'abri d'un mur en climat froid.

CULTURE *Donnez-lui un sol moyen, drainé, neutre à alcalin, et le plein soleil ou la mi-ombre, à l'abri des vents froids et secs. Limitez la taille au retrait, au printemps, des branches endommagées par le gel.*

☼ ◑ ◊ ♀R4 ↕↔ 7 m

Hoheria sexstylosa

Arbre ou arbuste persistant, aux étroites feuilles vert moyen à bords dentelés.On l'apprécie pour sa jolie forme et ses abondants bouquets de fleurs blanches estivales, attirant les papillons. En climat froid, plantez-le contre un mur chaud et ensoleillé. Le cultivar 'Stardust' est particulièrement recommandé.

CULTURE *Donnez-lui un sol moyen, drainé, neutre à alcalin, et le plein soleil ou la mi-ombre, à l'abri des vents froids et secs. Paillez abondamment les racines. La taille est superflue.*

☼ ◑ ◊ ♀R3 ↕8m ↔ 6 m

Hostas

Les hostas sont des vivaces herbacées, cultivées avant tout pour leurs bouquets denses de larges feuilles superposées, lancéolées à cordiformes. La gamme de coloris disponible est vaste, depuis le bleu fumé de 'Halcyon' jusqu'au jaune acide de 'Golden Tiara', et parfois bordées d'un liseré jaune ou blanc ; *H. fortunei* var. *albopicta* a de grandes marques centrales jaune pâle. Des bouquets dressés de fleurs évasées, blanches à lavande ou pourpre, apparaisent en été sur les tiges dressées. Les hostas sont d'un bel effet au premier plan des mixed-borders, en pot ou comme couvre-sol sous des arbres caducs.

CULTURE *Plantez-les dans un sol drainé mais frais, riche, en plein soleil ou à mi-ombre et à l'abri des vents froids. Les hostas à feuilles dorées se colorent mieux au soleil, tamisé à midi. Paillez-les au printemps pour les garder au frais en été.*

☼ ◑ 💧 🏆R4

1 ↕ 50 cm ↔ 1 m

2 ↕ 55 cm ↔ 1 m

3 ↕ 55 cm ↔ 1 m

4 ↕ 55 cm ↔ 1 m

5 ↕ 60 cm ↔ 1 m

6 ↕ 30 cm ↔ 50 cm

1 *Hosta crispula* **2** *Hosta fortunei* var. *albopicta* **3** *H. fortunei* var. *aureomarginata*
4 *Hosta* 'Francee' **5** *Hosta* 'Frances Williams' **6** *Hosta* 'Golden Tiara'

7 ↕1 m ↔75 cm

8 ↕45 cm ↔75 cm

9 ↕45 cm ↔1 m

10 ↕0,60 m ↔1,20 m

11 ↕45 cm ↔75 cm

12 ↕1 m ↔1,20 m

7 *Hosta* 'Honeybells' **8** *H. lancifolia* **9** *H.* 'Love Pat' **10** *H.* 'Royal Standard'
11 *H.* 'Shade Fanfare' **12** *H. sieboldiana* var. *elegans*

13 ↕0,75 m ↔1,20 m

14 ↕35-40 cm ↔70 cm

15 ↕1 m ↔0,75 m

16 ↕45 cm ↔70 cm

17 ↕0,50 m ↔1 m

18 ↕5 cm ↔25 cm

19 ↕0,75 m ↔1 m

13 *Hosta* 'Sum and Substance' **14** *Hosta* groupe Tardiana 'Halcyon'
15 *Hosta undulata* var. *undulata* **16** *Hosta undulata* var. *univittata*
17 *Hosta ventricosa* **18** *Hosta venusta* **19** *Hosta* 'Wide Brim'

Humulus lupulus 'Aureus'

Houblon doré

Vivace grimpante, volubile, cultivée pour ses feuilles or vif, joliment lobées. Les bouquets pendants de cônes papyracées, vert-jaune, apparaissent en automne. Guidez-le sur une clôture ou un treillage, ou dans un petit arbre. Les fleurs, séchées, font de belles guirlandes et couronnes.

CULTURE *Donnez-lui un sol frais mais drainé, pas trop riche, humifère. Il supporte l'ombre mais sa couleur est plus belle au soleil. Palissez les tiges volubiles. À la fin de l'hiver, rabattez les tiges mortes.*

☼ ◑ 💧💧 R4 ↕6 m

Hyacinthus orientalis 'Blue Jacket'

Jacinthe

Plante bulbeuse aux denses épis de fleurs odorantes, en clochette, bleu marine strié de pourpre, apparaissant à la fin de l'hiver au-dessus des feuilles vert vif, lancéolées. Elle est superbe en massif ; des bulbes peuvent être préparés spécialement et plantés en pot, pour une floraison précoce à l'intérieur. C'est l'une des meilleures jacinthes bleu pur avec 'Delft Blue'.

CULTURE *Plantez-la dans un sol drainé, moyen, au soleil ou à mi-ombre. Protégez les potées de l'humidité hivernale.*

☼ ◑ 💧 R4 ↕20-30 cm ↔8 cm

Hyacinthus orientalis 'City of Haarlem'
Jacinthe

Cette jacinthe jaune primevère est une plante bulbeuse aux épis érigés de fleurs odorantes, en clochette ; ses feuilles, lancéolées, vert vif, émergent de la base de la plante. Elle convient aux massifs et potées ; des bulbes peuvent être préparés spécialement et plantés en pots, pour une floraison précoce à l'intérieur. 'Grandiflora' produit des têtes encore plus grosses.

CULTURE *Plantez-la dans un sol drainé, riche, au soleil ou à mi-ombre. Protégez les potées de l'humidité hivernale.*

☼ ◑ ◊ 🏆R4 ↕20-30 cm ↔8 cm

Hyacinthus orientalis 'Ostara'
Jacinthe

Plante bulbeuse, à floraison printanière, cultivée en massif pour ses épis denses de fleurs odorantes en clochette bleu-violet, à stries foncées. Les feuilles vert vif, lancéolées, émergent de la base de la plante. Plantés en automne, des bulbes spécialement préparés fleuriront, à l'intérieur, dès l'hiver. Éblouissante associée à 'Gipsy Queen', saumon.

CULTURE *Dans un sol drainé, moyen, au soleil ou à mi-ombre. Protégez les potées de l'humidité hivernale.*

☼ ◑ ◊ 🏆R4 ↕20-30 cm ↔8 cm

Hyacinthus orientalis 'Pink Pearl'
Jacinthe

Cette jacinthe rose foncé, aux denses épis de fleurs odorantes, en clochette, à bords clairs, est une plante bulbeuse printanière. Ses feuilles étroites sont vert vif. Elle est parfaite dans une bordure herbacée ; plantés en pot en automne, des bulbes spécialement préparés fleuriront à l'intérieur en hiver.

CULTURE *Plantez-la dans tout sol drainé, moyen, au soleil ou à mi-ombre. Protégez les potées de l'humidité hivernale.*

☼ ◑ ♢ 🏆R4 ↕20-30 cm ↔8 cm

Hydrangea anomala ssp. *petiolaris*
Hortensia grimpant

Liane radicante ligneuse, caduque, souvent palissée sur des murs ombragés, qu'elle fleurit en été de ses grandes têtes blanches dentelées. Ses feuilles, vert moyen, sont ovales, grossièrement dentées. Souvent lent à s'établir, il supporte mal les climats très froids en hiver. Souvent appelé simplement *H. petiolaris.*

CULTURE *Plantez-le dans tout sol bien frais, riche, au soleil comme à l'ombre. La taille est superflue, mais, pour le maintenir à sa place, raccourcissez les tiges après la floraison.*

☼ ● ♦ 🏆R3 ↕15 m

Hydrangea arborescens 'Annabelle'

Hortensia de Virginie

Arbuste caduc dressé, aux grosses têtes rondes de fleurs serrées, blanc crème, tout l'été. Ses feuilles vert vif sont pointues et presque ovales. Il est beau planté isolément ou dans un massif d'arbustes ; ses têtes fleuries peuvent entrer dans la composition de bouquets secs.

CULTURE *Dans un sol frais mais drainé, moyen, humifère, au soleil ou à mi-ombre. Évitez la taille, ou recépez-le chaque printemps, sur une charpente courte.*

☼ ◑ 💧💧 🏆R4 ↕1,50 m ↔ 2,50 m

Hydrangea aspera Groupe Villosa

Groupe d'arbustes étalés ou dressés, caducs, devenant arborescents avec l'âge. En plein été, ils produisent des têtes plates de petites fleurs bleu pourpré ou bleu profond entourées de grandes bractées blanches ou rose lilacé. Les feuilles, lancéolées, sont vert foncé. Ils conviennent aux sous-bois et aux jardins sauvages ; en climat froid, mieux vaut les palisser sur un mur.

CULTURE *Plantez-les dans un sol frais mais drainé, moyen, humifère, en plein soleil ou à mi-ombre. La taille est rarement nécessaire.*

☼ ◑ 💧💧 🏆R3 ↕1-2 m

Hortensias *(Hydrangea macrophylla)*

Les cultivars de l'hortensia, *Hydrangea macrophylla*, sont des arbustes arrondis à feuilles ovales, vert moyen, caduques. Leurs grandes et belles têtes florales, écloses du début à la fin de l'été, se présentent sous deux formes : plates, comme pour *Hydrangea* 'Veitchii', et sphériques, pour les « vrais » hortensias comme 'Altona'. Excepté pour les cultivars blancs, la couleur des fleurs dépend du pH du sol : un sol acide les rendra bleues, alcalin, roses.

Tous les hortensias se prêtent à divers emplois au jardin, et leurs fleurs sèchent bien.

CULTURE *Plantez-les dans un sol frais mais drainé, riche, au soleil ou à mi-ombre, et à l'abri des vents froids. Recépez-les au printemps pour améliorer la floraison, en coupant les tiges sur une paire de forts bourgeons. Dans un sol neutre, on peut modifier les couleurs.*

☼ ◑ ◊ ♦ ♈R3 à 4

1 ↕1 m ↔ 1,50 m

2 ↕2 m ↔ 2,50 m

3 ↕↔ 1,50 m

4 ↕2 m ↔ 2,50 m

5 ↕2 m ↔ 2,50 m

1 *H. macrophylla* 'Altona' (tête ronde) **2** *H. macrophylla* 'Mariesii Perfecta' (syn. *H. macrophylla* 'Blue Wave') **3** *H. macrophylla* 'Lanarth White' (tête plate) **4** *H. macrophylla* 'Générale vicomtesse de Vibraye' **5** *H. macrophylla* 'Veitchii' (tête plate)

Hydrangea paniculata

Les cultivars de *Hydrangea paniculata* sont des arbustes vigoureux, dressés, caducs, à feuilles ovales, vert moyen à foncé. On les cultive pour leurs hauts épis de fleurs ciselées, écloses en été et en automne ; certains cultivars, tel 'Praecox', s'épanouissent tôt en été. Les fleurs sont surtout crème, rosissant chez certaines formes, telle 'Floribunda'. Ces arbustes accommodants ont des emplois très variés et peuvent être plantés en massifs, isolément ou en groupes, mais aussi en pot. Les inflorescences, séchées, sont très belles en bouquets.

CULTURE *Plantez-les dans un sol frais mais drainé, riche, au soleil ou à mi-ombre et à l'abri des vents froids et secs. La taille est facultative, mais les plantes fleurissent beaucoup mieux si elles sont recépées à la fin de l'hiver sur la première paire d'yeux de base de la charpente.*

☼ ◑ ◊ ♦ 🏆R4

1 ↕3-7 m ↔ 2,50 m

2 ↕3-7 m ↔ 2,50 m

3 ↕3-7 m ↔ 2,50 m

1 *H. paniculata* 'Floribunda' **2** *H. paniculata* 'Grandiflora' **3** *H. paniculata* 'Praecox'

Hydrangea quercifolia
Hydrangéa à feuilles de chêne

Arbuste arrondi, caduc, aux inflorescences estivales coniques blanches virant ensuite au rose. Ses feuilles, fortement lobées, vert moyen, deviennent pourpre doré en automne. Il convient à quantité d'emplois.

CULTURE *Il préfère un sol drainé mais frais, moyen, au soleil ou à mi-ombre. Ses feuilles jaunissent dans un sol maigre et crayeux. Ne taillez que si nécessaire, au printemps.*

☼◑ ♦ ♀R3 à 4 ↕2 m ↔2,50 m

Hydrangea serrata 'Bluebird'

Arbuste compact caduc, dressé, aux belles fleurs aplaties, en été et en automne. Elles sont composées de petits fleurons d'un bleu profond entourés de plus grands, d'un bleu pâle. Ses feuilles, ovales, pointues, vert moyen, rougissent en automne. Les inflorescences séchées font de beaux bouquets. 'Grayswood' est comparable, mais à fleurs mauves.

CULTURE *Plantez-le dans un sol frais mais drainé, moyen, humifère, au soleil ou à mi-ombre. Les fleurs peuvent rosir dans un sol alcalin. Au printemps, rabattez les tiges faibles.*

☼◑ ♦ ♀R3 à 4 ↕↔ 1,20 m

Hydrangea serrata 'Rosalba'

Arbuste caduc compact, dressé, apprécié pour ses inflorescences estivales aplaties, composées de minuscules fleurs roses, au centre, entourées de grands fleurons blancs qui s'ombrent de rouge avec l'âge. Ses feuilles vert moyen sont ovales et pointues. Beau sujet isolé, ou à planter dans un massif d'arbustes.

CULTURE *Plantez-le dans un sol drainé mais frais, moyen, humifère, au soleil ou à mi-ombre. Il bleuit dans un sol acide. La taille est superflue.*

☼ ◑ 💧 R3 à 4 ↕↔ 1,20 m

Hypericum 'Hidcote' Millepertuis

Cet arbuste dense, persistant ou semi-persistant, produit d'abondants bouquets de grandes fleurs en coupe, jaune d'or, écloses tout l'été. Ses feuilles, lancéolées, sont vert foncé. Il convient à un massif d'arbustes. Vous aurez un arbuste très comparable, en plus élevé (2 m) mais plus étroit, avec 'Rowallane'.

CULTURE *Plantez-le dans un sol drainé mais frais, moyen, au soleil ou à mi-ombre. Nettoyez les fleurs fanées et tondez-le au printemps pour qu'il donne plus de fleurs.*

☼ ◑ 💧💧 R4 ↕1,20 m ↔1,50 m

Hypericum kouytchense
Millepertuis

Arbuste arrondi semi-persistant, à tiges souples et feuilles vert bleuté foncé, parfois appelé *H.* 'Sungold'. Sa plus grande qualité réside dans ses grands bouquets de fleurs étoilées, écloses à profusion en été et automne, et suivies de baies rouge bronze vif. Pour un bosquet ou une mixed-border ; il rebute les lapins.

CULTURE *Donnez-lui un sol frais mais drainé, moyen, et le plein soleil ou la mi-ombre. Taillez-le ou rabattez-le, si nécessaire, après la floraison.*

☼ ◐ 💧💧 🏆R4 ↕ 1m ↔ 1,50 m

Iberis sempervirens
Thlaspi toujours vert

Sous-arbrisseau étalé, persistant, aux denses inflorescences arrondies de petites fleurs asymétriques, blanches, souvent ombrées de rose ou de lilas. Elles éclosent au printemps, recouvrant les feuilles, spatulées, vert foncé. À l'aise dans une rocaille ou dans une niche formée dans un mur. L'excellent cultivar 'Schneeflocke' est encore plus florifère.

CULTURE *Dans un sol drainé, maigre à moyen, neutre ou alcalin, en plein soleil. Reformez-le à la cisaille après la floraison.*

☼ 💧 🏆R4 ↕ jusqu'à 30 cm ↔ jusqu'à 40 cm

Ilex x *altaclerensis* 'Golden King' (femelle)

Houx

Dense arbuste persistant à feuilles luisantes vert foncé, marginées d'or. Les bords sont tantôt lisses, tantôt dentés. Les fleurs, insignifiantes, produisent en automne des baies rouges. Il supporte la pollution et le vent marin ; excellent en brise-vent ou haie si le climat n'est pas trop froid.

CULTURE *Donnez-lui un sol frais mais drainé, moyen, humifère. Un houx mâle proche est nécessaire pour avoir des baies. Il apprécie le plein soleil. Si nécessaire, rabattez-le ou taillez-le en fin d'hiver.*

☼ 💧💧 🏆R4 ↕30 m ↔ 4 m

Ilex x *altaclerensis* 'Lawsoniana' (femelle)

Houx

Ce houx dense et trapu forme un arbre ou un arbuste compact, persistant. Il porte de grandes feuilles ovales, souvent inermes, vert vif, tachetées d'or et de vert pâle au centre. Des baies brun-rouge puis rouge vif apparaissent en automne.

CULTURE *Plantez-le dans un sol frais mais drainé, en plein soleil, pour avoir de belles couleurs. Un houx mâle proche assurera une bonne fructification. Les plantes isolées peuvent demander une taille de formation dans leur jeunesse. Supprimez les pousses vert uni.*

☼ 💧 🏆R4 ↕jusqu'à 6 m ↔ 5 m

Houx commun *(Ilex aquifolium)*

Le houx commun a donné de nombreux cultivars, tous des arbres ou arbustes dressés, souvent plantés seuls ou en haie défensive. Ils ont une écorce grise, des pousses pourpres et un feuillage abondant, luisant. La plupart ont des feuilles multicolores, épineuses, sauf 'J.-C. van Tol', dont les feuilles sont inermes et vert foncé. Celles de 'Ferox Argentea' sont hérissées. Fleurs mâles et femelles éclosent sur des plantes séparées, et les cultivars femelles, comme 'Madame Briot', doivent voisiner avec des mâles, comme 'Golden Milkboy', pour fructifier abondamment. Les grands sujets font de bons brise-vent.

CULTURE *Plantez-les dans un sol frais mais drainé, riche, humifère, en plein soleil pour avoir de belles panachures, bien qu'ils tolèrent un peu d'ombre. Retirez les bois abîmés et formez les jeunes arbres au printemps ; les haies sont taillées en septembre. Une taille excessive les déforme.*

☼ ◐ 💧 🏆R4

1 ↕ jusqu'à 25 m ↔ 8 m

2 ↕ jusqu'à 6 m ↔ 2,50 m

3 ↕ jusqu'à 15 m ↔ 4 m

1 *Ilex aquifolium* 2 *Ilex aquifolium* 'Amber' (Femelle)
3 *Ilex aquifolium* 'Argentea Marginata' (Femelle)

4 ↕ jusqu'à 8 m ↔ 5 m

5 ↕ 6 m ↔ 4 m

6 ↕ 8 m ↔ 5 m

7 ↕ 6 m ↔ 4 m

8 ↕ 6 m ↔ 5 m

9 ↕ 6 m ↔ 5 m

10 ↕ 6 m ↔ 4 m

11 ↕ 6 m ↔ 4 m

12 ↕ 10 m ↔ 4 m

4 'Ferox Argentea' (Mâle) **5** 'Golden Milkboy' (Mâle) **6** 'Handsworth New Silver' (Femelle) **7** 'J.-C. van Tol' (Femelle) **8** 'Madame Briot' (Femelle) **9** 'Pyramidalis' (Femelle) **10** 'Pyramidalis Fructo Luteo' (Femelle) **11** 'Silver Milkmaid' (Femelle) **12** 'Silver Queen' (Mâle)

Ilex crenata
'Convexa' (femelle)
Houx à feuilles de buis

Cette forme buissonnante de houx est un arbuste dense, persistant, aux tiges vert pourpré et aux feuilles inermes, ovales à elliptiques, luisantes, vert moyen à sombre. Il produit en abondance de petites baies noires, en automne. Tout indiqué pour les haies et topiaires.

CULTURE *Il demande un sol frais mais drainé, humifère, et le soleil ou la mi-ombre. Plantez un sujet mâle à proximité pour avoir des fruits. Supprimez les branches mal placées à la fin de l'hiver et formez les plantes à la cisaille en été.*

☼ ◑ ◊ R4 ↕ jusqu'à 2,50 m ↔ 2 m

Ilex x *meserveae*
'Blue Princess' (femelle)
Houx

Vigoureux arbuste persistant, dense, à feuilles ovales aux épines modestes, très luisantes, bleu-vert. Ses fleurs printanières, blanches ou rosées, donnent en automne une profusion de baies rouges luisantes. Les jeunes pousses vert pourpré foncé sont bien visibles sur les haies bien taillées. Il n'aime pas l'air marin.

CULTURE *Plantez-le dans un sol frais mais drainé, moyen, en plein soleil ou à mi-ombre. Un sujet mâle est nécessaire pour avoir des fruits. Pratiquez une taille de formation en été, à la cisaille.*

☼ ◑ ◊ R4 ↕↔ 3 m

Impatiens
Série Super Elfin
Impatiences

Cultivées comme annuelles à massif, elles ont des tiges étalées, portant en été, pendant une longue période, des fleurs aplaties, à mince éperon. Celles-ci offrent une gamme de couleurs pastel et des tons orangés, roses, rouges et violets. Les feuilles sont vert clair. Plantes parfaites pour les parterres ou les potées, à mi-ombre.

CULTURE *Plantez-les dans un sol drainé mais frais, humifère, à mi-ombre et à l'abri du vent. Installez-les après les dernières gelées.*

☀ 💧 🏆R3 ↕jusqu'à 60 cm
↔ jusqu'à 25 cm

Impatiens Série Tempo
Impatiences

Par couleurs séparées ou mélangées, ces plantes offrent une masse de petites fleurs à éperon, disponibles en violet, lavande, orange, rose et rouge ; certaines ont des liserés contrastés ou des pétales bicolores. Leurs feuilles sont vert clair, un peu dentées. Idéales pour les massifs d'été, elles apportent aussi de la couleur pendant une longue période aux potées et aux bordures.

CULTURE *Plantez-les dans un sol frais mais drainé, humifère, à l'abri. Elles supportent l'ombre. Plantez-les après les dernières gelées.*

☀ 💧 🏆R3 ↕jusqu'à 23 cm
↔ jusqu'à 25 cm

Indigofera heterantha
Indigo

Arbuste moyen, étalé, cultivé pour ses fleurs, proches de celles des pois de senteur, et pour son élégant feuillage. Ses tiges courbes portent des feuilles vert argenté, aux nombreuses folioles ovales à oblongues. Ses denses épis dressés aux petites fleurs rose pourpré éclosent tout l'été. En climat froid, palissez-le contre un mur. *I. amblyantha*, également très recommandé, est comparable.

CULTURE *Plantez-le dans un sol drainé mais frais, moyen, en plein soleil. Taillez-le au printemps, en le recépant au ras du sol.*

☼ ◊ R3 ↕↔ 2-3 m

Ipheion uniflorum 'Wisley Blue'
Indigo

Vigoureuse plante bulbeuse, surtout printanière, en touffes, aux fleurs odorantes, en étoile, bleu lilas. Chaque pétale a une base claire à nervure sombre. En automne apparaissent d'étroites feuilles rubanées, vert bleuté. On l'utilise en rocaille ou au pied des plantes herbacées. Le cultivar 'Froyle Mill', plus mauve, est également intéressant.

CULTURE *Plantez-le dans un sol frais mais drainé, moyen, humifère, en plein soleil. Paillez-le en climat froid.*

☼ ◊ R4 ↕15-20 cm

Ipomoea 'Heavenly Blue'
Volubilis

Cette forme estivale de volubilis, liane à pousse rapide, est cultivée comme annuelle. Ses grandes fleurs en entonnoir, bleu azur à gorge blanche, éclosent en solitaires ou en bouquets de deux ou trois. Ses feuilles, cordiformes, vert clair à moyen, sont effilées au bout. Elle ira en bordure, courant sur d'autres plantes. Ses graines sont très toxiques.

CULTURE *Plantez-le dans un sol bien drainé, moyen, au soleil et à l'abri des vents froids et secs. Installez-le après les dernières gelées.*

☼ ◊ R3 ↕jusqu'à 3-4 m

Ipomoea indica
Volubilis

Vigoureuse liane persistante, vivace en climat doux. D'abondantes fleurs en entonnoir, d'un beau pourpre bleuté, virant souvent au rouge, éclosent par trois à cinq, de mai à octobre. Ses feuilles, vert moyen, sont cordiformes ou trilobées. En climat clément, plantez-la sous une véranda ou dans une bordure. Ses graines sont toxiques.

CULTURE *Plantez-le dans un sol drainé, moyen, au soleil et à l'abri des vents froids et secs. Installez-le après les dernières gelées. Température minimale : 7 °C.*

☼ ◊ R1 ↕jusqu'à 6 m

Iris d'eau

Ils produisent plusieurs rejets chaque année ; donnez-leur donc de la place ou divisez-les souvent. Leurs feuilles sont rubanées et leurs fleurs printanières s'habillent de divers tons de bleu, mauve, blanc ou jaune. Les vrais iris aquatiques poussent non seulement en terre humide, mais sous un peu d'eau ; parmi eux *Iris laevigata* et *Iris pseudacorus*, plantes très vigoureuses envahissant vite une petite mare. Pour les petits espaces, prenez *Iris ensata* ; dans un sol simplement frais, voire drainé, ou en bordure d'eau, choisissez *Iris sibirica* ou l'un de ses nombreux cultivars.

CULTURE *Plantez-les dans un sol profond, humide à frais, acide, enrichi de matière organique bien mûre, et ménagez-leur une exposition ensoleillée ou semi-ombragée. Ils aiment les étés chauds. Installez-les en fin d'été.*

☼ ◐ 💧💧 🏆R4

1 ↕90 cm ↔ illimité

2 ↕90 cm ↔ illimité

3 ↕80 cm ↔ illimité

4 ↕80 cm ↔ illimité

5 ↕0,90-1,50 m ↔ illimité

6 ↕0,90-1,50 m ↔ illimité

1 *Iris ensata* 'Flying Tiger' **2** *Iris ensata* 'Variegata' **3** *Iris laevigata* **4** *Iris laevigata* 'Variegata' **5** *I. pseudacorus* **6** *I. pseudacorus* 'Variegata' **7** *I. sibirica* 'Annemarie Troeger' **8** *I. versicolor* **9** *I. sibirica* 'Crème Chantilly'

7 ↕1 m ↔ illimité

8 ↕20-80 cm ↔ illimité

9 ↕1 m ↔ illimité

10 ↕80 cm ↔ illimité

11 ↕80 cm ↔ illimité

12 ↕1 m ↔ illimité

13 ↕1 m ↔ illimité

14 ↕80 cm ↔ illimité

15 ↕1 m ↔ illimité

16 ↕80 cm ↔ illimité

17 ↕jusqu'à 1 m ↔ illimité

18 ↕jusqu'à 1 m ↔ illimité

10 *I. sibirica* 'Dreaming Yellow' **11** *I. sibirica* 'Harpswell Happiness' **12** *I. sibirica* 'Mikiko' **13** *I. sibirica* 'Oban' **14** *I. sibirica* 'Perfect Vision' **15** *I. sibirica* 'Roisin' **16** *I. sibirica* 'Smudger's Gift' **17** *I. sibirica* 'Uber den Wolken' **18** *I. sibirica* 'Zakopane'

Iris bucharica

Iris

Plante bulbeuse printanière, à pousse rapide, portant jusqu'à six fleurs jaune d'or ou blanches par tige. Les luisantes feuilles rubanées meurent après la floraison. La forme à fleurs bicolores jaune et blanc est la plus répandue.

CULTURE *Plantez-le dans un sol riche et drainé, neutre à alcalin, en plein soleil. Arrosez peu pendant la période de végétation ; après la floraison, gardez-le au sec.*

☼ ◊ ♀R3 à 4 ↕20-40 cm ↔ 12 cm

Iris confusa

Iris

Cette vivace traçante, rhizomateuse, à feuilles de bambou, produit au printemps jusqu'à trente fleurs successives par tige. Éphémères, elles sont blanches avec une crête jaune entourée de taches pourpres ou jaunes. Les feuilles sont disposées en éventail basal. Elle convient à une bordure abritée, mais craint les hivers rudes.

CULTURE *Plantez-le dans un sol frais mais drainé, riche, au soleil ou à mi-ombre. Arrosez peu pendant la période de végétation. Nettoyez les plantes en retirant les tiges défleuries.*

☼ ◐ ◊ ♀R3 ↕1 m ou plus ↔ illimité

Iris delavayi
Iris

Cette vivace rhizomateuse, caduque, produit en juin des tiges florales à trois branches, chacune portant deux fleurs bleu pourpré clair ou foncé. Les tépales externes, arrondis, sont marqués de jaune et de blanc. Vivace aux tiges élégantes, elle croît aisément en sol frais.

CULTURE *Donnez-lui un sol frais et le plein soleil ou la mi-ombre. Arrachez et divisez les touffes serrées après la floraison.*

☼ ◐ ♦ ♈R4 ↕ jusqu'à 1,50 m ↔ illimité

Iris douglasiana
Iris

Robuste vivace rhizomateuse à tiges florales blanches, portant deux ou trois fleurs blanches, crème, bleues, lavande ou pourpres, à la fin du printemps. Les solides feuilles luisantes, vert foncé, ont souvent une base rouge. Bonne plante pour une banquette ou une auge.

CULTURE *Plantez-le dans un sol drainé, neutre à acide. Il fleurit mieux au soleil ou à l'ombre légère et n'aime pas les transplantations.*

☼ ◐ ◊ ♈R4 ↕15-70 cm ↔ illimité

Iris foetidissima 'Variegata'

Iris puant

Même si ses feuilles luisantes, striées de blanc chez ce cultivar, dégagent, froissées, une odeur désagréable, cet iris n'est pas si déplaisant. C'est une vivace rhizomateuse vigoureuse dont l'espèce type produit en juin des fleurs ternes, pourpre et or, suivies de capsules automnales aux graines décoratives, vermillon, jaunes ou, rarement, blanches. Excellente plante pour l'ombre sèche.

CULTURE *Pour sol drainé, calcaire à un peu acide, à l'ombre. À diviser en automne.*

☀☀ ◊ R4 ↕30 cm-90 cm ↔ illimité

Iris forrestii

Iris

Élegante vivace rhizomateuse, printanière, à tiges graciles portant une ou deux fleurs odorantes, jaune pâle à marques brunes. Les feuilles, très étroites, luisantes, sont vert moyen sur le dessus et vert-gris au revers. Facile à cultiver dans un massif dégagé.

CULTURE *Plantez-le dans un sol consistant, drainé et frais, neutre à acide. Ménagez-lui une exposition ensoleillée ou semi-ombragée.*

☀☀ ◊◊ R4 ↕35-40 cm ↔ illimité

Iris graminea
Iris

Vivace rhizomateuse caduque à feuilles rubanées vert vif. À la fin du printemps, les fleurs, violet pourpré soutenu, aux sépales à pointe blanche, striées de violet, éclosent par une ou par deux. Souvent enfouies dans les feuilles, elles ont une odeur fruitée.

CULTURE *Plantez-le dans un sol frais mais drainé, neutre à acide, au soleil ou à mi-ombre. Il n'aime pas être transplanté.*

R4 ↕20-40 cm ↔ illimité

Iris 'Katharine Hodgkin'
Iris

Cette plante bulbeuse, petite mais robuste, caduque, produit à la fin de l'hiver des fleurs aux fins dessins, bleu et jaune, à taches bleu foncé et or. Ses feuilles, vert pâle à moyen, poussent après la fanaison. Parfaites pour une rocaille ou la lisière d'une bordure, où elle s'étendra plutôt lentement.

CULTURE *Plantez-le dans un sol drainé, neutre à alcalin, dans un emplacement aéré et ensoleillé.*

R4 ↕12 cm en fleurs ↔ 5-8 cm

Iris barbus *(Iris)*

Ces vivaces dressées, rhizomateuses, portent des éventails de feuilles effilées, assez larges, et des tiges simples ou ramifiées. Leurs fleurs existent dans un large éventail de coloris, avec de larges sépales souvent ondulés portant une « barbe » blanche ou colorée. C'est le groupe d'iris le plus cultivé dans les jardins, produisant à la fin du printemps plusieurs fleurs par tige et remontant parfois en automne. Les plus grands conviennent parfaitement en mixed-border, les plus petits iront en rocaille, en banquettes ou en auges.

CULTURE *Plantez-les en sol drainé, moyen, calcaire à un peu acide, et en plein soleil. Installez les rhizomes en fin d'été-début d'automne, en les recouvrant à peine. Ils ne supportent pas l'ombre. Ne les paillez pas. Divisez les touffes serrées en septembre.*

☼ ◊ 🏆R4

1 ↕ **70 cm ou plus** ↔ **60 cm**

2 ↕ **70 cm ou plus** ↔ **60 cm**

3 ↕ **55 cm** ↔ **45-60 cm**

4 ↕ **70 cm ou plus** ↔ **60 cm**

5 ↕↔ **30 cm**

1 *Iris* 'Apricorange' **2** *Iris* 'Breakers' **3** *Iris* 'Brown Lasso' **4** *Iris* 'Early Light' **5** *Iris* 'Eyebright'

6 ↕ jusqu'à 70 cm ↔ jusqu'à 60 cm

7 ↕ 20-40 cm ↔ 30 cm

8 ↕ jusqu'à 70 cm ↔ jusqu'à 60 cm

9 ↕ jusqu'à 70 cm ↔ jusqu'à 60 cm

10 ↕ 70 cm ou plus ↔ 60 cm

11 ↕ jusqu'à 70 cm ↔ jusqu'à 60 cm

12 ↕ 70cm ou plus ↔ 60 cm

13 ↕ jusqu'à 70 cm ↔ jusqu'à 60 cm

14 ↕ 70 cm ou plus ↔ 60 cm

12 ↕ 85 cm ↔ 60 cm

6 *Iris* 'Happy Mood' **7** *Iris* 'Honington' **8** *Iris* 'Katie-Koo' **9** *Iris* 'Maui Moonlight' **10** *Iris* 'Meg's Mantle' **11** *Iris* 'Miss Carla' **12** *Iris* 'Nicola Jane' **13** *Iris* 'Orinoco Flow' **14** *Iris* 'Paradise' **15** *Iris* 'Paradise Bird'

16 ↕70 cm ou plus ↔ 60 cm

17 ↕40-70 cm ↔ 45-60 cm

18 ↕70 cm ou plus ↔ 60 cm

19 ↕jusqu'à 70 cm ↔ jusqu'à 60 cm

16 *Iris* 'Phil Keen' **17** *Iris* 'Pink Parchment' **18** *Iris* 'Precious Heather' **19** *Iris* 'Quark'

20 ↕25 cm ↔ 30 cm

21 ↕jusqu'à 70 cm ↔ jusqu'à 60 cm

22 ↕jusqu'à 70 cm ↔ jusqu'à 60 cm

23 ↕jusqu'à 70 cm ↔ jusqu'à 60 cm

21 ↕70 cm ou plus ↔ 60 cm

AUTRES CHOIX

'Arctic Fancy' Blanc ; hauteur 50 cm.

'Blue Eyed Brunette' Fleurs brunes à halo lilas ; hauteur 90 cm.

'Bromyard' Fleurs bleu-gris et ocre ; hauteur 30 cm.

'Stepping Out' Pétales blancs à liseré bleu ; hauteur 1 m.

25 ↕jusqu'à 70 cm ↔ jusqu'à 60 cm

26 ↕90 cm ↔ 60 cm

20 *Iris* 'Rain Dance' **21** *Iris* 'Sherbet Lemon' **22** *Iris* 'Sparkling Lemonade' **23** *Iris* 'Sunny Dawn' **24** *Iris* 'Sun Miracle' **25** *Iris* 'Templecloud' **26** *Iris* 'Vanity'

Iris lacustris

Iris

Cette vivace rhizomateuse naine, caduque, produit de petites fleurs printanières. Celles-ci sont bleu violacé à bleu ciel avec des crêtes or et une tache blanche sur chaque sépale ; elles émergent des éventails basals de feuilles étroites. Cet iris convient aux rocailles et aux auges.

CULTURE *Il pousse dans un sol bien frais, non alcalin, humifère, au soleil ou à mi-ombre. Arrosez modérément pendant la croissance.*

R4 ↕10 cm ↔ illimité

Iris pallida 'Variegata'

Iris

Cet iris vivace rhizomateux, semi-persistant, panaché, est sans doute le plus adaptable et le plus beau. Ses feuilles, rubanées, vert vif, sont illuminées de stries jaune d'or. Ses grandes fleurs bleu tendre, à barbe jaune, parfumées, éclosent au printemps par deux à six sur des tiges ramifiées. Chez 'Argentea Variegata' , elles sont rayées de blanc. Cet iris convient aux plates-bandes herbacées.

CULTURE *Il préfère un sol drainé, riche, un peu alcalin et une exposition ensoleillée. Arrosez-le peu durant la pousse.*

R4 ↕jusqu'à 1,20 m ↔ illimité

Iris setosa
Iris

Cette vivace rhizomateuse s'épanouit en mai-juin. Chaque tige porte plusieurs jolies fleurs bleues ou bleu pourpré dégagées des étroites feuilles vert moyen.

CULTURE *Donnez-lui un sol frais, neutre à acide et le plein soleil ou la mi-ombre. Arrachez et divisez les touffes serrées après la floraison.*

☼ ◑ 💧 R4 — ↕15-90 cm ↔ illimité

Iris unguicularis
Iris

Vivace vigoureuse, rhizomateuse, persistante, aux courtes tiges portant de grandes fleurs parfumées, de la fin de l'hiver (ou plus tôt) au début du printemps ; les pétales lavande pâle à violet foncé sont veinés de façon contrastée et barrés de jaune. Les feuilles étroites sont vert moyen. Cette variété, parfois appelée *I. stylosa,* pousse bien au pied d'un mur chaud.

CULTURE *Plantez-le dans un sol très drainé, nature à alcalin, dans un emplacement chaud, abrité du vent, en plein soleil. Il n'aime pas être dérangé. Supprimez les feuilles mortes en fin d'été et au printemps.*

☼ ○ R4 — ↕30 cm ↔ illimité

Iris variegata
Iris

Cette mince vivace rhizomateuse, caduque, robuste, porte trois à six fleurs printanières sur des tiges branchues. Ces fleurs, étonnantes, sont jaune pâle et portent des veines brunes ou violettes sur les sépales ; on en trouve d'autres couleurs. Les feuilles, vert foncé, sont fortement nervurées.

CULTURE *Plantez-le dans un sol drainé, neutre à alcalin, au soleil ou à mi-ombre. Évitez les paillis organiques, qui favorisent la pourriture.*

☼ ◑ ◊ ♈R4 ↕20-45 cm ↔ illimité

Itea ilicifolia

Arbuste persistant aux pousses d'abord dressées puis incurvées et étalées. Ses feuilles, proches de celles du houx, ovales, sont très dentées. De petites fleurs blanc verdâtre éclosent en longs chatons tout l'été. En climat froid, il lui faut un emplacement abrité.

CULTURE *Plantez-le dans un sol frais mais drainé, riche, plutôt contre un mur très ensoleillé. Protégez les jeunes plants d'un paillis, en hiver.*

☼ ◊ ♈R3 ↕3-5 m ↔3 m

Jasminum mesnyi
Jasmin primevère

Ce jasmin jaune, semi-rustique, est un arbuste rampant, persistant, aux grandes fleurs jaune vif, souvent doubles. Solitaires ou en petits bouquets, elles éclosent au printemps dans le feuillage luisant, vert foncé, divisé en trois folioles oblongues à lancéolées. Il peut grimper si on le palisse, mais il ne supporte pas le froid vif.

CULTURE *Plantez-le dans tout sol drainé et riche, au soleil ou à mi-ombre. Rabattez en été les tiges défleuries pour favoriser la repousse du pied.*

☼ ◑ ◊ 🏆 R2 à 3 ↕ jusqu'à 3 m ↔ 1-2 m

Jasminum nudiflorum
Jasmin d'hiver

Arbuste lâche, arrondi, caduc, à minces tiges incurvées. Ses petites fleurs jaunes tubulaires éclosent en solitaires sur les pousses nues, vertes, à la fin de l'hiver. Les feuilles vert foncé qui apparaissent ensuite sont divisées en trois folioles. Palissez-le sur une charpente ou laissez-le s'étaler.

CULTURE *Plantez-le dans un sol drainé, riche. Il supporte la mi-ombre, mais fleurit mieux au soleil. Rabattez les tiges défleuries pour favoriser la repousse.*

☼ ◑ ◊ 🏆 R4 ↕↔ jusqu'à 3 m

Jasminum officinale 'Argenteovariegatum'
Jasmin blanc

Cette forme panachée du jasmin commun, *J. officinale*, est une liane vigoureuse, ligneuse, caduque ou semi-persistante. Ses feuilles vert argenté à liseré crème comportent de cinq à neuf folioles effilées. Les bouquets de fleurs blanches parfumées, apparaissent en été. Guidé au départ, il grimpe sur des supports tels que treillages et arceaux. Dans les régions froides et ventées, il peut disparaître.

CULTURE *Plantez-le dans un sol drainé et riche. Il supporte l'ombre mais fleurit mieux au soleil. Éclaircissez les rameaux défleuris.*

☼ ◑ ◊ R4 ↕jusqu'à 12 m

Jasminum polyanthum
Jasmin

Liane vigoureuse, ligneuse, persistante, produisant, en climat très doux, d'abondants bouquets de petites fleurs blanches très parfumées. Leurs boutons roses s'ouvrent au printemps parmi les feuilles, divisées, vert foncé. Laissez-le grimper sur des treillages, barrières, arceaux ou grands arbustes, à l'abri du gel.

CULTURE *Donnez-lui un sol drainé, moyen, contre un mur chaud et ensoleillé. Éclaircissez-le après la floraison.*

☼ ◊ R1 à 2 ↕jusqu'à 3 m

Juniperus communis 'Compressa'
Genévrier commun

Cette forme naine, fuselée, à pousse lente, revêt un feuillage persistant, bleuté, aromatique. Ses feuilles écailleuses, pointues, éclosent en bouquets de trois le long des tiges. Les petits fruits sphériques passent du vert au bleu cendré, à maturité, au bout de trois ans. Il convient aux auges et autres potées de grande taille. 'Hibernica' est un autre bon genévrier, étroit et dressé, à pousse un peu plus rapide.

CULTURE *Dans un sol drainé, plutôt au soleil ou à mi-ombre. Taille superflue.*

☼ ◑ ◊ ♈R4 ↕jusqu'à 80 cm ↔45 cm

Juniperus x *pfitzeriana* 'Pfitzeriana'
Genévrier

Cet arbuste étalé, dense, persistant, donne des branches érigées, incurvées au bout, au feuillage vert-gris. Il s'étale parfois en étages. Les feuilles, écailleuses, aplaties, forment des bouquets de trois. Les fruits, sphériques, sont d'abord pourpre sombre puis s'éclaircissent. Il fait bel effet planté isolément ou dans une grande rocaille.

CULTURE *Plantez-le dans tout sol drainé, au soleil ou à mi-ombre. Ne taillez que si nécessaire, en automne.*

☼ ◑ ◊ ♈R4 ↕1,20 m ↔3 m

Juniperus procumbens 'Nana'
Genévrier

Conifère compact, tapissant, excellent comme couvre-sol dans de nombreuses situations. Les feuilles en aiguilles, aromatiques, jaune-vert ou vert clair, sont groupées par trois. Il donne des sortes de baies brunes à noires, charnues, mûres en trois ans.

CULTURE *Plantez-le dans tout sol drainé, même sableux, sec ou crayeux. Placez-le en plein soleil ou à mi-ombre. La taille est superflue.*

☼ ◐ 💧 🏆R4 ↕15-20 cm ↔75 cm

Juniperus squamata 'Blue Star'
Genévrier écailleux

Ce conifère à pousse lente, dense, compact, est un buisson rond, à écorce rouille, écailleuse. Ses feuilles bleu argenté, pointues, sont groupées par trois. À maturité, les fruits sont ovales, noirs. Il sert de couvre-sol dans une rocaille.

CULTURE *Plantez-le dans un sol drainé, en plein soleil ou à mi-ombre. La taille est superflue.*

☼ ◐ 💧 🏆R4 ↕jusqu'à 0,40 m ↔jusqu'à 1 m

Kalmia angustifolia

Cet arbuste dense, à l'épreuve des lapins, est cultivé pour ses spectaculaires bouquets ronds de petites fleurs roses ou rouge foncé, parfois blanches. Elles éclosent en juin dans le feuillage sombre. Il prend place en bosquets et rocailles. Naturellement arrondi, il supporte la cisaille pour rectifier sa forme, si nécessaire.

CULTURE *Plantez-le dans un coin ombragé, en sol frais, acide, riche en humus. Ne le plantez au soleil qu'en terre constamment humide. Donnez-lui au printemps un paillis de feuilles ou d'aiguilles de pin. Pour tailler ou rabattre, attendez la fanaison.*

R4 ↕60 cm ↔ 1,50 m

Kalmia latifolia
Laurier des montagnes

Arbuste persistant dense, aux grands bouquets de fleurs, épanouies au printemps. Ces dernières, en coupe, roses ou parfois blanches, sont issues de boutons gaufrés caractéristiques. Les feuilles ovales et luisantes sont vert foncé. Il est superbe planté isolément, dans un sous-bois, mais il fleurit mieux en plein soleil.

CULTURE *Plantez-le dans un sol frais, humifère, acide, au soleil ou à mi-ombre. Paillez-le au printemps avec des aiguilles de pin ou du terreau de feuilles. La suppression des fleurs fanées est la seule taille requise.*

R4 ↕↔ 3 m

Kerria japonica
'Golden Guinea'
Corête du Japon

Ce vigoureux arbuste traçant, caduc, forme des tiges en forme de canne, incurvées, renouvelées chaque année. Ses grandes fleurs simples éclosent tout le printemps sur le bois d'un an. Ses feuilles vert vif sont ovales, très dentées. Il sera parfait dans un sous-bois clair.

CULTURE *Plantez-le dans un sol drainé, riche, en plein soleil ou à mi-ombre. Taillez les cannes florifères à diverses hauteurs pour avoir des niveaux de floraison variés. Restreignez son extension en tranchant les rejets indésirables à la bêche.*

☼ ◑ ◊ 🏆R4 ↕2 m ↔2,50 m

Kirengeshoma palmata

Jolie vivace dressée à larges feuilles lobées, vert clair. En fin d'été, elles sont surmontées par des grappes lâches de fleurs pendantes jaune pâle, charnues. Elle donne une élégance discrète à une bordure ombragée, un bord de mare ou un sous-bois.

CULTURE *Elle apprécie un sol frais, non calcaire, enrichi de terreau de feuilles, et un coin ombré à l'abri du vent. Divisez-la au printemps.*

◑ ♦ 🏆R4 ↕60-120 cm ↔ 75 cm

Kniphofia 'Bees' Sunset'
Tritome

Vivace caduque cultivée pour ses élégants épis de fleurs jaune-orangé doux. Elles éclosent tout l'été au-dessus des touffes de fines feuilles recourbées et attirent fortement les abeilles.

CULTURE *À planter en sol frais mais drainé, profond et riche, si possible sableux, mais enrichi de matière organique, au soleil ou à mi-ombre. Paillez les jeunes plants pour leur premier hiver et divisez les grosses touffes en fin de printemps.*

☼ ◐ 💧💧 🏆R4 ↕90 cm ↔60 cm

Kniphofia caulescens
Tritome

Cette imposante vivace produit de grands épis de fleurs tout l'été ; corail, elles passent au jaune pâle et semblent incandescentes. Elles sont bien détachées des rosettes basales de feuilles recourbées, fines, vert bleuté. Excellente en bordure herbacée, même en bord de mer.

CULTURE *À planter en sol frais mais drainé , profond et riche, si possible sableux, mais enrichi de matière organique, au soleil ou à mi-ombre. Paillez les jeunes plants pour leur premier hiver et divisez les grosses touffes en fin de printemps.*

☼ ◐ 💧💧 🏆R3 à 4 ↕jusqu'à 1,20 m ↔80 cm

Kniphofia 'Little Maid'
Tritome

Vivace caduque en touffes portant de hautes têtes de fleurs tubulaires, écloses tout l'été. Vert clair en bouton, elles sont chamois à l'éclosion puis deviennent ivoire. Les feuilles, étroites, sont graminiformes. Plante intéressante en bordure herbacée, pour le spectacle de sa floraison tardive.

CULTURE *Plantez-le dans un sol drainé, profond, riche, humifère, en plein soleil. Arrosez bien pendant la pousse. Pour son premier hiver en climat froid, paillez les pieds.*

☼ ◊ 🏆R3 à 4 ↕60 cm ↔45 cm

Kniphofia 'Royal Standard'
Tritome

Vivace herbacée en touffes, à allure classique de tritome, aux grands épis coniques durant l'été. Les boutons rouges donnent des fleurs jaunes, tubulaires, écloses depuis la base. Les feuilles, incurvées, fines, sont caduques et disparaissent en hiver.

CULTURE *Plantez-le dans un sol profond, frais mais drainé, humifère, au soleil. Arrosez abondamment. En climat froid, paillez-le en hiver, surtout pour les jeunes plants, la première année.*

☼ ◊◊ 🏆R4 ↕1 m ↔0,60 m

Kniphofia triangularis
Tritome

Vivace en touffes, caduque, cultivée pour sa production automnale de longues fleurs tubulaires, rouge-orangé, qui éclosent en longs épis ourlés de jaune d'or. Les feuilles, très fines, sont incurvées. Ce tritome est superbe au bord de l'eau.

CULTURE *Il préfère un sol profond, frais mais drainé, humifère et riche, et le plein soleil. Arrosez bien. Paillez-le en climat froid, surtout les jeunes plants.*

☼ ◊♦ R3 à 4 ↕60-90 cm ↔45 cm

Kolkwitzia amabilis 'Pink Cloud'

Arbuste caduc à port souple, traçant et vigoureux. Des bouquets denses de clochettes roses à gorge dorée éclosent abondamment en mai-juin. Ses feuilles sont vert foncé et presque ovales. Il est parfait isolé ou dans un massif d'arbustes.

CULTURE *Plantez-le en tout sol drainé, riche, en plein soleil. Laissez les jeunes plants prendre leur port souple sans tailler, puis éclaircissez chaque année après la floraison, pour le maintenir frais.*

☼ ◊ R4 ↕3 m ↔4 m

Laburnum x *watereri* 'Vossii'
Cytise

Cet arbre caduc étalé porte en mai-juin de longues grappes pendantes de fleurs jaunes d'or, papilionacées. Ses feuilles vert foncé comportent trois folioles ovales. Bel arbre à isoler pour petits jardins ; on peut aussi le conduire en pergola, arceau et tunnel, sur un châssis. Toutes les parties sont toxiques.

CULTURE *Plantez-le dans un sol drainé, moyen, en plein soleil. Supprimez les pousses mal placées en hiver. Retirez tout rejet de la base ou du tronc.*

☼ ◊ 🏆R4 ↕↔ 8 m

Lagurus ovatus
Queue-de-lièvre

Graminée annuelle aux inflorescences mousseuses, ovales, écloses en juin ; vert pâle, souvent ombrées de pourpre, elles deviennent beiges. Les feuilles, plates, étroites, sont vert pâle. Elle ira bien en bordure ; ses fleurs conviennent en bouquets secs ; cueillez-les alors avant maturité.

CULTURE *Elle préfère un sol moyen, léger, drainé, si possible sableux, et une exposition très ensoleillée.*

☼ ◊ 🏆R3 ↕jusqu'à 50 cm ↔30 cm

Lamium maculatum 'White Nancy' Lamier coloré

Vivace semi-persistante qui s'étend en tapis. C'est un bon couvre-sol entre des arbustes. Des épis de fleurs blanches, bilabiées, éclosent en été au-dessus des feuilles, triangulaires à ovales, argentées, bordées d'un liseré vert.

CULTURE *Plantez-le dans un sol frais mais drainé, à l'ombre ou à mi-ombre. Éloignez-le d'autres petites plantes, car il peut être envahissant ; restreignez-le en arrachant les rejets.*

☀☀ 💧💧 🏆R4 ↕jusqu'à 15 cm ↔jusqu'à 1 m ou plus

Lapageria rosea

Cette liane à longue durée de vie est volubile et persistante. En été et en automne, elle produit de grandes fleurs rouges, en cloche étroite, cireuses, solitaires ou en petits groupes. Ses feuilles, ovales, sont vert foncé. En climat froid, il lui faut la protection d'un mur chaud mais un peu ombragé. 'Nash Court' a des fleurs rose tendre.

CULTURE *Plantez-la dans un sol drainé, à mi-ombre. En climat froid, abritez-la du vent et posez un paillis hivernal. Réduisez la taille à la suppression des tiges mortes, au printemps.*

☀ 💧 🏆R3 ↕5 m

Lathyrus latifolius
Pois vivace

Liane vivace herbacée, à vrilles, aux tiges ailées, parfaite pour coloniser des arbustes ou un talus. Les bouquets de fleurs caractéristiques, rose pourpré, éclosent tout l'été parmi les feuilles, caduques, vert bleuté, divisées en deux folioles oblongues. Les graines ne sont pas comestibles. 'Albus', ou 'White Pearl', porte des fleurs blanc pur.

CULTURE *Plantez-le dans un sol drainé, riche, humifère, au soleil ou à mi-ombre. Rabattez-le au ras du sol au printemps et pincez les jeunes pousses pour les étoffer. Il n'aime pas les transplantations.*

☼ ◐ ◊ R4 ↕2 m ou plus

Lathyrus vernus
Vesce printanière

Vivace herbacée en touffes denses, à tiges dressées. Malgré sa ressemblance avec les pois, elle ne grimpe pas. Au printemps éclosent des bouquets de fleurs bleu pourpré au-dessus de feuilles vert moyen à foncé, divisées en folioles pointues. Elle ira en rocaille ou en sous-bois. Le cultivar 'Alboroseus' donne de jolies fleurs bicolores, rose et blanc.

CULTURE *Plantez-la dans tout sol drainé, en plein soleil ou à mi-ombre. Elle supporte les sols maigres mais pas les transplantations.*

☼ ◐ ◊ R4 ↕20-45 cm ↔45 cm

Pois de senteur *(Lathyrus odoratus)*

Les nombreux cultivars de *L. odoratus* sont des annuelles grimpantes cultivées pour le long épanouissement de leurs belles fleurs odorantes, précieuses en bouquet, et disponibles dans toutes les couleurs, sauf le jaune. Les pois de senteur fleurissent en été et en automne ; certains sont unis, d'autres bicolores ou bigarrés. Les graines ne sont pas comestibles. La plupart font bon effet conduits en pyramides de tuteurs ou de treillage, ou rampant parmi arbustes et vivaces. Des cultivars compacts, tel 'Patio Mixed', conviennent aux potées ; certains se passent de tuteur. Au potager, ils attireront les abeilles et autres pollinisateurs.

CULTURE *Donnez-leur un sol drainé, riche ; du fumier bien mûr, enfoui une saison à l'avance, produira les plus belles fleurs. Il leur faut du soleil ou un peu d'ombre. Pendant la pousse, faites un apport d'engrais complet tous les quinze jours. Coupez les fleurs, fraîches ou fanées, et tuteurez les tiges grimpantes.*

☼ ◐ ◊ ◑ 🏆R4

1 ↕2-2,50 m

2 ↕2-2,50 m

3 ↕2-2,50 m

4 ↕1 m

5 ↕2-2,50 m

6 ↕2-2,50 m

1 *Lathyrus odoratus* 'Aunt Jane' **2** *L. odoratus* 'Evening Glow' **3** *L. odoratus* 'Noel Sutton' **4** *L. odoratus* 'Patio Mixed' **5** *L. odoratus* 'Teresa Maureen' **6** *L. odoratus* 'White Supreme'

Laurus nobilis
Laurier-sauce

Arbre conique persistant, planté pour ses feuilles ovales, aromatiques, coriaces, vert foncé, employées en cuisine. Des bouquets de petites fleurs jaune verdâtre éclosent au printemps, suivies en automne de baies noires. Il forme de belles haies régulières.

CULTURE *Plantez-le dans un sol drainé mais frais, riche, au soleil ou à mi-ombre, à l'abri des vents froids et secs. Pour avoir des baies, rapprochez plantes mâles et femelles. Taillez les jeunes plants au printemps et les plantes âgées en été.*

☼ ◐ ◊ R4 ↕12 m ↔10 m

Laurus nobilis 'Aurea'
Laurier-sauce doré

Arbre conique à feuilles aromatiques persistantes, ovales et coriaces, qui peuvent servir pour la cuisine. Au printemps éclosent des bouquets de petites fleurs jaune-vert, suivies de baies noires, en automne, sur les plants femelles. Il est parfait en topiaire et en bacs, où il reste plus réduit.

CULTURE *Plantez-le dans un sol frais mais drainé, riche, en plein soleil ou à mi-ombre, et à l'abri des vents froids et secs. Formez les jeunes plants au printemps ; une fois établis, tondez-les légèrement en été pour qu'ils restent denses.*

☼ ◐ ◊ R4 ↕12 m ↔10 m

Lavandula angustifolia 'Hidcote'
Lavande

Arbuste persistant, compact, à feuilles étroites, argentées, et fleurs tubulaires, pourpre foncé. Ses épis denses et parfumés éclosent en début d'été au bout de longues tiges non ramifiées. Plante idéale pour les haies basses. Ses fleurs sèchent mieux si elles sont cueillies à peine ouvertes.

CULTURE *Plantez-la dans un sol riche et drainé, au soleil. Rabattez les tiges florales en automne et tondez le feuillage à la cisaille au même moment. Reportez cette taille au printemps en climat froid. Ne touchez pas au vieux bois.*

☼ ♢ ♆R4 ↕60 cm ↔75 cm

Lavandula angustifolia 'Twickel Purple'
Lavande

Arbuste persistant très proche de 'Hidcote' (ci-dessus), en plus étalé, avec des fleurs plus claires et des feuilles plus vertes. Les épis denses, odorants, de fleurs pourpres, apparaissent en été au-dessus du feuillage étroit, oblong, vert grisé. Il ira en massif d'arbustes ; ses fleurs, comme celles de toutes les lavandes, attirent les abeilles.

CULTURE *Plantez-la dans un sol drainé, assez riche, en plein soleil. Tondez-la en automne, ou au printemps en climat froid. Ne touchez pas au vieux bois.*

☼ ♢ ♆R4 ↕0,60 m ↔1 m

Lavandula x intermedia groupe Dutch
Lavande anglaise

Grande lavande solide, buissonnante, aux larges feuilles aromatiques et hauts épis minces de fleurs bleues parfumées. Elle ira en bosquet ensoleillé, en grande rocaille ou en pierrier. Bien tondue, c'est une belle haie basse. 'Grappenhall' est comparable, en moins rustique.

CULTURE *Plantez-la en sol drainé, riche, et au soleil. Rabattez les tiges florales en automne et écrêtez en même temps le feuillage à la cisaille. Ne coupez pas dans le vieux bois.*

☼ ◊ ♈R4 ↕↔ 1,20 m

Lavandula stoechas ssp. *pedunculata*
Lavande papillon

Arbuste persistant compact, fleuri dès la fin du printemps. Les épis serrés de petites fleurs odorantes, pourpre foncé, coiffés de bractées caractéristiques, pourpre rosé, surmontent de longues tiges au-dessus du feuillage étroit, velouté, argenté. Elle est utile dans un massif d'arbustes abrité ou une rocaille. Le froid ne lui vaut rien.

CULTURE *Plantez-la dans un sol drainé, plutôt riche, en plein soleil. Tondez-la au printemps ou, en climat froid, après la floraison. Ne touchez pas au vieux bois.*

☼ ◊ ♈R3 ↕↔ 60 cm

Lavatères arbustives *(Lavatera)*

Ces beaux arbustes à fleurs érigés, aux tiges rigides et aux feuilles vert moyen, s'épanouissent dans des tons de rose et de pourpre en été et en automne. Bien que vivant peu de temps, ils poussent vite, dans tout type de sol drainé, même maigre et sec, ce qui les rend précieux dans tout jardin où l'on souhaite un effet rapide. Ils poussent également en bord de mer, où ils supportent bien l'air salé, mais il leur faut un bon tuteurage lorsqu'ils sont exposés au vent. Dans les régions très froides, plantez-les contre un mur chaud et ensoleillé.

CULTURE *Installez-les dans tout sol pauvre à moyen, drainé à sec, et en plein soleil. Abritez-les des vents froids et secs en climat rude. Après un hiver sévère, les plantes abîmées par le gel gagneront à être recépées court au printemps pour produire des repousses hautes et vigoureuses. En climat doux, reformez-les à la cisaille après la floraison.*

☼ ◊ 🏆R3 à 4

3 2 ↕↔2 m

1 ↕↔2 m

2 ↕↔2 m

4 ↕↔2 m

5 ↕↔2 m

1 *Lavatera* 'Barnsley' **2** *Lavatera* 'Bredon Springs' **3** *Lavatera* 'Burgundy Wine'
4 *Lavatera* 'Candy Floss' **5** *Lavatera* 'Rosea'

Lavatères annuelles *(Lavatera)*

Ces robustes annuelles buissonnantes sont parfaites pour former des groupes dans une bordure herbacée ou un massif, où elles fleurissent sans arrêt de juin à l'automne. Ce sont des plantes légèrement duveteuses, aux feuilles discrètement lobées, vert doux ; leurs fleurs évasées, roses, rose vif, blanches ou pourpres sont bien mises en valeur par ce feuillage. Bien que ces plantes n'occupent le jardin que de manière momentanée, elles ont un aspect champêtre qui donne l'illusion qu'elles sont installées de tout temps. Parfaites pour un coin sec et ensoleillé et pour les bouquets.

CULTURE *Il leur faut un sol léger, moyen, drainé, et le plein soleil. Les jeunes plantes demandent des arrosages réguliers jusqu'à leur établissement, après quoi elles résistent fort bien à la sécheresse. Méfiez-vous des pucerons, qui apprécient les jeunes pousses.*

☼ ♢ ♕R3

1 ↕jusqu'à 60 cm ↔45 cm

2 ↕jusqu'à 60 cm ↔45 cm

3 ↕jusqu'à 60 cm ↔45 cm

4 ↕jusqu'à 75 cm ↔45 cm

5 ↕jusqu'à 60 cm ↔45 cm

6 ↕jusqu'à 75 cm ↔45 cm

1 *Lavatera* 'Beauty Formula Mixture' **2** *Lavatera* 'Pink Beauty' **3** *Lavatera* 'Salmon Beauty' **4** *Lavatera* 'Silver Cup' **5** *Lavatera* 'White Beauty' **6** *Lavatera* 'White Cherub'

Leiophyllum buxifolium

Cette vivace tapissante ou dressée, persistante, est cultivée pour son feuillage vert sombre, luisant, et ses abondantes fleurs printanières, en étoile, blanc rosé. Ses feuilles se teintent de bronze en hiver. Excellente garniture, florifère, pour un bosquet ou un sous-bois.

CULTURE *Donnez-lui un sol frais mais drainé, acide et humifère. Choisissez un coin à l'ombre ou à mi-ombre, à l'abri des vents froids et secs. Tondez-la après floraison ; laissée à elle-même, elle peut s'étendre vigoureusement.*

☀ ◑ 💧 ◑ 🏆 R4 ↕30-60 cm ↔2 m

Leptospermum rupestre

Cet arbuste persistant, bas, à feuilles denses, porte en juin-juillet des étoiles blanches. Ses petites feuilles aromatiques, luisantes, sont elliptiques, vert foncé. Originaire des côtes de Tasmanie, il est parfait en bord de mer, à condition que le climat soit doux. Parfois vendu comme *L. humifusum*.

CULTURE *Plantez-le dans un sol drainé, riche, en plein soleil ou à mi-ombre. Tondez les jeunes pousses au printemps pour l'étoffer, mais sans toucher au vieux bois.*

☼ ◑ 💧 🏆 R3 ↕0,30-1,50 m ↔1-1,50 m

Leptospermum scoparium 'Kiwi'

Arbuste compact à pousses incurvées portant une abondance de petites fleurs plates, cramoisi foncé, en juin-juillet. Ses petites feuilles aromatiques sont pourprées dans leur jeunesse puis vert moyen à foncé. Idéal dans une grande rocaille ou en paysage d'une serre alpine ; les hivers rudes peuvent lui être fatals. 'Nicholsii Nanum' est aussi compact.

CULTURE *Plantez-le dans un sol drainé, moyen, en plein soleil ou à mi-ombre. Pour le rendre touffu, tondez les jeunes pousses au printemps, sans toucher au vieux bois.*

☼ ◑ ◊ R3 ↕↔ 1 m

Leucanthemum x *superbum* 'Wirral Supreme'
Marguerite

Robuste marguerite en touffes, vivace, parfois vendue comme *Chrysanthemum* et donnant tout l'été des inflorescences doubles, serrées, solitaires, au bout de hautes tiges dominant les feuilles lancéolées, dentées, vert foncé. Excellente en bouquets. 'Aglaia' et 'T.E. Killin' sont également intéressants.

CULTURE *Plantez-la dans un sol frais mais drainé, moyen, en plein soleil ou à mi-ombre. Le tuteurage est parfois nécessaire.*

☼ ◑ ◊◊ R4 ↕ 90 cm ↔ 75 cm

Leucojum aestivum 'Gravetye giant'
Nivéole

Ce robuste cultivar est une plante bulbeuse printanière à feuilles rubanées, vert foncé, dressées, de 40 cm de haut. Les fleurs en clochette, pendantes, blanches à pointes vertes, éclosent en bouquets et dégagent une légère odeur de chocolat. Elle se plaît au bord de l'eau ou naturalisée dans l'herbe.

CULTURE *Plantez-la dans un sol bien frais, humifère, plutôt près de l'eau. Donnez-lui un peu d'ombre.*

☀ 💧 🏆R4 ↕100 cm ↔ 8 cm

Leucojum autumnale
Nivéole automnale

Mince plante bulbeuse de fin d'été, aux tiges portant deux à quatre fleurs en clochette, blanches, ourlées de rouge à la base. Les feuilles, étroites, graminiformes, dressées, apparaissent en même temps que les fleurs ou juste après. C'est une plante pour rocaille.

CULTURE *Plantez-la dans un sol frais mais drainé, en plein soleil. Divisez et replantez les bulbes quand les feuilles jaunissent.*

☼ 💧💧 🏆R4 ↕10-15 cm ↔ 5 cm

Lewisia cotyledon

Cette vivace persistante produit de denses bouquets de fleurs évasées, généralement rose pourpré mais parfois blanches, crème, jaunes ou abricot, qui éclosent sur de longues tiges au printemps. Les feuilles, vert foncé, charnues, lancéolées, forment des rosettes basales. Elle convient aux fentes de murs. Le groupe Sunset, horticole, est de grande qualité.

CULTURE *Plantez-la dans un sol très drainé, riche, humifère, neutre à acide. Choisissez un emplacement un peu ombragé, à l'abri de l'humidité hivernale.*

◐ ◊ ♈R4 ↕15-30 cm ↔20-40 cm

Lewisia tweedyi

Vivace persistante à tiges dressées ou incurvées, portant de une à quatre fleurs évasées, blanches à pêche, au printemps. Les feuilles, charnues, lancéolées, vert foncé ombré de pourpre, forment des rosettes basales. Elle ira en rocaille, ou en serre alpine si le climat est froid.

CULTURE *Donnez-lui un sol bien drainé, humifère, riche, neutre à acide, et un peu d'ombre. Protégez les plants d'une humidité hivernale excessive .*

◐ ◊ ♈R2 ↕20 cm ↔30 cm

Ligularia 'Gregynog Gold'
Ligulaire

Grande vivace touffue, robuste, aux épis pyramidaux de marguerites orange à cœur brun, en été et automne. Les fleurs apparaissent sur de longues tiges dressées dominant les grandes feuilles arrondies, dentées, vert moyen. Excellente plante de bord d'eau, elle se naturalise vite dans un sol humide. 'Desdemona', à feuilles sombres, haute de 1 m seulement, et 'The Rocket' sont aussi excellentes.

CULTURE *Donnez-lui un sol bien frais, profond, moyen, du soleil un peu tamisé aux heures chaudes et un abri contre le vent.*

☼ ◐ 💧 🏆R4 ↕jusqu'à 2 m ↔1 m

Ligustrum lucidum
Troène

Ce troène chinois est un vigoureux arbuste conique, persistant, à feuilles vert foncé, luisantes, ovales. Des bouquets lâches de petites fleurs blanches éclosent en été, suivis de baies ovales bleu-noir. Il forme de bonnes haies, et sa silhouette en fait un beau sujet pour un massif d'arbustes.

CULTURE *Il préfère un sol drainé, au soleil ou à mi-ombre. Supprimez les tiges indésirables en hiver.*

☼ ◐ 💧 🏆R4 ↕↔ 10 m

Ligustrum lucidum
'Excelsum Superbum'
Troène

Ce troène panaché, aux feuilles vert vif bordées de crème, est un arbuste conique persistant, à pousse rapide. Des bouquets lâches de petites fleurs crème apparaissent l'été, suivis de fruits bleu-noir.

CULTURE *Plantez-le dans tout sol drainé, en plein soleil, pour une belle coloration. Retirez les pousses indésirables en hiver. Supprimez toute branche aux feuilles vert uni.*

☼ ◊ 🏆R4 ↕↔ 10 m

Lilium candidum
Lis de la Madone

Plante bulbeuse dressée, portant en mai, sur chacune de ses robustes tiges, des bouquets de une à vingt fleurs, très parfumées, en trompette. Elles sont blanches à base et anthères jaunes. Ses feuilles, lancéolées, vert vif, brillantes, apparaissent en septembre et persistent en hiver.

CULTURE *Donnez-lui un sol bien drainé, neutre à alcalin, riche en matière organique mûre. Il supporte mieux la sécheresse que les autres lis. Placez-le en plein soleil, les pieds à l'ombre.*

☼ ◊ 🏆R4 ↕1-2 m

Lilium formosanum var. *pricei*

Lis

Élégante plante bulbeuse en touffes, portant de une à trois étroites fleurs en trompette, très odorantes. Estivales, elles ont des pointes récurvées, avec l'intérieur blanc et l'extérieur lavé de pourpre. La plupart des feuilles, oblongues, vert foncé, sont regroupées vers la base. Il est ravissant en serre froide ou dans une véranda.

CULTURE *Donnez-lui un sol frais, neutre à acide, humifère, et du soleil, avec de l'ombre pour le pied. Protégez-le du soleil brûlant.*

☼ 💧 🏆R4 ↕0,60-1,50 m

Lilium henryi

Lis

Plante bulbeuse à pousse rapide, en touffes, portant en été d'abondantes fleurs odorantes, en « turban » (aux pétales très récurvés). Orange foncé à taches brunes et anthères rouges, elles dominent le feuillage sur des tiges vertes, ombrées de pourpre. Excellente plante pour jardin sauvage ou un sous-bois.

CULTURE *Il lui faut un sol bien drainé, neutre à alcalin, enrichi de terreau ou d'une autre matière organique mûre. Ménagez-lui un peu d'ombre.*

◑ 💧 🏆R4 ↕1-3 m

Lilium longiflorum
Lis de Pâques

Plante bulbeuse à pousse rapide, aux courts bouquets de une à six fleurs en trompette, blanc pur, aux anthères jaune d'or, et très parfumées. Elles éclosent en été au-dessus de feuilles éparses, lancéolées, vert foncé. L'un des plus courts et des plus frileux parmi les lis, il pousse bien en pot et sous abri.

CULTURE *Il préfère un sol drainé, riche en matière organique, et une exposition semi-ombragée. Il supporte le calcaire.*

◑ ◊ R2 à 3 ↕0,40-1 m

Lilium martagon var. *album*
Lis martagon

Vigoureuse plante bulbeuse en touffes, portant jusqu'à cinquante petites fleurs pendantes, blanches, luisantes, aux pétales très récurvés. Feuilles elliptiques à lancéolées, souvent en verticilles denses. Son odeur, contrairement à beaucoup de lis, est déplaisante et mieux vaut le placer dans une plate-bande ou un jardin sauvage. Superbe associé à la var. *cattaniae*, à fleurs acajou sombre.

CULTURE *Il accepte tout sol bien drainé, en plein soleil ou à mi-ombre. Arrosez-le bien pendant la croissance.*

☼ ◑ ◊ R4 ↕1-2 m

Lilium monadelphum
Lis

Cette robuste plante bulbeuse porte en juin jusqu'à trente grandes fleurs parfumées sur des tiges épaisses ; elles sont jaune pâle teinté de brun à l'extérieur et ponctué de brun pourpré à l'intérieur. Les feuilles, éparses, vert brillant, sont étroites et ovales. Ce lis va en pot et supporte mieux la sécheresse que d'autres. Il est parfois appelé *L. szovitsianum*.

CULTURE *Donnez-lui un sol drainé et le plein soleil. Des sols lourds et le calcaire lui conviennent aussi.*

☼ ◊ 🏆R4 ↕1-1,50 m

Lilium Groupe Pink Perfection
Lis

Ces lis à tige robuste portent en juin des bouquets de grandes fleurs en trompette, parfumées, aux pétales récurvés ; leur couleur va du rouge pourpré foncé au rose pourpré, toujours avec des anthères orange vif. Les feuilles vert moyen sont rubanées. Ils sont parfaits en bouquets.

CULTURE *Plantez-les dans un sol drainé enrichi de terreau de feuilles ou de matières organiques bien mûres. Donnez-leur le plein soleil en ombrageant la base.*

☼ ◊ 🏆R4 ↕1,50-2 m

Lilium pyrenaicum

Lis

Lis plutôt court, donnant en mai-juin jusqu'à douze fleurs pendantes par tige, jaunes ou jaune-vert ponctuées de pourpre. Les pétales sont fortement récurvés. Les tiges vertes sont parfois piquetées de pourpre et les feuilles, lancéolées, vert vif, ont souvent des bords argentés. Éloignez-le des lieux fréquentés, son parfum étant âcre.

CULTURE *Plantez-le dans un sol drainé, neutre à alcalin, enrichi de terreau ou de matière organique mûre. Placez-le au soleil ou à mi-ombre.*

☼ ◐ ◊ R4 — ↕0,30-1 m

Lilium regale

Lis royal

Robuste plante bulbeuse, à fleurs très odorantes, en trompette, épanouies en juin. Jusqu'à vingt-cinq par tige, elles sont blanches, ombrées de pourpre ou de brun au revers. Les nombreuses feuilles, étroites, sont vert foncé luisant. Plante imposante en mixed-border, qu'on peut aussi cultiver en pot.

CULTURE *Plantez-le dans un sol drainé, enrichi de matière organique. Il n'aime pas les sols très alcalins. Placez-le en plein soleil ou à mi-ombre.*

☼ ◐ ◊ R4 — ↕0,60–2 m

Limnanthes douglasii

Cette annuelle érigée produit à profusion, tout l'été, des fleurs jaunes bordées de blanc. Ses feuilles, fortement incisées, sont portées par des tiges minces. Idéale pour éclairer une rocaille ou la bordure d'une allée. Les fleurs, riches en nectar, attirent les syrphes, qui mangent les pucerons.

CULTURE *Donnez-lui un sol frais mais drainé, riche, et du soleil. Semez les graines en place en automne ou au printemps. Elle se ressème abondamment.*

☼ ◊ 🏆R4 ↕↔ jusqu'à 15 cm ou plus

Limonium sinuatum 'Forever Gold'
Statice

Vivace érigée portant tout l'été des bouquets serrés de fleurs jaune vif. Ses tiges, solides, sont finement ailées. Les feuilles sont regroupées en rosettes basales. Elle ira dans une bordure ensoleillée ou sur du gravier. Ses fleurs sèchent bien. Comme nombre d'autres statices, on la cultive en annuelle, car elle craint les hivers froids.

CULTURE *Donnez-lui un sol bien drainé, plutôt sableux, et le plein soleil. Elle supporte les sols rocailleux et secs.*

☼ ◊ 🏆R3 ↕jusqu'à 60 cm ↔ 30 cm

Linum 'Gemmell's Hybrid'
Lin

Plante vivace semi-persistante, en dôme, aux abondants bouquets de fleurs évasées, jaunes, épanouies longtemps en été. Les feuilles, ovales, sont vert bleuté. Cette plante convient à une rocaille.

CULTURE *Plantez-le dans un sol léger, moyen, humifère, à l'abri de l'humidité hivernale. Placez-le en plein soleil.*

☼ ◇ ♈R4 ↕15 cm ↔jusqu'à 20 cm

Liriodendron tulipifera
Tulipier

Arbre imposant, à port plus ou moins colonnaire, qui s'étale avec l'âge. Ses feuilles, caduques, en carré échancré, sont vert foncé, virant au jaune beurre en automne. Ses fleurs en forme de tulipe, vert pâle, teintées d'orange à la base, éclosent en juin et donnent des fruits en cône en automne. Superbe arbre pour un grand jardin.

CULTURE *Plantez-le dans un sol frais mais drainé, moyen, acide, en plein soleil ou à mi-ombre. Limitez les tailles sur les sujets adultes.*

☼ ◐ ◇ ◆ ♈R4 ↕30 m ↔15 m

Liriope muscari

Cette solide vivace persistante forme de denses touffes de feuilles rubanées, vert foncé. En fin d'été éclosent au milieu du feuillage des épis de petites fleurs violet pourpré, parfois suivies de baies noires. Bonne plante pour un massif de sous-bois, ou couvre-sol pour un emplacement à l'ombre, dans une terre sèche.

CULTURE *Plantez-la dans un sol léger, frais mais drainé, moyen, plutôt acide. Ménagez-lui une exposition ombragée ou semi-ombragée et un abri contre les vents froids et secs. Elle supporte la sécheresse.*

◐● ◇◆ 🏆R4 ↕30 cm ↔45 cm

Lithodora diffusa 'Heavenly Blue'
Grémil

Arbrisseau étalé, persistant, courant au ras du sol. Au printemps et en été apparaissent des fleurs azur foncé, évasées, qui restent longtemps écloses. Les feuilles, elliptiques, sont vert foncé, villeuses. Il sera bien à sa place en un emplacement dégagé dans une rocaille ou une banquette. Il est parfois vendu comme *Lithospermum* 'Heavenly Blue'.

CULTURE *Donnez-lui un sol drainé, humifère, acide, et du soleil. Tondez-le après la floraison.*

☼ ◇ 🏆R4 ↕15 cm ↔60 cm ou plus

Lobelia 'Crystal Palace'
Lobélie

Vivace compacte, presque toujours cultivée comme annuelle, aux bouquets estivaux de fleurs bilabiées, bleu foncé brillant. Ses petites feuilles sont vert foncé et bronze. Plante idéale en lisière de massif, ou à laisser déborder de potées.

CULTURE *Plantez-la dans un sol profond, riche, plutôt frais, en plein soleil ou à mi-ombre. Installez-la au printemps, après les dernières gelées.*

☼◐ 💧 🏆R3 ↕jusqu'à 10 cm ↔10-15 cm

Lobelia 'Queen Victoria'
Lobélie

Cette vivace éphémère, en touffes, porte des épis presque lumineux, rouge vif, de fleurs bilabiées, estivales et automnales. Feuilles et tiges sont pourpre foncé. Elle fait de l'effet dans une mixed-border ou au bord de l'eau. Les hivers rudes peuvent la tuer. 'Bee's Flame' est très comparable et demande les mêmes soins.

CULTURE *Plantez-la dans un sol profond, bien frais, riche, en plein soleil. C'est une plante à courte durée de vie, que l'on propage aisément par division printanière.*

☼ 💧 🏆R3 ↕1 m ↔0,30 m

Lonicera x italica
Chèvrefeuille

Ce chèvrefeuille vigoureux, caduc, ligneux, est une liane volubile ou rampante, florifère. Tout l'été, il produit de larges bouquets de fleurs tubulaires très odorantes, rose tendre lavé de rouge pourpré, et jaunes à l'intérieur ; des baies rouges leur succèdent. Ses feuilles, ovales, sont vert foncé. Conduisez-le sur un mur ou dans un petit arbre.

CULTURE *Il pousse dans un sol frais mais drainé, riche, humifère, en plein soleil ou à mi-ombre. Une fois établi, rabattez d'environ un tiers les tiges florifères fanées.*

☼ ◑ 💧💧 🏆R4 ↕7 m

Lonicera nitida 'Baggesen's Gold'
Chèvrefeuille

Dense arbuste persistant, aux petites feuilles ovales, jaune vif, sur des tiges incurvées. Des fleurs jaune-vert sans attrait éclosent au printemps, suivies parfois de petites baies bleu pourpré. Résistant à la pollution, il constitue de bonnes haies et topiaires en ville.

CULTURE *Il pousse dans tout sol drainé, au soleil ou à mi-ombre. Tondez les haies au moins trois fois par an, entre printemps et automne. Les plantes dénudées à la base repoussent bien après recépage.*

☼ ◑ 💧 🏆R4 ↕↔ 1,50 m

Lonicera periclymenum 'Graham Thomas'
Chèvrefeuille des bois

Liane volubile, ligneuse, caduque, aux abondantes fleurs tubulaires, très odorantes, blanc virant à l'or, épanouies longuement en été, mais sans les marques rouges de *L. periclymenum* 'Belgica'. Ses feuilles, vert moyen, sont ovales.

CULTURE *Plantez-le dans un sol frais mais drainé, riche, humifère. Il pousse au soleil mais préfère avoir les pieds à l'ombre. Rabattez d'un tiers les pousses défleuries des plantes adultes.*

☼☼ ◊♦ ♀R4 ↕7 m

Lonicera periclymenum 'Serotina'
Chèvrefeuille des bois

Liane à pousse rapide, caduque, volubile, aux fleurs abondantes, très parfumées, rouge pourpré, écloses tout l'été. Des baies rouges leur succèdent parfois. Ses feuilles, ovales, sont vert moyen. S'il a la place, il s'étend naturellement, sans taille.

CULTURE *Plantez-le dans un sol drainé mais frais, humifère, riche, au soleil, avec de l'ombre au pied. Pour restreindre les sujets palissés, rabattez d'un tiers les pousses défleuries.*

☼☼ ◊♦ ♀R4 ↕7 m

Lonicera x *purpusii* 'Winter Beauty'
Chèvrefeuille

Cet arbuste dense, semi-persistant, forme d'excellentes haies à floraison hivernale, au puissant parfum. Ses bouquets de petites fleurs crème, très odorantes, éclosent en hiver et au tout début du printemps sur des pousses pourprées. Ses feuilles sont vert foncé et des baies rouges apparaissent parfois.

CULTURE *Il pousse dans tout sol drainé, au soleil, où il fleurit mieux, ou à mi-ombre. Taillez-le après la floraison pour le restreindre ou supprimer les bois morts.*

☼ ◑ ◊ 🏆R4 ↕2 m ↔2,50 m

Lonicera x *tellmanniana*
Chèvrefeuille

Liane caduque, volubile, ligneuse, aux bouquets printaniers et estivaux de fleurs tubulaires cuivre. Ses feuilles vert foncé, elliptiques, sont blanc bleuté au revers. À guider sur un mur, une palissade ou un grand arbuste. *L. tragophylla*, estival, est un de ses parents ; comparable, il est également intéressant.

CULTURE *Plantez-le dans un sol frais mais drainé, riche, humifère. Il supporte le plein soleil, mais fleurit mieux avec un peu d'ombre. Supprimez un tiers des pousses défleuries.*

☼ ◑ ◊ ◆ 🏆R4 ↕5 m

Lotus berthelotii
Lotier

Sous-arbrisseau rampant, persistant, aux fleurs crochues, portant des feuilles argentées, ciselées sur de longues tiges. Les fleurs vives, rouge-orangé ou écarlates, apparaissent à profusion au printemps. Il craint le gel et devra être planté en bacs pour l'été et hiverné sous abri. *L. maculatus*, comparable, peut être employé de la même façon.

CULTURE *Plantez-le dans un sol drainé, moyen, en plein soleil. Rabattez quelques rameaux âgés, après la floraison, pour provoquer une repousse. Température minimale : 2 °C.*

☼ ◊ ♆R1+3 ↕20 cm ↔illimité

Lupinus arboreus
Lupin en arbre

Arbrisseau à pousse rapide, étalé, semi-persistant, cultivé pour ses épis odorants de fleurs jaune clair, épanouies en été. Ses feuilles divisées sont vert brillant et gris. Originaire du maquis littoral californien, il supporte l'air marin. Il peut disparaître si l'hiver est sévère.

CULTURE *Plantez-le dans un sol léger ou sableux, drainé, bien riche, un peu acide, en plein soleil. Supprimez les gousses de graines pour éviter le semis spontané et tondez-le après la floraison pour le garder dense.*

☼ ◊ ♆R4 ↕↔2 m

Lychnis chalcedonica
Croix-de-Jérusalem

Vivace touffue aux inflorescences arrondies, rouge éclatant, en mai-juin. Elles éclosent en hautes tiges dominant les feuilles basales ovales, vert moyen. Petites, elles forment des croix. Bonne plante pour une bordure ensoleillée ou un jardin sauvage, mais à tuteurer. Elle se ressème volontiers.

CULTURE *Plantez-la dans un sol frais mais drainé, riche, humifère, en plein soleil ou à mi-ombre.*

☼ ◑ 💧💧 🏆R4 ↕1-1,20 m ↔0,30 m

Lysichiton americanus
Lysichiton

Vivace vivement colorée, épanouie tôt au printemps et adaptée aux berges. Chaque épi dense de petites fleurs jaune-vert est enveloppé d'une spathe jaune vif et dégage une odeur âcre, musquée. Les grandes feuilles vert foncé, de 0,50 à 1,20 m de long, sortent directement du sol.

CULTURE *Il pousse dans un sol frais, riche, humifère. Placez-le en plein soleil en laissant de la place au large feuillage.*

☼ ◑ 💧 🏆R4 ↕1m ↔1,20 m

Lysichiton camtschatcensis
Lysichiton blanc

Robuste vivace de berges dégageant une légère odeur musquée. Au printemps, des épis serrés de petites fleurs vertes apparaissent, entourés de spathes blanches pointues. Les grandes feuilles vert foncé, atteignant 1 m de long, sortent à la base. Il est idéal au bord d'un ruisseau ou d'une pièce d'eau.

CULTURE *Il pousse dans un sol humide de berge, riche, humifère. Placez-le en plein soleil ou à mi-ombre, en laissant de la place aux grandes feuilles.*

☼ ◐ ● 🏆R4 ↕↔ jusqu'à 1 m

Lysimachia clethroides
Lysimaque

Cette vivace herbacée, traçante, en touffes, est cultivée pour ses épis effilés de petites fleurs blanches en étoile ; recourbés en bouton, ils se redressent à l'éclosion, en été. Les feuilles, étroites, sont vert-jaune, puis vert moyen à revers clair. Elle ira dans un jardin sauvage ou une fondrière.

CULTURE *Plantez-la dans un sol bien frais, humifère, au soleil ou à mi-ombre. À tuteurer parfois.*

☼ ◐ ● 🏆R4 ↕1 m ↔0,60 m

Lysimachia nummularia 'Aurea'
Herbe-aux-écus dorée

Vivace persistante, traçante, vigoureuse, excellent couvre-sol. Ses feuilles dorées sont plus ou moins ovales, à base cordée. Les fleurs printanières, en coupe, jaune vif, soulignent encore la couleur des feuilles.

CULTURE *Plantez-la dans un sol bien frais, enrichi de matière organique mûre, en plein soleil ou à mi-ombre.*

☼ ◑ 💧 🏆R4 ↕jusqu'à 5 cm ↔illimité

Lythrum salicaria 'Feuerkerze'
Salicaire

Ce cultivar est une vivace dressée, d'un rose plus vif que l'espèce, en touffes. Les épis minces éclosent de l'été à l'automne, au-dessus du feuillage lancéolé, vert moyen. Il prospère dans une bordure fraîche et humide ou sur berge. Parfois appelé 'Firecandle'.

CULTURE *Plantez-le dans un sol frais, plutôt riche, en plein soleil. Supprimez les tiges fanées pour éviter le semis.*

☼ 💧 🏆R4 ↕1 m ↔ 0,45 m

Macleaya x *kewensis* 'Kelway's Coral Plume'

Vivace en touffes, cultivée pour son feuillage et ses grands plumets gracieux de minuscules fleurs, roses en bouton, puis corail à chamois. Estivales, les fleurs semblent flotter au-dessus des grandes feuilles olive bleuté. Plantez-la parmi des arbustes ou faites-en un écran léger. *M. cordata*, à fleurs plus claires, peut être employée de la même manière.

CULTURE *Elle préfère un sol frais mais drainé, moyen, le soleil ou la mi-ombre. Abritez-la des vents froids. Prolifique, vous la limiterez en coupant le pourtour à la bêche.*

☼ ◑ ◊◆ 🏆R4 ↕2,20 m ↔ 1 m ou plus

Magnolia grandiflora 'Exmouth'

Ce cultivar rustique de magnolia est un arbre persistant aux feuilles luisantes, vert foncé à revers rouille. *M. grandiflora* se distingue des autres magnolias par sa floraison sporadique durant tout l'été. Ses grandes fleurs, en coupe, très odorantes, sont blanc crème.

CULTURE *Il préfère un sol drainé mais frais, humifère, acide, et le plein soleil ou la mi-ombre, mais accepte des sols secs et alcalins. Paillez-le de terreau de feuilles au printemps. Évitez les tailles.*

☼ ◑ ◊◆ 🏆R3 à 4 ↕6-18 m ↔jusqu'à 15 m

Magnolia grandiflora 'Goliath'

Ce cultivar de magnolia persistant est un peu moins rustique que 'Exmouth' (voir ci-contre, en bas) mais ses fleurs sont beaucoup plus larges (30 cm). C'est un arbre conique, dense, à feuilles vert foncé légèrement vrillées. Ses fleurs en coupe, très parfumées, crème, éclosent tout l'été.

CULTURE *Il préfère un sol drainé mais frais, humifère, acide, et le plein soleil ou la mi-ombre, mais accepte des sols secs et alcalins. Paillez-le de terreau de feuilles au printemps. Évitez les tailles.*

R3 à 4 ↕6-18 m ↔jusqu'à 15 m

Magnolia liliiflora 'Nigra'

Arbuste dense, de fin de printemps, aux fleurs en gobelet, rouge pourpré foncé. Ses feuilles, caduques, elliptiques, sont vert foncé. Plantez-le isolément ou parmi d'autres arbres et arbustes. Contrairement à d'autres magnolias, il fleurit jeune.

CULTURE *Plantez-le dans un sol frais mais drainé, riche, acide, au soleil ou à mi-ombre. Paillez-le au printemps. Faites une taille de formation printanière sur les jeunes plants ; âgés, ils ne demandent guère d'interventions.*

R4 ↕3 m ↔2,50 m

Magnolias printaniers

Les magnolias printaniers sont de beaux arbres et arbustes, appréciés pour leur port élégant et leurs belles fleurs, souvent odorantes, écloses juste avant les feuilles. Les inflorescences sont de formes variées, des fleurs robustes mais raffinées, en étoile, de *Magnolia stellata*, aux exotiques fleurs en gobelet d'hybrides comme 'Ricki'. Les beaux fruits rouges apparaissent en automne. L'architecture des branches nues en fait un beau décor hivernal, surtout pour les sujets isolés. *Magnolia* x *soulangeana* 'Rustica Rubra' peut être palissé contre un mur.

CULTURE *Ils prospèrent dans un sol profond, frais mais drainé, humifère, neutre à acide.* M. wilsonii *tolère un sol alcalin. Donnez-leur le plein soleil ou la mi-ombre. Après une taille de formation, dans leur jeunesse, réduisez les coupes à la suppression des branches mortes ou malades, après la floraison.*

☼ ◑ ◊◊ 🏆 R3 à 4, R4

1 ↕10 m ↔ 8 m

2 ↕15 m ↔ 10 m

3 ↕↔ 10 m

4 ↕10 m ↔ 6 m

1 *M.* x *loebneri* 'Merrill' (R4) **2** *M. campbellii* 'Charles Raffill' (R3 à 4) **3** *M. denudata* (R3 à 4) **4** *M.* 'Elizabeth' (R4)

5 ↕↔4 m

6 ↕8 m ↔6 m

7 ↕10 m ↔5 m

8 ↕↔6 m

10 ↕8 m ↔6 m

11 ↕3 m ↔4 m

5 *M.* 'Ricki' (R4) **6** *M.* x *loebneri* 'Leonard Messel' (R4) **7** *M. salicifolia* (R3 à 4)
8 *M.* x *soulangeana* 'Rustica Rubra' (R3 à 4) **9** *M.* x *kewensis* 'Wada's Memory' (R4)
10 *M. wilsonii* (R4) **11** *M. stellata* (R4)

Mahonia aquifolium 'Apollo'
Mahonia à feuilles de houx

Arbuste persistant bas, à feuilles vert foncé virant au brun pourpré en hiver et divisées en plusieurs folioles épineuses. Des bouquets serrés de fleurs jaune d'or foncé éclosent au printemps, suivis de petits fruits bleu-noir. Il peut servir de couvre-sol.

CULTURE *Plantez-le dans un sol frais mais drainé, riche, à mi-ombre. Il supporte le soleil si le terrain est très frais. Tous les deux ans, après la floraison, rabattez court les sujets utilisés comme couvre-sol.*

R4 ↕0,60 m ↔1,20 m

Mahonia japonica

Dense arbuste persistant, dressé, hivernal, à grandes feuilles luisantes vert foncé divisées en nombreuses folioles épineuses. De longs épis étroits de fleurs odorantes, jaune clair, éclosent de la fin de l'automne au printemps, suivies de fruits pourpre bleuté. Il convient à une bordure ombragée ou à un sous-bois.

CULTURE *Plantez-le dans un sol drainé mais frais, moyen, humifère. Il préfère l'ombre mais tolère le soleil dans un sol bien frais. La taille se limite au retrait du bois mort, après la floraison.*

R4 ↕2 m ↔3 m

Mahonia x *media* 'Buckland'

Vigoureux arbuste persistant, érigé, aux feuilles abondantes, vert foncé, piquantes. Les petites fleurs, odorantes, jaune vif, éclosent en épis incurvés à la fin de l'automne. Excellent arbuste dissuasif pour une clôture ou un jardin sur rue.

CULTURE *Donnez-lui un sol frais mais drainé, plutôt riche, humifère. Il pousse à mi-ombre mais s'étiole à l'ombre dense. La taille est superflue, mais vous pouvez rabattre les tiges trop longues sur la charpente, après la floraison.*

☀ 💧💧 🏆R4 ↕5 m ↔4 m

Mahonia x *media* 'Charity'

Arbuste persistant à pousse rapide, très proche de 'Buckland' (ci-dessus), avec des épis floraux plus érigés et serrés. Ses feuilles vert foncé, piquantes, en font un arbuste de protection contre les intrusions. Ses fleurs jaunes, odorantes, éclosent en fin d'automne.

CULTURE *Plantez-le dans un sol frais mais drainé, moyen, profond. Il aime un peu d'ombre mais s'étiole à l'ombre dense. Les branches dénudées peuvent être recépées, après la floraison, pour provoquer une repousse de base.*

☀ 💧💧 🏆R4 ↕5 m ↔4 m

Malus floribunda
Pommier d'ornement

Arbre caduc dense, décoratif pendant une longue période. Au printemps, ses gracieuses branches souples, aux feuilles vert foncé, se couvrent d'un superbe habit de fleurs rose pâle. Celles-ci donnent de petites pommes jaunes qui tiennent longtemps et nourrissent les animaux sauvages en hiver.

CULTURE *Plantez-le dans un sol frais mais drainé, moyen, au soleil ou à mi-ombre. Jeune, formez-le par une taille hivernale, mais celle-ci devient inutile sur les vieux sujets.*

☼☀ 💧💧 🏆R4 ↕↔ 10 m

Malus 'John Downie'
Pommier d'ornement

Ce vigoureux arbre caduc est d'abord dressé, puis conique. Ses boutons rose pâle éclosent au printemps en grandes coupes blanches suivies de fruits ovoïdes orange et rouge. Ses feuilles ovales sont vert vif puis vert foncé. Il est idéal dans un petit jardin.

CULTURE *Il pousse dans un sol drainé mais frais, plutôt riche. Il fleurit et fructifie mieux au soleil, mais supporte un peu d'ombre. Supprimez les pousses abîmées pendant le repos, pour obtenir une couronne aérée. Évitez de recéper les grosses branches.*

☼☀ 💧💧 🏆R4 ↕10 m ↔6 m

Malus tschonoskii
Pommier d'ornement

Cet arbre caduc érigé, à branches dressées, produit au printemps des fleurs blanc rosé et, en automne, des petits fruits rouge teinté de jaune. Ses feuilles passent du vert à l'or, puis au rouge pourpré en fin de saison. Plus grand que beaucoup de pommiers sauvages, il reste néanmoins un bel arbre à isoler, qui peut convenir à de petits jardins.

CULTURE *Plantez-le dans un sol drainé, moyen. Il préfère le soleil mais supporte un peu d'ombre. Il acquiert une belle forme sans taille et tolère mal le recépage.*

☼ ◑ ◇ 🏆R4 ↕12 m ↔7 m

Malus x *zumi* 'Golden Hornet'
Pommier d'ornement

Arbre caduc presque pyramidal, orné au printemps d'une profusion de boutons rose foncé qui deviennent des fleurs en coupe, blanc rosé, puis des petites pommes jaunes, durant jusqu'en hiver. Le spectacle de ces fruits est souligné en automne, quand le feuillage vert vire à l'or.

CULTURE *Donnez-lui tout sol non trempé, et le plein soleil, pour avoir fleurs et fruits en abondance. Formez une couronne aérée en supprimant les rameaux abîmés ou emmêlés des jeunes sujets au repos. Évitez la taille des vieux arbres.*

☼ ◑ ◇◆ 🏆R4 ↕10 m ↔8 m

Malva moschata f. *alba*

Mauve musquée

Vivace touffue, érigée, blanche à blanc rosé. Ses très belles fleurs éclosent tout l'été dans le feuillage vert moyen, légèrement musqué. Plante destinée aux bordures et aux jardins sauvages.

CULTURE *Donnez-lui un sol frais drainé, moyen, et du soleil. Les grands sujets demandent un tuteurage. Souvent éphémère, elle se ressème bien.*

☼ ◊ 🏆R4 ↕1 m ↔0,60 m

Matteuccia struthiopteris

Fougère plume-d'autruche

Fougère formant des touffes de frondes vert clair dressées ou légèrement recourbées. En été, des frondes plus courtes, brun sombre, apparaissent au cœur, le tout durant jusqu'en hiver. Elle ne donne pas de fleurs. Excellente vivace à feuillage pour une bordure fraîche, ombragée, un sous-bois ou une rive humides.

CULTURE *Plantez-la dans un sol frais, drainé, humifère, neutre à acide, à l'ombre légère.*

◐ ◊◆ 🏆R4 ↕1-1,50 m ↔0,45-0,75 m

Matthiola Série Cinderella
Quarantaine

Vivaces éphémères, à base ligneuse, traitées comme annuelles, et appréciées pour leurs denses épis de fleurs doubles, parfumées. Elles existent en une large gamme, du blanc au rose et au pourpre bleuté foncé. 'Cinderella White' et 'Cinderella Purple', en couleurs séparées, sont excellentes. Pour une bordure estivale ou des bouquets.

CULTURE *Donnez-leur un sol frais drainé, riche, neutre à acide, et un emplacement abrité, ensoleillé. Plantez-les après les gelées.*

☼ ◊ R3 ↕20-25 cm ↔jusqu'à 25 cm

Meconopsis betonicifolia
Pavot bleu du Tibet

Vivace en touffes, aux tiges dressées, portant de grandes fleurs en coupe, bleu clair ou souvent bleu pourpré ou blanches. Elles éclosent en juin au-dessus des feuilles, ovales, vert bleuté. Il se naturalise bien en sous-bois.

CULTURE *Il préfère un sol frais, drainé, riche et acide et un peu d'ombre. Abritez-le des vents froids. Parfois éphémère en climat chaud et sec. Divisez-le après la floraison pour le régénérer.*

☼ ◊◊ R4 ↕1,20 m ↔0,45 m

Meconopsis grandis
Pavot bleu de l'Himalaya

Vivace en touffes, dressée, proche de *M. betonicifolia* (voir page précédente) aux fleurs plus grandes, moins serrées, bleu soutenu à rouge pourpré. Elles dominent, en juin, le feuillage vert moyen à vert sombre. Il fait de l'effet en groupe, dans un sous-bois.

CULTURE *Plantez-le dans un sol frais, humifère, acide, à mi-ombre à l'abri des vents froids et secs. Paillez-le copieusement et arrosez par temps sec ; les fleurs peuvent avorter s'il manque d'eau.*

◐ 💧 ♀R4 ↕1-1,20 m ↔0,60 m

Melianthus major

Ce superbe arbrisseau à feuillage décoratif est dressé à étalé. En été, des épis de fleurs rouge sang apparaissent au-dessus du feuillage divisé, gris-vert à bleuté. En climat froid, on l'emploie comme vivace herbacée, mais, en climat doux, il est parfait dans un jardin côtier.

CULTURE *Plantez-le dans un sol frais, drainé, riche. Choisissez un coin ensoleillé, à l'abri des vents froids et secs et de l'humidité hivernale. En climat froid, rabattez les tiges anciennes au printemps ; en climat doux, supprimez les tiges en automne.*

☼ 💧 ♀R3 ↕2-3 m ↔1-3 m

Mimulus aurantiacus

Cet arbrisseau persistant, arrondi ou étalé, produit tout l'été des fleurs en trompette, orange, jaunes ou rouge sombre. Ses feuilles vert vif sont lancéolées et dentées. Plantez-le contre un mur chaud, ensoleillé ; dans les régions à hivers froids, mieux vaut l'hiverner sous abri.

CULTURE *Il préfère un sol drainé, humifère, et le plein soleil. Souvent éphémère, il est facile à bouturer, en été.*

☼ ◊ 🏆R2 à 3 ↕↔ 1 m

Mimulus cardinalis

Mimulus rouge

Vivace traçante, à fleurs tubulaires, écarlates, parfois marquées de jaune ; elles éclosent tout l'été dans le feuillage ovale, vert clair, sur des tiges veloutées. Il colorera une bordure abritée. Il craint le froid vif.

CULTURE *Plantez-le dans tout sol drainé, riche, humifère ; il supporte bien la sécheresse. Placez-le au soleil ou à l'ombre légère. Souvent éphémère, il est aisé à propager, par division printanière.*

☼ ◐ ◊ 🏆R3 ↕1 m ↔0,60 m

Molinia caerulea
'Variegata'

Cette graminée est une vivace touffue, formant des bouquets d'étroites feuilles vert foncé strié de crème. Ses épis de fleurs denses, pourprés, éclosent pendant une longue période, du printemps à l'automne, sur de hautes tiges ocrées. Bonne plante, à belle silhouette, pour une bordure ou un sous-bois.

CULTURE *Donnez-lui tout sol frais, drainé, plutôt acide à neutre, au soleil ou à mi-ombre.*

☼◑ ◊ 🏆R4 ↕jusqu'à 60 cm ↔40 cm

Monarda
'Cambridge Scarlet'
Monarde

Cette monarde hybride est une vivace touffue, aux têtes échevelées de fleurs tubulaires, d'un riche écarlate, épanouies tout l'été. Elles éclosent abondamment au-dessus des feuilles aromatiques et attirent les abeilles. Bel apport de couleur en mixed-border ou bordure herbacée.

CULTURE *Elle aime un sol frais, drainé, moyen, humifère, et le soleil ou la mi-ombre. Arrosez bien en été ; l'hiver, évitez une excessive humidité.*

☼◑ ◊♦ 🏆R4 ↕1 m ↔0,45 m

Monarda 'Croftway Pink'

Monarde

Vivace herbacée en touffes, semblable à 'Cambridge Scarlet' (ci-contre), avec des fleurs roses et des feuilles plus claires. Les têtes de fleurs tubulaires éclosent tout l'été au-dessus du feuillage aromatique. Pour une bordure herbacée ; les fleurs attirent les abeilles. 'Beauty of Cobham', très comparable, a des bractées externes mauves entourant les fleurs roses.

CULTURE *Dans un sol drainé, riche, humifère, plutôt frais en été, en plein soleil ou à mi-ombre, à l'abri d'une forte humidité hivernale.*

☼ ◑ 💧 🏆R4 ↕1 m ↔0,45 m

Muscari armeniacum

Plante bulbeuse vigoureuse aux denses épis de fleurs tubulaires, bleu profond, au début du printemps. Ses feuilles rubanées, vert moyen, apparaissent en automne. Plantez-la en masse dans une bordure ou laissez-la s'étendre et se naturaliser dans l'herbe ; ailleurs, elle peut être envahissante.

CULTURE *À planter dans un sol frais drainé, plutôt riche, en plein soleil. Divisez les touffes de bulbes en été.*

☼ 💧 🏆R4 ↕20 cm ↔5 cm

Muscari aucheri

Cette plante bulbeuse, moins envahissante que *M. armeniacum* (page précédente), porte des épis denses de petites fleurs printanières, bleu vif, celles du dessus étant souvent plus pâles. Elles surmontent les touffes basales de feuilles rubanées, vert moyen. Elle convient à la rocaille. Vendue parfois comme *M. tubergianum*.

CULTURE *Plantez-la dans un sol frais drainé, moyen. Choisissez un emplacement très ensoleillé.*

☼ ◊ ♈R4 ↕10-15 cm ↔5 cm

Myrtus communis

Myrte commun

Arbuste arrondi, au dense feuillage persistant. En été, parmi les petites feuilles luisantes, vert foncé, aromatiques, il produit d'abondantes fleurs blanches, parfumées, aux proéminents bouquets d'étamines. Des baies noir pourpré leur succèdent. On peut le cultiver en haie libre ou isolément. Dans les régions froides, plantez-le contre un mur ensoleillé.

CULTURE *Il apprécie un sol frais, drainé, riche, et une exposition ensoleillée. Protégez-le des vents froids et secs. Tondez-le au printemps. Il supporte une taille régulière.*

☼ ◊ ♈R3 ↕↔3 m

Myrtus communis ssp. *tarentina*
Myrte commun

Ce dense arbuste persistant est plus compact et arrondi que l'espèce type (ci-contre, en bas), avec des feuilles plus petites et des fleurs crème teintées de rose. Elles éclosent au printemps et en été et donnent des baies blanches. Plantez-le en bordure ou en haie libre ; il craint le froid vif.

CULTURE *Plantez-le dans un sol frais, drainé, moyen. Placez-le à l'abri des vents froids et secs. Tondez-le au printemps ; il supporte une taille régulière.*

R3 ↕↔ 1,50 m

Nandina domestica
Bambou sacré

Arbuste érigé, persistant ou semi-persistant, aux belles couleurs de printemps et d'automne. Ses feuilles, divisées, sont d'abord rouges puis vertes et de nouveau rouges en automne. En juin éclosent des bouquets coniques de petites fleurs blanches, à cœur jaune, suivies, en climat chaud, de durables baies rouge vif. Il craint les hivers très froids.

CULTURE *Plantez-le dans un sol frais, drainé, en plein soleil. Rabattez-le à la plantation, puis nettoyez-le au sécateur, au printemps. Supprimez les fleurs fanées.*

R3 ↕2 m ↔1,50 m

Petits narcisses *(Narcissus)*

Les petits narcisses ou les narcisses miniatures sont de bonnes plantes bulbeuses, printanières, pour l'extérieur ou l'intérieur. On les cultive pour leurs élégantes fleurs surtout jaunes ou blanches, de forme très variable. Elles sont tantôt solitaires, tantôt en bouquet, sur des tiges dressées, nues, dominant les touffes basales de longues feuilles rubanées. Tous ces narcisses conviennent en rocaille et font beaucoup d'effet groupés pour constituer des nappes. Leur petite taille les rend utilisables en pot. Certains, tel *N. bulbocodium*, se naturalisent bien dans de l'herbe fine et courte.

CULTURE *Ils aiment un sol drainé, riche, frais pendant la végétation, et du soleil. Une fois fanés, apportez-leur un engrais complet pour améliorer la floraison suivante. Supprimez les fleurs mortes et laissez les feuilles mûrir naturellement, sans les nouer en chignon.*

☼ ◊ ♈R3, R3 à 4, R4

1 ↕35 cm ↔ 8 cm

2 ↕10-15 cm ↔ 5-8 cm

3 ↕30 cm ↔ 8 cm

4 ↕15-20 cm ↔ 5–8 cm

5 ↕30 cm ↔ 8 cm

6 ↕30 cm ↔ 8 cm

1 *N.* 'Avalanche' (R3) **2** *N. bulbocodium* (R3 à 4) **3** *N.* 'Charity May' (R4) **4** *N. cyclamineus* (R4) **5** *N.* 'Dove Wings' (R4) **6** *N.* 'February Gold' (R4)

7 ↕17 cm ↔ 5-8 cm

8 ↕20 cm ↔ 8 cm

9 ↕20 cm ↔ 8 cm

10 ↕17 cm ↔ 5-8 cm

11 ↕10-15 cm ↔ 5-8 cm

12 ↕15 cm ↔ 5-8 cm

13 ↕10-25 cm ↔ 5-8 cm

7 *N.* 'Hawera' (R4) **8** *N.* 'Jack Snipe' (R4) **9** *N.* 'Jetfire' (R4) **10** *N.* 'Jumblie' (R4) **11** *N. minor* (R4) **12** *N.* 'Tête-à-tête' (R4) **13** *N. triandrus* (R3)

Grands narcisses *(Narcissus)*

Les grands narcisses sont de hautes plantes bulbeuses, faciles, cultivées pour leurs belles fleurs printanières, surtout jaunes ou blanches. Elles sont solitaires ou en bouquets sur des tiges nues, dressées, dominant le long feuillage rubané, vert moyen, issu du bulbe. Il en existe de nombreuses et élégantes formes ; celles qui sont illustrées se prêtent toutes aux bouquets ; 'Sweetness' dure particulièrement longtemps. La plupart font bel effet en groupe, parmi des arbustes, dans une bordure. Certains se naturalisent bien dans l'herbe ou sous des arbres ou arbustes caducs, dans un sous-bois.

CULTURE *Ils aiment un sol drainé, riche et une exposition ensoleillée. Gardez le sol frais durant la végétation et apportez un engrais complet dès la fanaison pour assurer la floraison suivante. Supprimez les fleurs fanées et laissez les feuilles mûrir seules.*

☼ ◊ R4

1 ↕45 cm ↔ 15 cm

2 ↕40 cm ↔ 12 cm

3 ↕40 cm ↔ 12 cm

4 ↕40 cm ↔ 15 cm

1 *N.* 'Actaea' **2** *N.* 'Empress of Ireland' **3** *N.* 'Ceylon' **4** *N.* 'Cheerfulness'

5 ↕40 cm ↔ 15 cm

6 ↕45 cm ↔ 15 cm

7 ↕35 cm ↔ 15 cm

8 ↕45 cm ↔ 15 cm

9 ↕40 cm ↔ 15 cm

10 ↕40 cm ↔ 8 cm

11 ↕45 cm ↔ 15 cm

12 ↕45 cm ↔ 15 cm

13 ↕40 cm ↔ 8 cm

14 ↕45 cm ↔ 15 cm

5 *N.* 'Ice Follies' **6** *N.* 'Kingscourt' **7** *N.* 'Merlin' **8** *N.* 'Mount Hood' **9** *N.* 'Passionale' **10** *N.* 'Suzy' **11** *N.* 'Saint Keverne' **12** *N.* 'Tahiti' **13** *N.* 'Sweetness' **14** *N.* 'Yellow Cheerfulness'

Nerine bowdenii
Nérine

Cette plante solide est un des meilleurs bulbes tardifs. Elle produit en automne des bouquets légers de cinq à dix fleurs en trompette, légèrement odorantes, rose vif, aux pétales frisés et ondulés. Les feuilles, rubanées, vert frais, apparaissent ensuite, à la base de la plante. Malgré son aspect exotique, elle survit à l'hiver, protégée, au pied d'un mur chaud et ensoleillé. Les fleurs font de beaux bouquets.

CULTURE *Plantez-la dans un sol drainé, au soleil et à l'abri. Posez un paillis sec en hiver.*

☼ ◊ R3 à 4 ↕45 cm ↔12-15 cm

Nicotiana 'Lime Green'
Tabac d'ornement

Ce superbe tabac d'ornement est une annuelle touffue, dressée, florifère, idéale dans une bordure estivale. Elle porte tout l'été des bouquets lâches de fleurs jaune-vert, odorantes, à long tube et à corolle aplatie. Ses feuilles vert moyen sont oblongues. C'est une bonne plante pour une terrasse, où l'on peut apprécier son parfum. L'excellente série Domino comporte tous les coloris en mélange, vert acide compris.

CULTURE *Donnez-lui un sol frais, drainé, riche, en plein soleil ou à mi-ombre.*

☼ ◐ ◊ R3 ↕60 cm ↔25 cm

Nicotiana sylvestris
Tabac d'ornement

Vigoureuse vivace dressée, cultivée comme annuelle en climat froid. Tout l'été, des épis lâches de fleurs blanches, à long tube et à corolle plate, parfumées, éclosent au-dessus des feuilles poisseuses, vert foncé. Malgré sa haute taille (qui demande parfois un tuteurage), placez-la de façon à profiter de son parfum.

CULTURE *Donnez-lui tout sol drainé, moyen, au soleil ou à mi-ombre ; les fleurs se ferment en plein soleil. Avec un paillis, il peut survivre à un froid léger et repartir au printemps.*

☼ ◐ 💧 🏆R3 — ↕jusqu'à 1,50 m ↔jusqu'à 0,60 m

Nigella 'Miss Jekyll'
Nigelle

Haute annuelle élancée portant en été de jolies fleurs bleu ciel, entourées d'un ruché plumeux de feuillage vert vif. Elles donnent ensuite des capsules décoratives renflées. Les fleurs coupées tiennent bien et les capsules peuvent être séchées pour des bouquets. 'Miss Jekyll Alba', à fleurs blanches, est également recommandée.

CULTURE *Elle pousse dans un sol drainé, en plein soleil. Comme toutes les nigelles, elle se ressème volontiers, mais pas toujours fidèlement.*

☼ 💧 🏆R4 — ↕jusqu'à 45 cm ↔jusqu'à 23 cm

Nymphéas *(Nymphaea)*

L'attrait de ces vivaces aquatiques tient à leurs superbes fleurs estivales, parfois odorantes, et à leurs feuilles rondes flottantes. L'ombre portée par les feuilles réduit la croissance des algues. Les fleurs sont surtout blanches, jaunes, roses ou rouges, avec des étamines centrales or. Leur étalement est très variable ; faites donc votre choix en fonction de la taille de la pièce d'eau. La profondeur de plantation va de 45 cm à 1m, même si 'Pygmaea Helvola' se contente de 15 cm. L'emploi de paniers plastifiés pour la plantation facilite le relevage et la division.

CULTURE *Plantez-les en eau calme et en plein soleil. Donnez-leur un substrat consistant en enterrant à peine les rhizomes, lestés d'un lit de gravier. Surélevez les jeunes plantes sur un socle de briques pour que les pousses affleurent la surface ; vous les ferez descendre avec l'allongement des pousses. Retirez régulièrement les feuilles mortes. Divisez-les au printemps en leur apportant un engrais spécifique.*

☼ ♈R4

1 ↔ 1,20-1,50 m

2 ↔ 1,50-2,50 m

3 ↔ 0,90-1,20 m

4 ↔ 0,90-1,20 m

5 ↔ 1,20-1,50 m

6 ↔ 0,25-0,40 m

1 *Nymphaea* 'Escarboucle' **2** *Nymphaea* 'Gladstoneana' **3** *Nymphaea* 'Gonnère' **4** *Nymphaea* 'James Brydon' **5** *N.* 'Marliacea Chromatella' **6** *N.* 'Pygmaea Helvola'

Nyssa sinensis
Tupelo de Chine

Arbre caduc conique, cultivé pour ses belles feuilles. Élégantes, celles-ci sont bronze à la naissance, puis vert foncé, et enfin orange, rouge et jaune éclatants en automne. Les fleurs sont sans attrait. Parfait planté isolément, près de l'eau.

CULTURE *Donnez-lui un sol riche, plutôt frais mais drainé, neutre à acide, et le soleil ou la mi-ombre, à l'abri des vents froids et secs. Éclaircissez les branches serrées en fin d'hiver.*

☼ ◐ ◊◆ R4 ↕↔ 10 m

Nyssa sylvatica
Tupelo

Arbre plus grand que *N. sinensis* (ci-dessus), de forme comparable, aux branches basses retombantes. Ses feuilles vert foncé prennent en automne de somptueux coloris orangés, jaunes et rouges. Superbe arbre d'arrière-saison dont l'écorce gris-brun se détache en larges plaques sur les arbres adultes. Il supporte les sols très acides.

CULTURE *Plantez-le dans un sol frais mais drainé neutre à acide, au soleil ou à mi-ombre, à l'abri des vents froids et secs. Taillez-le en fin d'hiver si nécessaire.*

☼ ◐ ◊◆ R4 ↕20 m ↔ 10 m

Oenothera fruticosa 'Fyrverkeri'
Œnothère

Vivace en touffes, dressée, au beau feuillage et aux épis de fleurs éphémères, en coupe, jaune vif, écloses en série tout l'été. Les feuilles, lancéolées, sont teintées de pourpre, jeunes, et contrastent joliment avec les tiges rouges. Elle se marie bien avec les plantes bronze ou cuivre. Parfois nommée 'Fireworks'. *O. macrocarpa* ssp. *glauca* est comparable, avec des fleurs plus claires.

CULTURE *Donnez-lui un sol sableux, drainé, bien fumé. Choisissez un emplacement ensoleillé.*

☼ ◊ 🏆R4 ↕0,30-1 m ↔0,30 m

Oenothera macrocarpa
Œnothère

Cette vigoureuse vivace a des fleurs semblables à celle de *O. fruticosa* 'Fyrverkeri' (ci-dessus), mais son port rampant la rend plus adaptée aux lisières de plates-bandes. Ses fleurs jaune d'or éclosent de juin à septembre parmi les feuilles, lancéolées, vert moyen. Elle convient aussi en pierrier ou rocaille. Connue

CULTURE *Elle pousse dans un sol drainé, maigre à moyen. Placez-la en plein soleil et protégez-la d'une humidité excessive en hiver.*

☼ ◊ 🏆R4 ↕15 cm ↔jusqu'à 50 cm

Olearia macrodonta

Arbuste ou petit arbre estival, persistant, au port dressé, plus ou moins colonnaire. De gros bouquets de marguerites odorantes, blanches à cœur brun, éclosent dans le feuillage, très denté, vert sombre luisant. Bonne plante de haie, ce peut aussi être un brise-vent dans une zone côtière, en climat doux ; dans les régions plus froides, mieux vaut le planter dans un massif d'arbustes, en un lieu chaud et abrité.

CULTURE *Donnez-lui un sol riche et drainé, du soleil, et abritez-le des vents froids et secs. Au printemps, coupez les bois gênants et abîmés.*

☼ ♢ 🏆R3 ↕6 m ↔5 m

Omphalodes cappadocica

Cette vivace en touffes, amateur d'ombre, persistante, porte des bouquets de petits fleurs ressemblant à des myosotis, bleu azur à cœur blanc, qui éclosent au printemps au-dessus des feuilles, pointues, vert moyen. Très belle plante en groupe dans un jardin de sous-bois.

CULTURE *À planter dans un sol frais, humifère, moyen. Choisissez un lieu légèrement ombragé.*

◑ ♦ 🏆R4 ↕jusqu'à 25 cm
↔jusqu'à 40 cm

Omphalodes cappadocica 'Cherry Ingram'

Cette vivace en touffes, persistante, est très proche de l'espèce type (voir page précédente) mais avec des fleurs plus grandes, bleu foncé à cœur blanc ; elles éclosent au printemps au-dessus des feuilles, pointues, un peu duveteuses, vert moyen. Pour un jardin de sous-bois.

CULTURE *À planter dans un sol bien frais, moyen, humifère. Choisissez un lieu légèrement ombragé.*

◐ 💧 🏆R4 ↕jusqu'à 25 cm ↔jusqu'à 40 cm

Onoclea sensibilis

Cette fougère forme un beau tapis de frondes caduques, arquées, finement découpées, presque lancéolées. Bronze rosé au printemps, elles virent au vert clair. Elle ne donne pas de fleurs. Elle aime le bord de l'eau ou une bordure humide.

CULTURE *Plantez-la dans un sol frais, humifère, plutôt acide. Le soleil roussissant ses frondes, ménagez-lui de l'ombre.*

◐ 💧💧 🏆R4 ↕60 cm ↔illimité

Ophiopogon planiscapus 'Nigrescens'
Herbe-aux-turquoises

Cette vivace traçante, persistante, forme des touffes de feuilles graminiformes, arquées, presque noires. Elle fait beaucoup d'effet sur un fond de graviers. En été apparaissent des épis de petites fleurs tubulaires, blanches à lilas, suivies en automne de fruits bleu-noir, arrondis.

CULTURE *Plantez-la dans un sol frais, drainé, un peu acide et humifère, au soleil ou à mi-ombre. Si possible, surfacez-la d'un terreau de feuilles en automne.*

☼ ◑ 💧💧 🏆R4 ↕20 cm ↔30 cm

Origanum laevigatum

Vivace buissonnante à base ligneuse, portant en été des bouquets lâches de petites fleurs tubulaires, rose pourpré. Ses feuilles ovales, vert foncé, sont aromatiques, surtout quand on les froisse. Elle ira dans une rocaille ou sur du gravier ; ses fleurs attirent les abeilles. Elle craint le froid vif.

CULTURE *Plantez-la dans un sol drainé, maigre à moyen, plutôt alcalin, en plein soleil. Tondez à la fin de l'hiver les tiges défleuries.*

☼ 💧 🏆R3 ↕jusqu'à 60 cm ↔45 cm

Origanum laevigatum 'Herrenhausen'

Vivace basse plus rustique que l'espèce type (voir page précédente), avec des jeunes feuilles pourprées et des bouquets plus denses de fleurs estivales, roses. Le feuillage, aromatique, est vert foncé à maturité. Pour un jardin de type méditerranéen ou une rocaille.

CULTURE *Donnez-lui un sol très drainé, maigre ou un peu riche, plutôt alcalin, en plein soleil. Tondez les tiges florales à la fin de l'hiver.*

☼ ◊ ♈R4 ↕↔ 45 cm

Origanum vulgare 'Aureum'
Marjolaine dorée

Vivace touffue, colorée, aux petites feuilles jaunes virant au jaune-vert. De courts épis de jolies petites fleurs roses apparaissent parfois, en été. Le feuillage parfumé peut servir en cuisine. C'est un bon couvre-sol pour un talus ensoleillé ; elle convient aussi à un jardin de simples, où elle s'étend beaucoup, cependant.

CULTURE *Plantez-la dans un sol drainé, maigre à moyen, alcalin, en plein soleil. Maintenez-la dense en la tondant après la floraison.*

☼ ◊ ♈R4 ↕↔ 30 cm

Osmanthus x *burkwoodii*

Dense arbuste persistant, arrondi, parfois appelé x *Osmarea burkwoodii*, et portant des feuilles ovales, coriaces, un peu dentées. D'abondants bouquets de petites fleurs blanches, très odorantes, tubulaires, à corolle étalée, éclosent au printemps. Il est parfait en massif d'arbustes ou en haie.

CULTURE *Plantez-le dans un sol drainé, riche, au soleil ou à mi-ombre, à l'abri des vents froids et secs. Formez-le à la cisaille après la floraison et tondez les haies en été.*

☼ ◑ ◊ R4 ↕↔ 3 m

Osmanthus delavayi

Arbuste arrondi, odorant, persistant, aux branches souples portant de petites feuilles foncées, luisantes. D'abondants bouquets de fleurs blanc pur au parfum sucré apparaissent au printemps. Il convient à un massif d'arbustes ou au sous-bois, et très bien aux haies. On peut aussi le palisser.

CULTURE *Plantez-le dans un sol drainé, riche, au soleil ou à mi-ombre, à l'abri des vents froids. Il supporte le calcaire. Pratiquez une taille de formation après la floraison et tondez les haies en été.*

☼ ◑ ◊ R4 ↕2-6 m ↔4 m ou plus

Osmunda regalis
Fougère royale

Imposante vivace en touffes, au feuillage vert vif finement divisé. En été apparaissent au cœur des touffes des frondes caractéristiques. Elle ne donne pas de fleurs. Elle est parfaite dans une bordure fraîche ou sur une rive humide. 'Cristata' est une jolie variante de cette fougère, aux frondes laciniées, mais un peu plus courte, avec 1,20 m de haut.

CULTURE *Plantez-la dans un sol très frais, riche, humifère, à mi-ombre. Elle supporte le soleil dans un sol humide.*

☼ ◑ 💧💧 R4 ↕2 m ↔4 m

Osteospermum jucundum

Vivace à base ligneuse, aux lignes nettes et aux grandes pâquerettes mauves, ombrées de bronze au revers, qui éclosent continuellement de mai à l'automne. Plante idéale dans des fentes de murs ou en lisière de bordures. On l'appelle parfois aussi *O. barberiae*. 'Blackthorn Seedling', à fleurs pourpre sombre, est un cultivar remarquable.

CULTURE *Cette vivace apprécie un sol léger, drainé, plutôt riche, et le plein soleil. Nettoyez les fleurs fanées pour prolonger l'épanouissement.*

☼ 💧 R3 à 4 ↕10-50 cm ↔50-100 cm

Osteospermum hybrides

Ces sous-arbrisseaux persistants sont avant tout cultivés pour leurs jolies marguerites vivement colorées, parfois dotées de ligules étranglées ou de centres contrastés. Elles éclosent en solitaires ou en bouquets lâches, durant de longs mois, entre mai et l'arrière-automne. On en connaît de nombreux cultivars allant du magenta foncé au blanc, en passant par le rose et le jaune. Ils conviennent à un emplacement ensoleillé, leurs fleurs se fermant par temps gris. Dans les régions froides, les formes frileuses sont surtout cultivées comme annuelles, ou en potées, faciles à hiverner en serre ou véranda.

CULTURE *Donnez-leur un sol moyen, léger, bien drainé, et un lieu ensoleillé, chaud et protégé. En climat froid, hivernez les formes frileuses à l'abri. Le retrait des fleurs fanées favorise la remontance.*

☼ ◊ 🏆R1+3, R 3 à 4

1 ↕↔ 60 cm

2 ↕30 cm ↔ 45 cm

3 ↕↔ 60 cm

4 ↕↔ 45 cm

5 ↕35 cm ↔ 45 cm

6 ↕↔ 60 cm

1 *Osteospermum* 'Buttermilk' (R1+3) **2** *Osteospermum* 'Hopleys' (R3 à 4)
3 *Osteospermum* 'Pink Whirls' (R1+3) **4** *Osteospermum* 'Stardust' (R3 à 4)
5 *Osteospermum* 'Weetwood' (R3 à 4) **6** *Osteospermum* 'Whirligig' (R1+3)

Oxalis adenophylla

Plante bulbeuse formant des touffes de jolies feuilles gris-vert, divisées en nombreuses folioles cordiformes. En juin, des fleurs évasées, rose pourpré, se détachent joliment sur ce fond. Originaire des Andes, cette plante ira dans une rocaille bien drainée, une auge ou une banquette. *O. enneaphylla*, rose, et *O.* 'Ione Hecker', bleuté, sont très proches, bien que possédant des rhizomes plutôt que des bulbes.

CULTURE *Plantez-la dans tout sol drainé, moyen. Choisissez un emplacement ensoleillé.*

☼ ◊ 🏆R4 ↕10 cm ↔jusqu'à 15 cm

Pachysandra terminalis

Cette vivace traçante, à feuillage persistant, constitue un excellent couvre-sol pour un massif d'arbustes ou un sous-bois. Les feuilles, ovales, luisantes, vert foncé, sont groupées au bout des tiges. En mai-juin éclosent des épis de petites fleurs blanches. 'Variegata' en est une version moins vigoureuse, à feuilles marginées de blanc.

CULTURE *Donnez-lui tout sol bien drainé et humifère, à mi-ombre ou à l'ombre.*

◐ ● ♦ 🏆R4 ↕20 cm ↔illimité

Paeonia delavayi
Pivoine

Arbuste caduc peu ramifié, dressé, aux fleurs printanières, en coupe, d'un chaud rouge sombre. Les feuilles vert foncé, à revers bleuté, sont fortement incisées en lobes pointus. Cette grande pivoine en arbre convient aux massifs d'arbustes.

CULTURE *Donnez-lui un sol profond, frais mais drainé, humifère, au soleil ou à mi-ombre, à l'abri des vents froids et secs. Vous pouvez à l'occasion, en automne, rabattre les plus vieilles tiges au ras du sol, mais évitez les tailles sévères.*

☼◑ 💧💧 ♈R4 ↕2 m ↔1,20 m

Paeonia lactiflora 'Bowl of Beauty'
Pivoine

Vivace herbacée, touffue, aux très grandes fleurs en coupe, printanières. Leurs pétales rose carminé teinté de rouge entourent un bouquet dense d'étamines crème. Les feuilles, vert moyen, sont divisées en nombreuses folioles. Elle est parfaite dans une bordure herbacée.

CULTURE *Plantez-la dans un sol frais drainé, riche, humifère, au soleil ou à mi-ombre. Tuteurez-la. Elle n'aime pas être transplantée.*

☼◑ 💧💧 ♈R4 ↕↔ 0,80-1 m

Paeonia lactiflora
'Duchesse de Nemours'
Pivoine

Cette vivace herbacée, touffue, florifère, produit au printemps de grandes corolles pleines. Les boutons ombrés de vert donnent des pétales frisés, blanc pur, à base crème, odorants. Les feuilles vert foncé sont divisées. Elle est idéale dans une bordure. 'Laura Dessert' a des fleurs comparables, blanc crème.

CULTURE *Plantez-la dans un sol frais drainé, riche, humifère, au soleil ou à mi-ombre ; tuteurez les fleurs. Elle n'aime pas être transplantée.*

R4 — 70-80 cm

Paeonia lactiflora
'Sarah Bernhardt'
Pivoine

Cette pivoine herbacée est semblable à 'Duchesse de Nemours' (ci-dessus), mais avec de très grosses fleurs rose frais ; elles éclosent en mai-juin au-dessus des touffes de feuilles vert moyen, très divisées. Bel apport dans une bordure herbacée.

CULTURE *Cultivez-la dans un sol frais, drainé, profond, humifère, riche, au soleil ou à mi-ombre. Tuteurez les fleurs. Elle réagit mal aux transplantations.*

R4 — jusqu'à 1 m

Paeonia lutea var. *ludlowii*
Pivoine

Vigoureux arbuste caduc au port dressé et évasé. Au printemps éclosent de grandes fleurs penchées, jaune vif, parmi les feuilles vert vif, divisées en nombreux lobes pointus. À planter dans un massif d'arbustes ou isolément.

CULTURE *À planter dans un sol frais, drainé, profond, riche et humifère, au soleil ou à mi-ombre, à l'abri des vents froids et secs. Évitez les tailles sévères, mais rabattez à ras, en automne, les tiges âgées et dénudées, de temps en temps.*

☼ ◑ 💧💧 🏆R4 ↕↔ 1,50 m

Paeonia officinalis 'Rubra Plena'
Pivoine commune

Cette pivoine herbacée, à longue durée de vie, touffue, apporte sa belle floraison hâtive aux bordures. Ses grandes corolles pleines, cramoisi vif, aux pétales ondulés et satinés, contrastent bien avec les feuilles vert foncé, divisées. 'Rosea Plena' est comparable, en plus clair.

CULTURE *Donnez-lui un sol frais drainé, riche et humifère, et une exposition ensoleillée ou semi-ombragée. Tuteurez les fleurs.*

☼ ◑ 💧💧 🏆R4 ↕↔ 70-75 cm

Papaver orientale 'Beauty of Livermere'
Pavot d'Orient

Haute vivace touffue, dressée, aux fleurs cramoisies. Ce pavot fleurit en mai-juin et produit de grosses capsules de graines. Chaque pétale est largement marqué de noir à la base. Les feuilles, vert moyen, divisées, sont réparties sur les tiges poilues, dressées. Remarquable en bordure.

CULTURE *Donnez-lui un sol drainé, maigre à moyen, dans un emplacement ensoleillé.*

☼ ◊ R4 ↕1-1,20 m ↔0,90 m

Papaver orientale 'Black and White'
Pavot d'Orient

Vivace touffue blanche au cœur rouge tirant sur le noir. Ses fleurs, portées par des tiges duvetées d'argent, dressées, dominent en mai-juin le feuillage vert moyen ; de fortes capsules de graines leur succèdent. Bonne vivace de bordure.

CULTURE *Il préfère un sol profond, moyen et drainé. Ménagez-lui une exposition ensoleillée.*

☼ ◊ R4 ↕45-90 cm ↔60-90 cm

Papaver orientale
'Cedric Morris'
Pavot d'Orient

Ce pavot porte de très grandes fleurs rose tendre à cœur noir, bien dégagées du feuillage velouté de gris. Il forme des touffes dressées, parfaites pour les bordures herbacées et les mixed-borders. Fanées, les fleurs donnent de belles capsules de graines.

CULTURE *Plantez-le dans un sol profond, moyen, drainé, en plein soleil.*

☼ ◊ 🏆R4 ↕45-90 cm ↔60-90 cm

Papaver rhoeas
Shirley Mixed
Coquelicot

Annuelles printanières et estivales à fleurs arrondies, simples, semi-doubles ou doubles, dans des tons orange, roses, rouges et blancs. Elles éclosent sur de fines tiges dominant les feuilles vert vif bien divisées. Les coquelicots peuvent se naturaliser dans une prairie.

CULTURE *Ils aiment un sol drainé, maigre à moyen et le soleil. Semez-les en place en octobre ou en avril.*

☼ ◊ 🏆R4 ↕60 cm ↔ 30 cm

Parahebe catarractae

Petit sous-arbrisseau persistant, aux épis lâches de fleurs printanières, blanches, veinées de pourpre et à œil rouge. Les feuilles, d'abord pourpres, sont vert foncé, ovales. Très beau retombant du sommet d'un muret ou sur des rochers. Il craint les hivers froids. Le cultivar 'Delight' est également excellent.

CULTURE *Donnez-lui un sol drainé, maigre à moyen, et le plein soleil. En climat froid, abritez-le des vents froids et secs.*

☼ ◊ ♕R3 ↕↔ 30 cm

Parahebe perfoliata
Véronique arbustive

Vivace persistante, étalée, aux courts épis estivaux de fleurs bleues en soucoupe. Ses feuilles, vert-bleu ou vert-gris, imbriquées, coriaces, sont ovales. Elle ira dans les crevasses d'un mur ou dans une rocaille.

CULTURE *Plantez-la dans un sol maigre à plutôt riche, bien drainé et très ensoleillé. En climat froid, abritez-la des vents froids et secs.*

☼ ◊ ♕R3 à 4 ↕60-75 cm ↔45 cm

Parthenocissus henryana
Vigne-vierge chinoise

Liane ligneuse, grimpante, caduque, appréciée pour son feuillage automnal coloré. Ses fleurs estivales, insignifiantes, donnent d'ordinaire des baies bleu-noir. Les belles feuilles, veinées de blanc, à trois ou cinq folioles, virent au rouge vif en fin de saison. Conduisez-la sur un mur ou une palissade solide.

CULTURE *Plantez-la dans un sol frais drainé, riche. Elle supporte le soleil mais se colore mieux à l'ombre ou à mi-ombre. Rabattez les pousses indésirables en automne.*

☼☀ ♢♦ R4 ↕10 m

Parthenocissus tricuspidata
Vigne-vierge du Japon

Liane ligneuse, caduque, encore plus vigoureuse que la vigne-vierge vraie *(P. quinquefolia)*. Ses feuilles prennent de belles couleurs en automne ; diversement lobées, vert vif, elles se teintent de rouge vif, puis virent au pourpre avant de tomber. Elle fournit un beau décor à des murs froids et banals.

CULTURE *Il lui faut un sol frais, drainé, riche et humifère, à l'ombre ou à mi-ombre. Aidez les jeunes plantes à s'accrocher. Rabattez les pousses indésirables en automne.*

☼☀ ♢♦ R4 ↕20 m

Passiflora caerulea
Fleur de la Passion

Liane à pousse rapide, persistante, appréciée pour ses grandes inflorescences exotiques, couronnées de filaments proéminents rayés de bleu et de pourpre. Les fleurs éclosent en été et en automne dans les feuilles, divisées, vert foncé. À peine rustique, mieux vaut l'abriter contre un mur en climat froid.

CULTURE *Il lui faut un sol frais, drainé, moyen, dans un emplacement ensoleillé et abrité. Supprimez les pousses excédentaires au printemps et retirez les rameaux défleuris en fin de saison.*

☼ 💧💧 🏆R3 ↕10 m ou plus

Passiflora caerulea 'Constance Elliott'
Fleur de la Passion

Liane persistante, à pousse rapide, proche de l'espèce type (ci-dessus), mais à fleurs blanches, estivales et automnales. Ses feuilles vert foncé sont divisées en trois à neuf lobes très incisés. Bonne plante pour une pergola en climat doux, demandant l'abri d'un mur chaud en climat plus rude.

CULTURE *Plantez-la dans un sol frais drainé, dans un emplacement abrité et ensoleillé. Retirez les pousses faibles au printemps et rabattez les rameaux défleuris en fin de saison.*

☼ 💧💧 🏆R3 ↕10 m ou plus

Passiflora racemosa
Passiflore rouge

Liane vigoureuse, remarquable par ses grappes pendantes de grandes fleurs vermillon écloses en été et automne. Elles donnent des fruits vert soutenu. Ses feuilles coriaces, luisantes, sont vert moyen. Elle ne supporte pas le froid, mais conviendra à une serre chauffée en hiver,ou colonisera une véranda.

CULTURE *Plantez-la en pleine terre dans la serre, ou dans un grand bac, dans un substrat consistant. Donnez-lui beaucoup de lumière, sans soleil brûlant et arrosez peu en hiver. Taillez-la en fin d'hiver. Température minimale : 16 °C.*

☼ ◐ ◇◆ 🏆R2 ↕ 5 m

Paulownia tomentosa
Arbre-aux-violettes

Cet arbre tire son nom de ses fleurs odorantes, lilas, en trompette allongée, écloses au printemps sur des épis dressés. Ses grandes feuilles cordiformes sont vert vif. Caduc, à pousse rapide, supportant bien la pollution, cet arbre fleurit bien dans les régions aux longs étés chauds.

CULTURE *Donnez-lui un sol riche, drainé, et le plein soleil. Dans les régions où il gèle fréquemment, abritez-le des vents froids et secs. Les froids tardifs peuvent abîmer les jeunes pousses. Taillez-le en fin d'hiver.*

☼ ◇ 🏆R3 ↕ 12 m ↔ 10 m

Pélargoniums odorants

Les pélargoniums, souvent appelés à tort géraniums (voir p.226-229), sont des vivaces sensibles au gel, persistantes. On en cultive beaucoup uniquement pour leurs feuilles, décoratives ou parfumées. Leurs fleurs, essentiellement roses et mauves, sont plus frêles et moins décoratives que celles des pélargoniums à massifs, travaillés pour leur qualités florales. La gamme des parfums va de doux à épicé, passant par le citron de *P. crispum* 'Variegatum' ou la menthe de *P. tomentosum*. Bordez-en les allées, où ils dégageront bien leur odeur si vous les froissez au passage.

CULTURE *Donnez-leur un sol drainé, riche, neutre à alcalin, et du soleil. Supprimez les fleurs fanées. En région froide, mettez-les à l'abri pour l'hiver après les avoir rabattus d'un tiers. Rempotez-les quand ils redémarrent. Température minimale : 2 °C.*

☼ ◊ R1+3

1 ↕50 cm ↔ 25-30 cm

2 ↕ ↔ 60 cm

3 ↕60-90 cm ↔ 60 cm

4 ↕jusqu'à 1,20 m ↔ 30 cm

5 ↕45 cm ↔ 20-25 cm

6 ↕35-40 cm ↔ 15 cm

1 *Pelargonium* 'Attar of Roses' **2** *Pelargonium* 'Bolero' **3** *Pelargonium* 'Charity' **4** *Pelargonium* 'Citriodorum' **5** *P.* 'Copthorne' **6** *P. crispum* 'Variegatum'

7 ↕60 cm ↔ 30 cm

8 ↕ ↔ 60 cm

9 ↕30-40 cm ↔ 20 cm

10 ↕ ↔ 60 cm

11 ↕30-35 cm ↔ 15 cm

12 ↕90 cm ↔ 30 cm

15 ↕30-40 cm ↔ 30 cm

13 ↕30-35 cm ↔ 25 cm

14 ↕60 cm ↔ 30 cm

16 ↕45-50 cm ↔ 25 cm

17 ↕75-90 cm ↔ jusqu'à 75 cm

7 *P.* 'Gemstone' **8** *P.* 'Grace Thomas' **9** *P.* 'Lady Plymouth' **10** *P.* 'Lara Starshine' **11** *P.* 'Mabel Grey' **12** *P.* 'Nervous Mabel' **13** *P.* 'Orsett' **14** *P.* 'Peter's Luck' **15** *P.* 'Royal Oak' **16** *P.* 'Sweet Mimosa' **17** *P. tomentosum*

Pélargoniums à fleurs

Les pélargoniums, cultivés pour leurs grosses fleurs, sont des vivaces persistantes craignant le gel. La plupart des cultivars sont buissonnants mais il en existe de rampants, pour jardinières et corbeilles. La forme des fleurs va des pompons frisés de 'Apple Blossom Rosebud' aux pétales effilés de 'Bird Dancer'; les couleurs s'étendent de divers orangés, roses et rouges au pourpre, et les feuillages sont parfois décoratifs. Ce sont des plantes à massifs épanouies du printemps à l'automne, voire toute l'année si la température est supérieure à 7 °C, ce qui en fait de bons sujets de véranda.

CULTURE *Donnez-leur un sol riche et drainé, neutre à alcalin, au soleil ou à mi-ombre. Soutenez la floraison en retirant les fleurs fanées. En région froide, mettez-les à l'abri pour l'hiver, en les rabattant d'un tiers. Rempotez-les à la fin de l'hiver quand ils redémarrent. Température minimale : 2 °C.*

☼ ◑ ♢ ♕R1+3

1 ↕25-30 cm ↔ jusqu'à 25 cm

2 ↕jusqu'à 30 cm ↔ 25 cm

3 ↕30-40 cm ↔ 20-25 cm

1 *P.* 'Alice Crousse' 2 *P.* 'Amethyst' 3 *P.* 'Apple Blossom Rosebud'

4 ↕15-20 cm ↔ 15 cm

5 ↕25-30 cm ↔ 15 cm

6 ↕45-60 cm ↔ 25 cm

7 ↕10-12 cm ↔ 7-10 cm

8 ↕40-45 cm ↔ 25 cm

4 *P.* 'Bird Dancer' **5** *P.* 'Dolly Varden' **6** *P.* 'Flower of Spring' **7** *P.* 'Francis Parrett'
8 *P.* 'Happy Thought'

9 ↕ 40-45 cm ↔ jusqu'à 30 cm

10 ↕ 25-30 cm ↔ 12 cm

AUTRES CHOIX

'Ashfield Serenade' Mauve, pétales supérieurs roses suffusés de blanc.

'Belinda Adams' Miniature, à fleurs roses éclairées de blanc.

'Ben Franklin' Fleurs roses, feuilles argentées.

'Dame Anna Neagle' Fleurs rose clair, feuilles bronze et or.

'Madame Crousse' Fleurs rose clair, rampant.

'Vancouver Centennial' Fleurs rouge-orangé, feuilles bronze et brun.

11 ↕ jusqu'à 30 cm ↔ 30 cm

12 ↕ 40-45 cm ↔ 20 cm

15 ↕ 20 cm ↔ 18 cm

13 ↕ jusqu'à 60 cm ↔ jusqu'à 25 cm

14 ↕ jusqu'à 60 cm ↔ 25 cm

9 *Pelargonium* 'Irene' **10** *P.* 'Mr Henry Cox' **11** *P.* série Multibloom **12** *P.* 'Paton's Unique' **13** *P.* 'The Boar' **14** *P.* 'Voodoo' **15** *P.* série Video

Pélargoniums Rex

Ces vivaces buissonnantes et arbrisseaux peu rustiques portent de remarquables fleurs ondulées qui leur ont valu leur surnom de « rois des pélargoniums ». Ils fleurissent essentiellement au printemps, donnant des bouquets de fleurs dans divers tons rouges, roses, pourpres, orangés, blancs et rouge-noir ; ces couleurs cohabitent chez certains cultivars. On les cultive surtout en pot, dans les régions froides, à l'intérieur comme dehors, mais ils conviennent aussi aux massifs.

CULTURE *En pot ; donnez-leur un sol frais mais drainé, riche, et une exposition en pleine lumière sans soleil direct. Arrosez-les modestement durant la saison, avec tous les quinze jours un apport d'engrais liquide. Arrosez-les très peu durant l'hivernage en véranda. À la fin de l'hiver, rabattez-les d'un tiers et rempotez-les. À l'extérieur, plantez-les en sol neutre à alcalin, drainé, en plein soleil. Nettoyez-les souvent. Température minimale : 7 °C.*

☼ ◊◆ ♕R1+3

1 ↕ 45 cm ↔ jusqu'à 25 cm

2 ↕ 45 cm ↔ jusqu'à 25 cm

3 ↕ 45 cm ↔ jusqu'à 25 cm

AUTRES CHOIX

'Chew Magna' Pétales roses à ombre rouge.

'Leslie Judd' Saumon et bordeaux.

'Lord Bute' Fleurs acajou foncé.

'Spellbound' Rose à taches bordeaux.

4 ↕ 30-40 cm ↔ jusqu'à 20 cm

5 ↕ 30-40 cm ↔ jusqu'à 20 cm

1 *Pelargonium* 'Ann Hoystead' **2** *Pelargonium* 'Bredon' **3** *Pelargonium* 'Carisbrooke' **4** *Pelargonium* 'Lavender Grand Slam' **5** *Pelargonium* 'Sefton'

Penstémons

Les penstémons sont d'élégantes vivaces semi-persistantes, appréciées pour leurs épis de fleurs tubulaires, ressemblant aux digitales, blanches ou roses, rouges ou pourpres, surmontant les feuilles lancéolées. Les plus petits, comme *P. newberryi,* se plaisent en rocaille ou en lisière de massif, les plus grands font de bonnes plantes de bordure, épanouies pendant tout l'été et l'automne. 'Andenken an Friedrich Hahn' et 'Schoenholzeri' sont parmi les plus rustiques, mais tous apprécient un paillis sec dans les régions à hiver froid. Souvent éphémères, les penstémons demandent à être renouvelés de temps en temps.

CULTURE *Installez les plantes de bordure dans un sol drainé et humifère, et les cultivars nains dans un sol graveleux, très poreux, maigre à moyen. Choisissez une exposition ensoleillée ou semi-ombragée. Soutenez l'épanouissement en retirant les fleurs fanées.*

☼ ◑ ◊ R3, R3 à 4, R4

1 ↕1,20 m ↔ 0,45 m

2 ↕↔ 45-60 cm

3 ↕75 cm ↔ 60 cm

1 *P.* 'Alice Hindley' (R3) 2 *P.* 'Apple Blossom' (R3)
3 *P.* 'Andenken an Friedrich Hahn', syn. *P.* 'Garnet' (R4)

4 ↕90 cm ↔ 75 cm

5 ↕45-60 cm ↔ 30 cm

6 ↕25 cm ↔ 30 cm

7 ↕90 cm ↔ 60 cm

8 ↕60 cm ↔ 45 cm

4 *P.* 'Chester Scarlet' (R3) **5** *P.* 'Evelyn' (R3 à 4) **6** *P. newberryi* (R4) **7** *P.* 'Schoenholzeri', syn. *P.* 'Firebird', *P.* 'Ruby' (R4) **8** *P.* 'White Bedder', syn. *P.* 'Snowstorm' (R3)

Perilla frutescens var. *crispa*
Périlla de Nankin

Annuelle dressée, buissonnante, cultivée pour ses feuilles pointues, gaufrées, vert moyen sablé de pourpre sombre. Des épis de petites fleurs blanches éclosent en été. Le feuillage sombre permet de jolis contrastes avec les fleurs vives de la plupart des plantes estivales à massifs.

CULTURE *Donnez-lui un sol frais, drainé, riche, et une exposition ensoleillée ou semi-ombragée. Installez cette plante après les dernières gelées.*

☼◐ ◊♦ 🏆R3 ↕jusqu'à 1 m ↔jusqu'à 0,30 m

Perovskia 'Blue Spire'

Sous-arbrisseau dressé, caduc, cultivé pour son feuillage et ses fleurs. Ses épis ramifiés, légers, de fleurs bleu-violet apparaissent en été au-dessus des feuilles, divisées, gris argenté. Il convient aux bordures herbacées et supporte l'air marin.

CULTURE *Il préfère un sol maigre à moyen, bien drainé, et supporte la craie. Pour qu'il reste dense et vigoureux, recépez-le court en fin d'hiver. Placez-le en plein soleil.*

☼ ◊ 🏆R4 ↕1,20 m ↔1 m

Persicaria affinis 'Superba'
Polygonum couvre-sol

Vigoureuse vivace persistante, anciennement classée dans les *Polygonum*, formant des tapis de feuilles lancéolées, vert foncé, virant au brun chaud en automne. Des épis serrés de fleurs de longue durée, rose pâle puis foncé, dominent le feuillage, en été et en automne. Plantez-en des groupes en lisière de bordure, ou comme couvre-sol. 'Darjeeling Red' est comparable.

CULTURE *À planter dans tout sol frais, au soleil ou à mi-ombre. Arrachez les stolons vagabonds au printemps et en automne.*

☼ ◑ 💧 🏆R3-4 ↕jusqu'à 25 cm ↔60 cm

Persicaria bistorta 'Superba'
Bistorte

Autrefois classée dans les *Polygonum*, cette vivace à pousse rapide, semi-persistante, constitue un bon couvre-sol. Les denses épis floraux, cylindriques, rose pâle, restent fleuris longtemps en été et en automne, au-dessus du feuillage vert moyen.

CULTURE *Elle aime tout sol drainé, bien frais, et une exposition ensoleillée ou semi-ombragée ; elle tolère la sécheresse.*

☼ ◑ 💧💧 🏆R4 ↕75 cm ↔90 cm

Persicaria vacciniifolia

Polygonum couvre-sol

Cette vivace traçante, persistante, anciennement classée dans les *Polygonum*, porte des feuilles luisantes, vert moyen, teintées de rouge en automne. En été et en automne, des tiges ramifiées teintées de rouge portent des épis de fleurs rose vif. Elle convient à une rocaille humide, ou au premier plan d'une bordure. C'est un bon couvre-sol.

CULTURE *À planter dans tout sol frais, au soleil ou à mi-ombre. Restreignez-le en retirant les stolons envahissants au printemps ou en automne.*

☼ ◑ ♦ R4 ↕20 cm ↔50 cm ou plus

Petunia

Série Carpet

Pétunia

Ces pétunias étalés, très compacts, sont cultivés en annuelles, pour leurs abondantes fleurs en trompette ; elles éclosent de juin à l'automne et restent longtemps fleuries, dans des tons allant du rose au rouge vif, et de l'orange au jaune et au blanc. Leurs feuilles, ovales, sont vert foncé. Ils sont parfaits dans les massifs d'été colorés, surtout dans un sol maigre.

CULTURE *Donnez-leur un sol drainé et le plein soleil. Supprimez les fleurs fanées. Ne les mettez en place qu'après les gelées.*

☼ ◊ R3 ↕15 cm ↔jusqu'à 1 m

Petunia
Série Mirage
Pétunia

Ces annuelles étalées, denses, sont très proches de la série Carpet (ci-contre, en bas), mais la gamme de leurs fleurs comporte des bleus et des pourpres en plus du rouge et du rose. Elles éclosent de juin à l'automne au-dessus des feuilles, ovales, vert foncé. Plantes à massif, précieuses en sol maigre.

CULTURE *Plantez-les dans tout sol léger et drainé, en plein soleil, à l'abri du vent. Supprimez les fleurs fanées. Ne les installez qu'après les gelées.*

☼ ◊ R3 ↕jusqu'à 0,30 m ↔jusqu'à 1 m

Phalaris arundinacea
'Picta'
Ruban-de-bergère

Graminée en touffes, persistante, aux étroites feuilles striées de blanc. En juin-juillet apparaissent de hauts plumets de fleurs vert pâle évoluant vers le beige, portés par des tiges dressées. Bon couvre-sol, un peu envahissant.

CULTURE *Donnez-lui n'importe quel sol, au soleil ou à mi-ombre. Rabattez toutes les vieilles tiges en été pour encourager la repousse. Réduisez son expansion par des divisions régulières.*

☼ ◐ ◊ R4 ↕jusqu'à 1 m ↔illimité

Philadelphus 'Beauclerk'
Seringat

Arbuste caduc à port souple, apprécié pour ses bouquets de grandes fleurs odorantes, blanches à cœur rosé. Elles éclosent en mai-juin dans le feuillage vert foncé, ovale. Plantez-le en massif ou isolément, ou encore comme écran.

CULTURE *Donnez-lui tout sol drainé, moyen. Il tolère les sols maigres, crayeux et l'ombre, mais fleurit mieux au soleil. Rabattez une tige sur quatre au ras du sol, après la floraison, pour stimuler la repousse.*

☼ ◑ ◊ 🏆R4 ↕↔ 2,50 m

Philadelphus 'Belle étoile'
Seringat

Cet arbuste caduc à port souple est proche, en plus compact, de 'Beauclerk' (ci-dessus). En mai-juin éclosent en abondance de grandes fleurs très odorantes, blanches à cœur jaune d'or. Les feuilles effilées sont vert foncé. Il convient à une mixed-border.

CULTURE *Donnez-lui tout sol moyen, drainé. Il fleurit mieux au soleil mais supporte un peu d'ombre. Rabattez une tige sur quatre au ras du sol, après la floraison, pour stimuler la repousse.*

☼ ◑ ◊ 🏆R4 ↕1,20 m ↔2,50 m

Philadelphus coronarius 'Variegatus'
Seringat

Cet arbuste érigé, caduc, produit de belles feuilles vert moyen, au bord fortement marqué de blanc. De courts épis de fleurs très odorantes éclosent en juin. Utilisez-le pour éclairer le fond d'une mixed-border ou d'un sous-bois, ou plantez-le isolément.

CULTURE *Plantez-le dans tout bon sol drainé, au soleil ou à mi-ombre. À mi-ombre, avec une taille printanière, vous aurez les plus belles feuilles. Au soleil, en taillant après la floraison, vous aurez les plus belles fleurs.*

☼ ◐ ◊ 🏆R4 ↕2,50 m ↔2 m

Philadelphus 'Manteau d'hermine'
Seringat

Cet arbuste à fleurs, caduc, bas et étalé, donne des fleurs crème doubles, durables, et très parfumées. Elles éclosent en mai-juin dans les feuilles, vert moyen, elliptiques. Il ira bien en mixed-border.

CULTURE *Donnez-lui tout sol drainé, plutôt riche. Il accepte un peu d'ombre, mais fleurit mieux au soleil. Rabattez une tige sur quatre au ras du sol, après la floraison, pour stimuler la repousse.*

☼ ◐ ◊ 🏆R4 ↕1 m ↔1,50 m

Phlomis fruticosa

Sauge-de-Jérusalem

Arbuste persistant, arrondi, étalé, aux feuilles aromatiques, gris-vert et à revers feutré, rappelant la sauge. De courts épis de fleurs en capuchon, jaune d'or foncé, apparaissent en juin-juillet. Il fait bel effet en masse dans une bordure.

CULTURE *Donnez-lui un sol léger, drainé, maigre à moyen, et du soleil. Taillez les tiges faibles ou maigres au printemps.*

☼ 💧 R4 ↕1 m ↔1,50 m

Phlomis russeliana

Vivace de bordure dressée, persistante, aux feuilles pointues, duveteuses, vert moyen. En juillet-août apparaissent le long des tiges des bouquets ronds de fleurs jaune pâle en capuchon. Les calices persistent jusqu'en hiver. Cette plante est parfois appelée *P. samia* ou *P. viscosa.*

CULTURE *Plantez-le dans tout sol drainé, moyen, en plein soleil ou à mi-ombre. Il peut se ressemer.*

☼ ◐ 💧 R4 ↕jusqu'à 1 m ↔0,75 m

Phlox divaricata 'Chattahoochee'

Vivace de bordure, éphémère, semi-persistante, aux nombreuses fleurs étalées à long tube, bleu lavande à œil rouge. Elles éclosent en été et durent longtemps, parmi les feuilles lancéolées garnissant les tiges pourprées.

CULTURE *Donnez-lui un sol frais, drainé, humifère, riche, dans un emplacement un peu ombragé.*

◐ ◊◆ 🏆R4 ↕15 cm ↔30 cm

Phlox douglasii 'Boothman's Variety'

Vivace persistante basse, traçante, formant des monticules d'étroites feuilles vert foncé. En mai-juin éclosent des fleurs rose violacé à œil foncé, étalées, à longue gorge. Bonne plante pour une rocaille, un muret ou la bordure d'une banquette.

CULTURE *Plantez-le dans un sol drainé, riche, en plein soleil. Dans les régions sèches, placez-le à mi-ombre.*

☼ ◐ ◊ 🏆R4 ↕20 cm ↔30 cm

Phlox douglasii 'Crackerjack'

Cette vivace basse se couvre en fin de printemps de fleurs rouge magenta. Son feuillage, persistant, serré, est vert foncé. Jolie plante compacte idéale en rocaille, muret, lisière de massif, et comme couvre-sol.

CULTURE *Plantez-la dans un sol riche et drainé, en plein soleil ou, en climat sec, à mi-ombre.*

☼ ◊ R4 ↕ jusqu'à 12 cm ↔ jusqu'à 20 cm

Phlox douglasii 'Red Admiral'

Vivace basse, étalée, persistante, faisant bel effet sur des rochers ou retombant d'un muret. Ses coussins de feuilles vert foncé sont parsemés, en mai-juin, de fleurs étalées, cramoisi soutenu.

CULTURE *Donnez-lui un sol drainé, riche, et du soleil. En climat sec, placez-le à mi-ombre.*

☼ ◐ ◊ R4 ↕ 20 cm ↔ 30 cm

Phlox drummondii (cultivars)

Le nom *Phlox* signifie « flamme » en grec, par référence aux brillantes couleurs des fleurs. *P. drummondii* est une espèce annuelle, parente de nombreux cultivars employés pour des effets de masse en massifs d'été. Ce sont des plantes dressées à étalées, buissonnantes, portant en juin des bouquets ramifiés de fleurs duveteuses pourpres, roses, rouges, lavande ou blanches. Elles ont souvent un cœur plus clair et des taches centrales contrastées. Les feuilles, collées contre les tiges, sont vert moyen. Employez ces fleurs en rocaille, plates-bandes et potées ; semées sous abri, elles fleuriront plus tôt.

CULTURE *Donnez-leur le plein soleil et un sol assez frais mais drainé, enrichi de matière organique à l'avance, et apportez chaque semaine un engrais liquide dilué. Limaces et escargots apprécient les jeunes plants.*

☼ 💧💧 🏆R3

1 ↕10-45 cm ↔ 25 cm

2 ↕10-45 cm ↔ 25 cm

3 ↕10-45 cm ↔ 25 cm

4 ↕10-45 cm ↔ 25 cm

5 ↕10-45 cm ↔ 25 cm

6 ↕10-45 cm ↔ 25 cm

1 *Phlox drummondii* 'Beauty Mauve' **2** *Phlox drummondii* 'Beauty Pink' **3** *Phlox drummondii* 'Brilliancy Mixed' **4** *Phlox drummondii* 'Brilliant' **5** *Phlox drummondii* 'Buttons Salmon with Eye' **6** *Phlox drummondii* 'Phlox of Sheep'

Phlox 'Kelly's Eye'

Vigoureuse vivace persistante, arrondie, à la belle floraison colorée, en mai-juin. Ses fleurs étalées à long tube sont rose pâle à cœur rouge pourpré. Les feuilles, étroites, sont vert foncé. Pour rocailles et fentes de mur.

CULTURE *Plantez-le dans un sol riche, drainé, en plein soleil. En climat sec, placez-le à mi-ombre.*

R4 ↕15 cm ↔20 cm

Phlox maculata 'Alpha'

Ce cultivar porte de hauts épis denses de fleurs rose lilacé, écloses en juin-juillet au-dessus du feuillage. C'est une vivace herbacée dressée, à tiges minces. Parfaite en plate-bande fraîche et pour avoir des bouquets odorants.

CULTURE *Donnez-lui un sol riche et frais et le plein soleil ou la mi-ombre. Supprimez les fleurs fanées pour faire durer l'épanouissement et rabattez-le au ras du sol en automne. Il demande parfois un tuteurage.*

R4 ↕jusqu'à 90 cm ↔ 45 cm

Phlox vivace *(Phlox paniculata)*, cultivars

Les cultivars du phlox vivace, *P. paniculata*, sont des plantes herbacées aux dômes ou cônes de fleurs surmontant des feuilles lancéolées, dentées, vert moyen. En été et en automne apparaissent des fleurs plates à longue gorge, délicatement odorantes, blanches, roses, rouges, pourpres ou bleues, à cœur souvent contrasté ; elle tiennent longtemps dans un vase. En supprimant les pousses les plus faibles au printemps, quand elles sont jeunes, vous obtiendrez de plus grosses fleurs. Tous les cultivars conviennent aux bordures herbacées ; ils demandent souvent un tuteurage mais certains, comme 'Fujiyama', ont des tiges très solides.

CULTURE *Ils poussent dans un sol bien frais, riche, au soleil ou à mi-ombre. Au printemps, faites un apport d'engrais complet et supprimez régulièrement les fleurs fanées. Après la floraison, coupez les tiges au ras du sol.*

☼ ◑ ♦ ♈R4

1 ↕1,20 m ↔ 0,60 m

2 ↕0,90 m ↔ 0,45 m

3 ↕1,20 m ↔ 0,60 m

4 ↕1,10 m ↔ jusqu'à 1 m

5 ↕1 m ↔ 0,45 m

6 ↕1,20 m ↔ 0,60-1 m

1 *Phlox paniculata* 'Brigadier' 2 *Phlox paniculata* 'Eventide' 3 *Phlox paniculata* 'Fujiyama' 4 *Phlox paniculata* 'Le Mahdi' 5 *Phlox paniculata* 'Mother of Pearl' 6 *Phlox paniculata* 'Windsor'

Phormium cookianum ssp. *hookeri* 'Cream Delight'

Vivace formant une touffe de larges feuilles retombantes, de 1,50 m de long, rayées longitudinalement de jaune crème. En été apparaissent de hauts bouquets de fleurs tubulaires jaune-vert. Cette plante pittoresque joue souvent les points de mire. Idéale en bac, elle supporte l'air marin.

CULTURE *Dans un sol frais mais drainé, riche, en plein soleil. Protégez-la avec un épais paillis sec en climat froid. Divisez les touffes serrées au printemps.*

☼ ◊◊ R3 à 4 ↕ jusqu'à 2 m ↔ 3 m

Phormium cookianum ssp. *hookeri* 'Tricolor'

Cette vivace, d'allure frappante, très utile comme point de mire en bordure, forme des touffes retombantes de larges feuilles vert clair, de 1,50 m de long ; elles sont fortement bordées de crème avec des stries rouges. En été apparaissent de hauts épis de fleurs tubulaires, vert-jaune. En climat froid, plantez cette vivace en bac en été et mettez-la à l'abri pendant l'hiver.

CULTURE *Plantez-le dans un sol frais drainé, au soleil. En zone froide, protégez-le par un épais paillis sec.*

☼ ◊◊ R3 à 4 ↕0,60-2 m ↔0,30-3 m

Phormium 'Sundowner'

Vivace en touffe, persistante, cultivée pour sa silhouette et sa belle couleur. Ses larges feuilles de 1,50 m de long sont vert-bronze à bords rose crème. En été apparaissent les hauts bouquets dressés de fleurs tubulaires jaune-vert, suivies de belles capsules qui persistent tout l'hiver. Il supporte l'air marin.

CULTURE *Un sol profond pas trop sec lui convient, mais plutôt dans un emplacement chaud, humide, abrité et ensoleillé. Paillez-la fortement en hiver et divisez les touffes serrées au printemps.*

☼ 💧💧 🏆R3 ↕↔ jusqu'à 2 m

Phormium tenax
Lin de Nouvelle-Zélande

Vivace persistante formant des touffes de feuilles rigides. Vert foncé à revers bleuté, elles atteignent 3 m de long dans de bonnes conditions. Les fleurs rouge acajou apparaissent en été sur de très hautes hampes, robustes et dressées. Avec ses remarquables capsules de graines décoratives en hiver, c'est l'un des plus grands *Phormium*.

CULTURE *Il réussit dans un sol frais mais drainé, profond, en plein soleil, dans un emplacement chaud et abrité. Paillez-le fortement en hiver et divisez les touffes serrées au printemps.*

☼ 💧💧 🏆R4 ↕4m ↔2 m

Phormium tenax Groupe Purpureum
Lin de Nouvelle-Zélande

Vivace persistante à touffes de longues feuilles effilées, coriaces, cuivre foncé à pourpres. En été apparaissent de grands épis de fleurs tubulaires, rouge sombre, portées par des tiges pourpre bleuté. Idéale en zone côtière, elle souffre cependant des hivers froids. Peut se cultiver en bac, ainsi que 'Nanum Purpureum', identique mais plus petit.

CULTURE *Dans un sol profond, riche et humifère, plutôt frais, à l'abri des vents froids. En climat rude, couvrez-le d'un épais paillis en hiver.*

☼ 💧 🏆R3 à 4 ↕2-2,50 m ↔1 m

Phormium 'Yellow Wave'

Vivace persistante formant des touffes de larges feuilles retombantes, vert doré à rayures vert moyen, et prenant des tons chartreuse en automne. En été, des épis de fleurs tubulaires rouges émergent du cœur des touffes. Excellent en bord de mer, elle donnera du relief à toute plate-bande, en particulier l'hiver, où elle conserve sa forme et ses attraits.

CULTURE *Elle préfère un sol frais mais drainé, riche, et le plein soleil. Paillez-la fortement en hiver, en climat froid, et divisez les touffes serrées au printemps.*

☼ 💧💧 🏆R3 ↕3 m ↔2 m

Photinia x fraseri 'Red Robin'

Arbuste compact, dressé, persistant, souvent cultivé en haie plus ou moins régulière pour son brillant feuillage rouge juvénile, que la taille multiplie. Adultes, les feuilles, coriaces, lancéolées, sont vert foncé. Des bouquets de petites fleurs blanches éclosent au printemps. 'Robusta' est également intéressant.

CULTURE *Plantez-le dans un sol frais drainé, riche, en plein soleil ou à mi-ombre. Tondez les haies deux ou trois fois par an pour régénérer le jeune feuillage.*

☼ ◐ 💧💧 🏆R4 ↕↔ 5 m

Photinia villosa

Arbuste touffu, étalé, cultivé pour son feuillage, ses fleurs et ses fruits. En mai-juin éclosent des bouquets aplatis de petites fleurs blanches, suivies de jolis fruits rouges. Les feuilles, d'abord bronze, passent au vert foncé, puis à l'orangé et au rouge en automne. Beau toute l'année, cet arbuste supporte les sols trempés.

CULTURE *Donnez-lui un sol frais mais drainé, riche, neutre à acide, et le plein soleil ou la mi-ombre. Retirez les bois serrés ou abîmés en fin d'hiver.*

☼ ◐ 💧💧 🏆R4 ↕↔ 5 m

Phygelius aequalis 'Yellow Trumpet'

Arbuste dressé, persistant, produisant en été des épis lâches de fleurs tubulaires, pendantes, jaune soufre. Les feuilles sont ovales, vert clair. Il convient aux bordures herbacées. En climat rude, plantez-le contre un mur abrité et ensoleillé.

CULTURE *Il lui faut un sol frais, drainé, et du soleil. En climat froid, abritez-le du vent et coupez les tiges gelées à la base, au printemps. Supprimez les fleurs fanées. Limitez son extension en arrachant les stolons.*

☼ ◊♦ 🏆R3 à 4 ↕↔ 1 m

Phygelius capensis Fuchsia du Cap

Arbrisseau persistant apprécié pour sa floraison estivale, en épis orangés dressés au-dessus de feuilles vert foncé. L'aspect général rappelle un fuchsia de couleur inhabituelle. Plantez-le à l'arrière d'une bordure herbacée et, en climat froid, contre un mur chaud et ensoleillé. Certains oiseaux apprécient ses fleurs.

CULTURE *Donnez-lui un sol frais mais drainé et riche. Placez-le au soleil et à l'abri des vents froids et secs. Favorisez la remontance en supprimant les fleurs fanées et, en climat froid, paillez-le fortement. Rabattez-le au ras du sol au printemps.*

☼ ◊♦ 🏆R3 ↕ 1,20 m ↔ 1,50 m

Phygelius x *rectus* 'African Queen'

Arbuste pour plate-bande, persistant, aux longs épis de fleurs tubulaires pendantes, rouge clair à gorge orange à jaune. Elles éclosent en été au-dessus des feuilles, ovales, vert foncé. Il apprécie l'abri d'un mur en climat froid.

CULTURE *Plantez-le dans un sol frais drainé, riche, en plein soleil, à l'abri des vents froids et secs. Rabattez les tiges gelées à la base au printemps. Supprimez les fleurs fanées.*

☼ ◊◆ R3 à 4 ↕1 m ↔1,20 m

Phygelius x *rectus* 'Devil's Tears'

Arbuste persistant érigé à feuillage vert foncé. Il produit en été des épis de fleurs pendantes, rouge rosé à gorge jaune. C'est un arbuste assez compact fleurissant abondamment, parfait en mixed-border.

CULTURE *Donnez-lui un sol frais mais drainé, riche, et le plein soleil. Favorisez la remontance en supprimant les fleurs fanées et rabattez-le au ras du sol au printemps s'il a souffert du gel ; sinon, redonnez-lui forme à la cisaille.*

☼ ◊◆ R4 ↕↔ 1,50 m

Phygelius x *rectus* 'Salmon Leap'

Cet arbuste érigé est comparable à 'Devil's Tears' (voir page précédente), mais avec des fleurs orangées, légèrement recourbées vers les tiges. Elles dominent le feuillage vert foncé, en larges bouquets. Plantez-le en mixed-border ou bordure herbacée.

CULTURE *Donnez-lui un sol frais mais drainé, riche, et le plein soleil. Favorisez la remontance en supprimant les fleurs fanées et rabattez-le au ras du sol au printemps s'il a souffert du gel ; sinon, redonnez-lui forme à la cisaille.*

☼ 💧💧 🏆R4 ↕1,20 m ↔ 1,50 m

Phyllostachys nigra Bambou noir

Buisson gracieux, en touffes, persistant. Les fraîches feuilles lancéolées, vert foncé, apparaissent sur des tiges minces virant au noir en deux ou trois ans. Il servira d'écran ou de plante à grand effet, s'il a de la place.

CULTURE *Plantez-le dans un sol frais, drainé, au soleil ou à mi-ombre, à l'abri des vents froids. Paillez-le pour l'hiver. Supprimez les tiges abîmées ou en surnombre au printemps ou en début d'été. Limitez son extension en cernant les mottes d'une barrière.*

☼ ◐ 💧💧 🏆R4 ↕3-5 m ↔ 2-3 m

Phyllostachys nigra var. *henonis*

Ce bambou persistant, touffu, est semblable par son port à l'espèce type (ci-contre, en bas), mais avec des tiges vert vif passant au jaune-vert en deux ou trois ans. Ses feuilles, lancéolées, vert foncé, sont duveteuses et rêches dans leur jeunesse.

CULTURE *Plantez-le dans un sol frais, drainé, au soleil ou à mi-ombre, à l'abri des vents froids. Paillez-le pour l'hiver. Éclaircissez les touffes serrées au printemps. Limitez son extension en cernant la motte d'une barrière.*

R4 ↕3-5 m ↔2-3 m

Physocarpus opulifolius 'Dart's Gold'

Arbuste arrondi, en taillis, caduc, apprécié pour ses feuilles trilobées, d'un superbe jaune d'or dans leur jeunesse. Au printemps éclosent des bouquets denses de petites fleurs blanches ou rose pâle. Il éclairera un massif d'arbustes.

CULTURE *Il préfère un sol frais, drainé, acide, mais accepte des conditions variées, sauf des sols crayeux et maigres. Plantez-le au soleil ou à mi-ombre. Coupez à la base les vieilles tiges après la floraison ; réduisez son extension en enlevant les rejets.*

R4 ↕2 m ↔2,50 m

Physostegia virginiana 'Vivid'
Plante-charnière

Vivace dressée en touffes denses, produisant des épis de fleurs rose pourpré vif, en capuchon. Elles éclosent tout l'été au-dessus des étroites feuilles vert moyen et durent longtemps dans un vase. Elles conservent la position qu'on leur donne du bout des doigts, d'où le nom vernaculaire de « plante-charnière ». Très beau associé au cultivar blanc 'Summer Snow'.

CULTURE *Dans un sol bien frais, riche et humifère, en plein soleil ou à mi-ombre.*

☼ ◐ ♦ 🏆R4 ↕30-60 cm ↔30 cm

Picea glauca var. *albertiana* 'Conica'
Épinette blanche

Conifère pointu à pousse lente, persistant, au dense feuillage vert bleuté. Ses courtes aiguilles fines naissent sur des tiges beiges à gris cendré. Les cônes, ovales, apparaissent en été, d'abord verts puis bruns. Excellent arbre pour un petit jardin, à planter isolément.

CULTURE *À planter dans un sol frais, drainé, profond, plutôt neutre ou acide, en plein soleil. Taillez discrètement, si nécessaire, en hiver.*

☼ ◊♦ 🏆R4 ↕2-6 m ↔1-2,50 m

Picea mariana 'Nana'
Sapin noir

Cette forme naine, basse, du sapin noir, est un conifère arrondi à écorce écailleuse, brun-gris. Ses aiguilles, persistantes, gris bleuté, fines, sont courtes et souples. Il ira dans une rocaille, dans un bosquet de conifères ou en lisière d'un massif.

CULTURE *Il aime un sol frais, drainé, riche et humifère, et la mi-ombre. Éliminez toute branche à pousse dressée, vigoureuse, dès son apparition.*

☀ 💧 🏆R4 ↕↔ 50 cm

Picea pungens 'Koster'
Épicéa du Colorado

Ce conifère pointu, persistant, aux jolies branches horizontales, devient presque colonnaire avec l'âge. Ses jeunes pousses sont gainées de feuillage bleu argenté. Ses longues aiguilles effilées verdissent en vieillissant. Des cônes cylindriques apparaissent en été ; verts, ils virent au brun clair. Remarquable dans les grands jardins comme arbre isolé. 'Hoopsii' est quasi identique, avec un feuillage bleu argenté.

CULTURE *Dans un sol drainé, riche, neutre à acide, en plein soleil. Taillez le moins possible ; si nécessaire, faites-le en automne ou en hiver.*

☀ 💧 🏆R4 ↕15 m ↔5 m

Pieris 'Forest Flame'
Piéris

Arbuste érigé, persistant, apprécié pour ses étroites feuilles luisantes, lancéolées, rouge vif dans leur jeune âge; elles passent ensuite au rose et blanc crème puis au vert foncé. L'effet est accentué par les bouquets dressés de fleurs blanches printanières. Parfait dans un massif d'arbustes. Très à l'aise dans un sol acide, tourbeux, il ne pousse pas dans un sol alcalin.

CULTURE *Plantez-le dans un sol frais, drainé, humifère, acide, en plein soleil ou à mi-ombre. En climat rude, abritez-le des vents froids et secs. Tondez-le après la floraison.*

☼ ◐ ◊◆ ♀R4 ↕4 m ↔2 m

Pieris formosa var. *forrestii* 'Wakehurst'
Piéris

Arbuste persistant, dressé, acidophile, au jeune feuillage rouge vif devenant ensuite vert foncé. Ses grands bouquets pendants de petites fleurs odorantes, blanches, printanières, ajoutent à sa beauté. Plantez-le en sous-bois ou dans un massif d'arbustes. Il craint les hivers froids. 'Jermyns', comparable, a des feuilles juvéniles d'un rouge plus sombre.

CULTURE *Il aime un sol frais, drainé, riche, humifère, acide, au soleil ou à mi-ombre. En climat rude, abritez-le des vents froids et secs. Tondez-le après la floraison.*

☼ ◐ ◊◆ ♀R3 ↕5 m ↔4 m

Pieris japonica 'Blush'
Piéris

Arbuste persistant, arrondi, aux petites fleurs blanc rosé à la fin de l'hiver. Elles éclosent dans le feuillage vert foncé en gros bouquets pendants. Bon arbuste précoce pour bordure, excepté dans un sol alcalin.

CULTURE *Donnez-lui un sol frais, drainé, riche, humifère, acide et une exposition ensoleillée ou semi-ombragée. Tondez-le après la floraison et retirez tout bois mort, abîmé ou malade.*

☼◑ 💧💧 🏆R4 ↕4 m ↔3 m

Pileostegia viburnoides

Liane persistante arbustive à pousse lente, couverte en été de bouquets plumeux de petites fleurs crème. Ses feuilles, coriaces, vert foncé, luisantes, sont très belles contre un gros arbre ou un mur ombragé.

CULTURE *À planter dans un sol drainé, riche, au soleil ou à mi-ombre. Raccourcissez, après la floraison, les branches des plantes trop développées.*

☼● 💧 🏆R4 ↕6 m

Pinus mugo 'Mops'
Pin de montagne

Ce pin nain est un conifère presque sphérique à écorce grise, écailleuse, et aux épaisses branches érigées, couvertes de longues aiguilles vert clair à foncé, bien espacées. Les cônes brun sombre, ovales, demandent quelques années pour mûrir. Jolie plante de grande rocaille, ou à planter en groupe, si la place est suffisante.

CULTURE *Plantez-le dans tout sol drainé, en plein soleil. La pousse étant lente, la taille est superflue.*

R4 ↕jusqu'à 1 m ↔jusqu'à 2 m

Pittosporum tenuifolium

Arbuste persistant, colonnaire, très apprécié pour ses feuilles ondulées, vert brillant. Il pousse d'abord vite puis s'élargit et prend une allure d'arbre. Au printemps éclosent de petites clochettes noir pourpré à l'odeur de miel. Bonne plante de haie, mais craignant le froid. 'Warnham Gold' en est une version à feuilles dorées.

CULTURE *Dans un sol frais, drainé, au soleil ou à mi-ombre. En climat frais, abritez-le des vents froids. Pratiquez une taille de formation à la cisaille au printemps ; évitez les tailles après le mois de mai.*

R3 ↕4-10 m ↔2-5 m

Pittosporum tenuifolium 'Tom Thumb'

Arbuste à feuillage, compact, arrondi, persistant, idéal pour une mixed-border toute l'année. Ses feuilles luisantes, bronze, elliptiques, sont ondulées. En mai-juin éclosent de petites fleurs pourpres à l'odeur de miel. L'abri d'un mur chaud sera bienvenu en climat frais.

CULTURE *Donnez-lui un sol frais, drainé, riche, et du soleil pour qu'il se colore. Protégez-le du vent en climat froid. Pratiquez une taille de formation, à la cisaille, au printemps ; les plantes adultes demandent peu de taille.*

☼◑ ◊◊ ♆R3 ↕jusqu'à 1 m ↔0,60 m

Pittosporum tobira

Arbuste ou petit arbre arrondi, persistant, à feuilles coriaces, ovales, vert foncé. En mai-juin éclosent des bouquets de fleurs odorantes, crème virant à l'or ; elles donnent des capsules de graines brun doré. Belle plante à isoler pouvant être mise en bac et hivernée en climat froid. 'Variegatum' a des feuilles plus petites, à liseré blanc.

CULTURE *Donnez-lui un sol frais, drainé, riche, et une exposition ensoleillée ou semi-ombragée. Restreignez son volume en le taillant en hiver.*

☼◑ ◊◊ ♆R3 ↕2-10 m ↔1,50-3 m

Platycodon grandiflorus

Cette vivace touffue donne des bouquets de boutons renflés s'ouvrant l'été en grandes cloches évasées, pourpres à bleu-violet. Les feuilles vert bleuté sont ovales. Pour rocaille ou bordure herbacée. 'Apoyama', aux fleurs très foncées, et 'Mariesii' sont des cultivars recommandés.

CULTURE *Il aime les sols profonds, drainés, riches et consistants, restant frais, et une exposition ensoleillée ou semi-ombragée. Il faut parfois tuteurer les tiges. Évitez de déplacer les plantes établies.*

☼ ◐ ◊ 🏆R4 ↕jusqu'à 60 cm ↔30 cm

Pleioblastus auricomus

Ce bambou érigé est un buisson persistant, cultivé pour ses feuilles vert brillant, striées de jaune. Elles sont lancéolées, à bords soyeux, portées par des cannes vert pourpré. Très beau en clairière dans un jardin de sous-bois, ou au soleil, sur un fond d'arbres et de grands arbustes.

CULTURE *Plantez-le dans un sol frais, drainé, riche, humifère, en plein soleil pour une bonne coloration. Abritez-le des vents froids. Éclaircissez les touffes serrées au printemps. Enterrez une barrière autour de la touffe pour limiter son extension.*

☼ ◊◐ 🏆R4 ↕↔ jusqu'à 1,50 m

Pleioblastus variegatus

Ce bambou dressé, persistant, plus court que *P. auricomus* (ci-contre), a des feuilles panachées de crème et de vert. Lancéolées, portées par des cannes creuses, vert clair, elles se couvrent de soies blanches. Pour une bordure au soleil, devant des arbustes, avec de la place pour s'étendre ; mais il risque de submerger ses voisins moins vigoureux s'il n'est pas jugulé.

CULTURE *Dans un sol frais, drainé, riche, humifère, au soleil et à l'abri des vents froids. Éclaircissez les touffes au printemps. Restreignez son extension en enfouissant une barrière autour des racines.*

☼ 💧💧 🏆R4 ↕0,75 m ↔1,20 m

Plumbago auriculata

Plumbago du Cap

Arbuste frileux, rampant, semi-persistant, souvent traité comme une liane. Il porte tout l'été des bouquets denses de fleurs bleu ciel à long tube parmi les feuilles ovales. En climat froid, les plantes, hivernées à l'abri, peuvent passer l'été dehors. Souvent vendu comme *P. capense*.

CULTURE *Plantez-le dans un sol drainé, riche, au soleil ou à mi-ombre. Pincez les jeunes pousses pour les étoffer et guidez sur un support les plantes palissées. Rabattez le tout sur la charpente en fin d'hiver.*

☼ ◑ 💧 🏆R1 à 2 ↕3-6 m ↔ 1-3 m

Polemonium 'Lambrook Mauve'
Polémoine

Cette vivace en touffes, variété horticole de la polémoine commune, forme des bouquets arrondis et nets de feuilles divisées, vert moyen. D'abondantes fleurs évasées, bleu ciel, les recouvrent au printemps. Bonne plante de bordure ou de jardin sauvage.

CULTURE *À planter dans un sol frais, drainé, moyen, au soleil ou à mi-ombre. Supprimez les fleurs fanées.*

☼ ◐ ◊◊ ♕R4 ↕↔ jusqu'à 45 cm

Polygonatum x *hybridum*
Sceau-de-Salomon

Vivace portant des bouquets pendants de petites fleurs tubulaires, blanches à gorge verte, sur des tiges courbes. Elles éclosent au printemps parmi les feuilles, elliptiques, vert vif, et donnent des fruits sphériques noir bleuté. Bonne plante de sous-bois, convenant aussi en bordure ombragée. *Polygonatum* x *odoratum* 'Flore Pleno' est comparable, en plus petit.

CULTURE *Donnez-lui un sol frais, drainé, riche et humifère. Placez-le à l'ombre ou à mi-ombre.*

◐ ● ◊◊ ♕R4 ↕jusqu'à 1,50 m ↔ 0,30 m

Polystichum aculeatum
Aspidie lobée

Cette fougère est une élégante vivace persistante, produisant une couronne de frondes finement divisées, vert foncé. Elle ne donne pas de fleurs. Excellente plante à feuillage pour des zones sombres, une rocaille ou une bordure bien drainée.

CULTURE *Donnez-lui un sol riche et drainé, à mi-ombre ou à l'ombre, dans un emplacement abrité des excès d'humidité hivernale. Retirez les frondes anciennes à la fin de l'hiver, avant l'apparition des nouvelles.*

◐ ● ◊ R4 ↕0,60 m ↔1 m

Polystichum setiferum
Aspidie à cils raides

Fougère persistante, plus élevée que *P. aculeatum* (ci-dessus), aux frondes vert foncé, douces, finement divisées, disposées en couronne aplatie. Convient à une bordure ombragée ou une rocaille. 'Divisilobum Densum' est un beau cultivar aux denses frondes plumeuses. 'Pulcherrimum Bevis' porte de grandes frondes retombantes.

CULTURE *Dans un sol drainé, riche, au soleil ou à mi-ombre, dans un emplacement abrité de l'humidité hivernale. Retirez les frondes abîmées ou mortes au printemps.*

◐ ● ◊ R4 ↕1,20 m ↔1 m

Potentilles *(Potentilla fruticosa)*

Les cultivars de *P. fruticosa* sont des arbustes compacts, arrondis, caducs, produisant au printemps et en été des fleurs abondantes et qui durent longtemps. Leurs feuilles vert foncé comportent plusieurs folioles oblongues. Les fleurs en coupelle, rappelant les églantines, sont tantôt solitaires, tantôt groupées par trois. La plupart de ces cultivars sont jaunes, mais peuvent être blancs, comme 'Abbostswood' ou teintés de rose, comme 'Daydawn'. Ce sont des arbustes faciles, convenant aux mixed-borders ou aux massifs d'arbustes, ou faisant de jolies haies basses.

CULTURE *Donnez-leur un sol drainé, maigre à moyen. Elles préfèrent le soleil mais supportent aussi l'ombre. Tondez-les après la floraison ; coupez les vieux bois à la base et retirez les pousses faibles et maigres. Les arbustes âgés peuvent être recépés mais le plus souvent il vaut mieux les remplacer.*

☼ ◊ 🏆R4

1 ↕0,75 m ↔ 1,20 m

2 ↕1 m ↔ 1,50 m

3 ↕1 m ↔ 1,20 m

4 ↕1 m ↔ 1,50 m

1 *P. fruticosa* 'Abbotswood' **2** *P. fruticosa* 'Elizabeth' **3** *P. fruticosa* 'Daydawn' **4** *P. fruticosa* 'Primrose Beauty'

Potentilla 'Gibson's Scarlet'
Potentille

Dense vivace herbacée en touffes, cultivée pour ses fleurs écarlate vif, écloses tout l'été. Les feuilles vert tendre comportent cinq folioles. Excellente en rocaille ou pour donner des couleurs vives à une mixed-border. 'William Rollison' est une plante comparable, à fleurs semi-doubles, rouge-orangé plus soutenu.

CULTURE *Plantez-la dans un sol drainé, maigre à moyen, dans un emplacement très ensoleillé.*

☼ ◊ R4 ↕jusqu'à 45 cm ↔60 cm

Potentilla megalantha
Potentille

Compacte vivace touffue, portant au printemps d'abondantes fleurs dressées, en coupe, d'un jaune soutenu. Les feuilles, légèrement veloutées, vert moyen, sont divisées en trois folioles échancrées. Pour la lisière d'une bordure.

CULTURE *Plantez-la dans un sol maigre à moyen, bien drainé, en plein soleil.*

☼ ◊ R4 ↕15-30 cm ↔15 cm

Potentilla nepalensis 'Miss Wilmott'
Potentille

Vivace estivale touffue, aux feuilles vert moyen, divisées, sur des tiges minces teintées de rouge. Les petites fleurs, roses à cœur cerise, éclosent en bouquets lâches. Pour la lisière d'une bordure ou un jardin de curé.

CULTURE *Plantez-la dans tout sol drainé, maigre à moyen. Placez-la en plein soleil ou à mi-ombre.*

☼ ◐ ◇ R4 ↕30-45 cm ↔60 cm

Primula denticulata
Primevère

Cette primevère à tête ronde est une robuste vivace en touffes, portant des bouquets sphériques de petites fleurs pourpres à cœur jaune. Elles éclosent au printemps sur des tiges dressées, perçant les rosettes de feuilles spatulées à oblongues, vert moyen. Elle aime les sols humides, mais non trempés ; parfaite au bord de l'eau.

CULTURE *Donnez-lui un sol frais, humifère, neutre à acide, tourbeux. Elle préfère le plein soleil si le sol est bien frais.*

☼ ◐ ◆ R4 ↕↔ 45 cm

Primula elatior
Primevère

Vivace semi-persistante, d'aspect variable. Ses bouquets de fleurs jaunes tubulaires émergent au printemps des rosettes basales de feuilles échancrées, vert moyen, sur des tiges dressées et rigides. Plantez-la en groupes à naturaliser, en prairie humide.

CULTURE *Donnez-lui un sol frais mais drainé, moyen, profond, et la mi-ombre, bien qu'elle accepte le plein soleil si le sol reste humide.*

☼ ◑ 💧💧 🏆R4 ↕30 cm ↔25 cm

Primula flaccida
Primevère

Plante vivace caduque, en rosette. En juin, ses hautes tiges portent au-dessus du feuillage vert clair à moyen des épis coniques de fleurs évasées. Inclinées, poudrées, elles sont bleu lavande. Pour sous-bois clair ou serre alpine.

CULTURE *À planter à l'ombre dense ou moyenne, en sol acide graveleux, tourbeux, humide mais très bien drainé. Abritez-la des excès d'humidité hivernale.*

◑ ● 💧💧 🏆R4 ↕50 cm ↔30 cm

Primula florindae
Primevère géante

Vivace caduque, quasi estivale, poussant naturellement près des pièces d'eau et des ruisseaux. Elle forme des touffes de feuilles ovales, dentées, vert moyen, en rosettes basales. Des bouquets retombants de près de quarante fleurs, évasées, jaunes, odorantes, les dominent, en haut de tiges dressées. Excellente plante pour une fondrière ou une berge fraîche.

CULTURE *Donnez-lui un sol profond, plutôt humide, humifère, à mi-ombre. Elle supporte le soleil si elle ne manque pas d'eau.*

☼ ◑ 💧 R4 ↕ jusqu'à 1,20 m ↔ 1 m

Primula frondosa
Primevère

Cette vivace produit des rosettes de feuilles spatulées, vert moyen, et des fleurs printanières roses à pourpres, à œil jaune. On en trouve jusqu'à trente dans chacun des épis lâches portés par des tiges rigides. Idéale en bordure.

CULTURE *Elle apprécie une terre profonde, neutre à acide, tourbeuse ou consistante, enrichie en matière organique. Donnez-lui plutôt la mi-ombre, mais elle tolère le soleil en sol assez frais.*

☼ ◑ 💧 R4 ↕ 15 cm ↔ 25 cm

Primula groupe Gold-Laced

Groupe de primevères semi-persistantes appréciées pour leurs belles fleurs printanières. De leur feuillage, parfois bronzé, émergent des hampes dressées portant des bouquets de fleurs acajou très foncé ou noires, aux pétales ornés d'un fin liseré d'or. À cultiver en pot et en plates-bandes.

CULTURE *Donnez-leur un sol frais et riche, profond, neutre à calcaire, et bien humifère. La mi-ombre ou, en sol humide, le plein soleil leur conviennent.*

☼ ◑ 💧 🏆R4 ↕25 cm ↔30 cm

Primula 'Guinevere'
Primevère

Vivace à croissance rapide, persistante, en touffes, portant des bouquets de fleurs rose pourpré clair. À cœur jaune, corolle étalée et long tube, elles surmontent un feuillage ovale bronze. Pour les lieux frais et ombragés. Parfois appelée *P.* 'Garryarde Guinevere'.

CULTURE *Donnez-lui un sol frais, neutre à acide et bien drainé, à mi-ombre. Si le sol reste toujours humide, elle supporte le soleil.*

☼ ◑ 💧 🏆R4 ↕12 cm ↔25 cm

Primevères des jardins *(Primula)*

Les primevères des jardins sont des vivaces à rosettes persistantes, à la généalogie complexe, comprenant probablement *P. veris* (voir p. 419) et *P. elatior* (voir p. 413). Ce sont des plantes aux feuilles basales épaisses, ovales, aux nervures marquées, presque cachées par les bouquets de fleurs colorées plates, écloses en fin d'hiver et au printemps. Il existe une gamme magnifique de coloris, pastel ou primaires, en rouge, bleu-violet, orange, jaune, blanc ou rose, avec des cœurs or.

Les séries Crescendo et Rainbow, faciles à cultiver, comptent parmi les plus populaires pour les massifs et potées, illuminant jardins, cours et jardinières en hiver.

CULTURE *Plantez-les dans un sol frais mais drainé, moyen, humifère ou limoneux, dans un lieu frais ensoleillé, ou à mi-ombre. Semez-les en été pour les repiquer en automne en terre bien préparée. Divisez les touffes en automne.*

☼ ◐ 💧 💧 🏆 R4

1 ↕15 cm ↔30 cm

2 ↕15 cm ↔30 cm

3 ↕15 cm ↔30 cm

4 ↕15 cm ↔30 cm

1 *Primula* 'Crescendo Bright Red' 2 *Primula* 'Crescendo Pink and Rose Shades'
3 *Primula* 'Rainbow Blue Shades' 4 *Primula* 'Rainbow Cream Shades'

Primula kewensis
Primevère

Vivace persistante, aux feuilles fortement dentées et légèrement poudrées, vert moyen. Elle produit en fin d'hiver des masses de fleurs odorantes jaunes, groupées en verticilles sur des tiges rigides. Convient en véranda et serre froide.

CULTURE *En pot, plantez-la dans un substrat consistant additionné de gravillons et de tourbe. À l'intérieur, choisissez un endroit clair, sans soleil brûlant.*

☼◑ 💧💧 🏆R2 ↕jusqu'à 45 cm ↔ 20 cm

Primula obconica 'Libre Magenta'
Primevère

Vivace produisant des têtes ramifiées de fleurs magenta, fonçant avec l'âge, sur des tiges sombres, duveteuses, perçant les larges feuilles vert moyen. Ce sont de bonnes plantes d'intérieur ou de serre froide, résistant jusqu'à 2 °C.

CULTURE *En pot, dans un substrat limoneux additionné de gravillons et de tourbe, dans un lieu lumineux mais non brûlant. Arrosez abondamment en saison et apportez chaque semaine un engrais liquide dilué de moitié.*

☼◑ 💧 🏆R1 ↕↔ 30 cm

Primevères à étages *(Primula)*

Les primevères à étages sont de robustes vivaces herbacées, ainsi dénommées en raison de leurs verticilles de fleurs dominant au printemps la rosette basale de feuilles en ovale large. Suivant l'espèce, elles sont caduques, semi-persistantes ou persistantes. Les fleurs ont une corolle étalée et de longs tubes. Comme pour beaucoup de primevères cultivées, le choix de couleurs est vaste, du rouge vif de 'Inverewe' au jaune d'or de *P. prolifera*. Certaines fleurs changent de couleur en vieillissant ; celles de *P. bulleyana* évoluent du cramoisi à l'orange. Ces primevères font grand effet en groupe, en fondrière ou sur berge.

CULTURE *Plantez-les dans un sol profond, frais, neutre à acide, et humifère. Si le sol reste frais, elles supportent le soleil, mais préfèrent la mi-ombre. Divisez et replantez les touffes en fin d'hiver.*

☼ 💧 ♈R4

1 ↕↔ 60 cm

2 ↕↔ 60 cm

3 ↕ 75 cm ↔ 60 cm

4 ↕ jusqu'à 1 m ↔ 0,60 m

5 ↕ jusqu'à 1 m ↔ 0,60 m

1 *P. bulleyana* **2** *P. prolifera* (syn. *P. helodoxa*) **3** *P.* 'Inverewe' **4** *P. pulverulenta*
5 *P. pulverulenta* hybrides Bartley

Primula rosea
Primevère

Vivace caduque à bouquets arrondis de fleurs printanières d'un rose éclatant, à long tube, sur des tiges dressées. Les touffes de feuilles, ovales, dentées, vert moyen, émergent après les fleurs ; jeunes, elles sont bronzées. Adaptée aux fondrières et rives.

CULTURE *Plantez-la dans un sol profond, bien frais, neutre à acide, tourbeux ou humifère. Si le sol reste frais, elle supporte le soleil, mais préfère la mi-ombre.*

◐ 💧 🏆R4 ↕↔ 20 cm

Primula veris
Coucou

Vivace sauvage printanière, semi-persistante, d'aspect variable. Ses tiges épaisses portent des bouquets denses de petites fleurs jaunes, évasées, odorantes, pendantes, au-dessus des touffes de feuilles gaufrées, lancéolées. Très jolie naturalisée dans une prairie fraîche.

CULTURE *Donnez-lui un sol frais, drainé, profond, riche, humifère, à mi-ombre, voire au soleil s'il n'a pas trop soif.*

☼ ◐ 💧 🏆R4 ↕↔ jusqu'à 25 cm

Primula 'Wanda'
Primevère

Vivace très vigoureuse, semi-persistante, aux bouquets de fleurs étalées, bordeaux, à cœur jaune, épanouies longuement au printemps. Ses feuilles, ovales, dentées, vert pourpré, forment des touffes basales. Excellente sur berges.

CULTURE *Elle aime un sol frais, drainé, riche, humifère. Si le sol reste humide, elle supporte le soleil, mais préfère la mi-ombre.*

☼ ◑ ◊ ♦ ♀R4 ↕10-15 cm ↔30-40 cm

Prunella grandiflora 'Loveliness'
Prunelle

Vigoureuse vivace traçante, aux denses épis dressés, estivaux, de fleurs tubulaires pourpre clair. Ses feuilles, lancéolées, vert foncé, forment des touffes au ras du sol. Plantée en groupe, elle fait un bon couvre-sol ; ses fleurs attirent les auxiliaires utiles.

CULTURE *Plantez-la dans tout sol, au soleil ou à mi-ombre. Elle peut étouffer des plantes plus faibles ; donnez-lui donc de la place. Pour qu'elle reste vigoureuse, divisez-la au printemps ou en automne. Supprimez les fleurs fanées pour éviter le semis.*

☼ ◑ ◊ ♦ ♀R4 ↕15 cm ↔jusqu'à 1 m ou plus

Prunus x cistena

Arbuste dressé à pousse lente, caduc, apprécié entre autres pour son feuillage, d'abord rouge puis pourpré. Au printemps éclosent des fleurs en coupe, blanc rosé, parfois suivies de petites cerises noir pourpré. Excellent brise-vent.

CULTURE *Donnez-lui tout sol non trempé et le plein soleil. Rabattez les pousses excédentaires après la floraison. Pour une haie, pincez les jeunes plants, puis taillez en juin pour encourager la repousse.*

☼ ◊◊ 🏆R4 ↕↔ 1,50 m

Prunus glandulosa 'Alba Plena'
Cerisier

Arbuste vert, arrondi, caduc, aux denses bouquets de fleurs printanières d'un blanc pur, en coupe double. Ses feuilles étroites, ovales, sont vert clair à vert moyen. Apporte l'éclat de sa floraison printanière à une mixed-border ou un massif d'arbustes. Le cultivar 'Sinensis' a des fleurs roses doubles.

CULTURE *Donnez-lui un sol frais, drainé, moyen, et du soleil. Pour le rendre plus florifère, vous pouvez le rabattre chaque année, une fois fané, sur une charpente courte.*

☼ ◊◊ 🏆R4 ↕↔ 1,50 m

Prunus
'Kiku-Shidare-Zakura'
Cerisier à fleurs japonais

Petit arbre caduc, cultivé pour son port pleureur et ses fleurs rose clair. Grandes, doubles, elles apparaissent au printemps en gros bouquets, avant ou en même temps que les feuilles, lancéolées, vert moyen, teintées de bronze dans leur jeunesse. Parfait dans un petit jardin. Parfois appelé *P.* 'Cheal's Weeping'.

CULTURE *Tout sol frais drainé, moyen, lui convient, avec le plein soleil. Il supporte la craie. Après la floraison, ne retaillez que les bois morts, malades ou abîmés. Supprimez dès leur apparition les gourmands du tronc.*

☼ 💧💧 🏆R4 ↕↔ 3 m

Prunus laurocerasus
'Otto Luyken'
Laurier-cerise

Arbuste persistant, à l'épais feuillage luisant, vert foncé. D'abondants épis de fleurs blanches apparaissent au printemps, et souvent de nouveau en automne. Ils donnent des fruits coniques rouges virant au noir. Plantez-le en groupe comme haie basse ou couvre-sol.

CULTURE *Donnez-lui un sol frais, drainé, moyen, et du soleil. Taillez en début d'été pour le restreindre.*

☼ 💧💧 🏆R4 ↕1 m ↔1,50 m

Prunus lusitanica ssp. *azorica*
Laurier du Portugal

Arbuste persistant à pousse lente, aux minces épis de petites fleurs blanches, odorantes, en mai-juin, suivies de baies pourpres. Beau toute l'année comme écran ou en haie, sauf si les vents sont très froids.

CULTURE *Plantez-le dans un sol frais, drainé, plutôt riche, au soleil et à l'abri des vents froids. Taillez-le en début d'été pour le réduire ou supprimer les branches âgées ou excédentaires.*

☼ 💧💧 R3 à 4 ↕↔ jusqu'à 20 m

Prunus serrula

Arbre caduc arrondi, apprécié pour son écorce remarquable, luisante, brun cuivré à rouge acajou, qui devient écailleuse avec le temps. Ses petites fleurs printanières blanches donnent des cerises noires. Ses feuilles, lancéolées, sont vert foncé, virant à l'or en automne. Particulièrement beau planté isolément.

CULTURE *Il préfère un sol frais, drainé, moyen, et le plein soleil. Retirez après la floraison les bois morts ou malades et supprimez les gourmands du tronc dès leur apparition.*

☼ 💧💧 R4 ↕↔ 10 m

Prunus à fleurs *(Prunus)*

Les prunus d'ornement sont avant tout cultivés pour leurs fleurs, blanches, roses ou rouges, formant une masse sur des branches souvent nues entre la fin de l'hiver et la fin du printemps ; certains cultivars de *P.* x *subhirtella* s'épanouissent dès l'automne. Nombre de cultivars ne se contentent pas d'avoir de gros bouquets de belles fleurs doubles, mais aussi des traits ornementaux qui prolongent la durée de leur intérêt décoratif : *P. sargentii*, par exemple, a de belles couleurs d'automne, et d'autres cultivars sont dotés d'une écorce brillante. Tout cela fait des prunus de superbes arbres à isoler pour petits jardins.

CULTURE *Donnez-leur un sol frais, drainé, plutôt riche, et du soleil. Évitez toute taille ; contentez-vous de former les jeunes plants. En juin, retirez les branches mortes ou malades et supprimez les gourmands des troncs.*

☼ ◊♦ 🏆R4

1 ↕20 m ↔ 10 m

2 ↕↔ 12 m

3 ↕10 m ↔ 8 m

4 ↕10 m ↔ 8 m

5 ↕15 m ↔ 10 m

6 ↕10 m ↔ 8 m

1 *P. avium* **2** *P. avium* 'Plena' **3** *P.* 'Kanzan' **4** *P.* 'Okame' **5** *P. padus* 'Colorata' **6** *P.* 'Pandora'

7 ↕15 m ↔ 10 m

8 ↕↔ 8 m

9 ↕jusqu'à 20 m ↔ 15 m

10 ↕8 m ↔ 10 m

11 ↕5 m ↔ 8 m

12 ↕↔ 8 m

13 ↕10 m ↔ 6 m

14 ↕8 m ↔ 10 m

15 ↕8 m ↔ 10 m

16 ↕jusqu'à 15 m ↔ 10 m

7 *P. padus* 'Watereri' **8** *P.* 'Pink Perfection' **9** *P. sargentii* **10** *P.* 'Shirofugen' **11** *P.* 'Shôgetsu' **12** *P.* x *subhirtella* 'Autumnalis Rosea' **13** *P.* 'Spire' **14** *P.* 'Taihaku' **15** *P.* 'Ukon' **16** *P.* x *yedoensis*

Pseudopanax lessonii 'Gold Splash'

Cet arbuste ou arbre persistant, dressé à étalé, produit un feuillage vert foncé lavé de jaune. En été, des bouquets de fleurs insignifiantes, jaune acide, éclosent dans les feuilles dentées, divisées en folioles spatulées. Des fruits noir pourpré leur succèdent. Dans les régions froides, plantez-le en bac, comme plante à feuillage pour orangerie.

CULTURE *Il aime un sol drainé, riche, et une exposition ensoleillée ou semi-ombragée. Rabattez-le si nécessaire en fin d'hiver. Température minimale : 2 °C.*

☼◑ ◊ ♈R1 ↕3-6 m ↔2-4 m

Pulmonaria 'Lewis Palmer'

Pulmonaire

Vivace caduque en touffes, aux tiges florales érigées, couronnées de bouquets lâches de fleurs printanières évasées, roses puis bleues. Les grosses feuilles soyeuses, vert foncé à taches blanches, sont disposées le long des tiges. Pour un jardin sauvage ou de sous-bois. Parfois appelée *P.* 'Highdown'.

CULTURE *Offrez-lui un sol frais mais non trempé, riche, humifère, à l'ombre ou à mi-ombre. De temps en temps, divisez les touffes pour les replanter.*

◑● ♦ ♈R4 ↕35 cm ↔45 cm

Pulmonaria 'Margery Fish' Pulmonaire

Vivace caduque en touffe, au beau feuillage et aux fleurs printanières. Les feuilles, argentées sur le dessus et à bords et nervures tachetés, sont souvent plus belles en été, après la disparition des fleurs corail à rouge violacé. Pour sous-bois, bosquets, jardin sauvage ou lisière de massif.

CULTURE *Cultivez-la en sol humifère, riche, frais mais non trempé, à l'ombre ou à mi-ombre. Retirez les feuilles âgées après la floraison et divisez les grosses touffes au même moment ou en automne.*

◑● 💧 🏆R4 ↕18-28 cm ↔ 60 cm

Pulmonaria officinalis 'Sissinghurst White' Pulmonaire commune

Nette vivace persistante en touffes, appréciée pour ses fleurs printanières blanc pur et ses feuilles tachées d'argent. Elliptiques, duveteuses, celles-ci, vert moyen à vert foncé, sont portées par des tiges dressées, dont émergent les fleurs, évasées, roses en bouton. Plantez-la en groupe, comme couvre-sol d'ombre.

CULTURE *Donnez-lui un sol frais mais non trempé, humifère. Elle aime l'ombre, légère ou dense, mais accepte le soleil. Divisez-la tous les deux ou trois ans, après la floraison.*

☼● 💧 🏆R4 ↕jusqu'à 30 cm ↔45 cm

Pulmonaria rubra
Pulmonaire

Jolie vivace en touffe, persistante, au plaisant feuillage vert vif ; elle porte tôt au printemps des fleurs évasées brique à saumon, qui attirent les abeilles et autres insectes utiles. Excellent couvre-sol pour l'ombre.

CULTURE *Donnez-lui un sol humifère, riche, frais mais non trempé, à l'ombre dense ou légère. Après la floraison, supprimez les fleurs fanées. Divisez alors (ou en automne) les touffes serrées.*

◑ ● 💧 🏆R4 ↕jusqu'à 40 cm ↔ 90 cm

Pulmonaria saccharata groupe Argentea
Pulmonaire

Vivaces persistantes aux feuilles presque entièrement argentées. Elles contrastent remarquablement, en fin d'hiver et au printemps, avec les fleurs évasées rouges virant au violet sombre. Elles forment de belles touffes en lisière des mixed-borders ombragées.

CULTURE *Elles préfèrent un sol humifère, riche, frais mais non trempé, et l'ombre dense ou légère. Après la floraison, supprimez les fleurs fanées et divisez les touffes serrées.*

◑ ● 💧 🏆R4 ↕30 cm ↔ 60 cm

Pulsatilla halleri
Pulsatille

Vivace herbacée soyeuse, densément vêtue de longs duvets argentés. Elle porte en mai des clochettes dressées surmontant des feuilles finement découpées. Les premières fleurs éclosent souvent avant le complet développement des feuilles. Idéale en rocaille.

CULTURE *Plantez-la en sol riche, bien drainé et graveleux, en plein soleil. Comme elle n'aime pas être bougée, ne déplacez pas les plantes établies.*

☼ ◊ R4 ↕20 cm ↔15 cm

Pulsatilla vulgaris
Pulsatille

Vivace compacte formant des plumets de feuilles vert tendre finement divisées. Ses fleurs en clochette, penchées, soyeuses, les surmontent au printemps ; elles sont pourpre clair à foncé, parfois blanches, et à cœur or. Bonne plante de rocaille, de pierrier, d'auge ou d'allée pavée.

CULTURE *Elle aime les sols riches, très drainés. Placez-la en plein soleil, où l'humidité hivernale l'épargnera. Une fois en place, n'y touchez pas.*

☼ ◊ R4 ↕10-20 cm ↔20 cm

Pulsatilla vulgaris 'Alba'

Pulsatille

Cette vivace en touffes, forme blanche de la pulsatille, porte au printemps des fleurs en clochette, penchées, blanches et soyeuses, à large cœur or. Elles surmontent les feuilles, très divisées, vert clair, duveteuses à la naissance. Très belle en rocaille ou pierrier.

CULTURE *Elle apprécie un sol riche et très drainé. Placez-la en plein soleil, où l'humidité hivernale l'épargnera. Elle n'aime pas être déplacée.*

☼ ◊ 🏆R4 ↕10-20 cm ↔20 cm

Pyracantha 'Orange Glow'

Buisson-ardent

Arbuste dressé à étalé, piquant, persistant, aux abondants bouquets printaniers de petites fleurs blanches, suivies en automne de baies rouge à orangé foncé, présentes jusqu'en hiver. Ses feuilles ovales sont vert foncé luisant. Sert de barrière de protection et de refuge aux oiseaux.

CULTURE *Donnez-lui un sol riche et drainé, en plein soleil comme à l'ombre. Abritez-le des vents froids. Taillez-le en début de printemps et retondez les jeunes pousses en été pour dégager les baies.*

☼ ☀ ◊ 🏆R4 ↕↔3 m

Pyracantha 'Watereri'
Buisson-ardent

Vigoureux arbuste épineux, dressé, formant un écran dense de feuillage persistant, orné de fleurs printanières blanches et de baies rouges en automne. Ses feuilles, elliptiques, sont vert foncé. Parfait en massif d'arbustes ou en haie défensive ; on peut le palisser contre un mur ombragé. Pour avoir des baies jaunes, prenez 'Soleil d'Or' ou *P. rogersiana* 'Flava'.

CULTURE *Donnez-lui un sol drainé, riche, au soleil ou à l'ombre, à l'abri des vents froids. Rabattez au printemps les branches indésirables et tondez les jeunes pousses en été pour dégager les baies.*

☼ ● 💧 🏆R4 ↕↔ 2,50 m

Pyrus calleryana 'Chanticleer'
Poirier d'ornement

Arbre très épineux, formant un cône étroit. Ses jolis bouquets de petites fleurs blanches printanières sont suivis de fruits bruns en automne. Les feuilles, ovales, finement échancrées, sont vert foncé, luisantes ; elles virent au rouge en automne. Bel arbre à isoler pour petit jardin, supportant bien la pollution.

CULTURE *Plantez-le dans tout sol riche et drainé, en plein soleil. Taillez en hiver pour conserver une couronne aérée.*

☼ 💧 🏆R4 ↕15 m ↔6 m

Pyrus salicifolia
'Pendula'
Poirier pleureur

Arbre caduc à feuilles de saule, argentées, duveteuses à la naissance. Ses denses bouquets de petites fleurs crème éclosent au printemps, suivis en automne de fruits verts en forme de poire. Superbe arbre pour un jardin urbain, tolérant bien la pollution.

CULTURE *Plantez-le dans un sol riche et drainé, au soleil. Taillez les jeunes arbres en hiver pour obtenir une couronne aérée et équilibrée.*

☼ ◊ 🏆R4 ↕8 m ↔6 m

Ramonda myconi
Ramonde

Petite vivace persistante, aux rosettes basales de feuilles vert foncé, gaufrées, presque ovales. En fin de printemps, il en sort de courtes tiges portant des bouquets de fleurs bleu-violet soutenu. On en trouve des variantes roses ou blanches. Pour rocaille ou muret de pierres sèches. *R. nathaliae* est très proche, à feuilles plus claires.

CULTURE *Dans un sol frais, drainé, moyen, humifère, à mi-ombre. Inclinez les plants pour éviter que l'eau stagnante ne fasse pourrir les rosettes. Les feuilles se fripent quand il fait sec mais renaissent avec la pluie ou l'arrosage.*

◐ ◊◊ 🏆R4 ↕10 cm ↔jusqu'à 20 cm

Ranunculus aconitifolius 'Flore Pleno'
Bouton-d'or blanc

Vivace herbacée touffue, aux petites fleurs pleines, presque sphériques, blanches, longuement épanouies au printemps et en début d'été. Ses feuilles dentées sont fortement lobées, vert foncé et luisantes. Excellente plante pour un jardin sauvage.

CULTURE *Donnez-lui un sol frais drainé, humifère, et une exposition ombragée ou semi-ombragée.*

◐ ● ◇◆ R4 ↕60 cm ↔45 cm

Ranunculus calandrinioides

Cette vivace touffue produit des bouquets de une à trois fleurs en coupe, blanches ou rosées, à la fin de l'hiver. Ses feuilles, lancéolées, bleutées, sortent du sol au printemps et disparaissent en été. Plantez-la en rocaille, en pierrier ou dans une serre alpine. Elle craint les hivers froids et humides.

CULTURE *Il lui faut un sol graveleux, très drainé, humifère, et du soleil. Arrosez un peu durant le repos estival.*

☼ ◇ R2 à 3 ↕20 cm ↔15 cm

Ranunculus gramineus
Bouton-d'or

Vivace aux fleurs en coupe, jaune citron, surmontant les feuilles, graminiformes, finement soyeuses, au printemps. Cette plante sera à l'aise dans une bordure comme dans une rocaille.

CULTURE *Donnez-lui un sol frais, drainé, riche, et une exposition ensoleillée ou semi-ombragée.*

☼ ◑ ◊◊ ♈R4 ↕jusquà 30 cm ↔jusqu'à 15 cm

Rhamnus alaternus 'Argenteovariegata'
Nerprun

Arbuste dressé à étalé, à pousse rapide, aux feuilles ovales, coriaces, vert argenté, bordées de blanc. Au printemps éclosent des bouquets de petites fleurs jaune-vert suivies de fruits sphériques rouges virant au noir.

CULTURE *Donnez-lui tout sol drainé et du soleil. Supprimez en fin d'hiver les rameaux indésirables ; éliminez à la naissance toute pousse vert uni.*

☼ ◊ ♈R4 ↕5 m ↔4 m

Rhodanthemum hosmariense

Sous-arbrisseau étalé, apprécié pour ses abondantes pâquerettes à couronne blanche et œil or. Elles éclosent du printemps à l'automne, posées sur les feuilles argentées, soyeuses, finement divisées. Plantez-le au pied d'un mur chaud ou en rocaille. Nettoyé régulièrement, il peut fleurir toute l'année dans une serre alpine.

CULTURE *Il lui faut un sol très drainé et du soleil. Nettoyez-le régulièrement pour soutenir la floraison.*

☼ ◊ R4 ↕10-30 cm ↔30 cm

Rhodochiton atrosanguineus

Liane vivace persistante à tiges fines, plutôt cultivée comme annuelle dans les régions froides. En été et en automne apparaissent les fleurs, pendantes, en tube, noires à pourpres, dotées d'un « chapeau » rouge pourpré. Les feuilles, cordiformes, sont vert soutenu. Prévoyez un treillage pour les sujets de grande taille. Parfois appelée *R. volubilis*.

CULTURE *Dans un sol frais, drainé, riche, humifère, en plein soleil, en veillant à ce que les racines restent à l'ombre. Pincez les pousses pour les faire se ramifier ; une forte taille est contre-indiquée.*

☼ ◊◆ R1 à 2 ↕3 m

Azalées persistantes *(Rhododendron)*

On distingue les azalées des rhododendrons à leurs feuilles réduites vert foncé et leurs fleurs plus tubulaires. Elles forment en outre des buissons souvent plus bas, plus étalés et plus grêles. Botaniquement, les « vrais » rhododendrons ont au moins dix étamines par fleur, contre cinq pour les azalées. Ce sont de beaux arbustes printaniers de presque toutes les couleurs et aux emplois multiples : les plus naines font merveille en pots et bacs dans les cours sombres, et les plus grandes éclairent les endroits peu ensoleillés. Elles réussissent au soleil pourvu que le sol ne sèche pas.

CULTURE *Dans un sol frais mais drainé, humifère, acide, et un peu d'ombre. Il ne faut en aucun cas les enterrer profondément. Elles demandent peu de taille de formation. Si les plantes âgées deviennent trop serrées, éclaicissez-les en fin de printemps. Maintenez un paillis de feuilles permanent, sans travailler le sol autour des racines.*

☼ ◑ 💧💧 ♀R4

1 ↕↔ 1,20 m

2 ↕↔ 1,30 m

3 ↕↔ 60 cm

4 ↕↔ 60 cm

5 ↕↔ 60 cm

6 ↕↔ 60 cm

1 *Rhododendron* 'Azuma-kagami' **2** *R.* 'Beethoven' **3** *R.* 'Hatsugiri' **4** *R.* 'Hinode-giri' **5** *R.* 'Hinomayo' **6** *R.* 'Irohayama'

7 ↕↔ 1,50 m

8 ↕↔ 1,50 m

9 ↕↔ 1,20 m

AUTRES CHOIX

'Addy Wery' Fleurs vermillon.

'Elsie Lee' Fleurs mauve rougeâtre clair.

'Greeting' Rouge-orangé.

'Gumpo' Blanc rosé.

'Hexe' Cramoisi.

'Hino-crimson' Fleurs rouge brillant

'Kure-no-yuki' Blanc ; syn. 'Snowflake'.

'Louise Dowdie' Fleurs rouge-pourpre vif.

'Vida Brown' Rouge-rose.

'Wombat' Rose.

10 ↕↔ 60-90 cm

11 ↕↔ 1,20 m

12 ↕↔ 1,20 m

7 *Rhododendron* 'John Cairns' **8** *R.* 'Kirin' **9** *R.* 'Palestrina' **10** *R.* 'Rosebud' **11** *R.* 'Vuyk's Scarlet' **12** *R.* 'Vuyk's Rosyred'

Azalées caduques *(Rhododendron)*

Groupe d'arbustes à fleurs très rustiques, seuls caducs parmi les rhododendrons, aux feuilles vert foncé souvent brillamment colorées en automne. Les azalées caduques sont sans doute les plus beaux des rhododendrons, aux fleurs printanières parfois parfumées, en gros bouquets blancs, orangés, roses ou rouges. Leurs taille, forme et port varient énormément, avec quantité d'emplois possibles au jardin, à l'ombre légère. *R. luteum* pousse au soleil si le sol est assez frais. Si votre sol ne convient pas, cultivez-les en bac.

CULTURE *Donnez-leur un sol frais mais drainé, acide, copieusement enrichi de matière organique, si possible à l'ombre légère. Il importe de les enterrer peu et de les pailler fortement de feuilles, qui les nourriront. La taille est superflue. Ne travaillez pas le sol aux alentours des plantes, pour ne pas abîmer les racines.*

☼ ◐ ◊◊ ♆R4

1 ↕↔ 2,50 m

2 ↕↔ 3 m

3 ↕↔ 2,20 m

4 ↕↔ 1,50-2,50 m

5 ↕↔ 1,50 m

1 *Rhododendron albrechtii* **2** *R. austrinum* **3** *R.* 'Cecile' **4** *R.* 'Corneille' **5** *R.* 'Homebush'

7 ↕↔ 4 m

6 ↕↔ 2 m

8 ↕↔ 1,50-2,50 m

AUTRES CHOIX

'Coccineum Speciosum' Fleurs rouge-orangé.

'Daviesii' Blanc.

'Gibraltar' Boutons cramoisis, s'ouvrant orange éclairé de jaune.

R. kaempferi Semi-persistant, fleurs rouges.

'Klondyke' Boutons rouges s'ouvrant jaune-orangé.

'Satan' Rouge vif.

'Silver Slipper' Blanc rosé à reflet orange.

'Spek's Brilliant' Orange-écarlate vif.

9 ↕↔ 2 m

10 ↕↔ 2,50 m

11 ↕↔ 2 m

6 *Rhododendron* 'Irene Koster' 7 *R. luteum* 8 *R.* 'Narcissiflorum' 9 *R.* 'Persil' 10 *R.* 'Spek's Orange' 11 *R.* 'Strawberry Ice'

Grands rhododendrons

Les grands rhododendrons forestiers, parfois arborescents, sont cultivés pour leurs éclatantes fleurs, surtout printanières, parfois odorantes, dans une large gamme de formes et couleurs. Ils sont parfaits pour colorer les zones ombragées et les sous-bois. Leurs feuilles sont généralement ovales et vert foncé, mais le jeune feuillage de *R. bureaui* est d'un beau brun clair. Certains cultivars, comme 'Cynthia' ou 'Purple Splendour', supportent le fort soleil (dans un sol bien frais), ce qui les rend plus adaptables que d'autres ; ce sont de superbes écrans ou haies fleuries pour le printemps, dans les grands jardins.

CULTURE *Dans un sol frais, drainé, humifère, acide. La plupart préfèrent l'ombre légère d'un sous-bois abrité. Une plantation superficielle est nécessaire. La taille de formation est rarement obligatoire, mais beaucoup peuvent être rafraîchis après la floraison, pour obtenir une charpente équilibrée du vieux bois.*

☼ ◑ 💧💧 🏆R4

1 ↕↔ 3 m

2 ↕↔ 3 m

3 ↕↔ 3,50 m

1 *R.* 'Blue Peter' **2** *R. bureaui* **3** *R.* 'Crest'

4 ↕↔ 6 m

5 ↕ jusqu'à 12 m ↔ 5 m

6 ↕↔ 4 m

7 ↕↔ 3 m

8 ↕↔ 4 m

9 ↕↔ 3 m

10 ↕↔ 3 m

11 ↕↔ 3 m

4 *R.* 'Cynthia' **5** *R. falconeri* **6** *R.* 'Fastuosum Flore Pleno' **7** *R.* 'Furnivall's Daughter' **8** *R.* 'Loderi King George' **9** *R.* 'Purple Splendour' **10** *R.* 'Sappho' **11** *R.* 'Susan'

Rhododendrons moyens

Ces rhododendrons persistants, d'une hauteur de 1,50 m à 3 m, sont appréciés pour leurs belles fleurs, souvent odorantes ; printanières, elles éclosent dans le feuillage vert foncé. 'Yellow Hammer' a souvent en avant-première une floraison d'automne ; quant au feuillage de 'Winsome', il est doté dans sa jeunesse d'une teinte bronze inattendue. Il existe un grand nombre de rhododendrons, convenant tous aux massifs d'arbustes ou pouvant être groupés en masse. Quelques variétés tolérant le soleil, surtout les plus basses comme 'May Day', peuvent constituer des haies libres.

CULTURE *Plantez-les dans un sol frais, drainé, humifère et acide. La plupart préfèrent une ombre légère. Une plantation superficielle est nécessaire. En climat froid, 'Fragrantissimum' demande en outre un épais paillis hivernal et un emplacement autre qu'un creux froid. Tondez-les, si nécessaire, après la floraison.*

☼ ◐ ◊ ♦ 🏆R2 à 3, R4

1 ↕↔ 2 m

2 ↕↔ 1,50 m

1 *R.* 'Fabia' (R4) **2** *R.* 'Golden Torch' (R4)

3 ↕↔ 2 m

4 ↕↔ 1,50 m

5 ↕↔ 1,50 m

6 ↕↔ 2 m

7 ↕↔ 2 m

8 ↕↔ 1,50 m

3 *R.* 'Fragrantissimum' (R2 à 3) **4** *R.* 'Hydon Dawn' (R4) **5** *R.* 'May Day' (R4)
6 *R.* 'Titian Beauty' (R4) **7** *R.* 'Yellow Hammer' (R4) **8** *R.* 'Winsome' (R4)

Rhododendrons nains

Les rhododendrons nains sont des arbustes courts, persistants, aux feuilles lancéolées, vert moyen à foncé. Leur floraison s'étale sur tout le printemps, dans une large gamme de superbes couleurs et de formes. Si la terre du jardin est trop calcaire, ils iront à merveille en bac ou en pot dans les cours ombragées ; 'Ptarmigan' est tout indiqué pour cet emploi, car il supporte quelques oublis d'arrosage. Ces rhododendrons sont également superbes en rocaille. Dans les régions froides, les gelées peuvent endommager les fleurs précoces.

CULTURE *Plantez-les dans un sol frais, drainé, humifère, acide, enrichi de matière organique mûre. Placez-les au soleil ou à mi-ombre, mais évitez l'ombre dense à l'aplomb d'un arbre. Mieux vaut les installer au printemps ou en automne, sans trop les enterrer. Les tailles sont inutiles.*

☼ ◐ 💧💧 🏆R3 à 4, R4

1 ↕↔ 1,10 m

2 ↕↔ 1,20 m

3 ↕↔ 60 cm

4 ↕↔ 45-90 cm

1 *R.* 'Cilpinense' (R4) **2** *R.* 'Doc' (R4) **3** *R.* 'Dora Amateis' (R4) **4** *R.* 'Ptarmigan' (R3 à 4)

Rhus typhina 'Dissecta'
Sumac de Virginie

Arbuste caduc, érigé, à pousses veloutées rouges ressemblant à des bois de cerf. Cette forme porte de longues feuilles divisées en de nombreuses folioles découpées et évoluant au rouge-orangé vif en automne. Des épis dressés de fleurs assez insignifiantes, vert-jaune, éclosent en été, suivis de grappes de fruits veloutés cramoisis. Parfois appelé *R. hirta*.

CULTURE *Plantez-le dans un sol frais, drainé, plutôt riche, et au soleil, pour avoir de belles couleurs automnales. Supprimez les rejets de la base.*

☼ 💧💧 🏆R4 ↕2 m ↔3 m

Ribes sanguineum 'Brocklebankii'
Cassissier à fleurs

Buisson dressé, caduc, à pousse lente, aux feuilles rondes, aromatiques, d'abord vivement dorées, pâlissant ensuite en été. Ses fleurs rose pâle, tubulaires, écloses en grappes pendantes au printemps, donnent de petits fruits d'un noir bleuté. 'Tydeman's White' est un arbuste très comparable, parfois un peu plus grand, et à fleurs blanc pur.

CULTURE *Dans un sol drainé, plutôt riche, au soleil, mais tamisé aux heures chaudes. Recépez quelques rameaux anciens après la floraison. Rabattez en hiver les vieux sujets.*

☼ ◐ 💧 🏆R4 ↕↔ 1,20 m

Ribes sanguineum 'Pulborough Scarlet'
Cassissier à fleurs

Ce vigoureux cassissier, plus grand que 'Brocklebankii' (page précédente), est un arbuste dressé, caduc, aux grappes printanières pendantes de fleurs tubulaires rouge foncé à cœur blanc. Ses feuilles, aromatiques, vert foncé, sont rondes, à lobes dentés. En été apparaissent de petites baies noir bleuté.

CULTURE *Donnez-lui un sol drainé, moyen, et du soleil. Supprimez quelques rameaux âgés après la floraison; les sujets trop touffus peuvent être rabattus en hiver.*

R4 ↕2 m ↔ 2,50 m

Robinia hispida
Robinier

Arbuste caduc à port souple, aux branches épineuses, utile en massif dans les sols maigres et secs. En mai-juin apparaissent des fleurs rose foncé, papilionacées, en épis retombants ; des gousses brunes leur succèdent. Les grandes feuilles vert foncé sont divisées en nombreuses folioles ovales.

CULTURE *Donnez-lui tout sol non trempé et du soleil. Abritez-le du vent, les branches étant cassantes. La taille est superflue.*

R4 ↕2,50 m ↔3 m

Robinia pseudoacacia 'Frisia'

Faux acacia

Arbre caduc, à pousse rapide, plus ou moins colonnaire, au charmant feuillage vert-jaune, franchement doré dans son jeune âge puis orangé en automne. Des grappes pendantes de petites fleurs blanches, odorantes, papilionacées, éclosent en mai-juin, mais restent rares. Les feuilles, divisées, apparaissent sur des branches épineuses.

CULTURE *Donnez-lui un sol frais, drainé, riche, en plein soleil. Dégagez un tronc sur les jeunes arbres, au sécateur. Cessez toute taille sur les sujets adultes.*

☼ 💧💧 🏆R4 ↕15 m ↔8 m

Rodgersia pinnata 'Superba'

Vivace en touffes, aux épis dressés de fleurs en étoile, rose vif. Elles éclosent en juin-juillet au-dessus des larges feuilles vert foncé, aux nervures marquées. Très divisées, de près de 90 cm de long, elles sont bronze pourpré dans leur jeunesse. Bonne plante de bord de l'eau, de fondrière ou de sous-bois humide. Vous aurez des fleurs crème avec *R. podophylla*.

CULTURE *Elle aime un sol frais, humifère, et une exposition ensoleillée ou semi-ombragée. Abritez-la des vents froids. Elle ne supporte pas non plus la sécheresse.*

☼ ◐ 💧 🏆R4 ↕jusqu'à 1,20 m ↔75 cm

Rosiers buissons à grandes fleurs *(Rosa)*

Également appelés rosiers hybrides de thé, ces arbustes caducs sont fréquemment cultivés en haies régulières, entourés d'allées strictes et de bordures. Ils se distinguent des autres rosiers en ce qu'ils portent leurs grosses fleurs isolément ou par groupes de deux ou trois. Elles apparaissent en mai-juin, puis par vagues successives jusqu'en automne. Dans un massif régulier, groupez-les par cinq ou six pieds d'un même cultivar, associés à des rosiers-tige, pour donner de la hauteur. Ces rosiers se marient également bien à des vivaces et d'autres arbustes dans les mixed-borders.

CULTURE *Plantez-les au soleil, dans un sol frais mais drainé et riche. Coupez les fleurs fanées au-dessus de la deuxième feuille pour les voir remonter. En mars, taillez les charpentières à 25 cm du sol environ et supprimez les bois morts ou malades.*

☼ ◊◊ ♆R4

1 ↕↔ 60 cm

2 ↕jusqu'à 2 m ↔ 80 cm

3 ↕1,10 m ↔ 75 cm

4 ↕1,10 m ↔ 75 cm

5 ↕75 cm ↔ 60 cm

1 *Rosa* ABBEYFIELD ROSE 'Cocbrose' **2** *R.* ALEXANDER 'Harlex' **3** *R.* BLESSINGS **4** *R.* ELINA 'Dicjana' **5** *R.* FREEDOM 'Dicjem' **6** *R.* 'Indian Summer' **7** *R.* 'Ingrid Bergman'

6 ↕55 cm ↔60 cm

7 ↕80 cm ↔60 cm

8 ↕75 cm ↔70 cm

9 ↕75 cm ↔60 cm

10 ↕1 m ↔75 cm

11 ↕1,20 m ↔1 m

14 ↕80 cm ↔60 cm

12 ↕1 m ↔60 cm

13 ↕1 m ↔75 cm

15 ↕1,10 m ↔60 cm

16 ↕1 m ↔75 cm

8 *R.* JUST JOEY **9** *R.* LOVELY LADY 'Dicjubell' **10** *R.* PAUL SHIRVILLE 'Harqueterwife' **11** *R.* PEACE 'Madame A. Meilland' **12** *R.* REMEMBER ME 'Cocdestin' **13** *R.* ROYAL WILLIAM 'Korzaun' **14** *R.* SAVOY HOTEL 'Harvintage' **15** *R.* SILVER JUBILEE **16** *R.* 'Troika'

Rosiers à fleurs en bouquets *(Rosa)*

Ces rosiers buissons très florifères sont également appelés floribunda. Ils ont en commun avec les autres rosiers une très vaste gamme de coloris, mais s'en distinguent par l'opulence de leurs bouquets de fleurs, plutôt petites. Presque toutes sont odorantes, à des degrés variables. Ils se prêtent à des compositions libres ou champêtres où ils s'associent parfaitement à des vivaces et à d'autres arbustes ; soyez attentif au moment du choix des coloris des plantes qui leur seront associées, car les fleurs des rosiers floribunda apparaissent dès juin et jusqu'en octobre.

CULTURE *Plantez-les dans un sol frais mais drainé, riche. Ils apprécient une exposition ensoleillée. Supprimez les fleurs fanées, sauf si vous voulez obtenir des fruits. En mars, taillez les charpentières à 30 cm du sol environ et supprimez à ras tous les bois morts ou malades.*

☼ ◊◊ ♈R4

1 ↕50 cm ↔ 60 cm

2 ↕1 m ↔ 75 cm

3 ↕75 cm ↔ 60 cm

4 ↕1 m ↔ 60 cm

5 ↕1,20 m ↔ 1 m

6 ↕80 cm ↔ 75 cm

1 *Rosa* AMBER QUEEN 'Harroony' **2** *R.* ANISLEY DICKSON 'Dickimono' **3** *R.* ANNA LIVIA 'Kormetter' **4** *R.* 'Arthur Bell' **5** *R.* CHINATOWN **6** *R.* CITY OF LONDON 'Harukfore' **7** *R.* ESCAPADE 'Harpade'

7 ↕75 cm ↔ 60 cm

8 ↕1 m ↔ 75 cm

9 ↕80 cm ↔ 65 cm

10 ↕↔ 75 cm

11 ↕80 cm ↔ 60 cm

12 ↕1,20 m ↔ 1 m

13 ↕70 cm ↔ 60 cm

14 ↕75 cm ↔ 60 cm

15 ↕jusqu'à 2,20 m ↔ 1 m

8 *R.* 'Fragrant Delight' **9** *R.* ICEBERG 'Korbin' **10** *R.* MANY HAPPY RETURNS 'Harwanted' **11** *R.* MARGARET MERRIL 'Harkuly' **12** *R.* MOUNTBATTEN 'Harmantelle' **13** *R.* SEXY REXY 'Macrexy' **14** *R.* TANGO 'Macfirwal' **15** *R.* 'The Queen Elizabeth'

Rosiers grimpants *(Rosa)*

Les rosiers grimpants sont des plantes vigoureuses, de hauteurs diverses. Tous ont d'épaisses tiges courbées et souvent des feuilles denses, luisantes, divisées en petites folioles. Les fleurs, souvent odorantes, éclosent en été, parfois en une seule vague, abondante, d'autres remontant plus modestement. On peut les guider sur les murs et clôtures, seuls ou associés à d'autres lianes comme les clématites, ou les faire grimper sur de vieux arbres ou des arbustes palissés. Ils sont sans pareils pour masquer de vilains bâtiments ou comme fond de plates-bandes.

CULTURE *Dans un sol frais, drainé, riche, au soleil. Supprimez les fleurs fanées, si vous ne voulez pas les fruits. Ramenez les plantes adultes dans leur périmètre en les rabattant après la floraison. Rabattez au sol une charpentière, de temps en temps, pour obtenir des pousses du pied. Ne taillez rien les deux premières années.*

☼ ◊◊ R4

1 ↕↔ jusqu'à 6 m

2 ↕3 m ↔ 2,50 m

3 ↕↔ 2,20 m

4 ↕jusqu'à 10 m ↔ 6 m

5 ↕jusqu'à 5 m ↔ 4 m

1 *R. banksiae* 'Lutea' **2** *R.* COMPASSION **3** *R.* DUBLIN BAY 'Macdub' **4** *R. filipes* 'Kiftsgate' **5** *R.* 'Gloire de Dijon'

6 ↕ jusqu'à 3 m ↔ 2 m

7 ↕ 3 m ↔ 2,20 m

8 ↕↔ 2,50 m

9 ↕ 5 m ↔ 3 m

10 ↕ 3 m ↔ 2,50 m

11 ↕ jusqu'à 6 m ↔ 4 m

12 ↕ jusqu'à 3 m ↔ 2 m

6 *R.* GOLDEN SHOWERS **7** *R.* HANDEL 'Macha' **8** *R.* 'Maigold' **9** *R.* 'Madame Alfred Carrière' **10** *R.* 'New Dawn' **11** *R.* 'Madame Grégoire Staechelin' **12** *R.* 'Zéphirine Drouhin'

Rosiers lianes *(Rosa)*

Les rosiers lianes sont très proches des grimpants (voir p. 380), mais avec des tiges plus souples. Elles sont donc plus aisées à conduire sur des supports complexes tels qu'arceaux, tunnels et pergolas, ou cordes et chaînes tendues entre de solides poteaux. La plupart sont vigoureux. Contrairement aux grimpants, ils souffrent beaucoup de l'oïdium lorsqu'ils sont plaqués contre un mur. Tous les cultivars ont des feuilles vertes, brillantes, sur des tiges épineuses. Les fleurs, estivales, souvent odorantes, sont solitaires ou en bouquets. Ils peuvent être remontants ou non-remontants.

CULTURE *Ils aiment un sol frais, drainé, riche, et le soleil. Guidez les pousses des jeunes plantes sur un support, pour créer une charpente sur laquelle vous rabattrez les plants après la floraison. Retirez tout bois mort.*

☼ ◊◊ 🏆R4

1 **↕jusqu'à 5 m ↔ 3 m**

2 **↕jusqu'à 5 m ↔ 4 m**

1 *R.* 'Albéric Barbier' **2** *R.* 'Albertine'

3 ↕jusqu'à 10 m ↔ 6 m

4 ↕jusqu'à 5 m ↔ jusqu'à 4 m

5 ↕↔ 6 m

6 ↕jusqu'à 6m ↔ 4 m

7 ↕↔ jusqu'à 4 m

8 ↕↔ 4 m

3 *R.* 'Bobbie James' **4** *R.* 'Félicité Perpétue' **5** *R.* 'Rambling Rector' **6** *R.* 'Seagull' **7** *R.* 'Sanders' White Rambler' **8** *R.* 'Veilchenblau'

Rosiers miniatures *(Rosa)*

Ces rosiers buissons miniatures, sélectionnés pour leur port ramassé, étendent encore le nombre de possibilités de culture de rosiers. Tous ont de belles fleurs odorantes, dans une large gamme de couleurs, longuement épanouies, en été et en automne, dans un feuillage caduc, vert brillant. Excepté 'Ballerina', qui peut atteindre 1,50 m de haut, la plupart ne dépassent guère 1 m, ce qui les rend inestimables pour les espaces ensoleillés réduits ; en grand bac, en pot, en banquette, ils sont parfaits sur les terrasses et autres lieux dallés.

CULTURE *Plantez-les dans un sol frais, drainé, enrichi de matière organique mûre, et au soleil. En fin d'hiver, ne conservez que les branches les plus fortes, que vous réduirez à un tiers de leur longueur environ. Supprimez tout bois mort ou malade.*

☼ 💧💧 🏆R4

1 ↕45 cm ↔ 40 cm

2 ↕jusqu'à 1,50 m ↔ 1,20 m

3 ↕75 cm ↔ 60 cm

4 ↕40 cm ↔ 30 cm

5 ↕50 cm ↔ 40 cm

6 ↕75 cm ↔ 60 cm

1 *R.* ANNA FORD 'Harpiccolo' **2** *R.* 'Ballerina' **3** *R.* 'Cécile Brunner' **4** *R.* CIDER CUP 'Dicladida' **5** *R.* GENTLE TOUCH 'Diclulu' **6** *R.* 'Newrouw Nathalie Nypels'

9 ↕25 cm ↔ 30 cm

7 ↕1.2m (4ft) ↔ 1m (3ft)

8 ↕40cm ↔ 60 cm

10 ↕40 cm ↔ 35 cm

11 ↕↔ 35 cm

12 ↕60 cm ↔ 90 cm

13 ↕↔ 1-1,50 m

7 *R.* 'Perle d'Or' **8** *R.* QUEEN MOTHER 'Korquemu' **9** *R.* 'Stacey Sue'
10 *R.* SWEET DREAM 'Fryminicot' **11** *R.* SWEET MAGIC 'Dicmagic' **12** *R.* 'The Fairy'
13 *R.* 'Yesterday'

Rosiers couvre-sol *(Rosa)*

Les rosiers couvre-sol sont des arbustes étalés, bas, caducs, qui conviennent parfaitement pour l'avant d'une bordure, régulière ou libre. Ils produisent pendant une longue période, en été et en automne, de belles fleurs odorantes, parmi les feuilles divisées, vert brillant, garnissant les rameaux épineux. Seuls les plus touffus, tel 'Swany Meiburenac', étoufferont les mauvaises herbes, et uniquement si le sol est propre au départ. Beaucoup font tout leur effet au sommet d'un muret bas ou garnissant un talus escarpé, difficile à habiller.

CULTURE *Il leur faut un sol frais, drainé, plutôt riche et humifère, et le plein soleil. Rabattez les tiges après la floraison, bien en deçà de la zone à couvrir, et retirez tout bois mort ou malade. La taille annuelle augmentera la floraison.*

☼ ◊◊ ♈R4

1 ↕0,85 m ↔ 1,10 m

2 ↕0,45 m ↔ 1,20 m

3 ↕0,75 m ↔ 1,20 m

4 ↕1 m ↔ 1,20 m

1 *Rosa* BONICA 'Meidomonac' **2** *R.* 'Nozomi' **3** *R.* RED BLANKET 'Intercell'
4 **R.** ROSY CUSHION 'Interall'

5 ↕ 15 cm ↔ 45 cm

6 ↕ 0,50 m ↔ 1,50 m

7 ↕ 0,80 m ↔ 1,20 m

9 ↕ 0,75 m ↔ 1,20 m

8 ↕ jusqu'à 0,75 m ↔ 1,70 m

5 *R.* SNOW CARPET 'Maccarpe' **6** *R.* SUMA 'Harsuma' **7** *R.* SURREY 'Korlanum'
8 *R.* SWANY 'Meiburenac' **9** *R.* TALL STORY 'Dickooky'

Rosiers anciens *(Rosa)*

L'histoire des rosiers anciens remonte à l'époque romaine, et témoigne de la durée de leur succès au jardin. Ce sont des arbustes caducs, comportant de très nombreux cultivars répartis en groupes multiples, tels que Galliques, Damas et Moussus. Comme la plupart d'entre eux ne fleurissent qu'en juin, il faut les mêler à d'autres plantes à fleurs pour conserver un décor. Vous pouvez essayer par exemple de mêler les formes courtes à des bulbes printaniers et les formes grimpantes à des clématites tardives.

CULTURE *Ils aiment un sol frais mais drainé, riche, et apprécient une exposition ensoleillée. La taille est superflue ; seul le recépage occasionnel d'une branche âgée est utile pour aérer l'arbuste et susciter la repousse. Rectifiez la forme au printemps si nécessaire. À moins que vous ne souhaitiez obtenir des fruits, il faut retirer les fleurs fanées.*

☼ 💧 R4

1 ↕2,20 m ↔1,50 m

2 ↕1,20 m ↔1 m

3 ↕1 m ↔1,20 m

4 ↕1,50 m ↔1,20 m

5 ↕1,50 m ↔1,20 m

6 ↕1,50 m ↔1,20 m

1 *Rosa* 'Alba Maxima' 2 *R.* 'Belle de Crécy' 3 *R.* 'Cardinal de Richelieu' 4 *R.* 'Céleste' 5 *R.* x *centifolia* 'Cristata' (syn. 'Chapeau de Napoléon') 6 R. x *centifolia* 'Muscosa' 7 *R.* 'Charles de Mills'

7 ↕ ↔ 1,20 m ou plus

8 ↕↔ jusqu'à 2 m

9 ↕ ↔ 1,20 m

10 ↕1,50 m ↔ 1,20 m

11 ↕1,30 m ↔ 1,20 m

12 ↕1,50 m ↔ 1,20 m

13 ↕jusqu'à 2 m ↔ 1,20 m

14 ↕1,50 m ↔ 1,20 m

15 ↕1,50 m ↔ 1,20 m

16 ↕1,50 m ↔ 1,20 m

17 ↕ ↔ 1,20 m

18 ↕ ↔ 1 m

8 *R.* 'De Rescht' **9** *R.* 'Duc de Guiche' **10** *R.* 'Fantin-Latour' **11** *R.* 'Félicité Parmentier' **12** *R.* 'Ferdinand Pichard' **13** *R.* 'Henri Martin' **14** *R.* 'Ispahan' **15** *R.* 'Königin von Dänemark' **16** *R.* 'Madame Hardy' **17** *R.* 'Président de Sèze' **18** *R.* 'Tuscany Superb'

Rosiers buissons modernes *(Rosa)*

Ces rosiers sont un peu plus grands et étalés que la plupart des autres, associant la silhouette des rosiers anciens avec des qualités modernes. Leur bonne santé et leur vigueur fréquentes les rendent faciles à cultiver. Ils remontent longuement, ce qui en fait des plantes à fleurs d'été parfaites pour les fonds de plates-bandes arbustives, dans les grands jardins. Comme avec les autres rosiers, ils offrent un grand choix de formes et de coloris et plusieurs sont très parfumés. Ils s'épanouissent par vagues de juin à l'automne.

CULTURE *Plantez-les dans un sol frais mais drainé, moyen, riche en matière organique, dans un coin dégagé et ensoleillé. Pour leur conserver une taille raisonnable, taillez-les chaque année en mars ; sinon, mieux vaut les laisser pousser librement, leur forme étant aisément abîmée par une taille sévère ou maladroite.*

☼ ◊◆ R4

1 ↕1,50 m ↔ 1,10 m

2 ↕↔ 1,20 m

3 ↕↔ jusqu'à 3,50 m

4 ↕2 m ↔ 1,50 m

5 ↕↔ 1,50 m

6 ↕1,50 m ↔ 1,20 m

1 *Rosa* 'Blanche Double de Coubert' **2** *R.* 'Buff Beauty' **3** *R.* 'Cerise Bouquet' **4** *R.* CONSTANCE SPRY **5** *R.* 'Cornelia' **6** *R.* 'Felicia'

7 ↕2 m ↔1 m

8 ↕1,50 m ↔1 m

9 ↕1,20 m ↔1,50 m

10 ↕1,50 m ↔1,20 m

11 ↕↔2,20 m

12 ↕↔2,20 m

15 ↕2 m ↔1 m

13 ↕↔1,10 m

14 ↕2,20 m ↔2 m

16 ↕↔1,10 m

17 ↕2 m ↔1,20 m

7 *R.* 'Fred Loads' **8** *R.* GERTRUDE JEKYLL 'Ausbord' **9** *R.* GRAHAM THOMAS 'Ausmas'
10 *R.* 'Jacqueline du Pré' **11** *R.* 'Marguerite Hilling' **12** *R.* 'Nevada' **13** *R.* 'Penelope'
14 *R.* 'Roseraie de l'Häy' **15** *R.* 'Sally Holmes' **16** *R.* 'The Lady' **17** *R.* WESTERLAND 'Korwest'

Rosiers pour haies et jardins sauvages *(Rosa)*

Les rosiers botaniques, ou sauvages, qui se naturalisent souvent, sont les meilleurs pour les haies et les jardins libres. Buissonnants ou grimpants, ils ont souvent un air naturel, avec un port rampant ou retombant et des fleurs simples en églantine, souvent odorantes, écloses en mai-juin sur le bois d'un an. Si cette saison de floraison est fugace, de beaux fruits apparaissent souvent, aussi décoratifs que des fleurs. Leur couleur varie de l'orangé au noir et ils persistent souvent en hiver, où ils nourrissent la faune sauvage.

CULTURE *Ils préfèrent un sol frais mais drainé, fertile, riche en matière organique. Au jardin sauvage, la taille est superflue ; pour les haies, nettoyez à la cisaille après floraison et retirez les bois morts ou malades. Les fleurs apparaissant sur le bois d'un an, ne retirez pas trop de vieilles tiges.*

☼ ♢♦ ♈R4

3 ↕1 m ↔1,20 m

1 ↕2,20 m ↔2,50 m

2 ↕0,80 m ↔1 m

4 ↕0,80 m ↔1 m

5 ↕2 m ↔1,50 m

1 *R.* 'Complicata' **2** *R.* 'Fru Dagmar Hastrup' **3** *R. gallica* var. *officinalis*
4 *R. gallica* var. *officinalis* 'Versicolor' **5** *R. glauca*

6 ↕1,10 m ↔1,30 m

7 ↕1,50-2,50 m ↔1,20-2 m

8 ↕jusqu'à 3 m ↔2 m

9 ↕1,20 m ↔1 m

11 ↕↔1-2,50 m

10 ↕2 m ↔1 m

12 ↕2 m ↔1 m

13 ↕2,50 m ↔1 m

6 *R.* 'Golden Wings' **7** *R. mulliganii* **8** *R. nutkana* 'Plena' **9** *R.* x *odorata* 'Mutabilis'
10 *R. primula* **11** *R. rugosa* 'Rubra' **12** *R. xanthina* 'Canary Bird'
13 *R. xanthina* var. *hugonis*

Rosmarinus officinalis 'Miss Jessop's Upright'
Romarin

Vigoureux arbuste persistant érigé, aux feuilles aromatiques utilisées pour la cuisine. Tout le printemps, il produit dans cet étroit feuillage vert foncé à revers gris des bouquets de petites fleurs bleues à blanches ; il remonte parfois en automne. Bonne plante de haie pour un jardin condimentaire. 'Sissinghurst White' vous donnera des fleurs blanches.

CULTURE *Donnez-lui un sol drainé, maigre à moyen, dans un emplacement ensoleillé et abrité. Après la floraison, redonnez-lui forme à la cisaille.*

☼ ◊ 🏆R4 ↕↔ 2 m

Rosmarinus officinalis Groupe Prostratus
Romarin

Arbustes persistants aromatiques donnant au printemps et parfois en automne des bouquets de petites fleurs bilabiées, bleu pourpré à blanches. Les feuilles vert foncé à revers argenté servent pour la cuisine. Plantez-les à l'abri et protégez-les des hivers froids. Ils sont parfaits dans une rocaille ou au sommet des murets.

CULTURE *Plantez-les dans un sol pauvre à moyen, au soleil. Après la floraison, redonnez-leur discrètement forme, à la cisaille.*

☼ ◊ 🏆R3 ↕0,15 m ↔1,50 m

Rubus 'Benenden'
Ronce à fleurs

Arbuste caduc décoratif, aux tiges étalées inermes, recourbées, et à l'écorce écailleuse. On apprécie ses abondantes fleurs en grande coupe, ressemblant à des églantines, aux pétales brillants, blanc pur, épanouies au printemps. Ses feuilles, lobées, sont vert foncé. Pour un massif d'arbustes.

CULTURE *Plantez-la dans tout sol riche, au soleil ou à mi-ombre. Après la floraison, rabattez de temps en temps quelques vieilles tiges à la base pour aérer le buisson et susciter un bourgeonnement.*

☼ ◑ ◊ 🏆R4 ↕↔ 3 m

Rubus thibetanus
Ronce à fleurs

Arbuste dressé, caduc, à floraison estivale. Il doit sa beauté à ses tiges épineuses, cérusées de blanc en hiver. Ses petites fleurs en coupe, rouge violacé, éclosent dans le feuillage délicat, suivies de fruits noirs sphériques également pruinés de blanc. Parfois vendu sous le nom de 'Silver Fern'. *R. cockburnianus* est une autre ronce prisée pour ses tiges hivernales blanches.

CULTURE *Dans un sol riche, au soleil ou à mi-ombre. Chaque printemps, rabattez au sol toutes les tiges florifères pour ne laisser que les pousses jeunes n'ayant pas fleuri.*

☼ ◑ ◊ 🏆R4 ↕↔ 2,50 m

Rudbeckia fulgida var. *sullivantii* 'Goldsturm'

Ce rudbeckia est une vivace en touffes, appréciée pour son port dressé et ses grandes marguerites jaune d'or à cône central brun qui éclosent, en été et en automne, au-dessus de touffes denses de feuilles lancéolées, vert moyen. C'est un remarquable apport pour une bordure estivale et ses fleurs coupées tiennent assez longtemps.

CULTURE *Plantez-le dans un sol frais, drainé, qui ne sèche pas, au soleil ou à mi-ombre.*

R4 ↕jusqu'à 60 cm ↔45 cm

Rudbeckia 'Goldquelle'

Vivace élevée mais compacte, aux grosses fleurs pleines, jaune citron vif, écloses en été et en automne ; elles surmontent des touffes lâches de feuilles, vert moyen, fortement divisées. Les fleurs coupées sont très décoratives et tiennent longtemps.

CULTURE *Donnez-lui tout sol frais drainé, et une exposition ensoleillée ou semi-ombragée.*

R4 ↕jusqu'à 90 cm ↔45 cm

Salix babylonica var. *pekinensis* 'Tortuosa'

Saule tortueux

Arbre caduc à croissance rapide, dressé, aux branches curieusement spiralées, très frappantes en hiver. Au printemps, des chatons vert-jaune apparaissent en même temps que les feuilles contournées, vert vif, à revers argenté. Éloignez-le des drains, ses racines assoiffées étant envahissantes. Vendu aussi comme *S. matsudana* 'Tortuosa'.

CULTURE *Dans tout sol, sauf très sec, ou très crayeux et maigre. Éclaircissez-le de temps à autre, en fin d'hiver, pour le rajeunir, les pousses jeunes étant les plus typées.*

☼ ◐ 🏆R4 ↕15 m ↔8 m

Salix 'Boydii'

Saule

Ce petit arbuste à pousse très lente, dressé, caduc, aux branches noueuses, convient aux rocailles et aux auges. Ses petites feuilles, presque rondes, rêches, très nervurées, sont vert argenté. Les chatons apparaissent à la fin de l'hiver, mais rarement.

CULTURE *Donnez-lui tout sol frais, drainé, profond, et le plein soleil ; les saules n'aiment pas les sols maigres et crayeux. Si nécessaire, taillez-le en fin d'hiver pour conserver une belle charpente.*

☼ ◇◐ 🏆R4 ↕30 cm ↔20 cm

Salix caprea 'Kilmarnock'
Saule Marsault pleureur

Arbre pleureur nain, formant un parapluie dense de pousses brun doré, couvertes de chatons au printemps, avant l'apparition des feuilles. Celles-ci, dentées, sont vert foncé, à revers gris-vert. Parfait dans un petit jardin.

CULTURE *Donnez-lui tout sol frais, drainé, profond, et du soleil. Taillez-le chaque fin d'hiver pour éviter que la couronne ne devienne trop embroussaillée. Supprimez les gourmands sur le tronc.*

☼ ◊♦ ♀R4 ↕1,50-2 m ↔2 m

Salix hastata 'Wehrhahnii'
Saule

Ce petit arbuste dressé, à pousse lente, caduc, aux tiges brun violacé sombre, contrastant avec les chatons argent de la fin de l'hiver, est un beau sujet pour jardins hivernaux. Les feuilles ovales sont gris-vert.

CULTURE *Plantez-le dans un sol frais, au soleil ; il n'aime pas les sols maigres et crayeux. Taillez-le au printemps pour équilibrer jeunes pousses et vieux bois, les premières étant les plus colorées, le second donnant les chatons.*

☼ ♦ ♀R4 ↕↔1 m

Salix lanata
Saule laineux

Arbrisseau arrondi, à pousse lente, caduc, aux branches trapues, veloutées de blanc dans leur jeunesse. De gros chatons dressés, dorés à gris doré, éclosent au printemps sur le vieux bois, dans les feuilles vert foncé, presque ovales, feutrées d'argent.

CULTURE *Il demande un sol frais, drainé, au soleil. Il supporte la mi-ombre mais n'aime pas les sols maigres et crayeux. Taillez-le si nécessaire à la fin de l'hiver pour équilibrer jeunes pousses et vieux bois.*

☼ ◐ 💧💧 🏆R4 ↕1 m ↔1,50 m

Salpiglossis
Série Casino

Annuelles compactes, érigées, dont les couleurs vont du bleu et violet aux rouges, jaunes et orangés, veinés de tons plus soutenus. Les feuilles, lancéolées, vert moyen, ont des bords ondulés. Résistantes aux intempéries, ces plantes sont idéales pour les massifs d'été où elles donnent jusqu'en automne le spectacle contrasté de leurs fleurs évasées.

CULTURE *Plantez-les dans un sol frais, drainé, riche, au soleil. Tuteurez-les et supprimez les fleurs fanées. Ne les installez qu'après les dernières gelées.*

☼ 💧 🏆R3 ↕jusqu'à 60 cm ↔jusqu'à 30 cm

Salvia argentea
Sauge

Cette vivace éphémère forme de grosses touffes de feuilles basales, douces, veloutées de gris. Des épis de fleurs en capuchon, bilabiées, blanches ou blanc rosé, éclosent en été, sur de fortes tiges érigées. Convient à une bordure de type méditerranéen, avec un abri en région froide.

CULTURE *Donnez-lui un sol léger, très drainé, et un emplacement chaud et abrité. Protégez-la des vents froids et de la pluie, en hiver, à l'aide d'une cloche ou d'un panneau de verre.*

☼ ◊ ♀R3 ↕90 cm ↔60 cm

Salvia cacaliifolia
Sauge

Généralement cultivée comme annuelle en climat froid, cette vivace dressée, soyeuse, porte en juin des épis de fleurs bleu foncé au-dessus d'un feuillage vert moyen. C'est une sauge originale, aux fleurs brillamment colorées, qui convient en massif, mais aussi comme garniture estivale ou en potée.

CULTURE *Donnez-lui un sol frais mais drainé, léger et moyen, enrichi en matière organique, dans un coin ensoleillé ou légèrement ombragé.*

☼ ◑ ◊ ◆ ♀R2 ↕90 cm ↔30 cm

Salvia coccinea 'Pseudococcinea'

Vivace buissonnante fugace, souvent cultivée comme annuelle en climat froid, aux feuilles duveteuses dentées, vert foncé, et aux minces épis lâches de fleurs cerise clair en été et automne. Belle touche exotique pour scène estivale et potées.

CULTURE *Donnez-lui un sol léger, moyen et drainé, riche en matière organique. Plantez-la en plein soleil.*

☼ ◊ ♈R3 ↕60 cm ↔ 30 cm

Salvia discolor

Ce sous-arbrisseau, souvent traité comme une annuelle en climat froid, est cultivé tant pour ses fleurs que pour ses feuilles. Celles-ci, vertes, sont feutrées d'argent et forment un joli décor en attendant les longs épis de fleurs pourpre-noir épanouis en fin d'été et automne.

CULTURE *Il pousse dans un sol frais mais drainé, léger et moyen, humifère. Donnez-lui le plein soleil ou la mi-ombre.*

☼ ◑ ◊◊ ♈R1 ↕45 cm ↔ 30 cm

Salvia fulgens
Sauge

Sous-arbrisseau dressé, persistant, estival, portant des épis de fleurs rouges, tubulaires, bilabiées. Les feuilles, ovales, dentées ou échancrées, sont vert profond à revers feutré de blanc. Belle source de couleur pour une potée ou un bac. Cette sauge supporte mal le froid vif.

CULTURE *Donnez-lui un sol frais, drainé, léger, moyen, humifère. Placez-la au soleil ou à mi-ombre.*

☼ ◑ ◊ ♈R3 ↕15 cm ↔20 cm

Salvia guaranitica 'Blue Enigma'
Sauge

Vivace semi-arbustive, donnant de bons résultats comme annuelle à massif en climat froid. On apprécie ses fleurs bleu foncé, plus odorantes que celles de l'espèce type, *S. guaranitica*, et qui culminent au-dessus du feuillage vert moyen d'août à octobre.

CULTURE *Plantez-la dans un sol frais mais drainé, léger et moyen, enrichi en matière organique. Donnez-lui le plein soleil ou la mi-ombre.*

☼ ◑ ◊◊ ♈R3 à 4 ↕1,50 m ↔ 90 cm

Salvia leucantha

Sauge

Arbuste persistant aux feuilles vert moyen, à revers feutré. Ses longs épis de fleurs blanches aux calices pourpres à lavande apparaissent en hiver et au printemps. Il se cultive sous abri en climat froid, et reste beau toute l'année en serre ou en bac.

CULTURE *Sous abri, donnez-lui un substrat bien drainé et la pleine lumière, sans soleil brûlant. Ailleurs, plantez-le dans un sol frais mais drainé, riche, au soleil ou à mi-ombre.*

☼ ◐ ◇◆ 🏆R1 ↕60-100 cm ↔ 40-90 cm

Salvia microphylla 'Pink Blush'

Sauge

Voici une couleur inattendue pour cet arbrisseau aux feuilles vert moyen et aux grands épis minces de fleurs d'un rose fuchsia intense. Il est superbe contre un mur ou une clôture ensoleillés et abrités. Il est détruit par les froids vifs. 'Kew Red' et 'Newby Hall', tous deux à fleurs rouges, sont également recommandés.

CULTURE *Donnez-lui un sol frais mais drainé, léger, moyen, riche en matière organique, et le plein soleil. Les plantes endommagées par le froid peuvent être nettoyées, sans toucher au vieux bois.*

☼ ◇ 🏆R3 à 4 ↕90 cm ↔ 60 cm

Salvia officinalis 'Icterina'
Sauge officinale

Très belle forme de sauge, panachée de jaune et vert, au port de sous-arbrisseau arrondi. Son feuillage persistant, aromatique, velouté, peut servir pour la cuisine. Des épis peu spectaculaires de petites fleurs bleu lilas apparaissent en mai-juin. C'est une plante parfaite pour un jardin condimentaire ou officinal. 'Kew Gold' est une plante comparable, avec parfois des feuilles entièrement jaunes.

CULTURE *Dans un sol frais, drainé, plutôt riche et humifère, au soleil ou à mi-ombre.*

☼ ◊ ♕R4 ↕jusqu'à 0,80 m ↔1 m

Salvia officinalis groupe Purpurascens
Sauge pourpre

Sous-arbrisseau dressé, persistant, dont les jeunes feuilles rouge pourpré se marient bien aux épis de fleurs bleu lilas, écloses en mai-juin. C'est une bonne plante pour une bordure ensoleillée. Le feuillage, aromatique, peut être employé en cuisine. On peut l'utiliser pour colorer un jardin de simples.

CULTURE *Plantez-la dans un sol frais mais drainé, moyen et humifère, au soleil ou à mi-ombre. Rabattez-la à la cisaille après la floraison.*

☼ ◐ ◊◊ ♕R4 ↕jusqu'à 80 cm ↔ 1m

Salvia officinalis 'Tricolor'
Sauge

Cette sauge panachée est un arbrisseau persistant, aux feuilles duveteuses, aromatiques, panachées de crème, rose et bordeaux. En mai-juin, elle porte des épis de fleurs lilas attirant les abeilles. Moins rustique que l'espèce type, trouvez-lui un coin chaud et abrité ou ne la plantez que pour son intérêt estival.

CULTURE *Plantez-la dans un sol frais mais drainé, moyen et humifère, au soleil ou à mi-ombre. Abritez-la de l'humidité hivernale et des vents froids et secs. Rabattez-la à la cisaille après la floraison.*

☼ ◑ 💧💧 🏆R3 ↕jusqu'à 0,80 m ↔1 m

Salvia patens 'Cambridge Blue'
Sauge

Ce beau cultivar de *S. patens* est une vivace érigée aux grands aux grands épis de fleurs bleu clair, fleurit de juin à septembre au-dessus des feuilles, ovales, soyeuses, vert moyen. En climat froid, mettez-la à l'abri au pied d'un mur chaud. Une belle acquisition pour une bordure ou un massif, ou pour des bacs, en terrasse.

CULTURE *Donnez-lui un sol drainé et le plein soleil. Hivernez les jeunes plantes à l'abri.*

☼ 💧 🏆R3 ↕45-60 cm ↔45 cm

Salvia pratensis
Groupe Haematodes
Sauge des prés

Vivaces à courte durée de vie, formant des touffes basales de grandes feuilles vert foncé. En début d'été, de larges épis de fleurs serrées, bleu-violet à gorge claire, émergent du cœur. Bonne source de couleur pour un massif, pour étoffer plates-bandes et bordures ou bacs. 'Indigo' est un autre beau cultivar, recommandé. Ces plantes sont parfois vendues sous le nom de *S. haematodes*.

CULTURE *Dans un sol frais, drainé, moyen, humifère, en plein soleil ou à mi-ombre.*

☼ ◊ 🏆R4 ↕jusqu'à 90 cm ↔30 cm

Salvia splendens
'Scarlet King'
Sauge rouge

Vivace compacte et touffue, aux denses épis de fleurs écarlates, en long tube, d'ordinaire cultivée en annuelle, surtout en climat froid. Ses fleurs éclosent en été et automne, au-dessus des feuilles dentées, vert foncé. De longue durée, éclatantes, elles font de cette sauge un apport sans égal dans une composition, en massif ou en bac. 'Red Riches' et 'Vanguard' sont, elles aussi, excellentes en massif.

CULTURE *Elle apprécie un sol frais, drainé, moyen, humifère et un coin ensoleillé.*

☼ ◊ 🏆R3 ↕jusqu'à 25 cm ↔23-35 cm

Salvia x *sylvestris* 'Mainacht'

Sauge

Vivace nette, en touffes, à l'odeur agréable, produisant en juin-juillet de hauts épis serrés de fleurs indigo. Ses feuilles, étroites, duveteuses, vert moyen, ont des bords incisés. Dans une bordure, à proximité de plantes à feuilles argentées, elle offre un contraste saisissant. 'Blauhugel' et 'Tanzerin' sont d'autres cultivars de qualité.

CULTURE *Dans un sol drainé, riche, au soleil ; elle supporte la sécheresse. Rabattez la première série de fleurs fanées pour provoquer une nouvelle floraison.*

☼ ◊ R4 ↕70 cm ↔45 cm

Salvia uliginosa

Sauge des marais

Gracieuse vivace produisant des épis de fleurs bleu clair en été et en automne sur des tiges branchues. Les fleurs dominent les feuilles lancéolées, dentées, vert moyen. Idéale pour une bordure fraîche ; en climat froid, on peut la cultiver en bac, à rentrer pour l'hiver dans une véranda.

CULTURE *Elle demande un sol frais, drainé, riche, dans un emplacement ensoleillé, abrité. Les plantes élevées demandent un tuteurage.*

☼ ♦ R3 à 4 ↕jusqu'à 2 m ↔ 0,90 m

Sambucus nigra 'Guincho Purple'

Sureau commun

Arbuste dressé, aux feuilles divisées, vert foncé puis pourpres et enfin rouges en automne. En juin, des fleurs blanc rosé, légèrement musquées, éclosent en grands bouquets plats, suivis de petits fruits noirs. Les sureaux sont précieux pour la création d'un jardin, car ils s'établissent vite.

CULTURE *Dans un sol riche, au soleil ou à mi-ombre. Pour avoir un beau feuillage, recépez toutes les branches à ras en hiver, ou bien taillez les plus vieilles tiges et réduisez les jeunes à un tiers de leur longueur.*

☼ ◑ 💧 🏆R4 ↕↔ 6 m

Santolina chamaecyparissus

Santoline

Arbrisseau persistant, arrondi, cultivé pour son feuillage, dont on profite mieux en supprimant les fleurs estivales jaune-vert. Ses minces tiges blanches cotonneuses sont couvertes d'étroites feuilles ciselées, blanc-gris. Convient à une mixed-border, une rocaille, ou servira de haie basse. La var. *nana* est une version compacte.

CULTURE *Dans un sol drainé, pauvre à moyen, en plein soleil. En automne, supprimez les fleurs fanées et raccourcissez les tiges longues. Les plantes âgées désordonnées sont rabattues court chaque printemps.*

☼ 💧 🏆R4 ↕0,50 m ↔1 m

Santolina rosmarinifolia 'Primrose Gem'
Santoline

Dense arbrisseau persistant, arrondi, semblable à *S. chamaecyparissus* (ci-contre, en bas), mais à feuilles vertes et à fleurs claires, qui éclosent en juin au bout de minces tiges, au-dessus du feuillage aromatique plumeux. Excellent bouche-trou pour une bordure ensoleillée.

CULTURE *Dans un sol drainé, maigre à moyen, en plein soleil. En automne, supprimez les fleurs fanées et retaillez les tiges longues. Les plantes âgées désordonnées sont rabattues court chaque printemps.*

☼ 💧 🏆R4 ↕0,60 m ↔1 m

Saponaria ocymoides
Saponaire

Vivace rampante, tapissante, aux abondantes petites fleurs printanières, étalées, roses. Ses petites feuilles velues, vert vif, sont réduites. Idéale sur un talus sec, dans un pierrier ou une rocaille, elle risque toutefois d'étouffer ses voisines. 'Rubra Compacta' est un cultivar à fleurs rouges.

CULTURE *Plantez-la dans un sol graveleux, très drainé, en plein soleil. Rabattez-la court après la floraison pour la garder dense.*

☼ 💧 🏆R4 ↕8 cm ↔45 cm ou plus

Saponaria x *olivana*

Saponaire

Vivace printanière formant un coussin, aux abondants bouquets de petites fleurs rose pâle tout autour d'un monticule de petites feuilles vert moyen, étroites. Pour une rocaille, une pente caillouteuse ou un talus sec.

CULTURE *Donnez-lui un sol très drainé, au soleil. Paillez le collet d'un lit de gravillon ou de gros sable.*

☼ ◊ ♉R4 ↕5 cm ↔15 cm

Sarcococca confusa

Dense arbrisseau persistant, au parfum hivernal inégalable, à l'apparition, vers novembre, de ses bouquets de petites fleurs blanches, suivies de petits fruits ronds, noirs. Les feuilles, ovales, réduites, sont d'un vert foncé luisant. Constitue une excellente haie basse près d'une porte d'entrée. Il supporte la pollution, l'ombre dense et la négligence.

CULTURE *Plantez-le dans un sol frais, drainé, humifère, à mi-ombre ou à l'ombre, à l'abri des vents froids. Au printemps, retirez les pousses mortes ou malades.*

◐● ♦ ♉R4 ↕2 m ↔1 m

Sarcococca hookeriana var. *digyna*

Cet arbuste persistant, parfumé, est très proche de *S. confusa* (ci-contre, en bas), avec un port plus bas et étalé. Ses petites fleurs blanches, odorantes, aux anthères roses, sont suivies de baies noires ou bleu-noir ; elles éclosent en hiver dans les feuilles étroites, luisantes, plus étroites et effilées que celles de *S. hookeriana*. Bonnes fleurs à couper.

CULTURE *Donnez-lui un sol frais drainé, riche, humifère, et de l'ombre. Pour le maintien en place, enlevez les rejets au printemps.*

☀☀ 💧 🏆R4 ↕1,50 m ↔2 m

Sarracenia flava

Sarracène à fleurs jaunes

Cette vivace carnivore porte des fleurs printanières jaunes, pendantes. Certaines des feuilles sont transformées en hautes urnes nectarifères, dressées, piégeant les insectes. Vert-jaune marqué de brun, elles ont une gorge rouge et forment un capuchon. En climat froid, cultivez-la comme annuelle, ou abritez-la sous une serre froide.

CULTURE *Il lui faut un sol humide mais très drainé, riche, acide, et du soleil. Arrosez copieusement à l'eau non calcaire, moins en hiver. Température minimale : 2 °C.*

☀ 💧💧 🏆R1 ↕0,50-1 m ↔jusqu'à 1 m

Saxifraga 'Jenkinsiae'
Saxifrage

Cette vivace persistante à pousse lente, nette, forme des coussins serrés de feuilles gris-vert. Elle produit, tôt au printemps, d'abondantes fleurs solitaires, en coupe rose pâle à cœur sombre, sur de fines tiges rouges. Pour une rocaille ou une auge.

CULTURE *Il lui faut un sol frais mais bien drainé, moyen, neutre à alcalin, et le plein soleil. Abritez-la du soleil brûlant.*

☼ ◊ ♀R4 ↕5 cm ↔20 cm

Saxifraga 'Southside Seedling'
Saxifrage

Vivace tapissante, persistante, produisant en mai-juin des nuages légers de petites fleurs en coupe, d'un blanc fortement ponctué de rouge. Les feuilles, oblongues à spatulées, vert pâle, forment de grandes rosettes aplaties. Plante idéale pour une rocaille.

CULTURE *Plantez-la dans un sol très drainé, moyen, alcalin, et ménagez-lui une exposition ensoleillée.*

☼ ◊ ♀R4 ↕30 cm ↔20 cm

Scabiosa caucasica 'Clive Greaves'
Scabieuse

Élégante vivace, aux fleurs solitaires bleu lavande, à ruché central, qui surmontent en été les touffes de feuilles vert-gris. Elles font de beaux bouquets. Idéale pour un jardin de curé.

CULTURE *Plantez-la dans un sol drainé, moyen, neutre à un peu alcalin, en plein soleil. Supprimez les fleurs fanées.*

☼ ◊ R4 ↕↔ 60 cm

Scabiosa caucasica 'Miss Willmott'
Scabieuse

Vivace touffue, très proche de 'Clive Greaves' (ci-dessus), mais en blanc. Elle s'épanouit tout l'été et se prête aux bouquets. Ses feuilles en rosette basale sont vert-gris. Pour un jardin de curé.

CULTURE *Donnez-lui un sol drainé, moyen, neutre à un peu alcalin, en plein soleil. Supprimez les fleurs fanées.*

☼ ◊ R4 ↕ 90 cm ↔ 60 cm

Schizostylis coccinea 'Major'

Vivace puissante, solide, touffue, aux épis, semblables à ceux des glaïeuls, de grandes fleurs rouges. Elles éclosent en fin d'été sur des tiges raides, dressées, dominant les feuilles étroites, vert moyen, un peu molles. Pour un lieu abrité, en lisière de plate-bande, ou près de l'eau, mais sans y tremper. 'Jennifer' est comparable, mais à fleurs roses.

CULTURE *À planter dans un sol frais, drainé, riche, en plein soleil. Les plantes deviennent vite trop serrées, mais sont faciles à diviser de temps en temps, au printemps.*

☼ 💧 🏆R4 ↕jusqu'à 60 cm ↔30 cm

Schizostylis coccinea 'Sunrise'

Cette vigoureuse vivace touffue est semblable, pour son aspect, ses exigences et emplois possibles, à 'Major' (ci-dessus), mais ses épis dressés, automnaux, ont des fleurs saumon. Ses longues feuilles effilées sont plissées. Les fleurs coupées tiennent longtemps en bouquets.

CULTURE *Il lui faut un sol frais, drainé, riche, et du soleil. Il devient vite très touffu, mais est facile à diviser au printemps.*

☼ 💧 🏆R4 ↕jusqu'à 60 cm ↔30 cm

Scilla bifolia
Scille

Petite plante bulbeuse éclose tôt au printemps et se naturalisant bien sous les arbres et arbustes, ou dans l'herbe. Les épis presque unilatéraux de fleurs en étoile, bleues à bleu pourpré, nombreuses, surmontent les étroites feuilles basales.

CULTURE *Plantez-la dans un sol drainé, moyen, humifère, en plein soleil ou à mi-ombre.*

☼ ◊ ♈R4 ↕8-15 cm ↔5 cm

Scilla mischtschenkoana 'Tubergeniana'
Scille

Cette plante bulbeuse naine est plus précoce encore que *S. bifolia* (ci-dessus), avec des fleurs bleu argenté à stries plus foncées. Elles apparaissent en épis allongés avec les feuilles étroites, semi-érigées, vert moyen. À naturaliser dans une prairie. Parfois appelée *S. tubergeniana*.

CULTURE *Donnez-lui un sol drainé, moyen, riche en matière organique mûre, et le plein soleil.*

☼ ◊ ♈R4 ↕10-15 cm ↔5 cm

Sedum kamtschaticum 'Variegatum'
Orpin

Vivace touffue, semi-persistante, portant des feuilles charnues, vert moyen lavé de rose, à bords crème, qui attirent le regard. En été, elles contrastent joliment avec les bouquets plats de petites fleurs en étoile, jaune d'or virant au cramoisi. Pour les rocailles et bordures.

CULTURE *Plantez-le dans un sol drainé, graveleux, riche, en plein soleil ou à l'ombre légère.*

☼ ◊ 🏆R4 ↕10 cm ↔25 cm

Sedum 'Ruby Glow'
Orpin

Cette vivace basse produit en été des masses de petites fleurs en étoile, rubis, au-dessus des touffes de feuilles charnues, vert violacé. Riches en nectar, ces fleurs attirent abeilles, papillons et autres auxiliaires utiles. Excellente plante pour adoucir l'avant d'une mixed-border.

CULTURE *Plantez-le dans un sol drainé, riche, pas trop sec en été. Placez-le en plein soleil.*

☼ ◊ 🏆R4 ↕25 cm ↔45 cm

Sedum spathulifolium 'Cape Blanco'
Orpin

Vigoureuse vivace persistante formant une masse de feuillage argenté, souvent teinté de rouge bronze, fortement cérusé de blanc au cœur. En été éclosent de petits bouquets de fleurs jaune vif en étoile, au ras des feuilles. Belle plante pour une auge ou une banquette.

CULTURE *Plantez-le dans un sol drainé, moyen, graveleux, en plein soleil ou à l'ombre légère.*

☼ ◊ 🏆R4 ↕10 cm ↔60 cm

Sedum spathulifolium 'Purpureum'
Orpin

Cette vivace persistante, estivale, forme des tapis serrés de rosettes pourpres ; les feuilles centrales sont fortement cérusées de blanc. Des bouquets plats de petites fleurs jaune vif en étoile éclosent en été. Pour une rocaille, ou la lisière d'une plate-bande ensoleillée et drainée.

CULTURE *Il lui faut un sol graveleux, moyen, drainé, et du soleil ou un peu d'ombre. Quelques coups de ciseaux éviteront qu'il s'emmêle avec les plantes voisines.*

☼ ◑ ◊ 🏆R4 ↕10 cm ↔60 cm

Sedum spectabile
'Brilliant'
Orpin

Ce cultivar de *S. spectabile* est une vivace en touffes, caduque, aux petites fleurs en étoile, rose vif. Serrées en épais bouquets plats sur des tiges charnues, les fleurs apparaissent en fin d'été au-dessus des feuilles, grasses, vert-gris. Elles attirent les abeilles et les papillons et sèchent bien, sur pied ou coupées. Excellente plante pour la lisère d'une bordure.

CULTURE *Plantez-le dans un sol drainé, riche, bien arrosé en été, en plein soleil.*

☼ ◊ 🏆R4 ↕↔ 45 cm

Sedum spurium
'Schorbuser Blut'
Orpin

Cette vigoureuse vivace persistante forme des tapis de feuilles succulentes, vert moyen virant au pourpre. En été apparaissent des bouquets arrondis de fleurs en étoile, rose foncé. Plante idéale pour une rocaille.

CULTURE *Donnez-lui un sol moyen, drainé, neutre à alcalin, et le plein soleil ou un peu d'ombre. Pour qu'il reste florifère, divisez-le tous les trois ou quatre ans.*

☼ ◑ ◊ 🏆R4 ↕10 cm ↔60 cm

Sedum telephium ssp. *maximum* 'Atropurpureum'
Orpin

Vivace caduque, touffue, appréciée pour son feuillage très sombre, utile pour créer des contrastes. En été et en automne, de jolies fleurs roses, à cœur rouge-orangé, éclosent en bouquets au-dessus des feuilles, ovales, légèrement échancrées.

CULTURE *Il lui faut un sol drainé, moyen, neutre à alcalin, et le plein soleil. Maintenez-le florifère en le divisant tous les trois ou quatre ans.*

☼ ♢ R4 ↕45-60 cm ↔30 cm

Selaginella kraussiana
Sélaginelle

Vivace tapissante, persistante, à l'aspect moussu. Ses tiges traçantes sont couvertes de minuscules feuilles écailleuses, vert vif. Excellente plante à feuillage, à cultiver sous abri en climat froid. 'Variegata', aux feuilles panachées de blanc, et 'Brownii', en boules compactes de 15 cm de large, sont également intéressantes.

CULTURE *Elle aime les sols tourbeux, frais, et la mi-ombre. Gardez-la juste au frais en hiver. Sous abri, il lui faut une forte hygrométrie. Température minimale : 2 °C.*

◐ ♦ R1 ↕2,5 cm ↔illimité

Sempervivum arachnoideum
Joubarbe toile d'araignée

Cette joubarbe tapissante, charnue et persistante, est couverte d'un réseau de fils blancs. Ses petites feuilles, grasses, vert moyen à rouge, forment des rosettes serrées. En été, des bouquets aplatis de fleurs en étoile, rose-rouge, éclosent sur des tiges feuillues. Pour pierriers, crevasses ou auges.

CULTURE *Donnez-lui un sol graveleux, très drainé, maigre à moyen, et une exposition ensoleillée.*

☼ ◊ 🏆R4 ↕8 cm ↔30 cm

Sempervivum ciliosum
Joubarbe

Succulente persistante, tapissante, aux denses rosettes fortement soyeuses de feuilles lancéolées vert-gris. Elle produit tout l'été des têtes compactes, aplaties, de fleurs en étoile, jaune-vert. Les rosettes florifères meurent ensuite, mais sont vite remplacées. Plutôt pour une serre alpine dans les régions à hivers très humides.

CULTURE *Plantez-la dans un sol graveleux, drainé, maigre à moyen, au soleil. Elle supporte la sécheresse mais pas les hivers trempés ni les climats chauds et humides.*

☼ ◊ 🏆R4 ↕8 cm ↔30 cm

Sempervivum tectorum
Joubarbe des toits

Vigoureuse succulente, persistante et tapissante, aux grosses rosettes d'épaisses feuilles ovales, pointues, vert bleuté souvent teinté de rouge pourpré. En été, les bouquets de fleurs pourpres, en étoile, éclosent sur des tiges dressées, veloutées. Très jolie sur les vieux toits de tuile ou parmi des tessons de terre cuite.

CULTURE *Elle aime les sols graveleux, très drainés, maigres à moyens, et le plein soleil.*

☼ ◊ ♈R4 ↕15 cm ↔50 cm

Senecio cineraria 'Silver Dust'
Cinéraire

Sous-arbrisseau arrondi, à pousse moyenne, persistant, d'ordinaire cultivé comme une annuelle pour son feuillage plumeux, très découpé, presque blanc et très duveteux. Les plants de plus de un an donnent en juin-juillet des épis lâches de grosses fleurs en marguerite, moutarde ; on les supprime souvent. Parfait pour créer des effets de masse de feuillage dans les massifs d'été.

CULTURE *Dans un sol drainé, riche, au soleil. Pincez les boutons à fleurs pour les supprimer ou retirez les fleurs fanées.*

☼ ◊ ♈R3 ↕↔ 30 cm

Silene schafta
Silène

Vivace touffue, étalée, semi-persistante, dont les tiges molles portent des petites feuilles vert vif. En été et en automne apparaissent d'abondants bouquets de fleurs magenta à long tube, aux pétales échancrés. Pour une banquette ou une rocaille.

CULTURE *Plantez-la dans un sol drainé, neutre à alcalin, en plein soleil ou à mi-ombre.*

☼ ◑ ◊ ♀R4 ↕25 cm ↔30 cm

Skimmia x *confusa* 'Kew Green' (mâle)

Arbuste en dôme, compact, persistant, aux feuilles aromatiques, vert moyen, pointues. Des épis coniques de fleurs crème, odorantes, éclosent au printemps. Il ne fructifie pas mais pollinise les skimmias femelles voisins. Pour un massif d'arbustes ou un sous-bois.

CULTURE *Plantez-le dans un sol frais, drainé, moyen, humifère. Il accepte le soleil comme l'ombre, la pollution et la négligence. La taille est inutile.*

☼ ● ♦ ♀R4 ↕0,50-3 m ↔1,50 m

Skimmia japonica 'Rubella' (mâle)

Dense arbuste persistant, en dôme, au feuillage touffu, portant des épis de boutons à fleurs rouge foncé, en automne et en hiver. Ils éclosent au printemps en petites fleurs blanches, parfumées. Ses feuilles ovales sont vert foncé à liseré rouge. Il ne fructifie pas mais pollinise les cultivars femelles voisins. Il tolère la pollution et l'air marin. Si l'on manque de place, on peut employer 'Robert fortune', portant à la fois fleurs et fruits.

CULTURE *Dans un sol frais, riche, neutre à peu acide, à l'ombre ou à mi-ombre. Taille réduite à la suppression des pousses indisciplinées.*

☀ ☀ 💧 🏆R4 ↕↔ jusqu'à 6 m

Smilacina racemosa

Le smilacina est une vivace en touffes aux denses épis plumeux de fleurs printanière crème, souvent teintées de vert. Elles donnent parfois des baies rouges. Les abondantes feuilles lancéolées, vert clair, virent à l'or en automne. Beau sujet pour un sous-bois ou une bordure ombragée.

CULTURE *Il demande un sol frais, neutre à acide, riche et humifère, et une ombre plus ou moins dense.*

☀ ☀ 💧 🏆R4 ↕jusqu'à 90 cm ↔60 cm

Solanum crispum 'Glasnevin'

Cette solanacée chilienne est une liane à pousse rapide, ligneuse, persistante, étalée. En été et en automne éclosent à la pointe des tiges des bouquets de fleurs odorantes, bleu pourpré foncé. De petits fruits blanc-jaune leur succèdent. Les feuilles, ovales, sont vert foncé. Un peu frileuse en climat froid, il faut la planter contre un mur chaud.

CULTURE *Donnez-lui un sol frais, drainé, moyen, en plein soleil ou à mi-ombre. Rabattez les pousses faibles ou indisciplinées au printemps. Palissez-les au fur et à mesure.*

☼ ◑ ◊ ♦ R3 ↕6 m

Solanum jasminoides 'Album'

Cette liane à fleurs blanches, prolifique, ligneuse, est semi-persistante. En été et en automne, elle produit de gros bouquets de fleurs en étoile, odorantes, laiteuses, à anthères jaune citron proéminentes, suivies de baies noires. Ses feuilles, ovales, sont vert foncé. Le froid peut lui être fatal.

CULTURE *À planter dans un sol frais, riche, au soleil ou à mi-ombre. Éclaircissez au printemps et palissez les tiges sarmenteuses.*

☼ ◑ ◊ ♦ R3 ↕6 m

Solidago 'Goldenmosa'
Verge-d'or

Vigoureuse vivace compacte, touffue, coiffée en été de têtes florales jaune d'or vif. Ses feuilles, gaufrées, sont vert vif. Bonne plante pour un jardin sauvage, elle représente aussi un apport de couleurs à la fin de l'été ; les fleurs se prêtent aux bouquets. Elle peut être envahissante.

CULTURE *Elle pousse dans un sol drainé, maigre à moyen, plutôt sableux, en plein soleil. Retirez les fleurs fanées pour éviter le semis.*

☼ ◊ R4 ↕jusqu'à 75 cm ↔45 cm

Sollya heterophylla

Liane persistante et volubile produisant de la fin du printemps à l'automne des bouquets de fleurs en clochette, bleues, pendantes, suivies de baies de la même couleur. Les feuilles, lancéolées, sont vert foncé. Guidez-la sur une pergola, un arceau ou un arbuste. Elle demande l'abri d'une véranda en climat froid.

CULTURE *Donnez-lui un sol frais, drainé, moyen, humifère, et un emplacement abrité du soleil. Arrosez peu en hiver. Température minimale : 2 °C.*

☼ ◊◆ R1 ↕1,50-2 m

Sorbus aria 'Lutescens'
Alisier blanc

Arbre colonnaire compact, caduc, aux feuilles ovales, dentées, argent, virant au cuivre et à l'or. Au printemps éclosent des bouquets de fleurs blanches, suivies de baies rouge foncé sablé de brun. Bel arbre à isoler, admettant quantité de situations. 'Majestica', comparable, est plus élevé et à feuilles plus grandes.

CULTURE *Plantez-le dans un sol frais, drainé, riche, ensoleillé. Il supporte l'argile épaisse, la pollution, la mi-ombre et le vent. Retirez les bois morts en été.*

☼☀ 💧💧 🏆R4 ↕10 m ↔8 m

Sorbus hupehensis var. *obtusa*
Sorbier chinois

Cette variété de *S. hupehensis* est un arbre étalé, aéré, à la belle coloration automnale. Les gros bouquets de fleurs blanches printanières sont suivis de baies blanches, virant au rose. Les feuilles vert bleuté, divisées en nombreuses folioles, deviennent écarlates avant de tomber.

CULTURE *Il demande un sol frais, drainé, et du soleil, mais tolère un peu d'ombre. Retirez les bois morts ou malades en été.*

☼☀ 💧💧 🏆R4 ↕↔ jusqu'à 8 m

Sorbus 'Joseph Rock'
Sorbier

Arbre à peu près colonnaire, dressé, caduc, aux feuilles vert vif, divisées en de nombreuses folioles dentées. Elles se teintent joliment, à l'automne, d'orangé, de rouge et de pourpre. Au printemps éclosent de larges bouquets de fleurs blanches suivis de baies rondes jaune clair qui deviennent jaune-orangé en mûrissant.

CULTURE *Plantez-le dans un sol frais, drainé, riche, au soleil. Très sensible au feu bactérien, se traduisant par le noircissement des feuilles ; les pousses atteintes doivent être rabattues en été à 60 cm au moins de la zone affectée.*

☼ 💧💧 🏆R4 ↕10 m ↔7 m

Sorbus reducta
Sorbier

Arbrisseau caduc formant un taillis de branches dressées. Très apprécié pour son feuillage décoratif vert foncé virant au rouge profond en automne. Au printemps éclosent de petits bouquets lâches de fleurs blanches, suivis de baies blanches teintées de rouge. Il supporte la pollution.

CULTURE *Il demande un sol drainé, moyen, et un emplacement dégagé, ensoleillé. Pour aérer les plantes touffues, retirez les pousses basales encore tendres.*

☼ 💧 🏆R4 ↕1-1,50 m ↔2 m

Sorbus vilmorinii
Sorbier

Arbuste ou petit arbre étalé, aux élégantes branches courbes, vêtues de feuilles vert foncé divisées en de nombreuses folioles. Caduques, elles donnent un beau spectacle en automne, en virant à l'orange ou au rouge bronzé. Au printemps éclosent des bouquets de fleurs blanches suivis de baies rouge sombre passant au rose, puis au blanc.

CULTURE *Plantez-le dans un sol drainé, moyen, humifère, au soleil ou à mi-ombre. Retirez les bois morts ou malades en été.*

R4 ↕↔ 5 m

Spartium junceum
Genêt d'Espagne

Buisson érigé, aux minces pousses vert foncé, presque dépourvues de feuilles. Tout l'été éclosent à leur extrémité d'abondantes fleurs papilionacées, odorantes, jaune d'or vif. Elles donnent des gousses brun foncé, plates. Très utile dans des sols maigres.

CULTURE *Donnez-lui tout sol non trempé, du soleil et de la chaleur. Chaque printemps, rabattez de moitié les tiges principales des jeunes sujets pour les étoffer. Par la suite, taillez un peu de temps en temps, sans toucher au vieux bois.*

R4 ↕15 cm ↔20 cm

Spiraea japonica 'Anthony Waterer' Spirée

Arbuste caduc, compact, aux feuilles lancéolées, d'abord rouges, puis vert foncé, souvent bordées de crème. Des bouquets serrés de petites fleurs roses y éclosent en été. Parfait pour une haie libre et fleurie.

CULTURE *Plantez-la dans tout sol drainé, plutôt riche et ne séchant pas, en plein soleil. À la plantation, taillez pour ne laisser qu'une charpente de 15 cm de haut ; vous la rabattrez à peu près à ce niveau à chaque printemps. Supprimez les fleurs fanées.*

☼ ◊ ♀R4 ↕↔ jusqu'à 1,50 m

Spiraea japonica 'Goldflame' Spirée

Cet arbuste à fleurs compact, caduc, porte un joli feuillage bronze dans son jeune âge, qui devient ensuite jaune vif. En été éclosent des têtes pâles de petites fleurs rose foncé, à la pointe des tiges légèrement arquée. Parfait dans une rocaille. 'Nana', avec 45 cm de haut, est encore plus court.

CULTURE *À planter dans un sol drainé ne séchant pas, en plein soleil. À la plantation, rabattez-la sur une charpente de 15 cm de haut et recommencez chaque année. Supprimez les fleurs fanées.*

☼ ◊ ♀R4 ↕↔ 75 cm

Spiraea nipponica 'Snowmound'
Spirée

Cet arbuste caduc, à croissance rapide, étalé, a des tiges souples, d'un vert rougeâtre. Les feuilles rondes sont d'abord vert vif puis vert plus foncé. Ses bouquets serrés de petites fleurs blanches printanières en font un apport inestimable dans un massif d'arbustes.

CULTURE *Donnez-lui tout sol moyen, pas trop sec pendant la saison de pousse, et du soleil. Rabattez en automne les tiges défleuries et retirez les bois faibles.*

☼ ◊ R4 ↕↔ 1,20-2,50 m

Spiraea x *vanhouttei*
Spirée

Cet arbuste à croissance rapide, caduc, est plus compact que *S. nipponica* 'Snowmound' (ci-dessus), mais donne de semblables bouquets ronds de fleurs blanches, au printemps. Ses feuilles, en losange, sont vert foncé à revers bleuté. Convient à une haie libre ou en mixed-border.

CULTURE *Installez-la dans un sol drainé, riche, pas trop sec, au soleil. En automne, rabattez les tiges défleuries et retirez les bois morts ou malades.*

☼ ◊ R4 ↕2 m ↔1,50 m

Stachyurus praecox

Cet arbuste caduc étalé produit, sur des tiges rouge pourpré, des feuilles ovales, vert moyen. En fin d'hiver apparaissent des grappes pendantes de petites fleurs en clochette, jaune-vert, sur les tiges nues. Pour un massif d'arbustes ; il est aussi ravissant en sous-bois.

CULTURE *Plantez-le dans un sol frais, drainé, humifère, riche, neutre à alcalin. Il préfère un peu d'ombre mais supporte le soleil dans un sol bien frais. La taille est rarement nécessaire.*

☼ ◐ ◊◊ 🏆R4 ↕1-4 m ↔3 m

Stipa gigantea

Avoine géante

Graminée vivace aérienne, persistante, formant des touffes serrées d'étroites feuilles vert moyen. En été, elles sont surmontées d'épis vert argenté à vert pourpré, virant à l'or et persistant jusqu'en hiver. Elle fait grand effet à l'arrière-plan d'une bordure.

CULTURE *Donnez-lui un sol riche et drainé, en plein soleil. En fin d'hiver, retirez épis et feuilles fanés.*

☼ ◊ 🏆R4 ↕jusqu'à 2,50 m ↔1,20 m

Styrax japonicus
Arbre-aux-clochettes japonais

Arbre gracieusement étalé, caduc, portant des bouquets pendants de fleurs en clochette, odorantes, blanches, souvent teintées de rose, écloses en mai-juin. Les feuilles, ovales, vert soutenu, deviennent jaune doré ou rouges en automne. Parfait en sous-bois.

CULTURE *Plantez-le dans un sol frais, drainé, neutre à acide, en plein soleil et à l'abri des vents froids. Il supporte une exposition semi-ombragée. Laissez-le prendre son port naturel, sans taille.*

☼ ◑ ◊ ♦ 🏆 R4 ↕10 m ↔8 m

Styrax obassia
Styrax parfumé

Arbre presque colonnaire, caduc, aux belles feuilles rondes, vert foncé virant à l'or en automne. En mai-juin éclosent des fleurs en clochette, odorantes, blanches, en longs bouquets étirés.

CULTURE *Il demande un sol frais, drainé, riche, humifère, neutre à acide, et une exposition ensoleillée ou semi-ombragée. Abritez-le des vents froids et secs. La taille ne lui vaut rien ; laissez-le se développer seul.*

☼ ◑ ◊ ♦ 🏆 R4 ↕12 m ↔7 m

Symphytum x *uplandicum* 'Variegatum'

Consoude

Vivace en touffes, soyeuse, aux grandes feuilles lancéolées, vert moyen, à large liseré crème. Au printemps, des bouquets pendants de boutons, rose bleuté, donnent des fleurs bleu pourpré. Plutôt adaptée à un jardin sauvage ou une bordure ombragée, elle est moins envahissante que les formes vertes.

CULTURE *Plantez-la dans tout sol frais, au soleil ou à mi-ombre. Supprimez les tiges florales pour avoir de plus belles feuilles. Dans un sol maigre ou stérile, elle peut produire des feuilles vertes.*

☼◑ ♦ 🏆R4 ↕90 cm ↔60 cm

Syringa meyeri 'Palibin'

Lilas

Arbuste compact, à pousse lente et à silhouette ronde. On apprécie ses abondants bouquets printaniers de fleurs parfumées, rose foncé. Ses feuilles vert foncé sont ovales. Donne de l'effet à un massif d'arbustes. Parfois nommé *S. palibiniana*.

CULTURE *Installez-le dans un sol frais, drainé, profond et riche, plutôt alcalin, au soleil. Les premières années, supprimez les fleurs fanées. En hiver, enlevez les pousses faibles ou abîmées.*

☼ ◊♦ 🏆R4 ↕1,50-2 m ↔1,50 m

Syringa pubescens ssp. *microphylla* 'Superba'
Lilas

Cet arbuste caduc, en cône étalé, porte des épis de fleurs roses, très odorantes, au bout de ses minces rameaux. Elles éclosent d'abord au printemps, puis sporadiquement jusqu'en automne. Ses feuilles, ovales, vert moyen, sont rougeâtres à l'éclosion. Bon écran ou haie libre. 'Miss Kim' est un cultivar compact, plus court.

CULTURE *Dans un sol frais, drainé, riche, humifère, neutre à alcalin, au soleil. En hiver, retirez les pousses faibles ou abîmées.*

☼ ◊◆ ♕R4 ↕jusqu'à 6 m ↔6 m

Syringa vulgaris 'Charles Joly'
Lilas commun

Cette forme foncée est un arbuste étalé ou un petit arbre. Des fleurs très parfumées, doubles, éclosent à la fin du printemps, en épis coniques denses. Les feuilles caduques, cordiformes ovales, sont vert foncé. À placer au fond d'une mixed-border ou d'un massif d'arbustes.

CULTURE *Donnez-lui un sol frais, drainé, riche, humifère, neutre à alcalin, en plein soleil. Les jeunes sujets demandent peu de soins. Les vieilles branches érigées peuvent être recépées court en hiver.*

☼ ◊◆ ♕R4 ↕↔7 m

Syringa vulgaris
'Katherine Havemeyer'
Lilas commun

Grand buisson ou petit arbre étalé, aux bouquets serrés de fleurs doubles, très parfumées, lavande, issues de boutons pourpres au printemps. Les feuilles, caduques, cordiformes, sont vert moyen. 'Madame Antoine Buchner' est un lilas tout aussi recommandé, aux fleurs à peine plus roses.

CULTURE *Il demande un sol frais, drainé, riche, neutre à alcalin, humifère, et le plein soleil. Paillez-le régulièrement. La taille n'est pas obligatoire, mais il supporte un recépage de rajeunissement.*

☼ ◊◆ ♕R4 ↕↔ 7 m

Syringa vulgaris
'Madame Lemoine'
Lilas commun

Ce lilas est très proche par sa forme de 'Katherine Havemeyer' (ci-dessus), mais ses épis compacts de grandes fleurs, très parfumées, sont blancs. Ils éclosent en avril-mai parmi les feuilles, vert moyen, caduques, cordiformes. 'Vestale', à fleurs simples, est tout aussi intéressant.

CULTURE *Installez-le dans un sol frais, drainé, riche, neutre à alcalin, humifère, au soleil. Ne touchez pas aux jeunes plants. Les vieux sujets peuvent être rabattus court, en hiver, pour être rajeunis.*

☼ ◊◆ ♕R4 ↕↔ 7 m

Tamarix tetrandra

Tamaris

Grand arbuste recourbé, au feuillage mousseux sur des rameaux brun pourpré, portant au printemps des plumets de fleurs rose clair. Les feuilles sont de minuscules aiguilles écailleuses. Très utile pour un massif d'arbustes, dans un sol léger, sableux ; en climat doux mais venteux, il peut faire un bon buisson, notamment sur la côte. *T. ramosissima* 'Rubra', fleuri en fin d'été, est comparable.

CULTURE *Dans tout sol drainé, riche, même crayeux ou acide, au soleil ou à l'ombre dense. Pour les fruits, rapprochez mâles et femelles. En été, tondez-le pour le rénover.*

☼ ◊ 🏆R4 ↕↔ 3 m

Tanacetum coccineum 'Brenda'

Pyrèthre

Vivace herbacée touffue, cultivée pour ses marguerites magenta vif à cœur jaune d'or, écloses en juin sur des tiges dressées. Elles dominent le feuillage plumeux, aromatique, vert-gris. Les fleurs coupées durent longtemps. 'James Kelway' est comparable, alors que 'Eileen May Robinson' a des fleurs rose pâle.

CULTURE *Plantez-le dans un sol drainé, riche, neutre à acide, dans un emplacement aéré et ensoleillé. Rabattez-le après la première floraison pour susciter une remontance.*

☼ ◊ 🏆R4 ↕70-80 cm ↔45 cm

Taxus baccata
If

Conifère persistant, à pousse lente, quasi conique, aux aiguilles sombres disposées sur deux rangs le long des rameaux. Les plantes mâles donnent au printemps des cônes jaunes ; les femelles produisent en automne des fruits rouge vif, en capsule. Idéal en haie dense, à moduler à la cisaille, ou à l'arrière-plan d'un massif coloré. Toutes les parties sont toxiques.

CULTURE *Dans tout sol drainé, riche, au soleil ou à mi-ombre. Il supporte le calcaire et les terres acides. Plantez des ifs des deux sexes à proximité pour avoir des fruits. En été, tondez-le ou recépez-le si nécessaire.*

☼ ☀ ◇ 🏆R4 ↕jusqu'à 20 m ↔10 m

Taxus baccata
'Dovastonii Aurea' (femelle)
If

Conifère persistant à pousse lente, aux branches étagées, retombantes à la pointe. Plus petit que l'espèce type (ci-dessus), son feuillage est doré ou bordé d'or. Des fruits rouges charnus apparaissent en automne. Toutes les parties sont toxiques.

CULTURE *Plantez-le dans tout sol drainé, riche, au soleil ou à mi-ombre. Il supporte la craie et les terres acides. Plantez des ifs mâles à proximité pour avoir une bonne fructification. En été, tondez-le ou recépez-le pour le rénover.*

☼ ☀ ◇ 🏆R4 ↕3-5 m ↔2 m

Taxus baccata 'Fastigiata' (femelle)
If d'Irlande

Conifère dense, fastigié, persistant, devenant colonnaire avec l'âge. Ses feuilles vert foncé ne forment pas deux rangs, comme chez les autres ifs, mais cernent les pousses. C'est toujours une plante femelle, aux fruits rouge vif, charnus, en fin d'été. Toutes les parties sont toxiques.

CULTURE *De préférence dans tout sol frais, il supporte les sols très secs et crayeux, et le soleil ou l'ombre dense. Associez-le à des ifs mâles pour avoir de nombreux fruits. En été, si nécessaire, tondez-le ou rafraîchissez-le en le recépant.*

☼ ● ◊ ♈ R4 ↕ jusqu'à 10 m ↔ 4 m

Thalictrum delavayi 'Hewitt's Double'
Pigamon

Vivace dressée en touffes, plus florifère que *T. delavayi*, produisant en été des nuages érigés de pompons durables, mauve vif. Ses grandes feuilles, finement divisées, vert moyen, sont portées par des tiges minces, ombrées de pourpre. Excellent fond pour une bordure, à associer à des plantes à fleurs et feuilles trapues.

CULTURE *Plantez-le dans un sol frais drainé, humifère, au soleil ou à mi-ombre. De temps en temps, divisez les touffes pour le rajeunir.*

☼ ◐ ◊ ♈ R4 ↕ 1,20 m ou plus ↔ 0,60 m

Thalictrum flavum ssp. *glaucum*
Pigamon

Cette sous-espèce de pigamon jaune est une vivace touffue, portant en été de grosses têtes dressées de fleurs odorantes, jaune soufre. Elles surmontent des feuilles vert moyen, divisées. Parfaite pour une bordure de sous-bois.

CULTURE *Il aime les sols frais, humifères, et la mi-ombre, mais supporte soleil et sol sec. À tuteurer parfois.*

☼ ◑ 💧 ♈R4 ↕jusqu'à 1 m ↔0,60 m

Thuja occidentalis 'Holmstrup'
Thuya

Cette forme buissonnante de thuya est un conifère conique, à pousse lente. Son feuillage serré, vert moyen, sent la pomme, et forme des éventails verticaux. De petits cônes ovales s'y nichent. Plantez-le isolément ou faites-en une haie.

CULTURE *Donnez-lui un sol frais, drainé, profond, et le plein soleil. Abritez-le des vents froids et secs. Tondez-le si nécessaire au printemps et en fin d'été.*

☼ 💧 ♈R4 ↕jusqu'à 4 m ↔3-5 m

Thuja occidentalis 'Rheingold'
Thuya du Canada

Conifère buissonnant, étalé, à pousse lente, cultivé pour son feuillage doré, rosé dans son jeune âge et bronze en hiver. De petits cônes ovales sont produits sur les bouquets ondulés de feuillage écailleux, sentant la pomme. Il est beau isolé.

CULTURE *Plantez-le dans un sol frais, drainé, profond, au soleil et à l'abri. Tondez-le au printemps et en fin d'été, en veillant à ne pas le déformer.*

☼ 💧💧 🏆R4 ↕1-2 m ↔3-5 m

Thuja orientalis 'Aurea Nana'
Thuya d'Orient

Ce thuya nain est un conifère ovale, à écorce brun-rouge. Son feuillage vert doré, bronze en hiver, forme des éventails dressés. Des cônes pyriformes s'y nichent. Bonne plante de rocaille.

CULTURE *Donnez-lui un sol frais, drainé, profond, au soleil et à l'abri des vents froids. Tondez-le au printemps puis en fin d'été, si nécessaire.*

☼ 💧💧 🏆R4 ↕↔ jusqu'à 60 cm

Thuja plicata 'Stoneham Gold' Cèdre rouge

Cette forme naine, à pousse lente, du cèdre rouge, est un conifère à l'écorce crevassée, brun-rouge, et au feuillage aromatique or vif en éventail irrégulier ; les petites feuilles écailleuses du centre de l'arbuste sont vert foncé. Les cônes, petits, sont elliptiques. Parfait en rocaille.

CULTURE *Donnez-lui un sol frais, drainé, du soleil, et un abri contre les vents froids. Tondez-le au printemps puis en été.*

☼ ◊♦ R4 ↕↔ jusqu'à 2 m

Thunbergia grandiflora

Liane persistante, vigoureuse, ligneuse, à cultiver comme annuelle en climat froid. Ses fleurs, lavande à bleu-violet, parfois blanches, et à gorge jaune, éclosent en été en bouquets pendants. Les feuilles, veloutées, vert foncé, sont ovales à cordiformes.

CULTURE *Plantez-la dans un sol frais, drainé, riche, au soleil. Ombragez-la aux heures chaudes. Palissez les tiges grimpantes. Température minimale : 10 °C.*

☼ ◊♦ R1 ↕5-10 m

Thunbergia mysorensis

Liane printanière, à pousse rapide, ligneuse, portant des grappes pendantes de grandes fleurs jaunes à tubes rouge-brun à pourpres. Ses étroites feuilles persistantes, très nervurées, sont vert foncé. À cultiver dans une serre chaude en climat froid ou tempéré.

CULTURE *Plantez-la dans un sol frais, drainé, riche, humifère, avec de l'ombre aux heures chaudes. Palissez les pousses grimpantes. Température minimale : 15 °C.*

☼ ◊◊ ♀R1 ↕jusqu'à 6 m

Thymus x citriodorus 'Bertram Anderson'
Thym-citron

Arbrisseau ras, arrondi, persistant, portant de petites feuilles étroites, gris-vert, fortement éclairées d'or. Aromatiques, elles peuvent servir en cuisine. En fin de printemps éclosent des têtes de fleurs rose lavande pâle. Très beau dans un jardin condimentaire. Parfois vendu comme 'Anderson's Gold'.

CULTURE *Il lui faut un sol drainé, neutre à alcalin, et du soleil. Tondez les épis après la floraison et prélevez des brins pour la cuisine.*

☼ ◊ ♀R4 ↕jusqu'à 30 cm ↔jusqu'à 25 cm

Thymus x *citriodorus* 'Silver Queen'
Thym-citron

Cet arbrisseau arrondi, persistant, est semblable à 'Bertram Anderson' (ci contre, en bas) mais avec un feuillage blanc argenté. Des masses de têtes florales allongées, rose lavande, éclosent en début d'été. Pour un jardin condimentaire ; les feuilles aromatiques servent pour la cuisine.

CULTURE *Il pousse dans un sol drainé, neutre à alcalin, en plein soleil. Tondez-le après la floraison et prélevez des brins pour la cuisine.*

☼ ◊ ♕R4 ↕jusqu'à 30 cm ↔jusqu'à 25 cm

Thymus serpyllum var. *coccineus*
Thym

Sous-arbrisseau tapissant, persistant, à tiges duveteuses, aux petites feuilles aromatiques vert moyen. En début d'été apparaissent les fleurs, rose vif, en couronnes serrées. Pour joints de pavement, où le feuillage dégagera son parfum sous les pas. Parfois appelé *T. praecox* 'Coccineus'.

CULTURE *Donnez-lui un sol drainé, neutre à alcalin, graveleux, et un emplacement ensoleillé. Tondez-le après la floraison pour le garder propre.*

☼ ◊ ♕R4 ↕25 cm ↔45 cm

Tiarella cordifolia

Cette vigoureuse vivace persistante, estivale, est devenue populaire. Elle produit de petites fleurs en étoile, crème. Elles éclosent à profusion en nuages érigés au-dessus des feuilles lobées, vert pâle virant au bronze en automne. Couvre-sol idéal en sous-bois, tout comme le comparable *T. wherryi*.

CULTURE *Elle supporte des sols variés, mais plantez-la plutôt dans un sol frais, humide et humifère, à l'ombre.*

◑ ● 💧 🏆R4 ↕10-30 cm ↔jusqu'à 30 cm

Tolmiea menziesii 'Taff's Gold'

Vivace traçante, touffue, semi-persistante, porteuse de feuilles rappelant le lierre, à long pédoncule, vert acide clair tacheté de crème et de jaune pâle. Au printemps éclosent d'abondantes petites fleurs penchées, légèrement odorantes ; vert et chocolat, elles forment des épis dressés. Plantée en groupe, c'est un excellent couvre-sol de sous-bois.

CULTURE *Elle demande un sol frais, drainé, humifère, à l'ombre ou à mi-ombre. Le soleil brûle les feuilles.*

◑ ● 💧💧 🏆R4 ↕0,30-0,60 m ↔1 m

Trachelospermum jasminoides
Faux jasmin

Liane persistante, ligneuse, à jolies feuilles ovales, luisantes, vert foncé. Les fleurs, très odorantes, crème virant au jaune, ont cinq lobes en hélice. Estivales, elles sont suivies de longues gousses. En climat frais, plantez-la à l'abri d'un mur chaud, en paillant fortement le pied. La forme 'Variegatum', panachée, est également intéressante.

CULTURE *Donnez-lui tout sol drainé, moyen, et le plein soleil ou l'ombre légère. Palissez les jeunes plants.*

R2 à 3 ↕9 m

Tradescantia x *andersoniana* 'J.-C. Weguelin'
Éphémère de Virginie

Cette vivace touffue produit de grandes fleurs bleu pâle, à trois pétales triangulaires étalés. Elles éclosent au printemps en bouquets jumeaux au bout de tiges ramifiées. Les feuilles, un peu charnues, vert moyen, sont longues, pointues, recourbées. Très jolie dans une bordure herbacée.

CULTURE *Plantez-la dans un sol frais, riche, au soleil ou à mi-ombre. Supprimez les fleurs fanées pour favoriser une nouvelle floraison.*

R4 ↕60 cm ↔45 cm

Tradescantia x *andersoniana* 'Osprey'
Éphémère de Virginie

Cette vivace touffue porte des bouquets de grandes fleurs blanches à la pointe de tiges dressées, tout l'été. Chacune comporte trois pétales triangulaires entourés de deux bractées vertes. Les feuilles, vert moyen, souvent pourprées, sont étroites. Plantes de longue durée, pour une bordure. Cette variété est très belle mêlée à 'Isis', bleu foncé.

CULTURE *Plantez-la dans un sol frais, drainé, riche, au soleil ou à mi-ombre. Éliminez les fleurs fanées pour éviter le semis.*

☼◑ ◊♦ R4 ↕60 cm ↔45 cm

Tricyrtis formosana

Vivace herbacée, dressée, cultivée pour ses fleurs en étoile, blanc taché de pourpre, sur des tiges en zigzag. Elles éclosent en fin d'été au-dessus de feuilles lancéolées engainant les tiges. Plante inattendue pour une bordure ombragée ou un sous-bois clair.

CULTURE *Elle demande un sol frais et humifère, et un emplacement abrité, à l'ombre ou à mi-ombre. En climat frais, protégez-la d'un épais paillis hivernal, si la neige fait défaut.*

◑● ♦ R4 ↕jusqu'à 80 cm ↔45 cm

Trillium grandiflorum

Vigoureuse vivace en touffes, cultivée pour ses grandes fleurs à trois pétales, blanc pur virant souvent au rose. Elles apparaissent au printemps sur des tiges fines, au-dessus d'une collerette de trois feuilles vert foncé, presque rondes. Superbe associée à des hostas. Le cultivar 'Flore Pleno' a des fleurs doubles.

CULTURE *Donnez-lui un sol frais, drainé, humifère, neutre à acide, à l'ombre ou à mi-ombre. En automne, surfacez de terreau de feuilles.*

R4 ↕jusqu'à 40 cm ↔30 cm

Trillium luteum

Vivace dressée en touffes, appréciée pour ses fleurs printanières, odorantes, vert doré ou bronzé. Elles éclosent en une collerette de feuilles ovales, pointues, vert moyen fortement teinté de vert clair. Pour une bordure fraîche, à l'ombre.

CULTURE *Plantez-le dans un sol frais, drainé, humifère, plutôt acide à neutre, à l'ombre ou à mi-ombre. Chaque automne, surfacez avec du terreau de feuilles.*

R4 ↕jusqu'à 40 cm ↔jusqu'à 30 cm

Trollius x *cultorum* 'Orange Princess'

Trolle

Robuste vivace touffue, à fleurs jaune-orangé. Celles-ci dominent, en mai-juin, les feuilles, vert moyen, découpées en cinq lobes arrondis. Plante idéale pour colorer un bord de pièce d'eau ou de ruisseau, ou une bordure humide. 'Goldquelle' est identique, mais avec des fleurs jaune vif.

CULTURE *Il aime un sol lourd, humide, riche, et une exposition ensoleillée ou semi-ombragée. Rabattez court les tiges après la première vague de fleurs pour encourager la remontance.*

☼ ◑ 💧 🏆R4 ↕jusqu'à 90 cm ↔45 cm

Tropaeolum majus 'Hermine Grashoff'

Grande capucine

Cette capucine double est une liane annuelle à croissance rapide, souvent rampante. En été et en automne éclosent ses fleurs rouge vif, à long éperon, parmi les feuilles vert clair, ondulées. Convient très bien aux corbeilles suspendues et aux potées.

CULTURE *Plantez-la dans un sol frais, drainé, plutôt maigre, en plein soleil. Pour grimper, il lui faut un support. Température minimale : 2 °C.*

☼ 💧 🏆R1+3 ↕1-3 m ↔1,50-5 m

Tropaeolum speciosum

Capucine élégante

Cette capucine vivace est une liane herbacée fine, aux fleurs estivales vermillon, à long éperon, et qui donnent de petits fruits bleu vif. Ses feuilles vert moyen sont divisées en plusieurs folioles. Très belle mêlée à une haie sombre, contrastant bien avec ses fleurs.

CULTURE *Elle demande un sol frais, humifère, neutre à acide, et le plein soleil ou la mi-ombre. Ombragez la souche et tuteurez les tiges grimpantes.*

☼ ◐ 💧💧 🏆R4 ↕jusqu'à 3 m

Tsuga canadensis 'Jeddeloh'

Sapin du Canada

Cette forme naine de sapin du Canada est un petit conifère évasé, à l'écorce gris pourpré, fortement cannelée. Son feuillage vert vif est constitué d'aiguilles disposées en deux rangs le long des rameaux. Excellent petit arbre à isoler pour un lieu ombragé, il est aussi très utilisé comme bonsaï.

CULTURE *Il pousse dans un sol frais drainé, humifère, au soleil ou à mi-ombre. Abritez-le des vents froids et secs. Tondez-le en été.*

☼ ◐ 💧💧 🏆R4 ↕1,50 m ↔2 m

Tulipa clusiana var. *chrysantha*
Tulipe-radis

Cette version jaune de la tulipe-radis est une plante bulbeuse, épanouie au début du printemps. Ses fleurs, en étoile ou en coupe, à revers rouge ou brun, éclosent par une à trois sur chaque tige, au-dessus des feuilles, linéaires, vert-gris. Pour une banquette ou une rocaille.

CULTURE *Donnez-lui un sol drainé et riche, en plein soleil, à l'abri du vent. Supprimez les fleurs fanées et les pétales tombés.*

☼ ◊ 🏆R4 ↕30 cm

Tulipa linifolia
Tulipe

Cette fine plante bulbeuse, variable, porte au début du printemps des fleurs rouges, en coupe. Elles surmontent les feuilles, linéaires, gris-vert aux bords ondulés rouges. Leurs pétales sont bordés d'un liseré jaune et tachés de noir à la base. Pour une rocaille.

CULTURE *Plantez-la dans un sol très drainé, riche, en plein soleil, à l'abri des vents forts. Supprimez les fleurs fanées et les pétales tombés.*

☼ ◊ 🏆R4 ↕20 cm

Tulipa linifolia
Groupe Batalinii
Tulipe

Fines plantes bulbeuses, aux fleurs en coupe, solitaires, jaune pâle à marques internes jaune foncé ou bronze. Elles éclosent au début du printemps au-dessus des feuilles, linéaires, gris-vert à bords ondulés. Pour un massif printanier ; les fleurs font de beaux bouquets. Souvent vendues comme *T. batalinii*.

CULTURE *Plantez-les dans un sol très drainé, riche, en plein soleil, à l'abri des vents forts. Supprimez les fleurs fanées et les pétales tombés.*

☼ ◊ R4 ↕35 cm

Tulipa turkestanica
Tulipe

Cette plante bulbeuse produit par tige jusqu'à douze fleurs en étoile, blanches, au début du printemps. Elles sont ombrées de gris-vert au revers, avec un cœur jaune ou orange. Ses feuilles, linéaires, gris-vert, sont réparties sous les fleurs. Placez-la dans une rocaille ou une bordure ensoleillée, loin du passage, car les fleurs dégagent une odeur déplaisante.

CULTURE *Elle demande un sol drainé, fertile, le plein soleil et un abri contre les vents violents. Supprimez les fleurs fanées et les pétales tombés.*

☼ ◊ R4 ↕30 cm

Tulipe *(Tulipa)*, cultivars

Ces variétés cultivées de tulipes sont des plantes bulbeuses, à floraison printanière, dont la gamme de coloris est beaucoup plus étendue que celle de tous les autres bulbes de la même saison, du jaune beurre de 'Hamilton' au violet pourpré de 'Blue Heron' et au bariolage de 'Union Jack', rouge, blanc et bleu. Cette diversité les rend précieuses, plantées en masse en bacs ou massifs, ou réparties dans une mixed-border. Leurs formes varient également ; à côté de la forme classique de 'Dreamland', certains cultivars ont des fleurs en gobelet, en cône ou en étoile. Les fleurs se prêtent aux bouquets.

CULTURE *Donnez-leur un sol drainé, riche, du soleil, et un abri contre le vent violent et l'humidité excessive. Retirez les fleurs fanées. Retirez les bulbes une fois le feuillage sec et entreposez-les pour l'été dans une serre froide où ils mûriront. Replantez les plus gros en automne.*

☼ ◊ ♕R4

1 ↕15 cm

2 ↕60 cm

3 ↕50 cm

4 ↕40 cm

5 ↕50 cm

6 ↕30 cm

1 *T.* 'Ancilla' **2** *T.* 'Blue Heron' **3** *T.* 'China Pink' **4** *T.* 'Don Quichotte' **5** *T.* 'Hamilton' **6** *T.* 'Oriental Splendour'

7 ↕60 cm

8 ↕30 cm

9 ↕35 cm

10 ↕60 cm

11 ↕20 cm

12 ↕40 cm

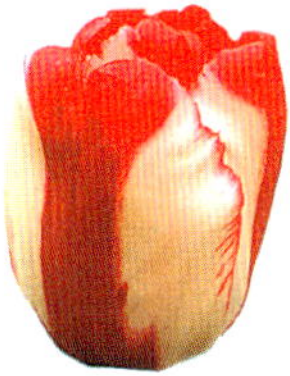

13 ↕60 cm

14 ↕50 cm

7 *T.* 'Dreamland' **8** *T.* 'Keizerskroon' **9** *T.* 'Princesse Irène' **10** *T.* 'Queen of Sheba' **11** *T.* 'Red Riding Hood' **12** *T.* 'Spring Green' **13** *T.* 'Union Jack' **14** *T.* 'West Point'

Uvularia grandiflora

Cette liliacée est une vivace en touffes à pousse lente, aux fleurs en cloche étroite, jaunes, parfois ombrées de vert, solitaires ou par paires. Elles pendent élégamment au printemps sur des tiges minces, dressées, dominant les feuilles inclinées, lancéolées, vert moyen. Excellente en bordure ombragée et en sous-bois.

CULTURE *Donnez-lui un sol frais, drainé, riche et humifère, à l'ombre ou à mi-ombre.*

◑● 🌢🌢 🏆R4 ↕jusqu'à 75 cm ↔30 cm

Vaccinium corymbosum

Myrtillier d'Amérique

Grand arbuste caduc, dense, acidophile, aux tiges légèrement arquées. Ses feuilles ovales sont vert moyen, virant à l'or et au rouge en automne. En fin de printemps apparaissent des grappes de petites fleurs blanches, souvent rosées, suivies de baies comestibles bleu-noir. A sa place dans un sous-bois de terre acide.

CULTURE *Plantez-le dans un sol frais, drainé, tourbeux ou sableux, acide, au soleil ou à mi-ombre. Tondez-le en hiver.*

☼◑ 🌢🌢 🏆R4 ↕↔ 1,50 m

Vaccinium glaucoalbum
Myrtillier

Arbuste persistant arrondi, dense, aux feuilles elliptiques, coriaces, vert foncé, à revers blanc bleuté. En fin de printemps apparaissent des bouquets de petites fleurs blanc rosé, suivies de baies comestibles bleu-noir à pruine blanche. Pour un sous-bois de terre acide.

CULTURE *Il demande un endroit dégagé ensoleillé ou semi-ombragé, tourbeux ou sableux, acide. Tondez-le au printemps.*

☼◑ ◊◊ R3 à 4 ↕0,50-1,20 m ↔1 m

Vaccinium vitis-idaea Groupe Koralle
Airelle

Arbrisseaux traçants, très fructifères, à feuilles vert foncé, luisantes, ovales à pointe échancrée. En fin de printemps, de petites fleurs en clochette, blanches à roses, éclosent en denses grappes pendantes. Elles donnent une profusion de baies rondes, rouge vif, comestibles mais acides. Bon couvre-sol pour un sous-bois de terre acide.

CULTURE *Elles préfèrent un sol frais, drainé, tourbeux ou sableux, acide, à l'ombre ou à mi-ombre. Tondez-les au printemps.*

☼◑ ◊◊ R4 ↕25 cm ↔illimité

Veltheimia bracteata

Vivace bulbeuse à rosettes basales d'épaisses feuilles cireuses, rubanées, luisantes, vert foncé. Au printemps, la tige florale en émerge, couronnée par un dense épi de clochettes tubulaires, rose pourpré à taches jaunes. En climat froid, c'est une plante d'intérieur ou de véranda inhabituelle.

CULTURE *Plantez les bulbes en automne, en enterrant à peine le collet, dans un substrat consistant additionné de sable grossier. Placez-les en plein soleil. Réduisez les arrosages quand les feuilles jaunissent et maintenez le sol à peine frais durant le repos. Température minimale : de 2 à 5 °C.*

☼ ◊ ♀R1 ↕45 cm ↔30 cm

Veratrum nigrum

Imposante vivace rhizomateuse produisant au milieu de sa rosette basale de feuilles plissées, vert moyen, une haute hampe ramifiée couverte de fleurs brun foncé à noires. Réduites, étoilées, malodorantes, elles éclosent en fin d'été. Choisissez pour la plante un endroit frais et ombragé éloigné du passage.

CULTURE *Dans un sol frais mais drainé, profond, riche et humifère. En plein soleil, assurez-vous qu'elle ne manque pas d'eau. Abritez-la des vents froids et secs. Divisez les touffes serrées en automne ou fin d'hiver.*

☼ ◐ ◊ ♦ ♀R4 ↕60-120 cm ↔60 cm

Verbascum bombyciferum
Molène

Vivace très élevée aux rosettes basales de feuilles serrées couvertes de soies argentées. Fugace, elle meurt après sa magnifique floraison estivale jaune soufre sur une haute hampe dressée. Pour une grande plate-bande ou un jardin sauvage, où elle se naturalise bien.

CULTURE *Donnez-lui un sol alcalin, maigre et drainé, et le plein soleil. Un sol riche donne des tiges plus vigoureuses, qui demandent un tuteurage. Divisez les plantes au printemps, si nécessaire.*

☼ ◊ 🏆R4 ↕1,80 m ↔ jusqu'à 60 cm

Verbascum 'Cotswold Beauty'

Haute vivace fugace, persistante, donnant du caractère aux grandes plates-bandes. Elle produit longuement, de juin à août, des épis dressés de fleurs en coupe, rose pêche à cœur sombre. Ces épis dominent le feuillage vert argenté, ondulé, rassemblé près de la base. Elle se naturalise en jardin sauvage ou dans un sous-bois très clair.

CULTURE *Il lui faut un sol drainé, pauvre, alcalin, et le plein soleil. En sol riche, elle devient plus grande et demande un tuteurage. Divisez les plantes au printemps, si nécessaire.*

☼ ◊ 🏆R4 ↕1,20 m ↔ 45 cm

Verbascum 'Gainsborough'
Molène

Vivace éphémère, semi-persistante, appréciée pour ses épis de fleurs jaune tendre en coupelle, écloses tout l'été. L'essentiel des feuilles forme une rosette basale. Très belle plante à longue floraison pour une bordure herbacée.

CULTURE *Plantez-la dans un sol drainé, riche, dans un emplacement dégagé, au soleil. Souvent éphémère, elle est aisée à propager par boutures de racines, en hiver.*

☼ ◊ R4 ↕jusqu'à 1,20 m ↔0,30 m

Verbascum dumulosum
Molène

Sous-arbrisseau persistant formant de petits dômes étalés de feuilles très feutrées, gris-vert, sur des tiges veloutées blanches. En fin de printemps y apparaissent des bouquets de petites fleurs en coupelle, jaunes à œil pourpré. En climat froid, cultivez-le dans les crevasses d'un mur chaud et ensoleillé.

CULTURE *Apprécie un sol graveleux, très drainé, moyen, plutôt alcalin, et le plein soleil. Abritez-la de l'humidité hivernale.*

☼ ◊ R2 à 3 ↕jusqu'à 25 cm ↔jusqu'à 40 cm

Verbascum 'Helen Johnson'
Molène

Cette vivace persistante donne tout l'été des épis de fleurs en coupelle, d'un inhabituel ton brun rosé. Ses feuilles, ovales, gaufrées, duveteuses, forment des rosettes basales. Se naturalise bien dans un jardin sauvage.

CULTURE *Placez-la dans un sol drainé, maigre, alcalin, en plein soleil. Les tiges florales demandent un tuteur dans un sol riche, où elles sont plus grandes.*

☼ ◊ 🏆R4 ↕90 cm ↔30 cm ou plus

Verbascum 'Letitia'
Molène

Ce dense sous-arbrisseau persistant, arrondi, produit en été de petites fleurs jaune clair à œil pourpré, qui durent longtemps. Les feuilles, lancéolées, irrégulièrement dentées, gris-vert, sont groupées sous les bouquets de fleurs. Pour une banquette ou une rocaille. En climat froid, placez-le dans les crevasses d'un mur de pierres sèches, au soleil.

CULTURE *Elle aime un sol très drainé, plutôt riche et alcalin, et le soleil. Choisissez un emplacement à l'abri de l'humidité hivernale.*

☼ ◊ 🏆R3 ↕jusqu'à 25 cm ↔jusqu'à 30 cm

Verbena 'Sissinghurst'

Verveine

Vivace tapissante, aux têtes rondes de petites fleurs magenta vif, écloses du printemps à l'automne, avec une pointe estivale. Les feuilles vert foncé sont découpées et dentées. Excellente pour border un sentier ou garnir un bac. En climat froid, hivernez-la à l'abri.

CULTURE *Plantez-la dans un sol frais, drainé, moyen. Placez-la en plein soleil.*

☼ ◊ 🏆R2 à 3 ↕jusqu'à 0,20 m ↔jusqu'à 1 m

Veronica gentianoides

Véronique

Cette vivace tapissante donne en mai-juin des fleurs en coupelle, bleu pâle ou blanches. Elles garnissent des épis dressés issus de rosettes basales de feuillage luisant, presque lancéolé, vert foncé. Excellente en lisière d'une bordure.

CULTURE *Donnez-lui un sol frais, drainé, moyen, en plein soleil ou à mi-ombre.*

☼ ◐ ◊ 🏆R4 ↕↔ 45 cm

Veronica prostrata

Véronique rampante

Vivace tapissante, dense, produisant en mai-juin des épis dressés de fleurs en coupelle, bleu clair à foncé, au bout des tiges traçantes. Ses petites feuilles vert vif à moyen sont étroites, dentées. Pour une rocaille. Le cultivar 'Spode Blue' est également intéressant.

CULTURE *Elle aime un sol frais, drainé, moyen à maigre. Placez-la en plein soleil.*

☼ ♢ R4 ↕jusqu'à 15 cm ↔jusqu'à 40 cm

Veronica spicata ssp. *incana*

Véronique argentée

Vivace tapissante, entièrement veloutée de blanc, à tiges florales dressées. Celles-ci portent des épis de fleurs en étoile, bleu pourpré, durant tout l'été. Ses feuilles étroites sont dentées. Parfaite en rocaille. Le cultivar 'Wendy', à fleurs bleu vif, est également intéressant.

CULTURE *Donnez-lui un sol drainé, maigre à moyen, et le plein soleil, à l'abri de l'humidité hivernale.*

☼ ♢ R4 ↕↔ 30 cm

Viburnum x *bodnantense* 'Dawn'
Viorne

Arbuste dressé, caduc, aux feuilles vert foncé, dentées, bronzées dans leur jeunesse. De la fin de l'automne au printemps éclosent sur les tiges nues des bouquets de petites fleurs en tube, parfumées, rose foncé puis blanc, suivies de petits fruits bleu-noir. 'Charles Lamont' est un joli cultivar de cet arbuste, comme 'Deben', aux fleurs presque blanches.

CULTURE *Dans tout sol frais, drainé, profond, riche, en plein soleil. Aérez les buissons âgés en coupant les vieilles branches à la base après la floraison.*

☼ ◊◊ R4 ↕3 m ↔2 m

Viburnum x *carlcephalum*
Viorne

Ce vigoureux arbuste arrondi, caduc, porte des feuilles en cœur, irrégulièrement dentées, vert foncé évoluant au rouge en automne. Au printemps y éclosent des têtes rondes de petites fleurs blanches odorantes. Pour un massif d'arbustes ou un jardin de sous-bois.

CULTURE *Il lui faut un sol profond, frais et riche. Il aime le soleil comme la mi-ombre. Les tailles sont rarement nécessaires.*

☼ ◐ ◊ R4 ↕↔3 m

Viburnum davidii
Viorne

Compact arbuste persistant, formant un dôme de feuilles vert foncé, ovales, à trois nervures marquées. Au printemps éclosent de petites fleurs blanches, tubulaires, en bouquets plats. Les plantes femelles donnent ensuite des fruits, petits mais décoratifs, ovales, bleu métallique. Joli planté en groupe.

CULTURE *Dans un sol frais, drainé, profond, riche, au soleil ou à mi-ombre. Rapprochez pieds mâles et femelles pour avoir des fruits. Si nécessaire, rabattez les rameaux indisciplinés sur des pousses vigoureuses, ou sur la base, au printemps.*

☼◐ 💧💧 🏆R4 ↕↔ 1-1,50 m

Viburnum farreri
Viorne

Cet arbuste caduc très érigé a des feuilles ovales, dentées, d'abord bronze puis vert foncé et enfin rouge-pourpre en automne. Par temps doux, en hiver, éclosent sur les tiges nues des bouquets serrés de petites fleurs odorantes, blanches ou rosées, et qui sont parfois suivies de petites baies rouge vif.

CULTURE *Demande un sol frais, drainé, et le soleil ou la mi-ombre. Éclaircissez le vieux bois après la floraison.*

☼◐ 💧💧 🏆R4 ↕3 m ↔2,50 m

Viburnum opulus 'Xanthocarpum'
Viorne obier

Vigoureux arbuste caduc à feuilles d'érable, lobées, vert moyen virant à l'or en automne. Au printemps éclosent des têtes plates de belles fleurs blanches, suivies de grosses grappes de baies sphériques jaune vif. 'Notcutt's Variety' et 'Compactum' sont de bons cultivars à fruits rouges, ce dernier n'atteignant que 1,50 m de haut.

CULTURE *À planter dans un sol frais, drainé, au soleil ou à mi-ombre. Aérez-la en coupant, après la floraison, les plus vieux bois.*

R4 ↕5 m ↔4 m

Viburnum plicatum 'Mariesii'
Viorne

Arbuste caduc étalé, aux branches nettement étagées, couvertes de feuilles cordiformes, dentées, vert foncé puis rouge pourpré en automne. Au printemps, des fleurs en coupe blanches forment des têtes sphériques, dentelées. Il produit peu de baies ; pour une belle fructification, choisissez plutôt 'Rowallane'.

CULTURE *Dans tout sol drainé, riche, au soleil ou à mi-ombre. La taille se résume au retrait des bois abîmés après la floraison, en veillant à ne pas déformer l'arbuste.*

R4 ↕3 m ↔4 m

Viburnum tinus 'Eve Price'
Laurier-tin

Arbuste persistant très compact, au feuillage serré, vert foncé. De la fin de l'automne au printemps, ses boutons roses donnent de petites fleurs blanches en étoile, formant des boules aplaties ; elles sont suivies de petits fruits bleu-noir. On peut en faire une haie libre.

CULTURE *Il pousse dans un sol frais, drainé, moyen, au soleil ou à mi-ombre. Formez-le ou tondez-le après la floraison pour garder la silhouette souhaitée.*

R4 ↕↔ 3 m

Vinca major 'Variegata'
Grande pervenche

Cette forme panachée de la grande pervenche, également appelée 'Elegantissima', est un sous-arbrisseau persistant, aux longues tiges minces, garnies de feuilles ovales, vert foncé à liseré crème. Les fleurs violet foncé éclosent au printemps et en été et durent longtemps. Bon couvre-sol pour un talus ombragé, mais envahissante.

CULTURE *Elle accepte tout sol frais drainé et supporte l'ombre dense, mais fleurit mieux avec plus de soleil.*

R4 ↕45 cm ↔ illimité

Vinca minor
'Atropurpurea'

Cette petite pervenche à fleurs foncées est un arbrisseau tapissant, couvre-sol, aux longues pousses traînantes. Du printemps à l'automne éclosent des fleurs couleur prune parmi les feuilles ovales, vert foncé. 'Gertrude Jekyll' donne des fleurs bleu clair.

CULTURE *Tout sol pas trop sec lui convient ; elle fleurit mieux au soleil mais supporte un peu d'ombre. Une tonte hivernale réduit la végétation.*

☼ ◐ ◊ ♦ ♕R4 ↕10-20cm ↔illimité

Viola cornuta
Pensée cornue

Vivace traçante, produisant d'abondantes fleurs odorantes, à éperon, violettes à bleu lilas ; les pétales sont très espacés et ceux du dessous sont marqués de blanc. Elles éclosent dans le feuillage, vert moyen, ovale, au printemps et en été. Pour une rocaille. Le groupe Alba produit des fleurs blanches.

CULTURE *Elle pousse dans un sol frais, drainé, maigre à moyen, au soleil ou à mi-ombre. Tondez-la après la floraison pour la garder dense.*

☼ ◐ ◊ ♦ ♕R4 ↕jusqu'à 15 cm ↔jusqu'à 40 cm

Viola 'Jackanapes'

Robuste vivace persistante en touffes, aux tiges rampantes couvertes de feuilles ovales, dentées, vert vif. Les fleurs à éperon, jaune d'or à stries pourpres, apparaissent au printemps et en été ; les pétales supérieurs sont pourpre-brun foncé. Pour des potées et des massifs estivaux.

CULTURE *Plantez-la dans un sol frais, drainé, plutôt riche, en plein soleil ou à mi-ombre. Souvent éphémère, elle est facile à semer au printemps.*

☼ ◑ ◊◊ 🏆R4 ↕jusqu'à 12 cm ↔jusqu'à 30 cm

Viola 'Nellie Britton'

Cette vivace persistante, touffue, aux tiges étalées, produit d'abondantes fleurs à éperon, mauve rosé, écloses par vagues en été. Ses feuilles, ovales, vert moyen, luisantes, sont dentées. Pour la lisière d'une bordure.

CULTURE *Elle aime un sol frais, drainé, moyen, et le soleil ou la mi-ombre. Supprimez souvent les fleurs fanées pour encourager l'épanouissement.*

☼ ◑ ◊◊ 🏆R4 ↕jusqu'à 15 cm ↔jusqu'à 30 cm

Vitis coignetiae
Vigne

Cette vigne, à pousse rapide, est une liane caduque à grandes feuilles en cœur, faiblement lobées, vert foncé virant au rouge vif en automne, quand apparaissent les petits raisins bleu-noir. Guidez-la sur un mur ou un treillage.

CULTURE *Plantez-la dans un sol drainé, neutre à alcalin, au soleil ou à mi-ombre. Elle se colore mieux dans un sol maigre. À la plantation, pincez les pousses et laissez les plus fortes former une charpente de base sur laquelle vous la rabattrez chaque hiver.*

☼ ◑ ◊ R4 — ↕15 m

Vitis vinifera 'Purpurea'
Vigne

Cette vigne à feuilles pourpres est une liane ligneuse, caduque, aux feuilles arrondies, lobées, dentées ; jeunes, elles sont feutrées d'argent, puis virent au pourpre clair, fonçant en automne. Les petites fleurs printanières vert clair donnent des raisins rouge sombre en automne. À cultiver sur une palissade robuste, une pergola, un arbre ou un arbuste solide.

CULTURE *Dans un sol drainé, plutôt calcaire, au soleil ou à mi-ombre. Elle se colore mieux dans un sol maigre. En hiver, rabattez-la sur une charpente permanente.*

☼ ◑ ◊ R4 — ↕7 m

Weigela florida 'Foliis Purpureis'
Wegelia

Arbuste compact, caduc, à pousses courbes, portant à la fin du printemps des bouquets de fleurs évasées, rose foncé à intérieur clair. Les feuilles sont ovales, effilées, vert bronze. Résistant à la pollution, il est tout indiqué en ville.

CULTURE *Il aime un sol drainé, riche, humifère, et le plein soleil. Chaque année, après la floraison, rabattez quelques vieux bois au ras du sol.*

☼ ◊ 🏆R4 ↕1 m ↔1,50 m

Weigela 'Florida Variegata'
Wegelia

Dense arbuste caduc aux abondants bouquets de fleurs évasées, rose foncé à cœur clair. Elles éclosent en juin-juillet dans un joli feuillage vert-gris à bords blancs. Pour une mixed-border ou un sous-bois clair. Il supporte la pollution. 'Praecox Variegata' est un autre joli wegelia panaché.

CULTURE *Plantez-le dans tout sol drainé, riche, humifère, en plein soleil. Chaque année, après la floraison, rabattez quelques vieux bois.*

☼ ◊ 🏆R4 ↕2-2,50 m

Wisteria floribunda 'Alba'
Glycine du Japon

Cette glycine blanche est une liane ligneuse, à croissance rapide, aux feuilles divisées, vert vif. Ses fleurs, odorantes, papilionacées, apparaissent en mai en très longues grappes pendantes, suivies de gousses plates, veloutées, vertes. Guidez-la contre un mur, dans un arbre ou sur un arceau robuste.

CULTURE *Donnez-lui un sol frais, drainé, riche, au soleil ou à mi-ombre. Rabattez les nouvelles pousses en été puis en fin d'hiver pour limiter son extension et favoriser la floraison.*

☼ ◐ 💧💧 🏆 R4 ↕ 9 m ou plus

Wisteria floribunda 'Multijuga'
Glycine du Japon

Cette glycine à fleurs bleu lilacé est une vigoureuse liane ligneuse. Ses longues grappes florales éclosent au printemps, suivies de gousses plates, veloutées, vertes ; chaque feuille, vert moyen, comporte de nombreuses folioles. Guidez-la dans un arbre ou contre un mur.

CULTURE *Plantez-la dans un sol frais, drainé, riche, en plein soleil ou à mi-ombre. Taillez-la au cœur de l'hiver, puis deux mois après la floraison.*

☼ ◐ 💧💧 🏆 R4 ↕ 9 m ou plus

Wisteria sinensis
Glycine de Chine

Vigoureuse liane ligneuse, aux longs épis de fleurs odorantes, papilionacées, bleu lilacé à blanches. Elles éclosent au printemps, puis de nouveau en été, dans le feuillage vert vif divisé, et donnent des gousses de velours vert. 'Alba' est une forme à fleurs blanches.

CULTURE *Elle demande un sol frais, drainé, riche, et un emplacement abrité, au soleil ou à mi-ombre. En hiver, rabattez les pousses à deux ou trois yeux.*

☼◑ ◊♦ ♆R4 ↕9 m ou plus

Yucca filamentosa 'Bright Edge'

Arbuste à tronc très court, touffu, à rosettes basales de feuilles raides, lancéolées, de 75 cm de long, vert foncé à bords jaunes. En été apparaissent des épis, de 2 m de haut ou plus, de fleurs en clochette, blanches, teintées de vert ou de crème. Sujet pittoresque pour une bordure ou une terrasse. Les feuilles de 'Variegata' sont bordées de blanc.

CULTURE *Il pousse dans un sol drainé, en plein soleil. Supprimez en fin de saison les fleurs fanées. En climat froid, paillez-le pour l'hiver.*

☼ ◊ ♆R3 ↕0,75 m ↔1,50 m

Yucca flaccida 'Ivory'

Arbuste presque acaule, persistant, formant une dense rosette basale de feuilles effilées. En été apparaissent de grands épis, de 1,50 m et plus, de fleurs en clochette, blanches, pendantes. Les feuilles, pointues, vert bleuté soutenu, sont bordées de filaments bouclés ou raides. Il réussit en bord de mer et en sol sableux.

CULTURE *Donnez-lui tout sol drainé, dans un emplacement chaud, ensoleillé et sec, pour bien fleurir. En climat froid, paillez-le pour l'hiver.*

☼ ◇ 🏆R3 à 4 ↕0,55 m ↔1,50 m

Zantedeschia aethiopica

Arum

Vivace en touffes, à fleurs moyennes. De mai à juillet, des inflorescences dressées, blanc doux, se succèdent, parmi les feuilles sagittées, longues, persistantes en climat chaud. Il peut garnir une eau peu profonde mais reste sensible au froid.

CULTURE *Il aime un sol frais, drainé, riche, humifère, au soleil ou à mi-ombre. Paillez-le abondamment pour l'hiver en climat froid.*

☼ ◐ ◇ ♦ 🏆R3 ↕90 cm ↔60 cm

Zantedeschia aethiopica 'Green Goddess'

Arum

Solide vivace en touffes, à fleurs vertes, persistante en climat doux. De mai à juillet apparaissent des inflorescences dressées à cœur blanc, dans le feuillage vert mat, sagitté. Excellent en eau peu profonde, à l'abri des coups de froid.

CULTURE *Il pousse dans un sol frais, humifère et riche, dans un emplacement ensoleillé ou semi-ombragé. En climat froid, paillez-le soigneusement.*

☼◑ ◊♦ 🏆R3 ↕90 cm ↔60 cm

Zauschneria californica 'Dublin'

Vivace en touffes, donnant d'abondantes fleurs tubulaires rouge vif, estivales. Ses feuilles gris-vert sont lancéolées et duveteuses. Excellente source de couleurs pour l'été dans un muret de pierres sèches comme en bordure. En climat froid, plantez-la au pied d'un mur abrité. Parfois appelée 'Glasnevin'.

CULTURE *À planter en sol drainé, moyen, au soleil, à l'abri des vents froids et secs.*

☼ ◊ 🏆R3 ↕jusqu'à 25 cm ↔jusqu'à 30 cm

D'autres plantes prestigieuses

Les Mérites de Courson

Les plantes primées par la SNHF à Saint-Jean-de-Beauregard

VOUS TROUVEREZ dans cette partie la liste commentée des plantes récompensées depuis 1992 aux Journées des Plantes de Courson (Les Mérites) et à Saint-Jean-de-Beauregard (Les Médailles décernées par la Société Nationale d'Horticulture de France).

Les Mérites de Courson

Les Mérites sont décernés deux fois par an depuis 1989, lors des Journées des Plantes de Courson (voir dates et coordonnées p. 672), par un jury prestigieux et indépendant composé de dix grands jardiniers européens. Plusieurs types de récompenses sont octroyées à Courson. Le Mérite est la plus haute distinction. Il est attribué à de « bonnes » plantes de jardin, rares (nouveautés horticoles) ou très courantes, présentant un fort intérêt botanique (spécimens particulièrement intéressants par leur forme, leur floraison, leur feuillage, leur originalité, leur couleur…).
Nous vous présentons ici les plantes qui ont obtenu la distinction de Mérite de Courson depuis 1992, à l'exclusion des plantes tropicales, de serre ou d'orangerie. Les plantes également récompensées par la RHS et figurant dans la première partie de l'ouvrage font l'objet d'un renvoi.

Abies lasiocarpa 'Compacta'

❧ **Petit conifère** nain au beau port compact et conique, atteignant 1,50 m de haut. Son feuillage est composé d'aiguilles serrées d'un joli gris bleuté. Très rustique, il accepte tous types de sols, préfère le soleil mais peut se développer à mi-ombre.

Abies pinsapo 'Fastigiata'

❧ **Conifère** au port conique colonnaire, de croissance lente, atteignant 10 m au maximum. Ses branches courtes donnent au « sapin espagnol » un aspect dense et compact. Son beau feuillage est composé d'écouvillons de courtes aiguilles rigides, au revers glauque, lui donnant un aspect gris bleuté. Il s'adapte à tous les sols et expositions, mais préfère un sol plutôt calcaire et sec, au soleil.

Acacia baileyana 'Purpurea'

❧ **Petit arbre**, d'une hauteur de 3 à 4 m, au port gracieux, légèrement retombant ; c'est un des mimosas les plus rustiques. Les feuilles sont petites et disposées de façon assez dense le long des rameaux ; les jeunes pousses sont pourprées, puis prennent une magnifique teinte bleu-gris. Les fleurs hivernales, jaune pâle, parfumées, sont à l'extrémité des rameaux.

Acer buergerianum

❧ **Petit arbre caduc**, au port gracieux ; les petites feuilles trilobées prennent des couleurs automnales très riches qui en font un arbre ornemental. De culture facile, très rustique et sans exigence de sol particulière, il supporte même le calcaire.

Acer campestre 'Carnival'

❧ **Petit érable** champêtre au beau feuillage panaché de blanc, dont les jeunes pousses sont partiellement teintées de rose. De croissance lente, il ne dépasse pas 3 m de haut et de large. Pour tous sols, même calcaires ; demande de la fraîcheur pour conserver la beauté de son feuillage. À cultiver à mi-ombre au sud de la Loire.

Acer carpinifolium

❧ **Arbre caduc**, de croissance moyenne, atteignant 10 à 15 m de haut, au port très érigé et compact, s'élargissant en vase. Son feuillage atypique ressemble à celui du charme ; les feuilles sont vert clair frais au printemps et jaune d'or à l'automne. Il porte des fruits réunis en racèmes pendants, vert pâle en fin de printemps, bruns en mûrissant. Très rustique, pour tous sols, au soleil.

Acer x *freemanii* 'Autumn Blaze'

✻ **Arbre** de croissance rapide, atteignant 15 m de haut sur 6 m de large, au port élancé. Ses feuilles à cinq lobes ont une coloration rougeoyante Cet érable de culture facile s'adapte à tous les sols même légèrement calcaires.

Acer palmatum 'Katsura' et *Acer palmatum* 'Orange Dream'

✻ **Petits arbres** (pas plus de 3 m), qui acquièrent avec l'âge un port légèrement pleureur. Ils se caractérisent par d'attrayantes colorations. À l'apparition des bourgeons, les feuilles ciselées se teintent de jaune d'or bordé de bordeaux cuivré ; l'été, elles deviennent vert pâle et passent du jaune à l'orangé à l'automne. Ils acceptent tous les sols drainés, mais non calcaires et peuvent aussi être cultivés en bac, à l'abri du vent.

Acer palmatum 'Osakazuki'

✻ **Arbuste** de port trapu et dense, atteignant 4 à 5 m de haut. Sans doute le plus flamboyant des érables japonais (voir p. 34). Après le beau spectacle de ses fruits estivaux, son feuillage caduc se teinte à l'automne d'un coloris rouge vif exceptionnel. Il est très rustique et se développe dans des terrains acides, au soleil ou à mi-ombre. À cultiver isolément.

Acer rufinerve 'Winter Gold'

✻ **Petit arbre** dont la belle écorce jaune d'or qui s'intensifie l'hiver fait un érable remarquable après la chute des feuilles. À l'automne, son feuillage vert clair pâlit et devient jaune. Très rustique, il pousse dans tout sol non calcaire. La mi-ombre est préférable pour conserver la coloration pâle de son feuillage.

Acer saccharinum 'Born's Gracious' (syn. 'Born's Graciosa')

✻ **Vigoureux érable argenté,** au port gracieux et bien droit. Son feuillage lacinié se teinte d'un jaune plus vif que l'espèce type. Rustique, il est de culture aisée et de croissance forte et rapide.

Acer tegmentosum

✻ **Petit arbre** de croissance rapide, au feuillage devenant jaune à l'automne, à l'écorce d'un blanc neigeux strié de vert pâle. Très rustique, pour tous les sols, au soleil ou à l'ombre. À utiliser pour l'effet saisissant de son écorce en hiver.

Aesculus x *mutabilis* 'Penduliflora'

✻ **Petit arbre** au port particulièrement gracieux, qui atteint 4 à 5 m en quarante ans. Ses feuilles ont un aspect graphique et les fleurs orangées, originales par leur mouvement retombant, s'épanouissent en mai-juin. C'est le plus gracieux des petits marronniers de collection, très rustique, résistant très bien au froid et facile à cultiver en tous terrains, au soleil pour une floraison régulière.

Alium cepa, groupe Proliferum

✻ **Vivace bulbeuse**, cette plante potagère comestible est appelée communément oignon « Rocambole ». En mai apparaissent des inflorescences bulbeuses arrondies composées de petits bulbilles groupés, dont chacun donne naissance à une nouvelle tige portant un nouvel étage de bulbilles. Le feuillage est persistant, très rustique. À cultiver au jardin (inutile de le rentrer l'hiver) ou en patio. Les tiges sont comestibles en début de saison et les oignons au cours de l'été.

Ampelopsis brevipedunculata 'Elegans'

✻ **Plante grimpante** qui séduit par son feuillage trilobé irrégulièrement panaché de vert crème et de rose pâle, par ses jeunes pousses rosées, ses tiges roses et surtout par ses fruits nombreux qui apparaissent après un été chaud et lui valent son surnom de vigne aux raisins bleus. Les baies rondes, empruntent tous les tons de bleu en mûrissant, du bleu pâle au bleu nuit en passant par le turquoise. De croissance lente et de faible développement, elle a besoin d'un support pour s'étaler et atteindre 2 à 3 m. De bonne rusticité, elle demande cependant un emplacement abrité et ensoleillé pour bien fructifier.

Ampelopsis cordata

❀ **Plante ligneuse** à feuilles caduques, comparable à une vigne. Son attrait principal réside dans la coloration, du turquoise au mauve, de ses petites baies sphériques. La fructification, qui commence vers la sixième ou septième année de vie, nécessite un été long et chaud. Très rustique, pour la pleine lumière, mais supportant un peu d'ombre, on peut l'élever sur un vieil arbre.

Anemone x *hybrida* 'Pamina'

❀ **Vivace** au feuillage caduc, remarquable pour sa splendide et abondante floraison semi-double de couleur magenta qui dure d'août aux gelées. D'environ 80 cm de haut, rustique et très résistante, elle convient en bordure ou massif, au soleil ou à mi-ombre.

Arisaema sikokianum

❀ **Bulbe** aux inflorescences spectaculaires évoquant les fleurs d'arum ou des plantes carnivores, composées d'un spathe violet noir strié de blanc, entourant un épi portant de petites fleurs au printemps. Les feuilles sont oblongues, vert foncé, ornées d'une marbrure pâle le long de la nervure centrale. Très rustique, facile à cultiver à l'ombre en sol bien drainé mais non détrempé.

Aronia arbutifolia 'Brilliant'

❀ **Arbuste dense** dont le feuillage prend à l'automne des couleurs rouge vif et écarlate. Les grappes de fleurs blanches de la fin du printemps sont suivies d'amas de petites baies rouges et brillantes, persistant jusqu'en décembre, appréciées des oiseaux. Haut d'environ 1,50 à 2 m, c'est un arbre rustique, pour tous les sols.

Aster ageratoides 'Asran'

❀ **Vivace** formant une boule de 50 cm de haut et de large, au feuillage vert foncé et aux fleurs mauve pâle. L'abondante floraison s'étale de septembre aux premières gelées. Parfaite plante de jardin facile à cultiver, qui s'accorde bien à des arbustes. Cet aster se plaît dans un sol léger, drainé, au soleil ou à mi-ombre. Son feuillage est très peu sensible à l'oïdium.

Aster cordifolius 'Ideal'

❀ **Grande vivace** en touffes érigées, non envahissantes. Les petites fleurs bleu-mauve sont réunies en grands panicules lâches. Le cœur de la fleur est jaune d'or, puis vire au brun-rouge. Cet aster est une plante gracieuse qui résiste bien à la chaleur et fleurit longtemps, d'août à octobre.

Aster lateriflorus 'Lady in Black'

❀ **Vivace** splendide, au développement généreux, dont la particularité réside dans son feuillage très sombre et ses tiges presque noires. Sa silhouette branchue et fleurie, avec ses tiges au port arqué, est élégante. À l'automne, cet aster se couvre d'une myriade de petites têtes florales aux ligules blanches et au disque central rose violacé. Plus rustique que l'espèce type, on peut le cultiver dans tout sol, au soleil.

***Aster pringlei* 'Monte Cassino'**

✽ **Vigoureuse vivace** formant des touffes arrondies de 70 cm de haut et de large, cet aster d'automne crée une masse de petites fleurs blanches en étoile. À utiliser en milieu de massif derrière de petites vivaces et sur fond de grandes plantes à. feuillage. Très décorative aussi en bouquet. Peu exigeante, cette plante rustique est facile à multiplier par division de touffes.

***Aster* 'Verticalis'**

✽ **Vivace** agréable et gaie, au port pyramidal et aux fleurs blanches. Cet aster d'automne est à planter isolément ou en pot.

Athyrium otophorum* var. *okanum

✽ **Fougère** d'environ 60 cm de haut et de large, à larges feuilles d'une inhabituelle couleur gris-vert, contrastant avec les tiges d'un rouge violacé. Les frondes, coriaces, sont presque persistantes. Très rustique. Pour des plates-bandes à mi-ombre.

***Berberis amurensis* 'Flamboyant'**

✽ **Arbuste** au remarquable feuillage d'été et d'automne, multicolore. Il ne dépasse pas 1,50 à 2 m de haut mais ses branches arquées s'étendent à l'horizontale. Il s'orne de petites fleurs jaunes insignifiantes au printemps. Rustique, il est facile à cultiver en tous sols, à mi-ombre comme au soleil.

***Berberis thunbergii* 'Coronita'**

✽ **Petit buisson épineux** au port ramifié anguleux et gracieux, à feuilles caduques, pourpre foncé, presque chocolat, ourlées de jaune citron. D'un développement réduit (1,50 m de haut et de large), il fait beaucoup d'effet associé à des vivaces et des graminées à feuillage doré, ou isolé.

Calamagrostis brachytricha

✽ **Graminée ornementale** au feuillage fin, vert brillant, formant une touffe de 60 à 80 cm de haut et de diamètre. Son attrait est sa floraison en épis duveteux beige rosé à reflets argentés d'août aux premières gelées sur de longues tiges de 1,20 m de haut. Très rustique, facile à cultiver en tous bons sols même secs, l'« herbe aux diamants » est idéale pour structurer une plate-bande.

***Callicarpa bodinieri* var. *giraldii* 'Profusion'**

🍸 ✽ **Arbuste** page **96**

***Callicarpa dichotoma* 'Issai'**

✽ **Arbuste** de petite taille (1,50 m de haut sur 1,20 m de large) à l'aspect touffu et au port évasé avec une fructification précoce et abondante. Ses petites feuilles vert clair teintées de violine se marient avec les fleurs crème et violacé puis avec les fruits d'un violet lumineux, disposés en grappes le long des tiges. Rustique, il est facile à cultiver en tous sols même calcaires, au soleil.

***Callicarpa japonica* var. *angustata* (à fruits blancs)**

✽ **Arbuste** doté en automne d'une rare combinaison de feuillage et de fruits : le feuillage est presque transparent, pâle et lumineux, vert-jaune, et les petites baies sont blanches. Les feuilles sont étroites et petites. Rustique, de culture facile, pour tous sols sauf marécageux, au soleil.

Campylotropis macrocarpa

✽ **Arbuste** au port lâche, très gracieux, atteignant 1,50 à 2 m de haut et de large. Très florifère dès la fin de l'été et durant tout l'automne, il se couvre d'un nuage de petites fleurs bicolores mauve et blanc ; les feuilles sont gris-vert, portées par de longs pétioles s'étendant horizontalement par rapport aux branches. Arbuste assez rustique, supportant jusqu'à -15 °C, à cultiver en plein soleil, en sol drainé.

Carex elata 'Bowles' Golden'

❀ **Vivace en touffes,** au superbe feuillage fin et linéaire de 50 cm de long, particulièrement lumineux, jaune finement bordé de vert pâle. La floraison en épis cylindriques apparaît en mai-juin à l'extrémité de longues tiges dorées. Très rustique, pour une terre fraîche, voire humide, au soleil ou à mi-ombre. Elle convient en bord de plans d'eau. Elle se prête aussi à la culture en potées.

Carex muskingumensis 'Silberstreif'

❀ **Petite herbe ornementale,** de la famille des laîches, appréciée pour l'originalité de sa coloration, verte striée de blanc argenté, et la grâce de son feuillage linéaire retombant. De culture très facile, elle est bien adaptée aux situations fraîches et ombragées, où elle peut être cultivée en potée.

Carpinus betulus 'Columnaris'

❀ **Variété de charme commun** à la ramification très dense qui, sans taille, lui confère un port très compact et une belle silhouette en colonne régulière. De croissance très lente (10 cm par an), il atteint 10 m de haut et 6 m de large.

Carpinus betulus 'Pendula'

❀ **Arbre très élégant,** à port étroit, aux branches très retombantes. Remarquable par sa forme pleureuse et son feuillage, caduc, d'une magnifique couleur jaune clair à l'automne, contrastant agréablement avec l'écorce grise et lisse. Les fleurs sont monoïques, en chatons solitaires et cylindriques. Très rustique.

Carpinus caroliniana

❀ **Arbre élégant,** au port élancé, de taille moyenne (10 m), à l'écorce grise et aux feuilles nettement nervurées. Aux chatons printaniers succèdent à l'automne des grappes de fruits très esthétiques, entourés de longues bractées qui passent du vert pâle au brun rosé et restent longtemps sur l'arbre, même après la chute des feuilles qui, elles, se colorent d'une belle teinte rouge. Très rustique, ce charme est facile à cultiver en tous sols, au soleil ou placé sous une ombre légère.

Cercis canadensis 'Forest Pansy'

❀ **Petit arbre buissonnant,** remarquable par la couleur printanière lie-de-vin de son feuillage, qui pâlit l'été. Les feuilles, en forme de cœur, sont grandes et luisantes, les fleurs rose foncé sont groupées et apparaissent en avril avant les feuilles. Belle plante à feuillage, rustique, pour tous les sols et emplacements, en plein soleil.

Chamaecyparis pisifera 'Squarrosa Lombarts'

❀ **Petit conifère** lumineux, doux, nuancé de gris et de roux à l'automne, de vert et de gris bleuté, d'aspect nuageux, au printemps. De port très gracieux, il atteint 1,50 m de haut et de large. Rustique, aimant la lumière mais pas forcément le plein soleil, il est facile à cultiver en sol frais, sans excès d'eau et sans sécheresse.

Chionanthus retusus

❀ **Petit arbre** à la ravissante floraison blanche et vaporeuse mi-mai, très près des branches légèrement retombantes, couvrant tout l'arbre. Les feuilles, caduques, sont d'un vert tendre nervuré de vert bouteille. Les fruits, à l'automne, sont bleu foncé. Très rustique, supportant la sécheresse, le vent et le calcaire, il préfèrechaleur, sécheresse et une situation alcaline.

Choisya 'Aztec Pearl'

❀ **Arbuste** donnant à profusion de petites fleurs blanches et parfumées de mai à octobre. Rose saumon en bouton, elles se détachent sur un feuillage persistant, léger, brillant et aromatique. Cet arbuste forme une touffe d'environ 1,30 m de haut et de large, idéale pour de petites haies, des massifs, ou la culture en pot dans des patios. Pour un sol drainé, une situation ensoleillée et protégée au nord de la Loire et une ombre légère au sud.

Chrysanthemum 'Julie La Gravère'

✻ **Vivace** formant une touffe érigée, aérée, de 0,80 m de haut sur 0,50 m de large. C'est une plante harmonieuse dans sa taille, ses couleurs et ses formes. Les têtes florales sont petites (1-1,5 cm), d'un rouge profond, en forme de pompons avec un œil blanc central. Les boutons floraux sont minuscules. Le feuillage est finement découpé, d'une belle teinte vert noir.

Sa floraison dure jusqu'aux gelées. Très rustique, ce chrysanthème résiste à la pluie et au vent, dans une bonne terre de jardin, un peu humide, même argileuse, au soleil.

Chrysanthemum 'Paul Boissier'

✻ **Vivace** se développant en touffe de 60 cm de haut environ et 80 cm de large. Les fleurs, semi-doubles, isolées ou réunies en corymbes lâches, sont d'un orange roux flamboyant. Les feuilles, caduques, sont duveteuses, ce qui leur confère un aspect argenté, idéal pour les seconds plans de massifs, qu'elle égaiera d'août à novembre. Parfaitement rustique, elle demande une protection le premier hiver de son implantation. S'adapte à tous les sols, en plein soleil.

Chusquea culeou

✻ **Bambou** formant d'élégantes touffes dressées de 4 m de haut : les chaumes, pleins, sont bien droits, parfois rouges à la base et les feuilles, fines, sont persistantes. Pour des sols bien alimentés en eau. Craignant les grands froids comme les grosses chaleurs, ce bambou s'associe bien à des plantes à grandes fleurs, en pot.

Cistus x *skanbergii*

✻ **Arbuste nain** ne dépassant pas 50 cm de haut ; des tiges rouge cuivre portent une multitude de fleurs éphémères, en bouquets, simples, saumonées, au cœur composé d'étamines jaunes vif. Le feuillage persistant est vert à reflets gris. Ce ciste est très rustique pourvu que l'exposition soit chaude et le sol bien filtrant, même calcaire.

Clematis 'Arctic Queen'

✻ **Liane caduque** très florifère qui court sur plus de 3 m, à fleurs blanches doubles de 15 à 18 cm de diamètre. Les pétales extérieurs sont tachetés de vert pâle tandis que les étamines sont jaune pâle.

Sa floraison est continue de mi-avril à fin septembre. Très rustique, cette clématite aime la mi-ombre, en tous sols, sauf trop argileux. Vigoureuse, elle sera taillée en laissant une tige sur deux car elle reste florifère, même sur le vieux bois. On peut la cultiver en bacs sur une terrasse ou sur un balcon.

Clematis cirrhosa 'Freckles'

✻ **Clématite** au feuillage caduc l'été et persistant l'hiver, très florifère, fleurissant deux fois par an. Ses magnifiques grandes fleurs crème, unies sur la face externe et mouchetées de violet à l'intérieur, pendent au bout de longues tiges. Petite grimpante aimant lumière et chaleur, parfaite pour une véranda, une serre froide ou palissée contre un mur abrité, orienté au sud.

Clematis 'Romantika'

✻ **Clématite à fleurs** d'un beau violet de velours presque noir illuminé d'étamines d'or. Rustique, très florifère de juin aux gelées, elle demande une bonne terre de jardin, une exposition au soleil doux ou à mi-ombre et peut orner treillis et murs ou bien être cultivée en pot sur un support.

Clematis 'Venosa Violacea'

❀ **Clématite rustique,** facile à cultiver et se développant vigoureusement. Elle s'épanouit l'été en fleurs blanches, veinées et bordées de violet. Bonne plante grimpante pour murs, pergolas ou grands arbustes (voir page 133).

Colchicum speciosum 'Album'

♀ ❀ **Bulbe** page **135**

Convolvulus cantabricus

❀ **Petit liseron** formant une touffe de 50 cm de diamètre de feuillage gris-vert, semi-persistant, surmonté de tiges souples portant des fleurs rose tendre, en capuchon, qui s'ouvrent avec le soleil. La floraison s'étale de mai à septembre. Bon couvre-sol pour un jardin de rocaille. Rustique dans un sol bien drainé, sa résistance au sec lui permet de croître dans les sols sableux des côtes; il peut aussi être cultivé en potées sur une terrasse ensoleillée.

Cornus controversa 'Variegata'

❀ **Arbre** au remarquable port architectural, étagé, au feuillage panaché de blan. Rustique, ce cornouiller s'épanouira à l'abri des vents desséchants, et sera mis en valeur isolé sur un fond végétal plus sombre.

Cornus florida 'Rainbow'

❀ **Petit arbre** (5 m de haut au maximum) au port dense et érigé, aux fleurs plates à quatre pétales blanc pur en mai, et au feuillage caduc spectaculaire toute l'année. Les feuilles larges sont vertes marginées de jaune d'or, puis prennent des colorations pourpre foncé et écarlate de septembre aux gelées. Très rustique et d'une grande résistance à la canicule, il se plaît au soleil dans un sol acide ou neutre.

Cornus kousa 'Satomi'

❀ **Petit arbre** au port gracieux, donnant en mai de superbes bractées roses. À l'automne, le feuillage passe du jaune au framboise puis à l'écarlate. Très rustique, ce cornouiller peut atteindre 5 m de haut.

Cornus kousa 'Snowboy'

❀ **Petit arbre ou large arbuste,** au port étagé. Les feuilles sont bordées d'une marge blanche, ondulée, et deviennent roses à l'automne, marginées de rose plus pâle. L'effet est spectaculaire. L'été, il est préférable de le maintenir sous l'ombre légère d'un arbre au feuillage caduc pour éviter qu'il ne brûle et perde son coloris.

Cornus nuttallii 'Monarch'

❀ **Petit arbre vigoureux,** remarquable pour son port érigé et fastigié et ses fleurs plates, plus larges que celles de l'espèce type. Les fleurs teintées de vert s'épanouissent en blanc crème. Le feuillage caduc est ample. Grappes de fruits rouge-orangé à l'automne. Pour petits jardins.

Cornus stolonifera 'White Gold'

❀ **Arbuste** au port élégant, de taille moyenne, au feuillage panaché légèrement évasé et au bois d'hiver jaune clair. Il est aussi rustique que l'espèce type.

Cosmos atrosanguineus

❀ **Plante tubéreuse** à floraison estivale, aux fleurs solitaires d'un remarquable pourpre très foncé que l'on retrouve sur la nervure principale des feuilles ciselées, et parfois même sur les tiges. Son autre intérêt réside dans son étonnant parfum de chocolat noir. Formant une touffe de 50 cm, très florifère, la « plante-chocolat » nécessite un sol riche, drainé, et du soleil. Son tubercule est à protéger l'hiver, mais c'est une plante de culture facile. En pot, elle peut passer l'hiver en véranda.

***Cotinus* 'Grace'**

♈ ❧ **Petit arbre ou arbuste** page **145**

Crinodendron hookerianum

♈ ❧ **Arbuste persistant** page **150**

Cryptomeria japonica
'Little Champion'

❧ **Conifère nain** de forme buissonnante, d'aspect léger, de forme nette et arrondie, au feuillage est vert pâle et aux fins rameaux entrelacés. Parfait pour les petits jardins, les rocailles et les potées. Pour des sols non calcaires, au soleil.

Cupressus sempervirens
'Swane's Golden'

❧ **Conifère persistant,** étroit, colonnaire, au port compact, forme dorée du cyprès d'Italie, pouvant atteindre 7 à 10 m. Son feuillage est jaune d'or toute l'année, plus vif quand il est jeune. Rustique jusqu'à -15 °C, pour tous les sols, les endroits secs et ensoleillés. Pour des petits jardins.

Cyclamen hederifolium
'Purple Ears Strain'

❧ **Bulbe** au feuillage découpé et aux nombreuses petites fleurs d'août à novembre. Leur couleur se distingue du cyclamen commun (cf. p. 158) par l'intensité des tons de rose violacé s'éclaircissant à la pointe des pétales. Il se ressème seul et colonise des endroits ombragés, dans un sous-bois à l'ombre claire ou au pied de massifs arbustifs dans un jardin.

Cyclamen hederifolium
'Silver leaved'

❧ **Bulbe** dont l'originalité par rapport au cyclamen commun (cf. p. 158) est l'argenté de son feuillage persistant, qui en fait une jolie plante pour toute l'année. Les fleurs sont petites, mauve pâle, et s'épanouissent d'août aux gelées. Pour tout sol bien drainé, à l'ombre ou à mi-ombre, dans des sous-bois, où il se naturalisera très vite.

Davidia involucrata* var. *vilmoriniana

❧ **Arbre caduc** de taille moyenne, au port dressé. Les feuilles de l'arbre-aux mouchoirs, oblongues, sont vert pâle dessous et plus foncées dessus. En mai s'épanouissent de petites fleurs pourpres réunies en inflorescences elliptiques, fornées de grandes bractées blanches retombantes, suivies de fruits ovoïdes noirs. Très rustique, pour des sols humifères ; il supporte des sols profonds au-dessus d'une couche calcaire. À planter isolément sur un fond plus sombre.

***Deschampsia flexuosa* 'Hohe Tatra'**

❧ **Plante herbacée,** remarquable pour a couleur de ses fines feuilles jaune-vert clair vif, créant une touffe dense d'environ 30 cm de haut et de large, au-dessus de laquelle s'érigent des aigrettes de petites fleurs de teinte fauve. Le feuillage persiste toute l'année mais peut brunir en hiver. Pour tous sols frais, à mi-ombre.

Dianthus erinaceus

❧ **Petit œillet** qui se développe en coussin de 15 cm d'épaisseur, s'étalant avec les ans sur 20 à 40 cm. Le feuillage « hérisson » est persistant et se compose de petites feuilles vertes, étroites et pointues ; les fleurs rose-rouge en juin sont disséminées sur la surface du coussin. C'est une plante très rustique, pour des emplacements chauds et secs protégés de l'humidité hivernale, dans des sols pauvres et caillouteux, bien drainés. Parfait pour des rocailles ou des murets de pierres sèches.

Dianthus gratianopolitanus 'La Bourboule'

✿ **Œillet des montagnes** formant des petits coussins de 10 cm de haut sur 30 cm de large : le feuillage très fin, persistant et bleuté, s'étale en rayonnant. Les petites fleurs roses sont parfumées et apparaissent en mai-juin. Facile à cultiver dans des sols très bien drainés, c'est une plante de peu d'exigence, tolérant le calcaire. Plante d'une grande longévité pour des rocailles (voir p. 173).

Dicentra spectabilis 'Gold Heart'

✿ **Vivace** de taille moyenne, au feuillage léger, profondément lobé, jaune pâle, porté par des rameaux rouges, donnant des fleurs pendantes, d'un rose tendre, de mars à mai. Plante de mi-ombre, très rustique, à utiliser dans des plates-bandes ou en sous-bois clair. Plus persistante que les autres *Dicentra* (voir p. 175).

Dipelta floribunda

✿ **Arbuste caduc** de moyen à grand développement, à la très abondante floraison de longue durée, fin avril-mai. Les grandes fleurs campanulées rose clair à gorge jaune-orangé ressemblent à celles du *Weigela*. Il s'orne de fruits rouges à l'automne et, l'hiver, on peut admirer son écorce qui pèle en plusieurs tons de marron. Arbre très décoratif, facile à cultiver.

Dryopteris affinis 'Cristata The King'

✿ **Grande fougère** dont les folioles et le sommet des frondes sont joliment cristés, avec des écailles dorées sur les jeunes frondes. Elle demande un sol frais, riche et humifère ; bien que parfaitement rustique, il est préférable de la planter à l'abri du vent, de la neige et du gel, qui risqueraient de ralentir son développement et de la rendre semi-persistante.

Dryopteris atrata

✿ **Fougère** semi-persistante, au feuillage décoratif, très intéressante au début de l'été, lorsque les jeunes pousses ressemblent à des trompes d'éléphant noires. Les frondes, étalées et coriaces, sont en fer de lance. Fougère sans exigence particulière, à planter à mi-ombre, en couvre-sol, isolément ou en plate-bande.

Dryopteris dilatata 'Lepidota Cristata'

✿ **Fougère** rustique au feuillage vert pâle, original et très fin, rare dans le genre *Dryopteris*. Ne dépassant pas 40 cm de haut, elle convient aux petits jardins, en plate-bande ou comme couvre-sol, dans un emplacement frais et ombragé.

Elaeagnus 'Quicksilver'

🏆 ✿ **Arbuste** page **183**

Eragrostis trichodes 'Summer Strain'

✿ **Graminée très élégante,** d'un port souple et léger, mais relativement robuste, remarquable pour la durée de la floraison, qui s'étale de la mi-juillet jusqu'au mois de novembre. De taille moyenne (1m) et de croissance rapide, pas trop envahissante, elle demande une exposition ensoleillée et un sol bien drainé. Très rustique, elle résiste à -15 °C.

Erysimum pulchellum hybride 'Moonlight'

✿ **Plante tapissante,** compacte, aux petites feuilles persistantes, gris-vert, formant une masse constellée de jolies petites fleurs jaune citron tout l'été. De culture facile, pour des sols pas trop riches, en plein soleil.

Eucomis

✿ **Grand bulbe** à floraison longue dès la fin de l'été, de forme très originale.

Les feuilles, larges, en rosette à la base, sont rubanées, vert pâle tacheté de brun-pourpre. Au bout d'une longue tige, l'inflorescence cylindrique, composée de fleurs en étoile, vert pâle et marginées de pourpre, est couronnée de petites feuilles donnant à ce bulbe l'aspect d'un petit ananas. Pour un sol riche et léger; prévoir un paillage lors des hivers rigoureux.

Euonymus alatus

✽ **Arbuste** page **198**

Euonymus atropurpureus var. *cheatumi*

✽ **Grand arbuste** caduc ou petit arbre atteignant 8 m de haut adulte. Les feuilles épaisses, vert foncé, prennent de riches teintes violet pourpré de la mi-septembre jusqu'aux premières gelées. La floraison violette s'harmonise au feuillage vert sombre. À l'automne, les fruits jaune crème se marient avec le feuillage pourpré. Très rustique, il se plaît dans tous les sols, au soleil ou à mi-ombre.

Euonymus fortunei 'Emerald Charm'

✽ **Petit fusain persistant,** remarquable pour son port étalé (1 m de haut sur 2 m de large), sa vigueur et sa résistance ainsi que pour ses étonnants fruits bicolores, composés de capsules blanc crème qui s'ouvrent en laissant apparaître la graine, entourée d'orange vif. Très fructifère et très rustique, il est aisé à cultiver en tous sols, au soleil comme à mi-ombre.

Euonymus grandiflorus

✽ **Grand arbuste,** caduc ou semi-persistant, au feuillage qui se teinte magnifiquement, à l'automne, de rouge pourpré. C'est un arbuste séduisant avec ses branches légèrement retombantes, portant de grandes cymes de fleurs crème puis à l'automne de gros fruits couleur cire, renfermant des graines noires. Plutôt rustique, il nécessite une exposition ensoleillée et protégée, ou de l'ombre.

Eupatorium coelestinum

✽ **Vivace rhizomateuse** en touffes, d'un vert clair lumineux. La floraison automnale est abondante, composée de larges ombelles mauves. Rustique, elle exige le plein soleil, un sol riche et frais, et supporte même les sols très humides ou argileux.

Eupatorium rugosum 'Chocolate'

✽ **Plante vivace,** au feuillage bronze presque noir formant un contraste saisissant avec la floraison automnale en corymbes d'un blanc pur. Son développement en rhizome lui donne un port en touffe dense, à base très large. Elle atteint une hauteur de 1 m 50 sur 1 m de large à pleine maturité. Rustique, elle convient pour de bonnes terres de jardin drainées qui ne se dessèchent pas et apprécie même les sols lourds, ainsi qu'une exposition au soleil non brûlant.

Fagus sylvatica 'Red Obelisk'

✽ **Arbre** au feuillage très ornemental, rouge intense. Les feuilles ont une forme qui ressemble à celle du chêne rouvre. Sa silhouette fastigiée lui permet d'être facilement intégré à des massifs arborés, dans des espaces limités.

Fuchsia 'White Knights Pearl'

✽ **Vivace** aux fleurs rose pâle pendantes, de 3 cm de long. La floraison abondante de ce fuchsia couvre la plante entière, et dure de juin à octobre. Au printemps de nouvelles tiges apparaissent pour atteindre au moins 60 cm de haut et former une touffe lâche et souple d'1 m de diamètre environ. Parfaitement rustique, il supporte jusqu'à – 20° C à condition d'être planté à 20 cm sous le niveau du sol. Il s'adapte à tous les sols qui ne sèchent pas et apprécie le soleil, mais non brûlant. Adapté à la culture en pleine terre, c'est une bonne plante pour les massifs, qui peut aussi être cultivée en pot.

Gentiana 'Dark Hedgehog'

✿ **Vivace basse,** qui s'étale sur 40 cm, de croissance lente, tirant son nom de l'aspect pointu et dressé de ses feuilles vert foncé. La floraison est tardive et de longue durée (septembre à novembre) ; les fleurs sont dressées, tubulaires, d'un bleu vif et profond, marquées d'une ligne blanc verdâtre à l'extérieur. Très rustique, cette gentiane a besoin d'un sol acide, d'un emplacement semi-ombragé et humide, et convient pour des tourbières en rocaille, ou la culture en pot.

Gentiana 'Eugen's Allerbester'

✿ **Vivace** tapissante, aux nombreuses fleurs doubles, d'un magnifique bleu dense, strié de blanc pur, en forme de tubes emboîtés (dont les corolles s'épanouissent au soleil et se referment lors des nuits fraîches). Les feuilles vert sombre, étroites, forment des rosettes étoilées. Elle fleurit à l'automne, de la fin août jusqu'à fin octobre. Très rustique, elle se plaît dans les jardins alpins et les rocailles en situation mi-ombragée, dans un sol frais et acide.

Gentiana 'Strathmore'

✿ **Gentiane** aux fleurs bleu pâle, striées, en forme de jolies grandes trompettes. À placer dans une rocaille, dans un sol acide et frais, mais pas trop sec.

Gentiana sino-ornata 'Downfield'

✿ **Gentiane** intéressante pour ses fleurs d'un bleu franc nettement strié de blanc, qui s'ouvrent quel que soit le temps. D'environ 15 cm de haut et de large, c'est une plante de rocaille rustique, qui se développe mieux en climat doux, dans un sol acide et une atmosphère humide.

Geranium cinereum 'René Macé'

✿ **Vivace** de port compact atteignant 15 cm de haut et de large, proche de la variété 'Ballerina' (cf. p. 226) mais avec des feuilles plus petites et des fleurs d'un rose plus soutenu ; les pétales sont nervurés et ornés à leur base d'une macule sombre. Rustique, pour les petits jardins, les rocailles ou la culture en pot. Facile à cultiver en plein soleil ou à mi-ombre dans une terre bien drainée, il fleurit longtemps, de mai à novembre.

Geranium himalayense 'Gravetye'

✿ **Vivace** à larges fleurs bleues au cœur rouge. Il est doté d'un feuillage couleur brique en automne et il est probablement celui du genre à avoir la plus longue période de floraison, de mai à octobre. Plante rustique, peu exigeante sur la nature du sol et facile de culture, au soleil ou à mi-ombre (voir p. 227).

Geranium 'Rozanne'

✿ **Vivace** qui s'étale sur 1,20 m pour une hauteur maximale de 0,35 m, au port légèrement retombant. Il porte de grandes fleurs bleu violacé, finement veinées de pourpre, à centre clair, et des feuilles vert clair avec une tache jaune-vert à la base des folioles. La floraison est ininterrompue de mai jusqu'aux gelées. Très vigoureux, ce géranium à planter au soleil se plaira dans un terrain drainant ou en potées.

Geranium x 'Sabani Blue'

✿ **Vivace** au port rond, de forme régulière, pouvant atteindre 1,50 m de haut sur 0,60 m de large. Son abondante floraison d'avril à juin se compose de grandes fleurs simples bleu-violacé au centre veiné de pourpre. Très rustique, pour tous types de sols, avec une préférence pour les sols riches.

Geranium sylvaticum 'Meran'

❁ **Vivace** au feuillage sain, durable, et à la longue floraison, bleue, en mai-juin. C'est un couvre-sol qui peut s'étaler sur 60 à 80 cm, pour des endroits frais, humides, avec un ensoleillement atténué.

Ginkgo biloba 'Mariken'

❁ **Conifère nain** compact, de croissance lente, formant une boule arrondie et dense n'atteignant pas plus d'un mètre de haut en dix ans. Il ne ressemble guère aux autres ginkgos au port étalé, si ce n'est par son feuillage en éventail se colorant de jaune d'or à l'automne. Il peut être cultivé sur tige ou en buisson arrondi. Très rustique, il lui faut un sol riche et frais, à toute exposition. Pour les petits jardins ou à cultiver en pot, pour terrasses et balcons.

Hakonechloa macra 'Aureola'

🏆 ❁ **Graminée** page **235**

Hakonechloa macra 'Mediovariegata'

❁ **Herbe ornementale** au superbe feuillage formant une touffe dense d'1 m de diamètre de feuilles fines et retombantes de 60 cm de haut. Le feuillage est panaché de crème virant au rouge. La floraison en épillets bruns a lieu en fin d'été et à l'automne. Rustique, à cultiver à mi-ombre dans des sols frais, humifères et même argileux.

Hedera helix 'Filigran'

❁ **Lierre** au feuillage contrasté, très décoratif : les jeunes feuilles crispées ourlées côtoient les autres feuilles, qui s'arrondissent et s'aplanissent légèrement avec l'âge. Le feuillage densément rattaché aux branches lui donne un aspect compact. S'adaptant à tous les sols, de préférence à l'ombre, il tolère aussi la mi-ombre. Il convient en potée, en panier suspendu ou comme couvre-sol (s'étendant à 2 m). À cultiver au jardin pour agrémenter un endroit difficile ou dans un jardin d'hiver.

Helianthus giganteus

❁ **Vivace,** pouvant dépasser 3 m de haut, se développant en touffe de 80 cm de large, à partir de juin. Son feuillage est vert mat, ses tiges très sombres. La floraison est intéressante par son aspect automnal très tardif et par sa coloration, jaune citron à cœur vert. Plante très lumineuse en octobre, très rustique, pour tous les sols, pas trop secs, adaptée aux grands espaces.

Helichrysum stoechas ssp. *barrelieri*

❁ **Plante méditerranéenne** dont l'intérêt esthétique réside dans le feuillage persistant gris laineux, presque blanc, et dans les harmonies contrastées de celui-ci avec les boutons floraux jaune pâle puis les fleurs jaune-orangé soutenu. Cette plante convient aux rocailles en situation protégée et ensoleillée et aux potées.

Helictotrichon sempervirens

🏆 ❁ **Graminée** formant une touffe de 50 cm de haut et de large, au fin feuillage persistant bleu argenté. L'aspect architectural de cette avoine est dû à la forme érigée de ses feuilles. Les inflorescences, dressées, sont composées d'épillets de fines fleurs duveteuses argentées, qui s'épanouissent de mai à juillet. Pour un patio ou une rocaille. Facile à cultiver, elle résiste au froid comme à la sécheresse dans des sols perméables, sableux ou caillouteux.

Heliotropium peruvianum 'White Lady'

❧ **Arbuste compact,** qui atteint 2 m de haut, intéressant pour sa floraison, de mai à l'hiver, composée d'abondantes petites fleurs blanches au parfum sucré et capiteux. À utiliser en massifs ou potées au soleil et à rentrer l'hiver.

x *Heucherella* 'Quicksilver'

❧ **Vivace** élégante, à la longue floraison en épis légers portés par de fines tiges s'élevant au-dessus d'une rosette de larges feuilles pourpre foncé. Le feuillage, très ornemental, qui devient pourpre argenté l'hiver, forme un contraste harmonieux avec les fleurs crème. À cultiver sous une ombre légère, dans un sol pas trop humide, en sous-bois ou au premier plan d'un massif sous le couvert de plantes plus hautes. Rustique, supportant jusqu'à - 20 °C, elle perd ses feuilles à partir de - 8 °C.

x *Heucherella* 'Rosalie'

❧ **Vivace** rustique d'environ 20 à 30 cm de haut, au feuillage ponctué de brun clair qui peut se conserver si l'hiver n'est pas trop rude. Donne de légers panicules de petites fleurs rose pâle soutenues par des tiges pourpres érigées au-dessus du feuillage. Pour tous sols qui ne sèchent pas et une ombre légère.

Hosta 'Devon Green'

❧ **Vivace** formant une touffe compacte de 50 cm de haut sur 1 m de large, au port arrondi. Les feuilles, cordiformes, oblongues, sont épaisses, vert profond. La floraison d'été se compose de hampes florales serrées de couleur lilas. Très rustique, pour sols riches et humides, même argileux, à l'ombre ou à mi-ombre.

Hosta 'Golden Tiara'

❧ **Vivace** intéressante pour son feuillage doré. Excellente plante de jardin, aimant l'ombre et l'humidité (cf. p. 259).

Hosta 'Green Acres'

❧ **Vivace** au port arrondi en cascade. C'est le plus grand des hostas : 1 m de haut pour 1,30 m de large. Les feuilles larges et grandes, plus minces que celles des autres hostas et profondément nervurées, retombent en créant une belle masse vert pâle. La floraison estivale est blanche teintée de lilas. Rustique, à cultiver aussi bien en pot qu'en pleine terre, dans un sol humifère et à l'ombre.

Hydrangea anomala ssp. *petiolaris*

♈ ❧ **Liane** page **264**

Hydrangea serrata 'Blue Deckle'

❧ **Hortensia compact** au bois très fin, à la fleur plate d'un bleu porcelaine très subtil si le sol a un pH inférieur à 6 mais qui devient légèrement rosé dans le cas contraire. Il est bien adapté aux jardins de surface modeste, à mi-ombre.

Hydrangea serrata chinensis

❧ **Hortensia nain,** au port compact, remarquable par la finesse de ses feuilles et de ses fleurs. Le feuillage, légèrement teinté de bronze, prend ses couleurs d'automne tôt dans la saison. Les petites fleurs sont bleues, roses et violettes. C'est un arbuste qui a besoin de soins, d'un emplacement à mi-ombre, d'un sol acide et qui ne supporte pas la sécheresse.

Hypericum athoum

❧ **Arbrisseau nain** compact, dont la taille ne dépasse pas 10 cm. Sa floraison plutôt tardive, à la fin de l'été et à l'automne, se compose de minuscules fleurs jaunes. Pour les endroits secs, chauds et rocailleux des régions méditerranéennes.

Ilex verticillata 'Chrysocarpa'

❧ **Arbuste** remarquable pour sa fructification jaune en automne, se prolongeant jusqu'en janvier, qui en fait un arbre très lumineux par temps couvert. Tout à fait rustique, pour terrains acides et frais, pour toutes les expositions.

Iris 'Feu du Ciel'

❧ **Nouveau cultivar** d'*Iris germanica*, d'une éblouissante couleur orange saumoné, aux pétales inférieurs striés d'ocre et de vert pâle. Il forme de vigoureuses touffes de 90 cm de haut. À planter au soleil ; il tolère les sols calcaires.

Itea virginica 'Henry's Garnet'

❧ **Arbuste nain** drageonnant, aux feuilles longues et pointues, qui prennent de magnifique teintes pourpre foncé et écarlate à l'automne. Bien que caduque, le feuillage demeure très longtemps sur l'arbuste. Au printemps, les pousses sont bronze pourpré. L'été, il s'orne de panicules de fleurs blanc crème très parfumées, de 10 à 15 cm de long. Sa vigueur est supérieure à celle des autres plantes du genre. Afin qu'il se colore bien, il convient de le placer au soleil, dans un sol riche et profond ne se desséchant pas.

Juniperus communis 'Gold Cone'

❧ **Conifère nain** à port colonnaire, d'une hauteur maximale de 2,50 à 3 m. Les jeunes pousses lui donnent une coloration jaune jusqu'à l'hiver. Rustique, d'une bonne croissance - 10 à 20 cm par an -,il demande un sol sans calcaire, drainé. Une exposition ensoleillée garantit une bonne coloration. Pour agrémenter entrée, rocaille, petit jardin.

Juniperus procumbens 'Nana'

♀ ❧ **Arbre** page **294**

Lamium maculatum 'Pink Pewter'

❧ ✿ **Magnifique vivace** à croissance lente, aux petites fleurs rose pâle. Son excellente rusticité lui permet de parfaitement résister au soleil et à la sécheresse. Sa floraison s'étale de mai aux gelées.

Lavandula multifida ssp. *canariensis*

❧ **Très belle plante** originale au feuillage gris-blanc et à la longue floraison. De faible rusticité, elle se cultive en sol sec et a besoin de soleil.

Ligustrum japonicum 'Rotundifolium'

❧ **Arbuste persistant** remarquable pour sa croissance très lente - il atteint au maximum 2 m de haut - et sa silhouette compacte en colonne bien dense. Les rameaux s'élèvent droits, couverts de feuilles épaisses, serrées, arrondies, vert brillant. Il peut fleurir en de nombreux panicules de fleurs blanches au parfum sucré si la chaleur est suffisante.

Ligustrum sinense

❧ **Grand arbuste** persistant à petites feuilles vert vif, remarquable pour son abondante fructification automnale. Les fleurs, petites, très parfumées, d'un blanc crème, sont disposées en longs panicules le long des branches et sont suivies de très nombreuses baies bleu-noir. Pour tous sols, au soleil ou à mi-ombre. Résistant à la pollution, il peut aussi bien être planté isolément qu'en petite haie.

Liquidambar styraciflua 'Stared'

❧ **Arbre au port érigé**, de grandes dimensions - de 10 à 20 m de haut -, au feuillage découpé, rouge vif à l'automne. Très rustique, pour tous sols sauf calcaires, et très décoratif, il peut être planté isolément ou en groupe, au soleil ou à l'ombre légère, et même en zone humide.

Liquidambar styraciflua 'Variegata'

❀ **Arbre** d'environ 15 m de haut, aux élégantes feuilles panachées de jaune, devenant rose pourpré à l'automne.

Liriope muscari

♈ ❀ **Vivace tubéreuse** page **321**

Lobelia x *speciosa* 'Tania'

❀ **Grande vivace** aux fleurs en épi, violet pourpré, d'août à octobre, aux tiges grenat et aux longues feuilles bronze. Pour un emplacement semi-ombragé, dans un sol frais enrichi de fertilisant. Elle devra être protégée lors des hivers rigoureux.

Lonicera x *heckrottii* 'Gold Flame'

❀ **Plante grimpante** aux grandes fleurs en bouquets abondants à l'extrémité des tiges latérales. Les fleurs tubulaires, en trompette, sont vieux rose et orange clair à l'intérieur. Les grandes feuilles vert sombre bleuissent à l'automne. Atteignant 5 m de haut, facile à cultiver dans toute terre de jardin régulièrement amendée, au soleil, ce chèvrefeuille offre une floraison parfumée durant l'été et l'automne.

Luzula sylvatica 'Aurea'

❀ **Graminée ornementale** de la famille des joncs. Le feuillage persistant, large et lancéolé, a une belle couleur jaune d'or. Elle fleurit en juillet en hampes portant des glomérules à 60 cm au-dessus de la touffe feuillue. Rustique, pour tous les sols, surtout neutres à acides, en situation fraîche et ombragée. Sa culture facile et la couleur dorée du feuillage en font une excellente plante pour éclairer toute l'année les endroits sombres des jardins.

Lysimachia atropurpurea

❀ **Annuelle** formant des touffes érigées, de 80 cm de haut, remarquable pour l'harmonie de ses feuilles fines, légèrement ondulées, vert-gris, et de ses inflorescences en épis terminaux, bordeaux. Plante rustique à placer au soleil ou à mi-ombre, à planter dans des massifs de terre humifère ou des marais.

Malus 'Comtesse de Paris'

❀ **Petit arbre d'ornement** au port érigé, très sain, et intéressant pour son abondante fructification, très décorative à l'automne. Les fruits sont jaunes, semi-translucides, coniques, semblables à de petites pommes golden, et peuvent être accommodés en confiture. Le feuillage est vert foncé, sain et luisant. Le jeune bois reste brun doré pendant plusieurs années. Pour tous sols et climats, sauf extrêmes, à utiliser isolément ou en haie libre.

Miscanthus sinensis 'Kleine Fontäne'

❀ **Graminée vivace** au port dense et érigé et à la floraison retombant en cascade. Très florifère dès son plus jeune âge, elle donne en août des épis d'un gris argenté laineux ; une seconde poussée fleurit en septembre et rosit à l'automne. Parfaite à proximité de petits plans d'eau ou en association avec des graminées tapissantes pour créer un effet de jaillissement.

Miscanthus sinensis 'Morning Light'

❀ **Gracieuse graminée vivace** au port souple, légèrement retombant, et au beau feuillage fin, élancé et lumineux, vert strié de blanc, créant un effet argenté. D'une hauteur de 1,20 à 1,50 m, rustique, facile à cultiver, elle se développe mieux en pleine terre qu'en pot.

Miscanthus sinensis 'Pünktchen'

❀ **Graminée** formant une touffe retombante de 1,60 m de haut et 1 m de diamètre, au feuillage décoratif, avec des zébrures jaunes parcourant les feuilles vertes. Très florifère, rustique, facile à cultiver en tous sols au soleil, ce miscanthus s'épanouit en fin d'été et se prolonge à l'automne par des épis digités, d'abord rouge argenté, puis totalement argentés.

Miscanthus sinensis var. *condensatus* 'Cabaret'

❧ **Graminée vivace** aux larges feuilles persistantes marquées d'une nette rayure blanche et aux fleurs d'un brun-rouge argenté, à la fin de l'été. Cette herbe ornementale est plus appréciée pour sa fraîcheur printanière que pour ses fleurs. Très rustique, elle se plaît en terrain frais, auprès d'hostas, comme en terrain sec.

Molinia caerulea ssp. *caerulea* 'Heidebraut'

❧ **Graminée ornementale** formant une touffe compacte de fin feuillage vert, pourpre à la base. D'août à octobre, des tiges d'un intense jaune-orangé s'élèvent jusqu'à 1,20 m de haut, bien droites, formant une grande touffe légèrement évasée. La « Fiancée de la lande » est parfaite pour créer une scène évocatrice des marais. On peut aussi la planter isolément. De bonne rusticité, elle est facile à cultiver dans toute terre de jardin plutôt acide.

Molinia caerulea 'Strahlenquelle'

❧ **Graminée vivace,** intéressante pour la forme de ses touffes de tiges dressées en éventail,qui se teinte d'une vive couleur brun-rouge à l'automne la rendant plus saisissante encore. Très résistante au froid, elle pousse presque partout, dans des endroits secs ou humides ; un sol humifère lui convient bien et elle contribue à assainir un sol tourbeux.
À utiliser dans un massif en tant que plante architecturale ou en pot.

Molinia caerulea ssp. *caerulea* 'Edith Dudszus'

❧ **Graminée vivace** formant une belle touffe ronde de 60 cm de diamètre, au feuillage linéaire très fin et court, vert se teintant de jaune blond à l'automne et disparaissant l'hiver. C'est à l'automne que se révèle son principal attrait, sa floraison composée d'une multitude de tiges érigées, fines et pourprées, atteignant 1 m de haut, supportant de petits épis brun-rouge virant progressivement à l'argenté. C'est une plante très élégante, à admirer dans la lumière d'automne et d'hiver. Très rustique, pour des sols frais, à planter en massif ou associée à d'autres graminées, ou isolément en pleine terre ou en potées.

Nandina domestica 'Firepower'

❧ **Arbuste nain** au port compact en forme de boule, d'environ 60 cm de haut, idéal pour une plantation en pot dans un endroit abrité. Le feuillage persistant prend une teinte rouge vif de l'automne au printemps, à condition d'être en plein soleil (voir aussi p. 345).

Ophiopogon planiscapus 'Nigrescens'

🏆 ❧ **Vivace** page **357**

Orlaya grandiflora

❧ **Grande plante bisannuelle,** de 0,80 à 1 m de haut, à l'aspect de fleur sauvage avec sa floraison blanche en larges ombelles légères, de mars à octobre. Facile à cultiver, elle aime les expositions chaudes et ensoleillées et un sol plutôt frais. Sa longue floraison en fait une plante précieuse pour le jardin, et elle convient aussi très bien comme fleur à couper.

Osmunda cinnamomea

❧ **Fougère** caduque à croissance lente, qui finit par atteindre 1,50 m de haut.

Les frondes stériles sont bipennées, vertes, et forment une couronne peu évasée. Les frondes fertiles sont dressées au centre et portent à maturité une masse de sporanges rouille, contrastant avec les tiges laineuses et pâles. Très rustique, pour sol humide, tourbeux, à l'ombre ou à mi-ombre.

Oxalis 'Ione Hecker'

⁂ **Petite vivace** formant des touffes rases et arrondies de 30 cm de diamètre. Le feuillage vert-gris est composé de folioles réunies en forme de parasol sur des tiges rouge foncé. Les fleurs en entonnoir, à cinq pétales, sont de coloris délicat, mauve pâle veiné de mauve soutenu, le cœur violet rehaussé par le jaune des étamines. Elles éclosent au-dessus du feuillage, de mai à septembre. Plante de rocaille très rustique, pour un sol filtrant, au soleil.

Panicum virgatum 'Shenandoah'

⁂ **Graminée** formant une touffe au port naturel qui atteint 1 m de haut sur 0,50 m de large, surmontée de légers épis grenat. Ses feuilles se colorent dès le début de l'été, certaines en vert bleuté, d'autres en rouge grenat foncé, d'autres en jaune-orangé. Très rustique, très facile à cultiver au soleil, c'est une plante à toute épreuve qui supporte même les sols secs et pauvres.

Papaver nudicaule 'Party Fun'

⁂ **Magnifique pavot** d'environ 25 cm de haut à grandes fleurs multicolores, à traiter comme une bisannuelle plutôt que comme une vivace. En effet, la floraison est très belle les deux premières années, puis elle décline. Pour une floraison de longue durée, il faut retirer les capsules de graines une fois par semaine.

Paronychia kapela ssp. *serpyfollifolia*

⁂ **Vivace** tapissante formant un coussin de 5 cm de haut sur 50 cm de large. Les feuilles grises, persistantes, sont serrées le long de rameaux multiples. Les fleurs minuscules, groupées en bouquets terminaux, sont dépourvues de pétales et entourées de minuscules bractées blanc ivoire. Rustique, elle supporte jusqu'à - 25 °C. Dans un sol bien drainé, dans son milieu naturel, elle peut s'étaler jusqu'à occuper 5 m^2.

Parrotia persica 'Vanessa'

⁂ **Arbre** caduc érigé (10 à 15 m de haut sur 3 m de large) aux couleurs d'automne flamboyantes. Les feuilles vertes et brillantes, bordées de rouge bronze quand elles sont jeunes, apparaissent après les minuscules grappes de fleurs orangées. Rustique, pour tous sols, au soleil ou à mi-ombre.

Pelargonium 'Crimson Unique'

⁂ **Pélargonium** d'une taille exceptionnelle, qui peut atteindre 1,30 m de haut et 80 cm de large. Son feuillage vert foncé, duveteux, persistant, assez découpé, est odorant. Fleurs rouges ornées de deux taches noires sur les pétales supérieurs (de mai à octobre). Pour potées et massifs.

Pelargonium 'Domaine de Courson'

⁂ **Pélargonium** de croissance vigoureuse, au port étalé, aux fleurs d'un rose-mauve soutenu. Les inflorescences, simples, sont groupées en têtes larges, semi-sphériques, et durent de mars à octobre. Les feuilles sont grandes, trilobées et odorantes ; elles dégagent au toucher un parfum de cèdre. Facile à cultiver dans un sol riche et humifère, cette plante au port large se déploie bien en potées ou en suspensions.

Pelargonium x *hederaefolium* 'Wood's Surprise'

✻ **Pélargonium miniature** à l'abondante floraison onze mois sur douze. Les fleurs sont doubles, de type pompon, mauves à revers argenté. Elles s'harmonisent avec la finesse et la couleur des feuilles marbrées de blanc, triangulaires, aromatiques et persistantes. Pour tous sols pas trop acides ni trop humides, et toutes les expositions. Pour suspensions ou jardinières, en serre froide l'hiver dans des régions autres que la zone méditerranéenne.

Pelargonium x *hortorum* 'Apple Blossom Rosebud'

✻ **Pélargonium** aux fleurs doubles à pétales serrés qui ne s'ouvrent pas complètement et donnent l'impression de boutons de rose ; son nom provient de la coloration des inflorescences en boules, blanches à cœur vert, bordées de rose. Le feuillage dense est d'un vert franc sans zone sombre. La végétation est vigoureuse et la floraison abondante dure tout l'été. À cultiver au soleil en pots sur une terrasse dans un sol argileux et à rentrer dans une véranda l'hiver.

Penstemon jamesii

✻ **Espèce rustique de penstemon,** au feuillage vert tout l'hiver, si la température n'est pas inférieure à - 5 °C, et qui produit d'abondantes fleurs, blanc et mauve, de 15 cm. Pour tous sols secs, au soleil. Il convient aux rocailles, graviers et murs.

Persicaria amplexicaulis 'Firedance'

✻ **Vivace** formant une touffe érigée de 1,20 m de haut sur 0,80 m de large. Cette renouée est intéressante pour la coloration dorée de son feuillage vert clair et la particulière intensité du rouge de ses épis, épanouis de juillet à novembre. Très résistante au froid, à cultiver en tous sols pas trop secs, au soleil ou à l'ombre légère.

Persicaria amplexicaulis 'Speciosum'

✻ **Vivace** formant un buisson d'environ 1 m, à la floraison extrêmement longue, de juillet à novembre. Ses fleurs en épi, rouges contrastent avec le feuillage. Belle harmonie de proportions entre les grandes feuilles et les longues tiges des fleurs. Très rustique, facile à cultiver, elle supporte toutes les expositions, en fond de massif ou isolée. Elle prendra vite sa place dans un jardin nouvellement planté.

Persicaria polystachyum

✻ **Robuste vivace drageonnante,** au port lâche, à la ramure brune et aux feuilles pointues, vert clair. Sa floraison automnale, en panicules de petites fleurs blanches, est abondante, très parfumée et mellifère. De croissance vigoureuse, elle atteint facilement 2 m de haut, surtout dans un sol fertile ; très rustique, elle aime le soleil en sol frais et une exposition au nord en sol sec. Parfaite en fond de massif, ou pour maintenir les talus en bord de berge.

Peucedanum ostruthium 'Daphnis'

✻ **Vivace** à feuillage panaché de jaune crème et de vert. Les fleurs, modestes, en ombelle, en mai-juin, sont décoratives en hiver lorsqu'elles ont séché. Les graines demeurent tout l'hiver alors que les feuilles disparaissent. C'est une plante rustique d'environ 60 cm de haut et de large, pour la mi-ombre ou un léger soleil, à utiliser pour son feuillage magnifique, en massif ou comme couvre-sol.

Philadelphus 'Belle Étoile'

✻ **Arbuste** page **384**

Phyllostachys aurea 'Koi'

✻ **Bambou** de 5 à 9 m de haut, à feuillage vert persistant, à chaumes jaunes ornés d'une raie verte longitudinale. L'effet ornemental est renforcé par la coloration orangée que prennent les nœuds supérieurs sous l'effet du soleil. Rustique, il est de culture facile, en sol drainé, à toutes expositions. Maintenir au sol les feuilles sèches pour protéger le rhizome en hiver. À réserver à de grands espaces.

Phyllostachys humilis

✻ **Beau bambou** au feuillage fourni dont les feuilles, petites, à la face inférieure glauque, ont une jolie petite tache noire à la base. Très rustique, il convient à tous les jardins, et peut atteindre 5 m de haut. Il s'adapte très bien à la culture en pot, où il ne dépassera pas 3 m de haut, à l'extérieur comme à l'intérieur, dans un local ventilé et pas trop chaud. Sa seule exigence : un sol humide et bien drainé.

Picea glauca 'Alberta Blue'

✻ **Petit conifère** à feuillage fin, compact, à la forme parfaitement conique, sans la moindre taille, de croissance très lente – de l'ordre de 1 m en 40 ans. Parfait pour les petits jardins et les rocailles ou la culture en pot. Il lui faut un sol bien drainé et un emplacement ensoleillé.

Picea glauca 'Alberta Globe'

✻ **Conifère** à port globulaire, d'environ 50 à 60 cm de hauteur et 1,50 m de diamètre, formant un coussin compact et irrégulier. Le feuillage, remarquable au printemps, est très fin et très dense. Très rustique, pour tous sols et toutes expositions.

Pinus x 'Marie Bregeon'

✻ **Conifère** compact et arrondi aux longues aiguilles vert clair. C'est un pin de croissance lente (60 cm de haut et 70 cm de large en dix ans). Pour tous les sols, de préférence sans calcaire, plutôt au soleil.

Pinus parviflora 'Glauca'

✻ **Conifère** de moyen développement au port irrégulier qui s'aplatit avec l'âge. Les aiguilles bleues légèrement recourbées sont réunies en bouquets et offrent un aspect doux. Particulièrement fructifère, ce cultivar bleuté du pin blanc japonais, parfait pour les rocailles et la culture en pot, aime les sols secs et acides.

Pinus 'Pierrick Bregeon'

✻ **Conifère** intéressant pour son port compact et sa forme arrondie et assez plate. De culture facile, il convient à tous les sols et climats et il est très adapté aux jardins fermés ainsi qu'aux petits espaces.

Pinus peuce

✻ **Conifère** au port conique, de croissance lente les premières années. Son feuillage légèrement bleuté et argenté, sa ramure élégante et légère font du pin dit de Macédoine un très bel arbre, aux aiguilles fines plus foncées sur la face externe et plus claires sur la face interne et aux jolis cônes pendants. Très rustique, il est très facile à adapter en des sols très variés, même un peu calcaires, en plein soleil.

Pinus strobus 'Sea Urchin'

✻ **Pin nain** à la forme exceptionnellement compacte, d'un bleu particulièrement vif ; ses aiguilles sont courtes et raides, très fines et serrées. Ravissant dans un jardin de rocaille, un petit massif ou en pot. Rustique, il s'adapte à tous les sols, mais se développe mieux dans des sols sans calcaire.

Pinus wallichiana densa

✻ **Pin** à aiguilles longues et très bleutées, à port pyramidal et à feuillage dense. Pour les petits et moyens jardins.

Pistacia chinensis

❧ **Petit arbre** remarquable pour son feuillage caduc, se colorant magnifiquement à l'automne de tons orangés et rouges. Les pousses, au printemps, sont elles aussi colorées de rouge vif. Sa ramure élégante et légère supporte de petits fruits d'abord pourpres puis bleus. Rustique, atteignant 15 m de haut, il se plaît dans tous les types de sols, même secs, au soleil.

Polemonium caeruleum 'Brise d'Anjou'

❧ **Vivace** formant une touffe de 30 cm de haut, au feuillage panaché de jaune clair. L'effet du feuillage est saisissant et plus durable que la floraison, en clochettes, bleu violacé. À utiliser dans les plates-bandes de vivaces.

Primula sieboldii 'Winter Dreams'

❧ **Vivace** intéressante pour la beauté de son feuillage et de ses fleurs, et sa robustesse. Le feuillage caduc est composé de feuilles en palmette allongée, duveteuses, vert tendre parfois marginé de vert plus pâle, en rosette dense ; l'ensemble se couronne en mai-juin d'ombelles de fleurs d'un blanc pur, aux pétales dentelés. Primevère très rustique, pour sol frais, neutre ou acide,et une exposition ombragée ou semi-ombragée.

Prunus lusitanica 'Myrtifolia'

❧ **Arbuste élégant,** au port compact et rond, aux petites feuilles ovales, persistantes, d'un beau vert brillant. Il donne de jolies fleurs blanches parfumées au printemps. Pouvant atteindre 5 m de haut pour 3 m de large, très rustique, très résistant aux maladies, il s'adapte à tout type de sol et à toute exposition.

Prunus persica 'Madeleine de Courson'

❧ **Pêcher ancien,** redécouvert récemment. Au printemps, il se couvre d'un nuage de grandes fleurs rose pâle. Acidulées et très parfumées, les pêches, à chair blanche, mûrissent à la fin du mois d'août. Très vigoureux et fertile, cet arbre croît en sol drainé, au soleil, à l'abri des vents dominants. C'est un pêcher adapté au nord de la Loire.

Rhododendron 'Alfred'

❧ **Arbuste au port érigé,** remarquable pour sa grande résistance au froid et sa floraison bleu-violet. Le feuillage, persistant, est très sain, vert sombre. Les fleurs sont groupées en inflorescences bien denses donnant un effet de masse mauve. Pour un sol acide et une exposition ombragée ou semi-ombragée.

Rhododendron 'Boursault'

❧ **Arbuste** à grosses fleurs campanulées d'un mauve-violet soutenu, qui peut former de superbes massifs arrondis, aussi larges que hauts. Extrêmement résistant au froid, il supporte la plupart des situations, un sol humide comme la chaleur et même une exposition en plein soleil, bien qu'il fleurisse davantage dans un sol acide.

Rhododendron 'Excelsior'

❧ **Arbuste compact** pouvant atteindre 2 m de diamètre, persistant, très florifère, donnant mi-mai des fleurs rouge rosé. Très rustique et résistant aux maladies, il supporte le plein vent. Pour terrasses et rocailles en sol acide, au soleil.

Rosa 'Anne-Aymone Giscard d'Estaing'

❧ **Rosier floribunda** d'une grande élégance, au parfum léger, très ramifié et au port aéré, aussi large que haut (60 à

70 cm). Les larges fleurs simples, de cinq à six pétales, d'un rose nacré, aux étamines rouges proéminentes, sont réunies en bouquets sur des hampes terminales. La floraison est remontante tout l'été. Grandes feuilles vert foncé. Résistant aux maladies.

Rosa 'Cécile Brünner'

✿ **Vigoureux rosier grimpant,** remontant, au feuillage vert foncé ; ses minuscules boutons s'épanouissent en innombrables fleurs rose pâle argenté, au léger parfum. Il supporte la plupart des sols.

Rosa 'Climbing Cécile Brunner'

✿ **Rosier grimpant** à grand développement, à feuilles vert sombre. Son charme réside dans ses innombrables et élégants boutons et ses petites fleurs rose clair, délicatement parfumées, fleurissant du printemps aux premiers froids. Résistant aux maladies.

Rosa ERIC TABARLY 'Meidrason'

✿ **Rosier** grimpant d'un magnifique rouge de Tyr, au feuillage vert mat. Les grandes fleurs en coupe, de style ancien, comptent une centaine de pétales très parfumés, surtout vers midi. Beau rosier remontant, très résistant aux maladies.

Rosa 'Ghislaine de Féligonde'

✿ **Rosier grimpant** à développement mesuré, d'une hauteur de 3 m pour un étalement de 2,50 m, très rustique et très sain, qui peut aussi être utilisé comme un grand arbuste. La floraison est remontante. Les fleurs, doubles, parfumées et nacrées, légèrement orangées, sont mises en valeur par l'orange tendre des boutons.

Rosa hugonis

✿ **Vigoureux rosier arbustif,** le premier à fleurir, aux rameaux souples, retombant élégamment, et au feuillage fin, composé de folioles étroites, très décoratives l'été. Les fleurs, simples, parfumées, aux étamines proéminentes, sont jaune primevère et érigées tout le long des branches au-dessus du feuillage. Atteignant 2,50 m en hauteur et en largeur, il n'a besoin que d'une légère taille d'équilibre.

Rosa 'La Marne'

✿ **Arbuste** rustique robuste, trapu et bas ne dépassant pas 60 à 70 cm de haut. Le feuillage de ce rosier Polyantha est vert foncé, sain et sa floraison est abondante du printemps aux premières gelées. Les fleurs, parfumées, en coupe, sont d'un beau rose foncé profond.

Rosa 'Paul Noël'

✿ **Rosier grimpant** à feuillage brillant, à floraison abondante, non remontante ; les fleurs roses à léger reflet jaune sont très doubles, de style « chiffonné », regroupées par quatre ou six. Idéal à mi-ombre pour couvrir un petit support. Très résistant aux maladies.

Rosa 'Professeur Cabrol'

✿ **Rosier arbustif** au port compact, élégant et léger, doté d'un feuillage vert sombre qui offre un joli contraste avec le rouge vif de ses fleurs aux pétales en forme de cœur. La floraison, très longue, s'étale de juin jusqu'aux premières gelées. D'une hauteur de 1,50 m sur 2 m de large, très rustique, il demande du soleil. Parfait pour égayer un jardin.

Rosa 'Schneeflocke' (syn. *Rosa Opalia*)

✿ **Rosier arbustif nain,** couvre-sol, de type floribunda, de 40 à 50 cm de haut. Son feuillage d'un vert brillant est sain et résistant aux maladies. La floraison, très attrayante, est précoce, de longue durée (jusqu'aux gelées), très parfumée. Les fleurs en coupelle sont d'un beau blanc.

Rosa 'Scentimental'

❧ **Rosier buisson** floribunda d'environ 80 cm de haut, alliant un parfum puissant, une forme de rose ancienne et un coloris contemporain, avec des pétales blancs éclaboussés de stries rouge-rose vif. Son feuillage est résistant aux maladies. Très florifère tout au long de l'année, il remonte à l'automne jusqu'aux gelées.

Salvia leucantha 'Purple Velvet'

❧ **Sauge** différant de l'espèce type par ses tiges plus pâles, atteignant 1,20 m de haut, et ses inflorescences plus grandes, d'un superbe bleu lavande violacé, en fin d'été et en automne. Les racèmes ont un bel aspect velouté. Le feuillage gris, duveteux et fin, dégage un léger parfum de cassis au toucher. Cette plante est à cultiver en pot, maintenu en véranda hors gel, sauf dans les régions méditerranéennes ou océaniques. À cultiver dans un sol bien drainé, au soleil.

Salvia nemorosa 'Caradonna'

❧ **Vivace** atteignant 0,70 m de haut et 0,50 m de diamètre, au port compact, bien droit ; le feuillage caduc est vert mat, porté par des tiges marron foncé. Les petites fleurs réunies en épis aérés sont violet très foncé tirant sur le bleu. La floraison est très longue, en juin et juillet, et peut même être remontante si l'on coupe les tiges florales. D'une bonne rusticité, cette sauge aime le plein soleil et un sol léger, bien drainé.

Salvia regla

❧ **Sauge arbustive** offrant une jolie harmonie de forme et de couleur entre les feuilles en cœur, légèrement dentées, et les fleurs, en verticilles d'un rouge lumineux. Les sépales sont jaune-orangé et les pétales rouge écarlate. Dotée d'une longue floraison (d'août aux gelées) rustique, supportant jusqu'à – 12 °C, à cultiver dans un sol drainant, en plein soleil, elle convient en potée ou en massif, où son coloris se trouvera amplifié.

Sambucus nigra 'Thundercloud'

❧ **Arbuste** très ornemental, au port évasé et horizontal, ce cultivar du sureau commun offre une magnifique combinaison de fleurs et de feuillage. Les fleurs, plates, en ombelles, sont rose pâle, supportées par les tiges rose soutenu, et s'étalent au-dessus du large feuillage sombre pourpré. Elles s'épanouissent de mai à juillet et sont suivies par des fruits noirs en fin d'été et en début d'automne. À cultiver en massif, au soleil ou à mi-ombre, associé à des vivaces à fleurs rose pâle. Sans taille, il atteint 3 m de haut sur 2 m de large.

Sassafras albidum

❧ **Arbre vigoureux**, parfois drageonnant, remarquable pour ses feuilles de forme variable, pleines ou lobées, se colorant magnifiquement à l'automne, mais aussi pour son caractère aromatique et son écorce sombre et fissurée qui s'écaille. Les baies bleu sombre sur tige rouge ajoutent à la richesse du coloris. Rustique, pour tous sols frais, humides, mais pas trempés.

Saxifraga cortusifolia var. *fortunei*

❧ **Vivace** particulièrement intéressante pour la multitude d'inflorescences blanches se détachant du feuillage, bronze sur des tiges pourprées. Sa floraison légère s'étale de mai à novembre.

Saxifraga cotyledon 'Southside Seedling'

🏆 ❧ **Vivace** page **484**

***Scabiosa columbaria* 'Pink Mist'**

❀ **Vivace** au port compact et arrondi, de petite taille, au feuillage persistant, découpé, glauque, et à la floraison exceptionnelle, de Pâques à la Toussaint. Les fleurs sont en pompon, rose brillant. De culture facile et très rustique, il lui faut un sol bien drainé au soleil. Convient en rocaille, dans un petit jardin ou en pot.

Sciadopitys verticillata

❀ **Arbre persistant** au port pyramidal, qui peut atteindre 10 m de haut. Très ornemental, c'est l'un des plus élégants conifères. Ses longues feuilles verticillées en gros bouquets dressés ressemblent aux baleines d'un parapluie retourné. Son feuillage est d'un vert acide, les jeunes pousses sont presque jaunes. Les cônes, verts puis bruns l'année suivante, sont décoratifs. Rustique, très résistant au froid, il préfère une terre acide et bien drainée, à mi-ombre. À planter isolé ou en massif.

***Semiarundinaria* 'Tootsik Albostriata'**

❀ **Bambou** rare par sa taille et sa couleur : il peut atteindre 2,50 m et est doté d'un feuillage panaché crème et vert. Il s'adapte parfaitement aux jardins urbains.

***Sequoiadendron giganteum* 'Glaucum'**

❀ **Conifère** au feuillage bleuté, à l'écorce rouge spongieuse, de forme conique, très rustique. Sa taille imposante, de 20 à 30 m de haut, en fait un magnifique arbre à isoler, pour une exposition ensoleillée.

Sphaeralcea fendleri

❀ **Vivace sous-arbustive** à feuillage gris, aux fleurs en clochette, d'un bel orange lumineux. Elle demande un sol sableux, et supporte jusqu'à - 5° à - 7 °C. Pour serre froide ou rocaille si le climat le permet.

Stevia rebaudiana

❀ **Vivace** de 0,60 à 1 m de haut, aux feuilles allongées et dentelées, vertes, plus foncées dessus que dessous. Ses petites fleurs blanchâtres passent inaperçues. Sa spécificité réside dans le pouvoir édulcorant de ses feuilles et de ses fleurs, de 10 à 20 fois supérieur à celui du sucre ! Assez rustique, sa culture ne comporte pas de soins particuliers : en pot ou en pleine terre,le soleil ou la mi-ombre lui conviennent.

Styrax japonicum

🍸 ❀ **Arbre** page **504**

***Symphytum* x 'Empire'**

❀ **Vivace herbacée,** hybride de la consoude, de croissance vigoureuse, formant des touffes de 80 cm de diamètre, aux inflorescences stériles - ce qui évite l'envahissement -, pourpre violacé. Son feuillage rugueux disparaît l'hiver mais renaît au printemps. Très rustique, pour toutes les situations, même ingrates, y compris l'ombre.

***Syringa meyeri* 'Palibin'**

🍸 **Arbuste** page **505**

***Syringa patula* 'Miss Kim'**

❀ **Petit arbuste** au port plus simple que nos lilas traditionnels, et aux abondantes fleurs mauve bleuté. Magnifique en contraste avec des feuillages gris.

***Syringa vulgaris,* cultivar de Lemoine**

❀ **Arbuste** très florifère, sain et compact, au port arrondi. Avec une hauteur de 6 m et une circonférence de 10 m, c'est le plus grand spécimen jamais vu de lilas. Nombreuses et grandes inflorescences parfumées avec des pétales recourbés d'un mauve lilacé, feuillage vert clair.

Taxus baccata 'Fructo Luteo'

❀ **Conifère** de taille moyenne, c'est une forme ancienne mais inhabituelle de l'if commun. Il est exceptionnel en raison de l'abondance de ses fruits de couleur jaune. Aussi rustique et de culture aussi aisée que l'if commun.

Thamnocalamus murielae 'Jumbo'

❀ **Bambou** doré persistant, qui développe une touffe compacte de 3 m de haut sur 3 m de large, à feuilles larges, pourvu de nombreuses pousses et à jolis chaumes verts et beiges. Facile à cultiver à l'ombre ou à mi-ombre, dans un sol drainé, ce bambou est très rustique et convient à la culture en bac ou en pleine terre.

Thymus longiflorus 'Jardin du Morvan'

❀ **Thym** se développant en coussin ras et dense. Ses nombreuses petites feuilles persistantes, d'un gris velouté, dégagent leur parfum au toucher. Les inflorescences roses teintées de parme s'épanouissent abondamment en mai et juin. Contrairement à la plupart des thyms, il est très résistant à la sécheresse et aime les sols pauvres et bien drainés, qui lui permettent de braver le froid jusqu'à – 20 °C. Nécessitant peu de soins, il peut conquérir seul de petits espaces chauds et caillouteux.

Viburnum dilatatum 'Erie'

❀ **Arbuste touffu,** de 2 m de haut, portant au printemps des cymes blanches, de 10 cm de large, aux fruits roses. À l'automne, le feuillage devient jaune puis pourpre. Cet arbuste supporte les terrains secs et calcaires, isolé ou en massif.

Viburnum x *hillieri* 'Winton'

❀ **Grand arbuste** au port étalé et au feuillage semi-persistant se colorant en automne. En été, les fleurs blanches se transforment en baies rouges. Un sol frais, même calcaire, et une exposition ensoleillée ou semi-ombragée lui conviennent.

Viburnum japonicum

❀ **Arbuste persistant** à la silhouette souple, atteignant 2 m de haut et de large. Cette robuste viorne s'orne d'une floraison blanche au printemps et de fruits rouge vif à l'automne. Les petites fleurs légèrement odorantes sont en cymes de 10 cm de diamètre. Les feuilles sont larges, épaisses et luisantes. De croissance vigoureuse, rustique, sa culture est simple, au soleil ou à mi-ombre.

Viburnum plicatum 'Pink Beauty'

❀ **Petit arbuste gracieux** aux branches étalées. Les feuilles, caduques, sont plus petites que celles de l'espèce type. La floraison est abondante à partir de mai, et évolutive : les fleurs en ombelle passent du blanc-vert au rose pâle puis au rose foncé tout en devenant plus larges. Belle coloration d'automne avec une profusion de fruits virant du rose au bleu violacé. Rustique, pour petits jardins ou à placer en premier plan d'un massif arbustif, à mi-ombre.

Viburnum plicatum 'Rotundifolium'

❀ **Arbuste buissonnant,** vigoureux et florifère, remarquable pour les variations saisonnières de son feuillage. Les larges feuilles caduques sont vert sombre et pourpre à l'automne ; les fleurs réunies en boules sont blanc verdâtre puis blanc pur. Pour tous les sols et une exposition ensoleillée. À utiliser en isolé car il est de grande taille (1,50 m à 2,50 m).

Viburnum plicatum 'Summer Snowflake'

⁂ **Arbuste** au port colonnaire, ne dépassant pas 3 m de haut, à feuillage vert sombre et veiné, contrastant avec la floraison plate, blanche, de longue durée, remontante tout l'été, portée par des rameaux horizontaux et étagés. Il se plaît dans tous les sols pas trop alcalins ; il peut être placé au soleil si le sol est frais ; il fleurit très bien à l'ombre aussi.

Viburnum trilobum 'Spring Red Compact'

⁂ **Arbuste** saisissant, doté d'un splendide coloris rouge vif à l'automne. Le feuillage divisé en trois lobes, est dressé vers le ciel ; ce petit arbuste, qui n'atteint pas plus de 1,50 m, est aussi remarquable pour son port dense, compact et érigé. Rustique, il peut être cultivé dans tout sol.

Vitis coignetiae

♡ ⁂ **Liane** page **540**

Weigela florida 'Victoria'

⁂ **Arbuste à petit développement,** remarquable pour son feuillage dont le coloris pourpré se maintient tout au long de l'année ainsi que par son abondante, durable et précoce floraison d'un rose lie-de-vin.

Wisteria venusta

⁂ **Liane** aux fleurons très grands (les plus grands du genre) réunis en racèmes courts et pendants. Délicatement parfumée, cette superbe glycine blanche fleurit en mai-juin. Palissée le long d'un mur, elle peut atteindre 7 à 8 m. Elle peut aussi être traitée comme un arbuste et montée sur tige d'où les branches retombent en arceaux. Rustique en France, elle nécessite un sol drainant, acide, et du soleil.

Woodwardia fimbriata

⁂ **Grande fougère** qui forme une touffe élancée et évasée, de 1,20 m de haut. Ses frondes, caduques, sont triangulaires et découpées. Dans un sol acide et humide, elle est rustique si le sol est bien drainé, avec un apport régulier d'eau et de matières organiques et une protection du pied en hiver.

Zauschneria californica 'Western Hills'

⁂ **Vivace** fleurissant à l'automne, au port arbustif dressé. Les fleurs de ce fuchsia de Californie, d'un orange vif, sont allongées, en tube, horizontales, et s'harmonisent avec les capsules de graines, cylindriques, de couleur bronze. Les fleurs forment un vif contraste avec le feuillage lumineux gris presque blanc. C'est une plante pour une situation ensoleillée, chaude et sèche, rustique dans un sol sec.

Zenobia pulverulenta 'Blue Sky'

⁂ **Petit arbuste** compact, d'une hauteur de 1,50 m environ, beau toute l'année, au feuillage couvert d'une pruine argentée. Les fleurs ressemblent à du muguet géant, et sont groupées en grappes de campanules blanches. Les tiges sont luisantes, jaune cannelle et, l'automne, le feuillage se teinte de rose, jaune et cuivre tout en gardant le revers argenté. Très rustique, il s'adapte à tous les sols sauf calcaires, au soleil.

Les Médailles de Saint-Jean-de-Beauregard

Chaque année, le domaine de Saint-Jean-de-Beauregard organise deux fêtes des plantes qui célèbrent au printemps les plantes vivaces et en automne les fruits et légumes oubliés (voir dates et coordonnées p. 672). Depuis 1986, des prix y sont décernés par diverses institutions dont la SNHF (Société Nationale d'Horticulture de France) pour récompenser des plantes nouvelles ou classiques, en raison de leur beauté, de leur facilité de culture, de leur robustesse et pour diverses autres qualités. Ce choix recouvre donc une gamme de valeurs sûres. Nous vous présentons ici les plantes primées à Saint-Jean-de-Beauregard depuis 1992. Les plantes qui ont également été récompensées par la RHS et figurant dans la première partie de l'ouvrage font l'objet d'un renvoi, ainsi que celles qui ont été primées à Courson.

Adiantum pedatum 'Japonicum'

Élégante fougère rustique, vivace, formant des touffes de tiges filiformes, noires, portant un parasol de feuilles plumeuses vertes, translucides ; jeunes, elles sont rose cuivré. Elle atteint 30 cm environ en hauteur et en largeur. Pour bordure et rocaille, dans un sol humifère restant frais, et l'ombre ou la mi-ombre. Protégez les jeunes pousses des limaces.

Ajuga reptans 'Purple Torch'

Vivace rampante, vigoureuse, persistante, à feuilles rondes vert foncé aux reflets bruns et aux épis printaniers de fleurs roses, bien dégagés du tapis vert. Un peu envahissante. Très rustique, toute terre pas trop sèche lui convient, au soleil ou à mi-ombre. Limitez-la à la bêche, en automne, pour éviter l'invasion.

Amsonia tabernaemontana

Vivace en touffes, atteignant 50 cm de haut et de large, formant de nombreuses tiges élancées portant de mai à juillet des fleurs bleues en panicules de 1 ou 2 cm de diamètre. Plante très rustique, à cultiver dans tout sol bien drainé, en plein soleil.

Angelica 'Vicar's Mead'

Bisannuelle pouvant atteindre 1 m de haut, dont les grandes feuilles poupre-noir font un beau contraste avec les fleurs en ombelles rose pâle, de mai à juillet. Rustique, elle apprécie un emplacement pas trop chaud, à mi-ombre, dans un sol pas trop sec.

Arisaema griffithii ssp. *pradhanii*

Vivace tubéreuse atteignant 45 à 50 cm de haut. Elle produit en juin une spathe très décorative, plus large que celle de l'espèce type, violet foncé, vert et blanc. À planter en terrain riche et frais. Pour un sous-bois, humide en été, ou en potées.

Astrantia major ssp. *involucrata* 'Juliane Détriché'

Vivace en touffes aux feuilles soulignées d'une fine bordure dorée qui met en valeur son port et la rend très lumineuse. Sa floraison est rose en bouton, puis blanc avec un peu de vert en s'épanouissant. Moins « tape-à-l'œil » que les formes panachées, c'est une plante raffinée. Très rustique, pour un sol riche, frais, humifère, au soleil ou à mi-ombre.

***Brunnera macrophylla* 'Langtrees'**

Vivace en touffe, très rustique, d'une hauteur de 30 cm environ et s'étalant sur 50 cm, à grandes feuilles cordiformes, vert foncé, largement barrées et tachées d'argent. Des nuages de fleurs bleu vif éclosent au printemps. Plantez-la dans tout bon sol frais, au soleil ou à mi-ombre.

***Cardamine pratensis* 'Flore Pleno'**

Vivace en touffes compactes formant de nombreuses plantules sur les feuilles de la base. Elle peut atteindre 30 cm de hauteur et de largeur. Fleurit en mai, en panicules de fleurs doubles, rose lilacé. Plante de sous-bois, pour sol frais et soleil léger ou mi-ombre.

Cardamine trifolia

Vivace rase, traçante, au feuillage vert foncé découpé en lobes nombreux. Fleurs blanc pur, larges, au printemps, sur des tiges courtes. Rustique, il lui faut un sol moyen, frais. C'est une plante expansive, mais qui reste facile à limiter.

***Carex elata* 'Bowles' Golden'**

Vivace page **551**

***Carex riparia* 'Variegata'**

Vivace traçante aux épis épars de feuillage rubané, vert clair fortement marginé de blanc. Très rustique, ele convient à une fondrière ou un jardin sauvage. Elle demande un terrain frais à trempé, moyen. Ne la plantez pas à proximité de plantes délicates.

***Chaenomeles* 'Kensidu'**

Arbuste de 1,50 m de haut au port semi-évasé, donnant de grandes fleurs semi-doubles, blanc-vert chartreuse. La floraison se prolonge de fin mars à mai-juin. Ce cognassier s'accommode de tout terrain pas trop sec et d'une exposition ensoleillée ou semi-ombragée.

***Clematis* 'Pixie'**

Grimpante aux petites fleurs jaune crème au parfum envoûtant. Cette petite clématite semi-persistante qui fleurit en fin d'hiver ne dépasse pas 1,50 m de haut et est ainsi adaptée à la culture en pot.

***Cornus florida* 'Pluribractea'**

Arbre ou arbuste caduc, au port conique, atteignant 6 à 7 m de haut. Son originalité réside dans la forme des fleurs dont il se couvre en mai : blanches, doubles, elles ressemblent à de petites fleurs de lys. Beau feuillage rouge à l'automne. À planter dans tout type de sol, sauf calcaire, à mi-ombre.

Echium simplex

Bisannuelle aux feuilles argentées en rosette dont la hampe florale peut atteindre 3 m de haut.

***Epimedium* 'Fröhnleiten'**

Robuste vivace traçante, persistante, d'une hauteur de 40 cm, s'étalant sur 60 cm environ, aux feuilles coriaces, cuivrées dans leur jeunesse, et à fleurs jaune primevère au printemps. Très rustique. Pour une bonne terre humifère, fraîche mais drainée, et la mi-ombre ou le soleil léger, si le sol reste frais.

***Erythronium* 'Oudrose'**

Plante bulbeuse printanière, aux feuilles lancéolées marbrées de vert et de brun. Une tige fine s'en dégage au printemps, portant une grande fleur en étoile, vieux rose. Donnez-lui un sol drainé et frais, humifère, au soleil ou à mi-ombre.

***Euphorbia characias* 'Burrow Silver'**

Sous-arbrisseau persistant atteignant 1 m de diamètre, à tiges dressées, en touffes, aux feuilles étroites et fleurs vert panaché de crème. Rustique mais a besoin d'une exposition très abritée, en sol bien drainé, sec, calcaire ou neutre.

Euphorbia characias 'Purple and Gold'

Sous-arbrisseau persistant à tiges érigées, formant des touffes serrées. Les pousses, à reflets dorés, donnent ensuite un feuillage acajou et vert sombre. Fleurs vert acide. Rustique, il demande un sol drainé, maigre, et le plein soleil pour bien se colorer. Abritez-le des vents froids.

Euphorbia dulcis 'Chameleon'

Vivace herbacée très rustique, qui forme un bouquet de fines tiges au feuillage léger, translucide, bronze, et donne des fleurs vert acidulé et bronze, de longue tenue. Donnez-lui le plein soleil et un sol drainé, neutre ou alcalin, moyen.

Fargesia juzaighou

Bambou dont les petites feuilles, vert intense au printemps, deviennent rouge foncé à jaune-orangé au soleil. Très résistant au froid, il peut atteindre 2 à 4 m de haut. À cultiver dans un sol fertile, humifère, retenant bien l'eau.

Geranium maderense

🏆 **Bisannuelle** pouvant atteindre 1 m de haut et de large, aux tiges dressées, portant de février à septembre des fleurs plates de 2 à 4 cm de diamètre, rose magenta veinées de rose plus pâle, groupées en inflorescences imposantes. À cultiver au soleil ou à mi-ombre, dans tout sol fertile mais pas détrempé.

Geranium 'Midnight Reiter'

Vivace à l'inattendu feuillage très découpé pourpre très foncé et à l'éclatante floraison bleue. Tout sol pas trop sec lui convient.

Geranium nodosum

Vigoureuse vivace à large feuillage échancré, vert moyen vif et fleurs légères rose cyclamen tendre, sur des tiges fines. Très rustique, pour sous-bois et jardin sauvage. Pour tout sol moyen , au soleil ou à mi-ombre. Supprimez les fleurs fanées pour éviter le semis.

Geranium phaeum 'Samobor'

Vigoureuse vivace en touffe, rustique, d'une hauteur de 50 cm environ pour 30 cm de large, aux feuilles échancrées, duveteuses, vert clair, avec deux marques brun soutenu. Les hautes tiges portent de petites fleurs prune. Tout sol pas trop sec lui convient, au soleil de préférence, ou à mi-ombre. Divisez-la en octobre.

Geranium punctatum 'Claudine Dupont'

Vivace en touffe d'une cinquantaine de centimètres, vigoureuse, à l'abondant feuillage échancré, d'abord doré puis vert clair. Des fleurs roses éclosent sur de hautes tiges. Très rustique, pour plates-bandes et sous-bois. Tout bon sol pas trop sec lui convient, plutôt à mi-ombre.

Hakonechloa macra 'Aureola'

🏆 **Graminée vivace** page 235

Helleborus thibetanus

Plante vivace basse (environ 35 cm de haut et de large) aux feuilles coriaces, palmées, caduques, vert foncé. Au-dessus apparaissent en fin d'hiver des fleurs roses à pétales incisés, pointus. Très rustique, elle demande un sol lourd, riche et frais, au soleil ou à mi-ombre.

Heuchera 'Rachel'

Plante vivace en touffes, atteignant 30 cm de haut et de large, à feuilles arrondies incisées, vert foncé sablé de blanc et épis légers, en juin-juillet, de fleurs rose tendre, assez grandes. Très rustique. À cultiver dans tout bon sol moyen, pas trop calcaire, au soleil ou à mi-ombre.

x *Heucherella* 'Kimono'

Vivace formant une touffe pouvant atteindre 60 cm de haut et 40 cm de large. Fleurs blanches vaporeuses en juin-juillet. Grandes feuilles trifoliées marquées de brun au centre. Elle conserve son feuillage une grande partie de l'hiver. Très rustique, pour un sol frais et humifère, à l'ombre ou à mi-ombre.

Hosta 'Baby Bunting'

Vivace de petite taille, quasi tapissante, au feuillage rond vert bleuté et aux fleurs bleu soutenu. Sa taille (pas plus de 20 cm de haut), peu répandue parmi les plantes de l'espèce, en fait un intéressant complément des hostas bleutés. Très prolifique et florifère, c'est une plante de bordure idéale, appréciant une exposition semi-ombragée en terrain frais.

Hydrangea serrata 'Golden Sunlight'

Arbuste compact, dressé, pouvant atteindre 1,20 m de haut, aux petites feuilles caduques ovales, étroites, jaune clair, même en automne. Fleurs en corymbes aplatis, de 5 à 10 cm de diamètre, fin juin puis en octobre pour une seconde floraison. Elles sont d'abord blanches et virent peu à peu au rose puis au rouge. Appréciant la mi-ombre, cet hortensia supporte aussi le soleil.

Ipheion uniflorum 'Alberto Castillo'

Plante bulbeuse courte, prolifique, au fin feuillage vert mat surmonté de grandes fleurs blanches en étoile. Pour rocaille chaude. Donnez-lui un sol bien drainé, humifère, et le plein soleil.

Protégez-la des froids vifs car elle ne supporte pas le gel au-dessous de - 5 °C.

Iris sari

Vivace rhizomateuse aux feuilles longues et étroites. En mai, chaque tige porte une fleur froissée de 8 à 10 cm de diamètre, crème veiné de cramoisi, chaque sépale montrant une tache brune ; barbes jaunes. Rustique, à cultiver en plein soleil, dans un sol bien drainé, riche, neutre à légèrement calcaire.

Lamium maculatum 'Pink Pewter'

Vivace page **559**

Mukdenia rossii

Vivace très rustique à courts rhizomes épais et grandes feuilles palmées vert bronzé. Au printemps éclosent de grosses panicules de fleurs blanches étoilées. Plantez-la en sol frais et humifère, à mi-ombre ou à l'ombre, dans un sous-bois de feuillus par exemple.

Myosotis rehsteineri

Plante alpine européenne, de petite taille (5 cm de haut et 10 cm de large), en touffes serrées et grandes fleurs en rosette, bleu pâle, au printemps. À cultiver en rocaille ou serre alpine. Très rustique, elle demande un sol graveleux, drainé, qui ne dessèche pas. Paillez le sol de gravier fin pour éviter les dégâts de la pluie.

Omphalodes cappadocica 'Starry Eyes'

Vivace en touffe, très rustique, aux tiges arquées portant au printemps de nombreuses fleurs de myosotis géant, bleu ciel, bordées de blanc. Tout sol pas trop sec ni trop calcaire, au soleil ou à mi-ombre, lui convient.

Paeonia mairei

Haute vivace vigoureuse, récemment réapparue en culture, à large feuillage vert et grandes fleurs en coupe, rose tendre, en avril-mai. Très rustique, il lui faut un sol consistant, humifère et drainé, et le plein soleil. Ne couvrez pas trop les bourgeons si vous voulez la voir fleurir.

Paeonia x smouthii

Robuste vivace en touffe de 50 cm, à tiges dressés, au feuillage finement lacinié surmonté de larges coupes rouge vif à cœur or, en avril. Très rustique. Il lui faut un sol consistant mais drainé, au soleil.

Persicaria elata

Vivace traçante très rustique, à feuillage printanier cuivre, vert amande, argent et brun, virant au rouge en automne, et légères grappes de fleurs roses en été. Donnez-lui un sol moyen, frais, au soleil pour qu'elle se colore bien.

Persicaria microcephala 'Red Dragon'

Vivace vigoureuse, d'une hauteur de 1 m à 1,20 m, au feuillage prolifique. Ses longues tiges aqueuses portent de surprenantes feuilles cordiformes brun-rouge, marquées de vert et d'argent en leur centre. De petites inflorescences blanches apparaissent en fin d'été. Ce polygonum apprécie un terrain frais, humifère, à mi-ombre.

Phlox bifida

Vivace basse en touffe, haute de 20 cm et large de 35 cm, à feuillage fin, lancéolé, et tiges rampantes terminées par des bouquets de fleurs en étoile, bleues, à pétales échancrés. Très rustique. Plantez-la en sol frais mais drainé, humifère, au soleil, en l'isolant des voisines trop vigoureuses qui pourraient l'étouffer.

Phlox stolonifera 'Home Fires'

Vivace traçante, rampante, qui s'étale sur une quarantaine de centimètres, très rustique. Feuillage léger et tiges minces terminées par des bouquets de fleurs étoilées rose saumoné. Pour une rocaille. Donnez-lui un sol frais mais drainé, humifère, et le plein soleil.

Polygonatum kingianum

Vivace tubéreuse aux tiges érigées pouvant atteindre 1,50 m à 1,80 m, et aux feuilles verticillées sur les tiges. Sur les longues tiges apparaissent en juin des fleurs rouge-orangé à l'extrémité verte, suivies de fruits rouges puis noirs en automne. Ils forment alors un beau contraste avec les feuilles, qui deviennent jaunes en automne. Ce sceau-de-Salomon est rustique et supporte jusqu'à – 8 °C. Un sol frais, humifère, acide, bien drainé lui convient, et un soleil doux, l'ombre ou la mi-ombre.

Podophyllum peltatum

Vivace traçante formant de grandes colonies grâce à ses rhizomes rampants. Beau feuillage vert clair. Jolies petites fleurs blanches en mai, suivies de fruits jaunes. Intéressant comme couvre-sol dans les bois frais ou humides. Se cultive dans tout type de sol, au soleil ou à mi-ombre.

Polemonium 'Koenigsee'

Vivace en touffe de 50 cm environ, à fin feuillage surmonté de hautes tiges couvertes en juin-juillet de bouquets de fleurs bleu ciel. Très rustique, pour sol frais mais drainé, humifère, à mi-ombre ou au soleil tamisé. Protégez-la des limaces.

Polystichum polyblepharum

Fougère vivace, rustique, à frondes coriaces, luisantes, rouge sombre puis vert foncé. Excellente en massifs d'arbustes. Il lui faut un sol frais mais drainé, humifère, et une exposition semi-ombragée.

Poncirus trifoliata 'Flying Dragon'

Arbuste à feuillage caduc, au port arrondi, de croissance lente, pouvant atteindre 3 à 4 m de haut. Ses rameaux verts très épineux portent des feuilles de 2 à 6 cm, trifoliées, vert foncé, devenant jaune-rouge en automne. En mars-avril, fleurs blanches en coupe, parfumées, suivies de fruits jaune-orangé. Robuste, il résiste jusqu'à - 18 °C et se cultive dans une bonne terre de jardin, au soleil.

Primula marginata 'Linda Pope'

Plante vivace persistante, très rustique, à rosettes de feuilles coriaces, lancéolées, vert pâle, bordées d'un liseré crème, et fleurs en bouquets légers, lavande pâle. Pour un coin ensoleillé de rocaille, en terre fraîche mais drainée, alcaline.

Ranunculus aconitifolius 'Flore Pleno'

Vivace page 433

Rosa banksiae 'Lutea plena'

Rosier grimpant aux longues tiges souples et lisses, pouvant atteindre 6 m de long. Fleurs jaunes, très doubles, de 1 à 2 cm de diamètre, en rosettes, en mai, en bouquets. Dans un sol riche, humifère, frais mais bien drainé, au soleil, si possible contre un mur abrité.

Rubus ichangensis

Plante rampante peu épineuse à feuilles persistantes lancéolées, aux reflets argentés. Fleurs bleues ou roses. Cette ronce, qui peut grimper si on lui donne un support, pousse dans de la terre de jardin ordinaire. Ménagez-lui une exposition semi-ombragée, à l'abri du vent.

Salvia 'Saint-Jean de Beauregard'

Arbuste de 50 cm de haut et de large, à petit feuillage vernissé, ovale. Les fleurs sont couleur chair de pêche, veinées de rose. Cette plante odorante, fleurit de mai à novembre. Rustique, elle supporte jusqu'à - 10 °C dans un sol perméable et apprécie le plein soleil.

Sambucus 'Coup de foudre'

Arbuste qui peut former un buisson de 3 m en un an, aux larges feuilles dorées tôt dans la saison, peu découpées, et aux petites fleurs. Pour un lieu lumineux, sans soleil direct le matin, dans un sol riche, même lourd.

Smilacena racemosa

Vivace page 495

Smyrnium perfoliatum

Bisannuelle élancée à grosses tiges cannelées. D'une hauteur de 60 à 80 cm, elle porte des feuilles vert chartreuse vif et est dotée d'une belle floraison jaune-vert au printemps de la deuxième année. Plante facile qui ne craint pas la sécheresse.

Tiarella 'Ninja'

Plante vivace très rustique en touffe de 30 cm, au dense feuillage lancéolé, échancré, vert ombré de bronze, virant à l'acajou en automne. Épis de fleurs roses printanières. Tout bon sol pas trop sec lui convient, au soleil ou à mi-ombre.

Tropaeolum tricolorum

Capucine à souches tubéreuses et tiges filiformes grimpantes au feuillage léger et grappes de fleurs tricolores, rouge, jaune et noir. Pour vérandas, en pot, dans un sol profond, sableux et humifère, frais.

Vitaliana primuliflora

Vivace de rocaille rase, en coussin ou rosette de feuilles vert moyen, très divisées, ponctuées au printemps de nombreuses fleurs en étoile, jaune d'or. très rustique. Pour un sol humifère, moyen, très drainé mais ne séchant pas.

Le guide des meilleurs choix

Vivaces, arbustes et arbres pour le printemps

Le début du printemps est une période intense au jardin. Les premières fleurs sont discrètes et capables de survivre à la neige, au grésil et au vent. Dès avril, elles sont plus grosses, et les jaunes, blancs et bleus des bulbes printaniers sont rejoints par les masses roses des cerisiers, par les superbes rhododendrons, les clématites et les magnolias.

***Acer pseudoplatanus* 'Brilliantissimum'**
♀ **Arbre** page 37

Bergenia purpurascens
♀ **Vivace** Grandes feuilles coriaces virant au rouge par temps froid et bouquets de fleurs pourprées au printemps.
↕45 cm ↔ 30 cm

Caltha palustris
♀ **Vivace** page 99

***Camellia* x *williamsii* (cultivars)**
♀ **Arbustes** pages 104-105

***Chaenomeles speciosa* 'Moerloosei'**
♀ **Arbuste** page 115

Clematis alpina
♀ **Liane** Les clochettes bleues à cœur blanc sont suivies de graines plumeuses.
↕2-3 m

***Clematis alpina* 'Frances Rivis'**
♀ **Liane** page 128

***Clematis macropetala* 'Markham's Pink'**
♀ **Liane** page 128

Clematis montana* var. *rubens
♀ **Liane** page 128

Corydalis solida
♀ **Plante bulbeuse** Fleurs tubulaires roses surmontant un feuillage gris, plumeux.
↕25 cm ↔ 20 cm

Corylopsis pauciflora
♀ **Arbuste** page 142

Daphne tangutica
♀ **Arbuste persistant** Les pointes des pousses sont couvertes au printemps de fleurs odorantes rose et blanc.
↕↔ 1 m

***Dicentra* 'Luxuriant'**
♀ **Vivace** Feuilles fortement lobées et fleurs rouges longuement épanouies.
↕30 cm ↔ 45 cm

Dodecatheon meadia
♀ **Vivace** Plante en touffe aux bouquets de fleurs magenta évoquant les cyclamens.
↕40 cm ↔ 25 cm

Epimedium* x *rubrum
♀ **Vivace** page 184

***Epimedium* x *versicolor* 'Sulphureum'**
♀ **Vivace** Plante persistante en touffe à feuilles divisées et jolies fleurs jaune pâle.
↕↔ 30 cm

Euphorbia* x *martinii
♀ **Sous-arbrisseau persistant** page 202

Euphorbia polychroma
♀ **Vivace** page 203

***Forsythia* x *intermedia* 'Lynwood'**
♀ **Arbuste** page 208

Fothergilla major
♀ **Arbuste** page 209

Hepatica nobilis
♀ **Vivace** page 255

Magnolia campbellii **'Charles Raffill'**
♈ **Arbuste** page **332**

Magnolia **'Elizabeth'**
♈ **Arbuste** page **332**

***Magnolia* x *loebneri* 'Merrill'**
♈ **Arbuste** page **332**

***Magnolia* x *soulangeana* 'Lennei'**
♈ **Arbre** Bel arbre étalé à grandes fleurs pourpre foncé.
↕↔ 6 m

Magnolia stellata
♈ **Arbre** page **333**

Malus floribunda
♈ **Arbre** page **336**

Pieris japonica **'Mountain Fire'**
♈ **Arbuste persistant** Arbuste acidophile à fleurs blanches et jeunes pousses rouges virant au bronze puis au vert.
↕4 m ↔ 3 m

Primula veris
♈ **Vivace** page **419**

Primula vialii
♈ **Vivace** Vivace éphémère à épis denses de fleurs lilas, rouges en bouton.
↕30-60 cm ↔ 30 cm

Prunus avium **'Plena'**
♈ **Arbre** page **424**

Prunus glandulosa **'Alba Plena'**
♈ **Arbuste** page **421**

Prunus **'Kanzan'**
♈ **Arbre** page **424**

Prunus padus **'Colorata'**
♈ **Arbre** page **424**

Prunus padus **'Watereri'**
♈ **Arbre** page **424**

Prunus **'Pandora'**
♈ **Arbre** page **424**

Prunus **'Pink Perfection'**
♈ **Arbre** page **425**

Prunus **'Shirofugen'**
♈ **Arbre** page **425**

Prunus **'Shôgetsu'**
♈ **Arbre** page **425**

Prunus **'Spire'**
♈ **Arbre** page **425**

Prunus* x *subhirtella **'Autumnalis Rosea'**
♈ **Arbre** page **425**

Prunus **'Ukon'**
♈ **Arbre** page **425**

Prunus* x *yedoensis
♈ **Arbre** page **425**

Pulmonaria rubra
♈ **Vivace** page **428**

***Rhododendron*, espèces et cultivars**
♈ **Arbustes** pages **438-444**

Saxifraga **'Tumbling Waters'**
♈ **Alpine** Feuilles argentées, hautes tiges garnies de légères fleurs blanches.
↕45 cm ↔ 30 cm

Viola **'Maggie Mott'**
♈ **Vivace** Fleurs bleu délicat et blanc sur des plantes touffues.
↕15 cm ↔ 25 cm

Wisteria floribunda **'Multijuga'**
♈ **Liane** page **542**

Wisteria floribunda **'Rosea'**
♈ **Liane** Longs racèmes rose clair en cascade sur une plante vigoureuse.
↕9 m

Vivaces et arbustes pour l'été

Au jardin, les plantes à massifs ont souvent la primeur, en été, mais de nombreuses vivaces lumineuses sont également à leur sommet à cette époque. Les arbustes sont moins présents qu'au printemps, à l'importante exception des rosiers, sans lesquels les jardins seraient bien tristes. Il en existe pour tous les emplois, des grimpants aux couvre-sols.

Anchusa azurea **'Loddon Royalist'**
♀ **Vivace** page **57**

Aquilegia vulgaris **'Nora Barlow'**
♀ **Vivace** page **63**

Buddleja davidii **'Dartmoor'**
♀ **Arbuste** Feuilles étroites très dentées et fleurs rouge pourpré profond.
↕3 m ↔ 5 m

Buddleja globosa
♀ **Arbuste** page **94**

Campanula lactiflora **'Loddon Anna'**
♀ **Vivace** page **107**

Clematis **'Bees' Jubilee'**
♀ **Liane** page **129**

Clematis **x** ***durandii***
♀ **Vivace** Hybride non grimpante, rampant sur ses voisines, à grandes fleurs bleues.
↕1–2 m

Clematis **'Gipsy Queen'**
♀ **Liane** Fleurs pourpre velouté, à anthères rouges, tout l'été.
↕3 m

Clematis **'Perle d'azur'**
♀ **Liane** page **133**

Deutzia **x** ***hybrida*** **'Mont Rose'**
♀ **Arbuste** page **170**

Dicentra **'Langtrees'**
♀ **Vivace** Fleurs blanc perle, sur des tiges luisantes au-dessus du feuillage plumeux gris.
↕30 cm ↔ 45 cm

Digitalis lanata
♀ **Vivace** Tiges feuillues à fleurs petites, serrées, crème ou chamois.
↕60 cm ↔ 30 cm

Erica cinerea **'Velvet Night'**
♀ **Arbuste persistant** Le feuillage particulièrement sombre est ravivé par les fleurs pourpre foncé.
↕60 cm ↔ 80 cm

Erica vagans **'Lyonesse'**
♀ **Arbuste persistant** page **189**

Erica vagans **'Mrs D. F. Maxwell'**
♀ **Arbuste persistant** page **189**

Euphorbia schillingii
♀ **Vivace** page **203**

Fuchsia, **formes rustiques**
♀ **Arbustes** page **212**

Fuchsia **'Phyllis'**
♀ **Arbuste** Fleurs semi-doubles, cerise, abondantes, portées par une plante dressée, rustique.
↕1-1,50 m ↔ 0,75-0,90 m

Genista tenera **'Golden shower'**
♀ **Arbuste** page **224**

Géraniums rustiques élevés
♀ **Vivaces** pages **228-229**

Hebe **'Great Orme'**
♀ **Arbuste persistant** page **241**

Hemerocallis **cultivars**
♀ **Vivaces** page **254**

***Hemerocallis* 'Pink Damask'**
♀ **Vivace** Grandes fleurs saumon au-dessus des feuilles recourbées.
↕1 m

***Hydrangea serrata* 'Bluebird'**
♀ **Arbuste** page **268**

***Hypericum* 'Hidcote'**
♀ **Arbuste** page **269**

Iris des jardins
♀ **Vivaces** pages **284-287**

***Iris* 'Arctic Fancy'**
♀ **Vivace** Pétales blancs à large bordure violet foncé.
↕50 cm

***Iris* 'Blue-eyed Brunette'**
♀ **Vivace** Grosses fleurs brun clair à marques bleu lilas près des barbes.
↕90 cm

Iris laevigata
♀ **Vivace** page **278**

***Jasminum humile* 'Revolutum'**
♀ **Arbuste** Fleurs odorantes jaune vif, tout l'été, dans un feuillage divisé.
↕2,50 m ↔ 3 m

***Lathyrus latifolius* 'White Pearl'**
♀ **Liane** Vivace herbacée à fleurs blanc pur, inodores.
↕2 m

***Oenothera fruticosa* 'Fyrverkeri'**
♀ **Vivace** page **354**

***Penstemon*, cultivars**
♀ **Vivaces** pages **378-379**

***Photinia* x *fraseri* 'Red Robin'**
♀ **Arbuste persistant** page **396**

***Phygelius aequalis* 'Yellow Trumpet'**
♀ **Arbuste persistant** page **396**

Platycodon grandiflorus
♀ **Vivace** page **406**

***Potentilla* 'Gibson's Scarlet'**
♀ **Vivace** page **411**

***Rosa* 'Just Joey'**
♀ **Rosier buisson à grandes fleurs**
page **449**

***Rosa* 'Many Happy Returns'**
♀ **Rosier à fleurs en bouquets**
page **451**

***Rosa* 'Mountbatten'**
♀ **Rosier à fleurs en bouquets**
page **451**

***Rosa* 'Sweet Dream'**
♀ **Rosier pour bac** page **457**

***Rosa* 'Tequila Sunrise'**
♀ **Rosier buisson à grandes fleurs**
Fleurs jaune vif à large bordure écarlate.
↕75 cm ↔ 60 cm

Rosiers anciens
♀ **Arbustes caducs** pages **460-461**

Rosiers sarmenteux
♀ **Lianes semi-persistantes**
pages **454-455**

***Salvia* x *sylvestris* 'Mainacht'**
♀ **Vivace** page **479**

***Thalictrum delavayi* 'Hewitt's Double'**
♀ **Vivace** page **510**

***Tradescantia* x *andersoniana* 'J.-C. Weguelin'**
♀ **Vivace** page **517**

***Tradescantia* x *andersoniana* 'Osprey'**
♀ **Vivace** page **518**

Plantes intéressantes en automne

L'automne est l'époque des grands changements. Nombre d'annuelles et de vivaces continuent leur prestation estivale mais c'est surtout le spectacle des baies et feuillages qui retient l'attention. Ce peut être le moment le plus remarquable, quand les bordures débordent d'orange flamboyant et de tant de tons de rouge, avant la venue des sombres jours d'hiver.

Acer grosseri **var. *bersii***
♀ **Arbre** page **32**

Acer palmatum **'Bloodgood'**
♀ **Petit arbre** page **34**

Acer palmatum **'Garnet'**
♀ **Arbuste** page **34**

Acer palmatum **'Osakazuki'**
♀ ✽ **Arbuste ou petit arbre**
pages **34, 549**

Acer rubrum **'October Glory'**
♀ **Arbre** page **38**

Amelanchier lamarckii
♀ **Grand arbuste** page **56**

Anemone hupehensis **'Hadspen Abundance'**
♀ **Vivace** page **59**

Anemone hupehensis **'September Charm'**
♀ **Vivace** Fleurs rose pâle sur des plantes nettes.
↕ 60-90 cm ↔ 40 cm

Aster amellus **'King George'**
♀ **Vivace** page **72**

Aster ericoides **'Pink Cloud'**
♀ **Vivace** Plante touffue couverte en automne de petites fleurs roses.
↕ 1 m ↔ 0,30 m

Aster laterifolius **'Horizontalis'**
♀ **Vivace** page **73**

Berberis wilsoniae
♀ **Arbuste** page **87**

Ceanothus **x *delileanus*** **'Gloire de Versailles'**
♀ **Arbuste** page **113**

Clematis **'Alba Luxurians'**
♀ **Liane** page **132**

Clematis **'Duchess of Albany'**
♀ **Liane** page **132**

Clematis **x *triternata*** **'Rubromarginata'**
♀ **Liane** Solides pousses portant des masses de fleurs en croix, rose foncé et blanc.
↕ 5 m

Cornus kousa **var. *chinensis***
♀ **Arbre** page **139**

Cortaderia selloana **'Sunningdale Silver'**
♀ **Graminée ornementale** page **141**

Cotoneaster microphyllus
♀ **Arbuste persistant** Arbuste retombant à baies rose-rouge en automne.
↕ 1 m ↔ 1,50 m

Dahlia, **cultivars**
Bulbes pages **162-163**

Eucryphia **x *nymansensis*** **'Nymansay'**
♀ **Arbre persistant** page **198**

Euonymus alatus
♀ **Arbuste** page **198**

Euonymus europaeus **'Red Cascade'**
♀ **Arbuste** page **199**

Fuchsia **'Mrs Popple'**
♀ **Arbuste** page **212**

Gentiana septemfida
♀ **Vivace** page **225**

Ginkgo biloba
♀ **Arbre rustique** Ce conifère caduc porte des feuilles larges virant au jaune beurre avant leur chute.
↕ jusqu'à 30 m ↔ 8 m

Helianthus **'Loddon Gold'**
♀ **Vivace** page **249**

Hibiscus syriacus **'Oiseau Bleu'**
♀ **Arbuste** page **256**

Indigofera amblyantha
♀ **Arbuste** Tiges minces à feuilles plumeuses et épis dressés de petites fleurs roses.
↕ 2 m ↔ 2,50 m

Liriodendron tulipifera
♀ **Arbre** page **320**

Liriope muscari
♀ ✱ **Vivace** page **321**

Malus **'John Downie'**
♀ **Arbre** page **336**

Nandina domestica
♀ **Arbuste** page **345**

Nyssa sinensis
♀ **Arbre** page **353**

Nyssa sylvatica
♀ **Arbre** page **353**

Parthenocissus tricuspidata
♀ **Liane** page **369**

Phygelius capensis
♀ **Arbuste peu rustique** page **396**

Prunus sargentii
♀ **Arbre** page **425**

Prunus* x *subhirtella
'Autumnalis Rosea'
♀ **Arbre** page **425**

Pseudolarix amabilis
♀ **Arbre** Conifère caduc cultivé pour sa jolie forme conique et sa couleur automnale dorée.
↕ 15-20 m ↔ 6-12 m

Rhus typhina **'Dissecta'**
♀ **Arbuste** page **445**

Rudbeckia fulgida **var.** ***deamii***
♀ **Vivace** Marguerites orange à cœur noir.
↕ 60 cm ↔ 45 cm

Rudbeckia **'Goldquelle'**
♀ **Vivace** page **468**

Salvia uliginosa
♀ **Vivace** page **479**

Schizostylis coccinea **'Major'**
♀ **Vivace** page **486**

Sedum **'Ruby Glow'**
♀ **Vivace** page **488**

Sedum spectabile **'Iceberg'**
Vivace Plante charnue à feuillage clair et fleurs blanc pur.
↕ 30-45 cm ↔ 35 cm

Sorbus reducta
♀ **Arbuste** page **499**

Sorbus vilmorinii
♀ **Arbuste ou petit arbre** page **500**

Tricyrtis formosana
♀ **Vivace** Tiges dressées à feuilles luisantes et fleurs étoilées rose pâle à taches sombres.
↕ 80 cm ↔ 45 cm

Viburnum plicatum **'Mariesii'**
♀ **Arbuste** page **536**

Vitis coignetiae
♀ ✱ **Liane** page **540**

Plantes intéressantes en hiver

Ceux qui pensent qu'il ne se passe rien en hiver au jardin se privent de plantes parmi les plus intéressantes. Parfums délicats et fleurs bien colorées continuent en effet d'apparaître, sauf en climat très froid. Beaucoup acceptent l'ombre - une exposition idéale pour un jardin hivernal - de préférence près d'une porte, ou d'une fenêtre, sous le regard.

Acer griseum
♀ **Arbre caduc** page **32**

***Acer pensylvanicum* 'Erythrocladum'**
♀ **Arbre caduc** page **36**

Asplenium scolopendrium* groupe *Cristatum
Fougère persistante Frondes coriaces dressées à pointes irrégulières élargies, spectaculaires en hiver.
↕ 45 cm ↔ 60 cm

***Aucuba japonica* 'Crotonifolia'**
♀ **Arbuste persistant** page **78**

***Bergenia* 'Ballawley'**
♀ **Vivace** page **88**

***Calluna vulgaris* 'Robert Chapman'**
♀ **Bruyère** page **98**

***Chamaecyparis obtusa* 'Nana Aurea'**
♀ **Conifère** Conifère nain en boule aplatie, à feuillage doré.
↕ 2 m

***Chimonanthus praecox* 'Grandiflorus'**
♀ **Arbuste** page **120**

Clematis cirrhosa* var. *balearica
♀ **Liane** Liane persistante aux clochettes crème clair, odorantes.
↕ 2,50-3 m

***Cornus alba* 'Sibirica'**
♀ **Arbuste** page **137**

Cornus mas
♀ **Arbuste ou petit arbre** page **139**

***Cornus mas* 'Aurea'**
Arbuste Masses de petites fleurs jaunes en hiver puis feuillage printanier doré virant au vert en été.
↕↔ 5 m

Cyclamen cilicium
♀ **Vivace tubéreuse** page **157**

***Cyclamen coum* groupe Pewter**
♀ **Bulbe rustique** page **158**

***Daphne bholua* 'Gurkha'**
♀ **Arbuste** page **164**

***Erica carnea* 'Ann Sparkes'**
♀ **Arbuste persistant** page **187**

***Erica carnea* 'Pink Spangles'**
♀ **Arbuste persistant** Lumineuse bruyère aux fleurs rose et blanc en bouton, virant au rose à l'éclosion.
↕ 15 cm ↔ 45 cm

***Erica carnea* 'Vivellii'**
♀ **Arbuste persistant** page **187**

***Erica* x *darleyensis* 'Furzey'**
♀ **Arbuste persistant** Sous-arbrisseau à feuillage sombre et fleurs rose foncé.
↕ 30 cm ↔ 60 cm

Erica* x *darleyensis
'J. W. Porter'
♡ **Arbuste persistant** Feuillage vert foncé ponctué de crème au printemps, et fleurs rose foncé.
↕30 cm ↔ 60 cm

***Hamamelis* x *intermedia*, cultivars**
♡ **Arbustes** pages **238-239**

Helleborus argutifolius
♡ **Vivace** page **252**

Helleborus foetidus
♡ **Vivace** page **253**

Helleborus niger
♡ **Vivace** page **253**

Helleborus* x *nigercors
♡ **Vivace** Plante en touffe, à courtes tiges ramifiées, aux fleurs blanches lavées de vert et de rose.
↕30 cm ↔ 1 m

***Ilex aquifolium* 'Golden Milkboy'**
♡ **Houx** page **273**

***Ilex x meserveae* 'Blue Princess'**
♡ **Houx** page **274**

Iris unguicularis
♡ **Vivace** page **289**

***Juniperus communis* 'Repanda'**
♡ **Conifère** Couvre-sol, au feuillage hivernal souvent bronzé .
↕20 cm ↔ 1 m

Lonicera* x *purpusii
'Winter Beauty'
♡ **Arbuste** page **325**

Mahonia* x *media
'Lionel Fortescue'
♡ **Arbuste persistant** Feuilles divisées aux folioles rappelant le houx et épis dressés de fleurs jaune vif.
↕5 m ↔ 4 m

***Mahonia* x *media* 'Winter Sun'**
♡ **Arbuste persistant** Le charme de cet arbuste dressé épineux tient à sa floraison jaune, hivernale, parfumée.
↕5 m ↔ 4 m

Pulmonaria rubra
♡ **Vivace persistante** page **428**

Rubus thibetanus
♡ **Arbuste** page **467**

Salix babylonica* var. *pekinensis
'Tortuosa'
♡ **Arbre** page **469**

***Salix hastata* 'Wehrhahnii'**
♡ **Arbuste** page **470**

***Skimmia japonica* 'Nymans'**
♡ **Arbuste persistant** Arbuste femelle étalé, aux gros bouquets de baies rouges.
↕1 m ↔ 2 m

Stachyurus praecox
♡ **Arbuste** page **503**

Symphoricarpus* x *doorenbosii
'White Hedge'
Arbuste Arbuste traçant dressé, à baies blanches.
↕2 m ↔ illimité

***Viburnum* x *bodnantense* 'Dawn'**
♡ **Arbuste** page **534**

Viburnum farreri
♡ **Arbuste** page **535**

***Viburnum tinus* 'Eve Price'**
♡ **Arbuste persistant** page **537**

Bulbes printaniers

Les fleurs des bulbes printaniers sont les premiers signes que la fin de l'hiver approche. Des petites helléborines, écloses quand leurs feuilles percent à peine, aux géantes couronnes impériales, il y a des bulbes pour toutes les situations. La plupart supportent des sols variés et beaucoup acceptent l'ombre des arbres. En pot, on pourra en profiter aussi chez soi.

Allium cristophii
♈ **Presque rustique** page **51**

***Anemone blanda* 'White Splendour'**
♈ **Rustique** page **58**

Camassia cusickii
Rustique Rosettes de feuilles étroites et grands racèmes de fleurs bleues en étoile.
↕60-80 cm ↔ 10 cm

Chionodoxa luciliae
♈ **Rustique** page **120**

Chionodoxa sardensis
♈ **Rustique** Fleurs bleu foncé en étoile sur des tiges minces.
↕10-20 cm ↔ 3 cm

Corydalis flexuosa
Rustique Feuillage bleu-gris, fleurs bleu vif.
↕15-30 cm ↔ 20 cm

***Corydalis solida* 'George Baker'**
♈ **Rustique** page **142**

Crocus angustifolius
♈ **Rustique** Bouquets de fleurs jaune-orangé.
↕↔ 5 cm

***Crocus chrysanthus* 'Blue Pearl'**
♈ **Rustique** Fleurs lilas à cœur blanc et or.
↕8 cm ↔ 4 cm

***Crocus chrysanthus* 'E. A. Bowles'**
♈ **Rustique** page **153**

***Crocus sieberi* 'Hubert Edelstein'**
♈ **Rustique** page **153**

***Crocus sieberi* 'Tricolor'**
♈ **Rustique** page **153**

Crocus tommasinianus
♈ **Rustique** Crocus précoce à minces fleurs lilas argenté.
↕8-10 cm ↔ 2,5 cm

Eranthis hyemalis
♈ **Rustique** page **185**

***Erythronium californicum* 'White Beauty'**
♈ **Rustique** Les fleurs blanches récurvées surmontent des feuilles marbrées.
↕15-35 cm ↔ 10 cm

***Erythronium* 'Pagoda'**
♈ **Rustique** page **194**

Fritillaria acmopetala
♈ **Rustique** page **210**

***Fritillaria imperialis* 'Aureomarginata'**
Rustique Hautes tiges portant des têtes de fleurs orange, feuilles bordées de jaune.
↕1,50 m ↔ 25-30 cm

Fritillaria pallidiflora
♈ **Rustique** page **211**

Galanthus nivalis
♈ **Rustique** La perce-neige commune, de culture facile, à transplanter en végétation.
↕↔ 10 cm

Hermodactylus tuberosus
Rustique Feuilles rubanées cachant presque les fleurs d'iris, veloutées, vert et noir.
↕ 20–40 cm ↔ 5 cm

***Hyacinthus* 'Blue Jacket'**
♀ **Rustique** page **262**

***Hyacinthus orientalis* 'Anna Marie'**
♀ **Rustique** Épis de fleurs odorantes, rose pâle.
↕ 20 cm ↔ 8 cm

***Ipheion uniflorum* 'Froyle Mill'**
♀ **Rustique** Plante touffue à l'odeur d'oignon et fleurs violettes en étoile.
↕ 15-20 cm

Iris bucharica
♀ **Rustique** page **280**

***Iris reticulata* 'Cantab'**
Rustique Fleurs bleu pâle à sépales bleu plus soutenu, longues feuilles.
↕ 10-15 cm

Muscari latifolium
Rustique Larges feuilles et épis de fleurs bicolores, bleu clair et bleu foncé.
↕ 20 cm ↔ 5 cm

***Narcissus* 'Actaea'**
♀ **Rustique** page **348**

Narcissus bulbocodium
♀ **Rustique** page **346**

***Narcissus* 'February Gold'**
♀ **Rustique** page **346**

***Narcissus* 'Hawera'**
♀ **Rustique** page **347**

***Narcissus* 'Ice Follies'**
♀ **Rustique** page **349**

***Narcissus* 'Little Witch'**
Rustique Fleurs jaune d'or aux pétales récurvés.
↕ 22 cm

Narcissus minor
Rustique page **347**

***Narcissus* 'Passionale'**
♀ **Rustique** page **349**

Narcissus triandrus
Rustique page **347**

Scilla bifolia
♀ **Rustique** page **487**

***Scilla mischtschenkoana* 'Tubergeniana'**
♀ **Rustique** page **487**

Scilla sibirica
♀ **Rustique** Clochettes bleu cobalt et feuillage vert vif.
↕ 10-20 cm ↔ 5 cm

***Tulipa* 'Apeldoorn's Elite'**
♀ **Rustique** Fleurs jaune profond flammées de rouge pour un effet délicat.
↕ 60 cm

***Tulipa* 'Ballade'**
♀ **Rustique** Fleurs élégantes, rose capiteux à bordure et pointes blanches.
↕ 50 cm

***Tulipa* 'China Pink'**
♀ **Rustique** page **524**

***Tulipa* 'Maureen'**
♀ **Rustique** Fleurs ovales ivoire.
↕ 50 cm

***Tulipa* 'Mrs. John T. Scheepers'**
♀ **Rustique** Grandes fleurs jaune doux, chaleureux.
↕ 60 cm

***Tulipa* 'Red Surprise'**
♀ **Rustique** Fleurs rouge vif s'ouvrant en étoile.
↕ 20 cm

Bulbes d'été

Les bulbes d'été donnent de l'éclat au jardin avec leurs vives couleurs et leurs formes exotiques. Beaucoup, hélas, craignent le gel en climat froid, mais ils sont bon marché et on peut les arracher en automne pour les hiverner à l'abri. Tout le monde connaît dahlias et glaïeuls, mais les lis sont également faciles à cultiver et les *Tigridia* ou *Hedychium* font très exotiques.

Allium giganteum
♀ **Rustique** page **51**

Allium hollandicum 'Purple Sensation'
♀ **Rustique** page **51**

Allium karataviense
♀ **Non rustique** page **52**

Bletilla striata
Non rustique Orchidée terrestre un peu frileuse, à feuillage abondant et épis de une à six petites fleurs roses.
↕↔ 30-60 cm

Crinum x *powellii*
♀ **Rustique** Énormes bulbes à fortes feuilles et grandes trompettes roses.
↕ 1,50 m ↔ 0,30 m

Crocosmia 'Emily McKenzie'
Rustique Feuilles effilées et fleurs orange vif tachetées de bronze.
↕ 60 cm ↔ 8 cm

Dahlia 'Bishop of Llandaff'
♀ **Tubercule non rustique** page **162**

Dahlia 'Glorie van Heemstede'
♀ **Tubercule rustique** Fleurs moyennes jaune vif en forme de nymphéa.
↕ 1,30 m ↔ 0,60 m

Dahlia 'Jescot Julie'
Tubercule non rustique Fleurs à longs pétales, orange et rouge.
↕ 1 m ↔ 0,45 m

Dahlia 'Pearl of Heemstede'
♀ **Rustique** Ce dahlia a des fleurs de nymphéa rose argenté.
↕ 1 m ↔ 0,45 m

Dracunculus vulgaris
Rustique Tiges marbrées au beau feuillage portant d'énormes spathes
↕ jusqu'à 1,50 m ↔ 0,60 m

Eremurus 'Cleopatra'
Rustique Rosette de feuilles rubanées et grands épis de fleurs orange doux.
↕ 1,50 m ↔ 0,60 m

Eucomis bicolor
Non rustique Rosettes de larges feuilles et épis de fleurs crème en étoile, liserées de pourpre.
↕ 30-60 cm ↔ 20 cm

Gladiolus callianthus
♀ **Non rustique** page **231**

Gladiolus communis ssp. *byzantinus*
♀ **Rustique** page **232**

Gladiolus 'Green Woodpecker'
♀ **Non rustique** Fleurs jaune-vert à taches rouges.
↕ 1,50 m ↔ 0,15 m

Hedychium coccineum
♀ **Rustique** Plante d'allure exotique aux épis de fleurs tubulaires, odorantes, orange, roses ou crème.
↕ 3 m ↔ 1 m

Hedychium gardnerianum
♀ **Vivace non rustique** Grosses têtes de belles fleurs effilées, crème, odorantes.
↕ 2-2,20 m

Hedychium 'Tara'
♀ **Rustique** Sélection de *H. coccineum*, aux fleurs plus colorées.
↕ 3 m ↔ 1 m

Ixia viridiflora
Non rustique Fleurs d'un étonnant bleu turquoise sur de hautes tiges minces.
↕ 30-60 cm

Leucojum aestivum 'Gravetye Giant'
♀ **Rustique** page **311**

Lilium 'Black Dragon'
♀ **Rustique** Les hautes tiges portent des fleurs odorantes blanc pur à revers marron sombre.
↕ 1,50 m

Lilium 'Everest'
Rustique Grandes fleurs parfumées, blanches à taches sombres, sur de hautes tiges.
↕ 1,50 m

Lilium henryi
♀ **Rustique** page **315**

Lilium 'Karen North'
♀ **Rustique** Élégantes fleurs aux pétales récurvés, rose-orangé à taches plus sombres.
↕ 1-1,30 m

Lilium martagon var. *album*
♀ **Rustique** page **316**

Lilium pyrenaicum
♀ **Rustique** page **318**

Lilium regale
♀ **Rustique** page **318**

Nectaroscordum siculum
Rustique Plante à forte odeur alliacée et ombelles lâches de fleurs pendantes crème.
↕ jusqu'à 1,20 m ↔ 0,10 m

Rhodohypoxis baurii 'Tetra Red'
Non rustique Touffes ou tapis de fleurs rouge vif en étoile.
↕↔ 10 cm

Tigridia pavonia
Non rustique Larges fleurs ponctuées, rouges, jaunes ou blanches, ne durant qu'un jour.
↕ 1,50 m ↔ 0,10 m

Tropaeolum polyphyllum
Rustique Tiges rampantes aux feuilles plumeuses gris bleuté et fleurs jaune vif.
↕ 5-8 cm ↔ jusqu'à 1 m

Zantedeschia aethiopica 'Green Goddess'
♀ **Rustique** page **545**

Bulbes d'automne

Cormes et bulbes rustiques peuvent fournir couleur et attrait quand la plupart des plantes sont sur le déclin. Ils demandent plutôt du soleil et un sol drainé, pour que leurs fleurs profitent des derniers beaux jours. Beaucoup s'accordent mal aux cycles industriels de production et ne fleurissent qu'une fois bien établis ; ils ne sont donc pas toujours faciles à trouver.

Allium callimischon
Rustique Tiges minces et fleurs blanches ou rose pâle ; pour sol sec.
↕8-35 cm ↔ 5 cm

x *Amarygia parkeri*
Rustique Rare hybride aux grandes trompettes roses, pour jardins abrités.
↕1m ↔ 0,30 m

Amaryllis belladonna
Rustique À l'abri, les tiges sombres portent de belles trompettes roses.
↕60 cm ↔ 10 cm

Colchicum speciosum 'Album'
♀ **Rustique** page **135**

Colchicum 'Waterlily'
♀ **Rustique** Gros pompons doubles roses apparaissant avant les feuilles.
↕18 cm ↔ 10 cm

Crinum x *powellii* 'Album'
♀ **Rustique** page **151**

Crocus banaticus
♀ **Rustique** page **154**

Crocus boryi
♀ **Rustique** Fleurs lilas pâle et crème.
↕8 cm ↔ 5 cm

Crocus goulimyi
♀ **Rustique** page **154**

Crocus kotschyanus
♀ **Rustique** page **154**

Crocus medius
♀ **Rustique** page **154**

Crocus ochroleucus
♀ **Rustique** page **154**

Crocus pulchellus
♀ **Rustique** page **154**

Crocus speciosus
♀ **Rustique** Fleurs odorantes bleu-violet à stigmates rouges.
↕15 cm

Cyclamen hederifolium
♀ **Rustique** page **158**

Leucojum autumnale
♀ **Rustique** page **311**

Merendera montana
Rustique Fleurs lilas en étoile ; pour sol bien drainé.
↕↔ 5 cm

Nerine bowdenii
♀ **Rustique** page **350**

Sternbergia lutea
Rustique Feuilles vert foncé et fleurs de type crocus jaune vif.
↕15 cm ↔ 8 cm

Tropaeolum tuberosum 'Ken Aslet'
♀ **Non rustique** Tiges vagabondes à petites feuilles et fleurs jaunes en capuchon.
↕2-4m

Zephyranthes candida
Rustique Feuilles étroites, fleurs odorantes de type crocus, longuement écloses.
↕10-20 cm ↔ 8 cm

Massifs pour le printemps

Quand les dernières plantes des massifs d'été disparaissent, il est temps de les remplacer par d'autres qui survivront à l'hiver pour s'épanouir au printemps. La plupart sont des bisannuelles, comme les giroflées et œillets-de-poète. Ajoutez-y les pensées hivernales pour un démarrage en couleurs, surtout en pots. Des bulbes printaniers, intercalés, compléteront le spectacle.

Bellis perennis **'Pomponette'**
♀ **Bisannuelle** page **84**

Campanula medium **'Calycanthema'**
Bisannuelle Campanules carillon doubles, roses, bleues ou blanches.
↕jusqu'à 75 cm

Dianthus barbatus **'Auricula-eyed Mixed'**
♀ **Bisannuelle** Œillets-de-poète classiques aux fleurs zonées de blanc, rose et marron.
↕jusqu'à 60 cm

Erysimum cheiri **'Cloth of Gold'**
Bisannuelle Fleurs odorantes jaune vif.
↕45 cm

Erysimum cheiri **'Fireking Improved'**
Bisannuelle Giroflée classique à fleurs rouge-orangé.
↕45 cm

Erysimum cheiri **'Prince Primrose Yellow'**
Bisannuelle Forme naine à grosses fleurs.
↕30 cm

Hyacinthus orientalis **'Fondant'**
Bulbe Fleurs rose franc, sans trace de bleu.
↕25 cm

Hyacinthus orientalis **'Ostara'**
♀ **Bulbe** page **263**

Hyacinthus orientalis **'Pink Pearl'**
♀ **Bulbe** page **264**

Hyacinthus orientalis **'Violet Pearl'**
Bulbe Fleurs améthyste.
↕25 cm

Myosotis **'Spring Symphony Blue'**
Bisannuelle Ses fleurs bleues se marient bien à nombre de bulbes printaniers.
↕15 cm

Primevères des jardins
♀ **Vivaces** page **416**

Tulipa **'Halcro'**
♀ **Bulbe** Grosses fleurs rouge saumoné.
↕70 cm

Tulipa **'Oranje Nassau'**
♀ **Bulbe** Éclatantes fleurs dans les tons rouges et écarlate.
↕30 cm

Tulipa **'Spring Green'**
♀ **Bulbe** page **525**

Viola **'Felix'**
Bisannuelle Fleurs jaune et pourpre sur des plantes touffues.
↕15 cm

Viola **'Rippling Waters'**
Bisannuelle Grandes fleurs pourpre sombre bordées de blanc.
↕15 cm

Viola **série Ultima**
♀ **Bisannuelles** Vaste gamme de couleurs sur des plantes fleuries au moindre redoux.
↕15 cm

Massifs pour l'été

Bien que les massifs à grande échelle soient moins à la mode qu'à la fin du siècle dernier, la plupart des jardiniers apprécient des plantes vite fleuries après mise en place. Souvent sensibles au gel, ce sont tantôt des annuelles, tantôt des vivaces frileuses. Leur durée de floraison est fréquemment longue et, même si elles ne durent qu'une saison, ce sont des valeurs sûres.

***Ageratum houstonianum* 'Pacific'**
♀ **Annuelle** Plante compacte à têtes serrées, bleu pourpré.
↕20 cm

***Antirrhinum* série Sonnet**
♀ **Annuelles** page 62

***Begonia* 'Pin Up'**
♀ **Vivace non rustique** page 83

***Begonia* série Olympia**
♀ **Vivaces non rustiques** Plantes compactes, à grandes fleurs.
↕↔ 20 cm

***Dahlia* 'Coltness Gem'**
Bulbe non rustique Dahlia facile à fleurs simples, aux couleurs claires et vives.
↕↔ 45 cm

Diascia rigescens
♀ **Vivace non rustique** page 174

***Heliotropium* 'Princess Marina'**
♀ **Vivace, non rustique** page 252

***Impatiens* série Deco**
Annuelles Grandes fleurs lumineuses sur des plantes à feuilles vert foncé.
↕↔ jusqu'à 20 cm

***Lobelia* 'Compliment Scarlet'**
♀ **Vivace** Forte plante à feuilles vertes et grandes fleurs écarlates en grands épis.
↕75 cm ↔ 30 cm

***Lobelia* 'Crystal Palace'**
♀ **Annuelle** page 322

***Lobelia erinus* 'Mrs Clibran'**
♀ **Annuelle** Plante compacte aux fleurs bleu vif à œil blanc.
↕10-15 cm

***Nicotiana* 'Lime Green'**
♀ **Annuelle** page 350

***Nicotiana* x *sanderae* 'Domino Salmon Pink'**
Annuelle Fleurs saumon dressées sur des plantes trapues.
↕30-45 cm

Nicotiana sylvestris
♀ **Vivace** page 351

***Nigella* 'Miss Jekyll'**
♀ **Annuelle** page 351

***Pelargonium* série Multibloom**
♀ **Vivaces non rustiques** page 376

***Pelargonium* série Video**
♀ **Vivaces non rustiques** page 376

***Penstemon* 'Beech Park'**
♀ **Vivace** Grandes trompettes estivales rose et blanc. Parfois nommé 'Barbara Barker'.
↕75 cm ↔ 45 cm

***Penstemon* 'Burgundy'**
Vivace Fleurs lie-de-vin soutenu et feuilles vert foncé.
↕90 cm ↔ 45 cm

Penstemon 'Maurice Gibbs'
♀ **Vivace non rustique** Cette plante à grandes feuilles porte des épis de fleurs cerise à gorge blanche.
↕75 cm ↔ 45 cm

Penstemon 'Myddelton Gem'
Vivace Feuilles vert pâle et fleurs tubulaires, longuement épanouies, rose foncé.
↕75 cm ↔ 45 cm

Petunia série Carpet
♀ **Annuelles** page **382**

Petunia 'Mirage Reflections'
♀ **Annuelle** Pétunia résistant, à fleurs pastel veinées de couleurs sombres.
↕30 cm ↔ 60 cm

Phlox drummondii 'Tapestry'
Annuelle Large gamme de fleurs pastel ou bicolores sur des plantes trapues.
↕50 cm ↔ 38 cm

Polemonium 'Lambrook Mauve'
♀ **Vivace** page **408**

Portulaca grandiflora série Sundial
Annuelles Amateur de soleil, aux fleurs éclatantes à pétales satinés.
↕10 cm ↔ 15 cm

Rudbeckia hirta 'Rustic Dwarfs'
Annuelle Couleurs automnales sur des fleurs à cœur sombre.
↕jusqu'à 60 cm

Salpiglossis série Casino
♀ **Annuelles** page **471**

Salvia coccinea 'Lady in Red'
♀ **Annuelle** Les plants touffus portent tout l'été de minces épis de petites fleurs rouges.
↕40 cm

Salvia farinacea 'Victoria'
♀ **Annuelle** Petites fleurs bleu foncé en épis serrés, bien dégagés du feuillage.
↕jusqu'à 60 cm ↔ jusqu'à 30 cm

Salvia fulgens
♀ **Sous-arbrisseau** page **474**

Salvia pratensis groupe *Haematodes*
♀ **Vivace** page **478**

Salvia splendens 'Scarlet King'
♀ **Vivace non rustique** page **478**

Salvia splendens série Sizzler
Annuelles (♀ pour certaines)
Plantes hâtives aux fleurs allant du rouge au lavande et au blanc.
↕25-30 cm

Tagetes 'Disco Orange'
♀ **Annuelle** Fleurs simples, résistant aux intempéries.
↕20-25 cm

Tagetes 'Safari Scarlet'
♀ **Annuelle** Grandes fleurs doubles écarlate vif.
↕20-25 cm

Tagetes 'Zenith Red'
Annuelle Rosœillet d'Inde à fleurs doubles rouges.
↕30 cm

Verbena x *hybrida* 'Peaches and Cream'
Annuelle Plante à semer, étalée, aux fleurs pêche virant au crème.
↕30 cm ↔ 45 cm

Verbena x *hybrida* 'Silver Anne'
♀ **Vivace non rustique** Fleurs roses virant presque au blanc, parfumées, au-dessus des feuilles.
↕30 cm ↔ 60 cm

Plantes au feuillage panaché

La panachure n'est parfois qu'un mince liseré autour des feuilles, mais elle peut aussi se révéler plus spectaculaire. Toutefois, si les dessins réguliers soulignent la forme du grand feuillage, taches et stries irrégulières sont parfois inélégantes. Rappelez-vous que les plantes peuvent revenir à la forme unie : retirez toujours les pousses entièrement vertes.

***Aquilegia vulgaris* groupe Vervaeneana**
Vivace Feuilles marbrées et teintées de jaune et vert et fleurs blanches, roses ou bleues.
↕ 90 cm ↔ 45 cm

***Arabis procurrens* 'Variegata'**
♀ **Vivace frileuse** page 63

***Armoracia rusticana* 'Variegata'**
Vivace Plante à longues racines et à grandes feuilles très marquées de blanc, surtout au printemps.
↕ 1 m ↔ 0,45 m

***Astrantia* 'Sunningdale Variegated'**
♀ **Vivace** page 77

***Brunnera macrophylla* 'Hadspen Cream'**
♀ **Vivace** page 92

***Coreopsis* 'Calypso'**
Vivace Feuilles étroites bordées d'or et fleurs jaunes à anneau rouge.
↕↔ 38 cm

***Gaura lindheimeri* 'Corrie's Gold'**
Vivace Fleurs blanches sur des tiges fines et petites feuilles cernées d'or.
↕ jusqu'à 1,50 m ↔ 0,90 m

***Hemerocallis fulva* 'Kwanzo Variegata'**
Vivace Feuilles courbes striées de blanc pur et rares fleurs doubles orange.
↕ 75 cm

Hosta fortunei* var. *albopicta
♀ **Vivace** page 259

***Hosta* 'Golden Tiara'**
♀ ✻ **Vivace** page 259

***Hosta* 'Great Expectations'**
Vivace Feuilles gaufrées, bleutées, à grand cœur or et fleurs blanc argenté.
↕ 55 cm ↔ 85 cm

***Hosta* 'Shade Fanfare'**
♀ **Vivace** page 260

Hosta sieboldii* var. *elegans
♀ **Vivace** page 260

***Hosta Tarda* groupe 'Halcyon'**
♀ **Vivace** page 261

Hosta undulata* var. *univittata
♀ **Vivace** page 261

Hosta venusta
♀ **Vivace** page 261

***Hosta* 'Wide Brim'**
♀ **Vivace** page 261

***Houttuynia cordata* 'Chameleon'**
Vivace Feuilles éclatantes, crème, vert et rouge, et petites fleurs blanches.
↕ jusqu'à 15-30 cm ou plus ↔ illimité

***Iris laevigata* 'Variegata'**
♀ **Bulbe** page 278

***Iris pallida* 'Variegata'**
♀ **Bulbe** page **288**

Iris variegata
♀ **Bulbe** page **290**

***Lysimachia punctata* 'Alexander'**
Vivace Plante traçante à épis de fleurs jaunes et feuilles cernées de blanc, ombrées de rose au printemps.
↕1 m ↔ 60 cm

***Mimulus luteus* 'Variegatus'**
Vivace Plante traçante à fleurs jaunes et feuilles vert clair cernées de blanc.
↕30 cm ↔ 45 cm

***Molinia caerulea* 'Variegata'**
♀ **Graminée ornementale** page **342**

***Persicaria virginiana* 'Painter's Palette'**
Vivace Tiges rouges et feuillage lumineux lavé de blanc et taché de brun et de rouge.
↕40-120 cm ↔ 60-140 cm

***Phalaris arundinacea* 'Picta'**
♀ **Graminée ornementale** page **383**

***Phlox paniculata* 'Pink Posie'**
Vivace Phlox compact, vigoureux, à feuilles bordées de blanc et fleurs roses.
↕75 cm ↔ 60 cm

Phormium cookianum ssp. hookeri 'Tricolor'
♀ **Vivace persistante** page **392**

***Physostegia virginiana* 'Variegata'**
Vivace Plante dressée à feuilles argentées cernées de blanc et fleurs rose vif.
↕75 cm ↔ 60 cm

Pleioblastus auricomus
♀ **Bambou** page **406**

Pulmonaria rubra 'David Ward'
Vivace Fleurs printanières corail et grandes feuilles largement bordées de blanc.
↕jusqu'à 40 cm ↔ 90 cm

***Saxifraga stolonifera* 'Tricolor'**
♀ **Vivace persistante** Plante un peu frileuse, à feuilles rondes cernées de blanc et de rose.
↕↔ 30 cm

***Sisyrinchium striatum* 'Aunt May'**
Vivace Éventails dressés de fleurs étroites, argentées, bordées de crème, et épis de fleurs jaune clair.
↕↔ jusqu'à 50 cm

***Symphytum* x *uplandicum* 'Variegatum'**
♀ **Vivace** page **505**

***Veronica gentianoides* 'Variegata'**
Vivace Tapis de feuilles vert foncé avec un liseré blanc, épis de petites fleurs bleues.
↕↔ 45 cm

***Vinca major* 'Variegata'**
♀ **Vivace** page **537**

Arbustes au feuillage panaché

Si les floraisons sont d'ordinaire brèves, les feuillages donnent de la couleur pendant six mois au moins, et toute l'année pour les persistants. Les arbustes panachés augmentent cet attrait avec leurs couleurs vives ; certains ont aussi l'avantage de fleurir. Les persistants, souvent utiles pour éclairer les coins à l'ombre, conviennent aux pots et bacs ainsi qu'aux bouquets.

***Acer campestre* 'Carnival'**
Arbre page 548

***Acer negundo* 'Flamingo'**
♀ **Arbre** page 33

***Acer palmatum* 'Butterfly'**
♀ **Arbuste ou petit arbre** page 34

***Acer platanoides* 'Drummondii'**
♀ **Arbre** page 37

***Acer pseudoplatanus* 'Leopoldii'**
♀ **Arbre** Feuilles d'abord roses au printemps, puis sablées de jaune.
↕↔ 10 m

***Aralia elata* 'Variegata'**
♀ **Arbre** page 64

***Berberis thunbergii* 'Rose Glow'**
♀ **Arbuste** page 86

***Buddleja davidii* 'Harlequin'**
Arbuste Feuilles spectaculaires bordées de blanc et feuilles pourpres.
↕↔ 2,50 m

***Buddleja davidii* 'Santana'**
Arbuste Feuillage marbré de vert et de jaune et fleurs pourpres.
↕↔ 2,50 m

***Buxus sempervirens* 'Elegantissima'**
♀ **Arbuste persistant** page 95

***Camellia* x *williamsii* 'Golden Spangles'**
Arbuste persistant Arbuste acidophile aux fleurs rose vif et feuilles tachées d'or.
↕↔ 2,50 m

***Ceanothus* 'Pershore Zanzibar'**
Arbuste persistant Arbuste à croissance rapide, à fleurs bleues mousseuses au printemps et feuilles vert et citron.
↕↔ 2,50 m

***Cornus alba* 'Elegantissima'**
♀ **Arbuste** Tiges rouge sombre et feuilles vert-gris bordées de blanc, rosissant en automne.
↕↔ 3 m

***Cornus alba* 'Spaethii'**
♀ **Arbuste** page 138

***Cornus alternifolia* 'Argentea'**
♀ **Arbuste** Plateaux de branches horizontales couvertes de petites feuilles bordées de blanc.
↕ 3 m ↔ 2,50 m

***Cornus mas* 'Variegata'**
♀ **Arbuste rustique** Après sa floraison jaune, hivernale, l'arbuste se pare de feuilles ornées d'un liseré blanc.
↕ 2,50 m ↔ 2 m

***Cotoneaster atropurpureus* 'Variegatus'**
♀ **Arbuste** page 145

***Elaeagnus pungens* 'Maculata'**
♀ **Arbuste persistant** page **182**

***Euonymus fortunei* 'Silver Queen'**
♀ **Arbuste persistant** page **200**

***Fuchsia magellanica* var. *gracilis* 'Variegata'**
♀ **Arbuste rustique** Feuilles teintées de vieux rose et de gris et petites fleurs rouge et pourpre.
↕ jusqu'à 3 m ↔ 2-3 m

***Fuchsia magellanica* var. *molinae* 'Sharpitor'**
Arbuste Plante un peu frileuse, à feuilles bordées de blanc et fleurs rose pâle.
↕ jusqu'à 3 m ↔ 2-3 m

***Hedera helix* 'Glacier'**
♀ **Liane persistante** page **246**

***Hibiscus syriacus* 'Meehanii'**
Arbuste Amateur de soleil, fleurs pourprées et feuilles largement cernées de blanc.
↕ 3 m ↔ 2 m

***Hydrangea macrophylla* 'Tricolor'**
♀ **Arbuste** Feuilles vert argenté marquées de blanc et fleurs rose pâle.
↕ 1,50 m ↔ 1,20 m

***Ilex* x *altaclerensis* 'Lawsoniana'**
♀ **Arbuste persistant** page **271**

***Ligustrum lucidum* 'Excelsum Superbum'**
♀ **Arbuste persistant** page **314**

***Osmanthus heterophyllus* 'Variegatus'**
Arbuste persistant Feuilles de houx bordées de jaune et petites fleurs automnales odorantes.
↕↔ 2,50 m

***Philadelphus* 'Innocence'**
Arbuste Arbuste arqué à feuilles crème et fleurs blanches semi-doubles.
↕ 3 m ↔ 2 m

***Philadelphus coronarius* 'Variegatus'**
♀ **Arbuste** page **385**

***Pieris* 'Flaming Silver'**
♀ **Arbuste persistant** Acidophile, feuilles étroites bordées de blanc, roses au printemps.
↕↔ 2,50 m

***Pittosporum tenuifolium* 'Irene Paterson'**
♀ **Arbuste persistant** Arbuste frileux à pousse lente, moucheté de blanc.
↕ 1,20 m ↔ 0,60 m

***Pseudopanax lessonii* 'Gold Splash'**
♀ **Arbuste persistant non rustique** page **426**

***Rhamnus alaternus* 'Argenteovariegata'**
♀ **Arbuste persistant** page **434**

***Rhododendron* 'President Roosevelt'**
Arbuste persistant Acidophile, peu ramifié, feuilles tachées d'or et fleurs rouges.
↕↔ 2 m

***Sambucus nigra* 'Pulverulenta'**
Arbuste Éclatant arbuste à pousse lente pour mi-ombre, aux jeunes feuilles très marquées de blanc.
↕↔ 2 m

***Weigela florida* 'Variegata'**
♀ **Arbuste** page **541**

Plantes à feuilles dorées

Les plantes à feuilles dorées ensoleillent le jardin. Au contraire des feuillages panachés, la plupart des feuillages très dorés brûlent au soleil et apprécient donc la mi-ombre. Évitez l'ombre complète, ou ils vireront au vert acide. Certaines plantes ne sont que partiellement dorées, leurs jeunes pousses virant ensuite au vert, mais ce contraste est agréable.

Acer cappadocicum 'Aureum'
♀ **Arbre** Les feuilles s'ouvrent jaunes, passent au vert puis virent à l'or en automne.
↕15 m ↔ 10 m

Acer shirasawanum 'Aureum'
♀ **Arbre** Les feuilles jaunes vif passent au rouge en automne.
↕↔ 6 m

Begonia 'Tiger Paws'
♀ **Vivace non rustique** page **81**

Calluna vulgaris 'Beoley Gold'
♀ **Arbuste persistant** page **98**

Carex elata 'Aurea'
♀ **Graminée ornementale** page **109**

Carex hachijoensis 'Evergold'
♀ **Graminée ornementale** page **109**

Chamaecyparis lawsoniana 'Minima Aurea'
♀ **Conifère** Petit arbre conique à feuillage vert chartreuse et or.
↕1 m

Chamaecyparis lawsoniana 'Stardust'
♀ **Conifère** Feuillage doré plumeux.
↕15 m ↔ 8 m

Chamaecyparis obtusa 'Crippsii'
♀ **Conifère** Arbre à pousse lente au feuillage doré.
↕15 m ↔ 8 m

Choisya ternata 'Sundance'
♀ **Arbuste persistant** page **121**

Cornus alba 'Aurea'
Arbuste Beau feuillage or tendre sensible aux brûlures, en sol sec.
↕↔ 1 m

Cortaderia selloana 'Aureolineata'
♀ **Graminée ornementale** page **141**

Erica arborea 'Albert's Gold'
♀ **Arbuste persistant** Joli port dressé et feuillage doré mais peu de fleurs.
↕2 m ↔ 0,80 m

Erica carnea 'Foxhollow'
♀ **Arbuste persistant** page **187**

Erica carnea 'Westwood Yellow'
♀ **Arbuste persistant** Port dressé et feuilles dorées ; fleurs roses hivernales.
↕20 cm ↔ 30 cm

Erica x *stuartii* 'Irish Lemon'
♀ **Arbuste persistant** page **189**

Fagus sylvatica 'Dawyck Gold'
♀ **Arbre** Arbre dense, érigé et étroit, à feuilles dorées.
↕18 m ↔ 7 m

Fraxinus excelsior 'Jaspidea'
♀ **Arbre** Les pousses hivernales sont dorées, comme les feuilles, au printemps et en automne.
↕30 m ↔ 20 m

Fuchsia **'Genii'**
🏆 **Arbuste** page **212**

Gleditsia triacanthos **'Sunburst'**
🏆 **Arbre** page **232**

Hakonechloa macra **'Aureola'**
🏆 **Graminée ornementale** page **235**

Hedera helix **'Buttercup'**
🏆 **Liane persistante** page **246**

Hosta **'Sum and Substance'**
🏆 **Vivace** page **261**

Humulus lupulus **'Aureus'**
🏆 **Liane vivace** page **262**

Ilex crenata **'Golden Gem'**
🏆 **Arbuste persistant** Arbuste compact à petites feuilles or vif ponctuées de baies noires.
↕ 1 m ↔ 1,20-1,50 m

Iris pseudacorus **'Variegatus'**
🏆 **Vivace** page **278**

Laurus nobilis **'Aurea'**
🏆 **Arbuste persistant** page **304**

Lonicera nitida **'Baggesen's Gold'**
🏆 **Arbuste persistant** page **323**

Origanum vulgare **'Aureum'**
🏆 **Graminée vivace** page **358**

Pelargonium crispum **'Variegatum'**
🏆 **Vivace non rustique** page **372**

Philadelphus coronarius **'Aureus'**
🏆 **Arbuste caduc** Jeunes feuiles dorées virant au vert-jaune en été ; fleurs blanches odorantes en juin.
↕ 2,50 m ↔ 1,50 m

Phormium **'Yellow wave'**
🏆 **Vivace peu rustique** page **394**

Physocarpus opulifolius **'Dart's Gold'**
🏆 **Arbuste** page **399**

Ribes sanguineum **'Brocklebankii'**
🏆 **Arbuste** page **445**

Robinia pseudoacacia **'Frisia'**
🏆 **Arbre** page **447**

Salvia officinalis **'Kew Gold'**
🏆 **Sous-arbrisseau persistant** Feuilles aromatiques dorées, parfois lavées de vert, épis de fleurs mauves en juin.
↕ 0,20 -0,30 m ↔ 0,30 m

Sambucus racemosa **'Sutherland Gold'**
🏆 **Arbuste** Feuillage décoratif et lumineux vert jaunâtre, à pousses terminales cuivrées.
↕ ↔ 2 m

Spiraea japonica **'Goldflame'**
🏆 **Arbuste** page **501**

Plantes à feuillage argenté

La plupart des plantes à feuilles argentées sont adaptées à des climats chauds et secs et trouvent leur place au jardin en plein soleil. Le plus souvent, elles s'accommodent de pluies rares et conviennent à un jardin sec ou de graviers. Leur couleur se marie bien aux fleurs roses ou blanches et aux feuillages pourpres. En outre, beaucoup sont parfumées.

Acacia baileyana
♀ **Arbuste non rustique** Le feuillage, moins fin que celui de *A. dealbata*, est argent vif, et les fleurs sont jaune vif.
↕5-8 m ↔ 3-6 m

Acca sellowiana
Arbuste persistant Feuilles vertes à revers argenté, fleurs à pétales charnus rouge vif et blanc, comestibles.
↕2 m ↔ 2,50 m

Achillea tomentosa
♀ **Vivace** page **41**

Anaphalis triplinervis
♀ **Vivace** Plante touffue à feuilles argentées et fleurs estivales blanches.
↕80-90 cm ↔ 45-60 cm

Anaphalis triplinervis 'Sommerschnee'
♀ **Vivace** page **56**

Antennaria microphylla
♀ **Vivace** page **61**

Anthemis punctata ssp. *cupaniana*
♀ **Vivace** page **61**

Artemisia absinthium 'Lambrook Silver'
♀ **Vivace** page **69**

Artemisia alba 'Canescens'
♀ **Vivace** Feuilles très finement divisées, en masse plumeuse.
↕45 cm ↔ 30 cm

Artemisia ludoviciana 'Silver Queen'
♀ **Vivace** page **69**

Artemisia pontica
♀ **Vivace persistante** Vivace traçante aux masses de tiges dressées et feuilles découpées, formant une touffe arrondie.
↕40-80 cm ↔ illimité

Atriplex halimus
Arbuste Un peu frileux mais supportant le vent, à croissance rapide, il porte de petites fleurs brillantes, argentées.
↕2 m ↔ 2,50 m

Brachyglottis 'Sunshine'
♀ **Arbuste persistant** page **91**

Cedrus atlantica f. *glauca*
♀ **Conifère** Le cèdre de l'Atlas bleu est un grand sujet à feuillage gris bleuté.
↕40 m ↔ 10 m

Convolvulus cneorum
♀ **Arbuste persistant** page **136**

Cytisus battandieri
♀ **Arbuste** page **159**

Dianthus 'Becky Robinson'
♀ **Vivace** page **172**

Dianthus 'Haytor White'
♀ **Vivace** page **172**

Echeveria agavoides
♀ **Succulente** page **181**

Elaeagnus 'Quicksilver'
♀ ❄ **Arbuste persistant** page **183**

Erica tetralix **'Alba Mollis'**
♀ **Arbuste persistant** page **189**

Eucalyptusgunnii
♀ **Arbre persistant** page **197**

Halimium **'Susan'**
♀ **Arbuste persistant** page **237**

Hebe **'Red Edge'**
♀ **Arbuste persistant** Arbrisseau bas, étalé, à feuilles grises ornées d'un liseré rouge.
↕45 cm ↔ 60 cm

Hebe pimeleoides **'Quicksilver'**
♀ **Arbuste persistant** Couvre-sol à petites feuilles argentées et fleurs lilas pâle.
↕30 cm ↔ 60 cm

Hebe pinguifolia **'Pagei'**
♀ **Arbuste persistant** page **243**

Helianthemum **'Wisley Primrose'**
♀ **Arbuste persistant** page **249**

Helichrysum splendidum
♀ **Vivace** page **251**

Helictotrichon sempervirens
♀ ✱ **Graminée ornementale** page **558**

Lavandula **x** ***intermedia***
groupe Dutch
♀ **Arbuste** page **306**

Pulmonaria **'Margery Fish'**
♀ **Vivace** page **427**

Pyrus salicifolia **'Pendula'**
♀ **Arbre** page **432**

Romneya coulteri
♀ **Vivace** Vigoureuse plante traçante à feuilles échancrées argent et fleurs blanches à cœur or.
↕2 m ↔ illimité

Salix **'Boydii'**
♀ **Arbuste** page **469**

Salix lanata
♀ **Arbuste** page **471**

Salvia argentea
♀ **Vivace** page **472**

Salvia discolor
♀ **Vivace non rustique** page **473**

Santolina chamaecyparissus
♀ **Arbuste persistant** page **480**

Sedum spathulifolium
'Cape Blanco'
♀ **Vivace** page **489**

Senecio cineraria
'Silver Dust'
♀ **Arbuste persistant** page **493**

Senecio cineraria
'White Diamond'
♀ **Arbuste persistant** Les feuilles rappellent, en blanc, celles du chêne.
↕30-40 cm ↔ 30 cm

Senecio viravira
♀ **Arbuste frileux** Les feuilles très divisées sont portées par des tiges étalées donnant parfois des pompons crémeux.
↕0,60 m ↔ 1m

Verbascum bombyciferum
♀ **Vivace** page **529**

Plantes pittoresques ou architecturales

Tout jardin demande des plantes hors du commun, que leur forme ou leur matière font remarquer. Beaucoup d'entre elles ont de grandes feuilles ou une silhouette hérissée qui donnent un effet tropical et, entourées de sœurs moins voyantes, elles deviendront des points de mire dans une bordure. Faites jouer l'ombre et la lumière pour mettre en valeur les silhouettes.

Acanthus spinosus
♀ **Vivace** page **31**

Aesculus parviflora
♀ **Arbuste** page **46**

Agave americana
♀ **Plante grasse** Plante très piquante, aux feuilles en superbe rosette, arquées, bleu acier.
↕2 m ↔3 m

Ailanthus altissima
♀ **Arbre** Ce peut être un grand arbre mais, recépé chaque année, il produit des feuilles divisées de 1,20 m de long.
↕25 m ↔15 m

Araucaria heterophylla
♀ **Conifère** page **64**

Betula nigra
♀ **Arbre** page **89**

***Betula pendula* 'Youngii'**
♀ **Arbre** page **89**

***Catalpa bignonioides* 'Aurea'**
♀ **Arbre** Grand arbre étalé, à recéper tous les ans pour obtenir de grandes feuilles or.
↕↔10 m

***Chamaecyparis nootkatensis* 'Pendula'**
♀ **Conifère** page **118**

***Chamaecyparis pisifera* 'Filifera Aurea'**
♀ **Conifère** Large arbuste évasé à pousses retombantes dorées.
↕12 m ↔5 m

***Corylus avellana* 'Contorta'**
♀ **Arbuste** page **143**

Crocosmia masoniorum
♀ **Vivace** page **152**

Cycas revoluta
♀ **Palmier** page **157**

Eryngium giganteum
♀ **Bisannuelle** Rosettes de feuilles vert foncé ; la deuxième année, tiges et inflorescences blanches, épineuses.
↕90 cm ↔30 cm

Eucalyptus pauciflora* ssp. *niphophila
♀ **Arbre persistant** page **197**

Euphorbia characias
♀ **Vivace** page **201**

***Fagus sylvatica* 'Pendula'**
♀ **Arbre** Arbre à grand effet aux branches retombant à terre en cascade.
↕15 m ↔20 m

Fargesia nitida
♀ **Graminée ornementale** page **205**

Gunnera manicata
♀ **Vivace** page **233**

***Helianthus* 'Monarch'**
♀ **Vivace** page **250**

Kniphofia caulescens
♀ **Vivace** page **297**

***Macleaya* x *kewensis* 'Kelway's Coral Plume'**
♀ **Vivace** page **330**

Melianthus major
♀ **Vivace, non rustique** page **340**

Paeonia delavayi
♀ **Arbuste** page **363**

Paulownia tomentosa
♀ **Arbre** page **371**

***Phormium cookianum* ssp. *hookeri* 'Cream Delight'**
♀ **Vivace** page **392**

Phormium tenax
♀ **Vivace** page **393**

Phormium tenax* groupe *Purpureum
♀ **Vivaces** page **394**

Phyllostachys aureosulcata* var. *aureocaulis
Bambou Grand bambou à chaumes dorés, luisants, et feuilles étroites.
↕3-6 m ↔ illimité

Phyllostachys nigra
♀ **Bambou** page **398**

Phyllostachys nigra* var. *henonis
♀ **Bambou** page **399**

Pleioblastus variegatus
♀ **Bambou** page **407**

***Prunus* 'Amanogawa'**
♀ **Arbre** Port dressé, étroit, évoquant le peuplier d'Italie, et fleurs printanières semi-doubles.
↕8 m ↔ 4 m

***Prunus* 'Kiku-Shidare-Zakura'**
♀ **Arbre** page **422**

Rodgersia aesculifolia
♀ **Vivace** Rhizomes traçants donnant des touffes de grandes feuilles évoquant le marronnier et des fleurs roses.
↕2 m ↔ 1 m

Sorbaria tomentosa* var *angustifolia
♀ **Arbuste** Arbuste traçant à feuilles plumeuses, tiges rouges et fleurs blanches noueuses.
↕3 m

Stipa gigantea
♀ **Graminée ornementale** page **503**

Trachycarpus fortunei
♀ **Palmier rustique** Palmier à pousse lente, mais rustique, à feuilles en éventail et écorce fibreuse.
↕20 m ↔ 2,50 m

***Viburnum plicatum* 'Pink Beauty'**
♀ ❄ **Arbuste** page **568**

Woodwardia radicans
♀ **Fougère peu rustique** Grande fougère persistante à immenses frondes courbes.
↕2 m ↔ 3 m

Yucca filamentosa
♀ **Arbuste persistant** Plante buissonnante sans tige, aux feuilles rigides et aux fleurs blanches en clochette.
↕75 cm ↔ 1,50 m

***Yucca filamentosa* 'Bright Edge'**
♀ **Arbuste** page **543**

***Yucca flaccida* 'Ivory'**
♀ **Arbuste** page **544**

Yucca gloriosa
♀ **Arbuste persistant** Troncs dressés à feuilles étroites, pointues, vert argenté, et grands bouquets de fleurs blanches.
↕↔ 2 m

Plantes à feuillage parfumé

Si les fleurs ont plutôt des parfums suaves et fruités, les feuillages sont plus épicés et balsamiques, même si certains, tels ceux des pélargoniums, imitent ceux d'autres plantes. Leurs odeurs se répandent dans l'air, spontanément ou lorsqu'on les froisse. On sait que les plantes ont développé ces parfums pour repousser les insectes, mais les jardiniers n'y résistent pas.

Aloysia triphylla
♡ **Arbuste** page **54**

Amicia zygomeris
Vivace Plante rare, proche des fèves, à feuilles bleutées sentant le concombre au froissage.
↕ 2,20 m ↔ 1,20 m

Calocedrus decurrens
♡ **Conifère** Arbre colonnaire au feuillage doucement odorant, froissé.
↕ 20-40 m ↔ 2-9 m

Calycanthus occidentalis
Arbuste Grandes feuilles à odeur épicée et fleurs brique sentant le vin.
↕ 3 m ↔ 4 m

Cercidiphyllum japonicum
♡ **Arbre** En automne, les feuilles de ce gracieux arbre virent à l'orange et au rouge et sentent le caramel.
↕ 20 m ↔ 15 m

Chamaemelum nobile 'Treneague'
Vivace Cette forme stérile de camomille cache le sol et son feuillage, froissé, a une odeur fruitée.
↕ 10 cm ↔ 45 cm

Cistus x *hybridus*
♡ **Arbuste persistant** page **127**

Cistus ladanifer
♡ **Arbuste persistant** Feuilles vert foncé, poisseuses et odorantes ; fleurs blanches à œil doré.
↕ 2 m ↔ 1,50 m

Helichrysum italicum
♡ **Arbuste persistant** Feuilles argentées étroites, sur un arbuste court, et parfum de cari.
↕ 60 cm ↔ 1 m

Houttuynia cordata 'Flore Pleno'
Vivace Plante traçante assez envahissante, à feuilles pourprées sentant fortement l'orange quand on les froisse.
↕ 15-30 cm ↔ illimité

Lavandula angustifolia 'Twickel Purple'
♡ **Arbuste persistant** page **305**

Lavandula stoechas
♡ **Arbuste** Épis floraux et bractées sommitales pourpres.
↕↔ 60 cm

Melissa officinalis 'Aurea'
Vivace Mélisse aux feuilles tachetées d'or.
↕ 1 m ↔ 45 cm

Mentha suaveolens 'Variegata'
Vivace Menthe pouliot panachée, à odeur de pomme et joli feuillage.
↕ 1 m ↔ illimité

Monarda 'Cambridge Scarlet'
♡ **Vivace** page **342**

Monarda 'Scorpion'
Vivace Verticilles de bractées et fleurs violettes sur de hautes tiges feuillues.
↕ 1,50 m ↔ 1 m

Origanum laevigatum
♀ **Vivace** page **357**

***Origanum laevigatum* 'Herrenhausen'**
♀ **Vivace** page **358**

Pelargoniums odorants
♀ **Vivaces non rustiques** pages **372-373**

Perilla frutescens* var. *crispa
♀ **Annuelle** page **380**

Perovskia atriplicifolia
♀ **Arbuste** Les tiges dressées portent de petites fleurs bleues en été, dans un feuillage odorant.
↕ 1,20 m ↔ 1 m

Perovskia 'Blue Spire'
♀ **Sous-arbrisseau** page **380**

Prostanthera cuneata
♀ **Arbuste persistant** Plante un peu frileuse à petites feuilles sentant la menthe et à fleurs estivales blanches.
↕↔ 30-90 cm

Prostanthera rotundifolia
♀ **Arbuste non rustique** Au printemps, les feuilles à odeur de menthe sont couvertes de fleurs lilacées.
↕ 2-4 m ↔ 1-3 m

Pseudotsuga menziesii
♀ **Conifère** Grand arbre à feuillage résineux.
↕ 25-50 m ↔ 6-10 m

Ptelea trifoliata 'Aurea'
♀ **Arbre** Feuillage et écorce dorés sont fortement odorants.
↕ 5 m

Rosa eglanteria
♀ **Rosier arbuste** Pousses souples très épineuses, petites fleurs roses et feuillage sentant la pomme après la pluie.
↕↔ 2,50 m

Rosmarinus officinalis 'Silver Spires'
Arbuste persistant Le romarin usuel, mais à feuilles panachées de blanc, sur une plante érigée.
↕ 1 m ↔ 60 cm

Salvia discolor
♀ **Arbuste non rustique** page **473**

***Salvia officinalis* 'Icterina'**
♀ **Arbrisseau** page **476**

***Skimmia* x *confusa* 'Kew Green'**
♀ **Arbuste persistant** page **494**

Plantes à fleurs parfumées

Les parfums sont trop souvent oubliés, quand on fait un jardin. Il en existe pourtant autant que de couleurs : ils jouent sur votre état d'esprit, vous rappellent votre enfance ou évoquent en une bouffée une contrée lointaine. Les fleurs les plus parfumées ont souvent un aspect modeste mais se débrouillent pour être remarquées autrement.

Abelia chinensis
Arbuste Étalé, à têtes de petites fleurs rose pâle en été.
↕ 1,50 m ↔ 2,50 m

Buddleja alternifolia
🏆 **Arbuste** page **92**

***Camellia* 'Inspiration'**
🏆 **Arbuste persistant** page **99**

***Camellia japonica* 'Alexander Hunter'**
🏆 **Arbuste persistant** page **100**

***Camellia japonica* 'Elegans'**
🏆 **Arbuste persistant** page **100**

***Chimonanthus praecox* 'Grandiflorus'**
🏆 **Arbuste** page **120**

***Chimonanthus praecox* 'Luteus'**
🏆 **Arbuste** Après la chute des feuilles, les fleurs jaune pâle embaument l'air en hiver.
↕ 4 m ↔ 3 m

***Choisya* 'Aztec Pearl'**
🏆 ✻ **Arbuste persistant** page **552**

Choisya ternata
🏆 **Arbuste persistant** page **121**

Clematis montana* f. *grandiflora
🏆 **Liane** page **128**

***Daphne bholua* 'Gurkha'**
🏆 **Arbuste** page **164**

***Daphne tangutica* groupe Retusa**
🏆 **Arbuste persistant** page **165**

***Dianthus* 'Doris'**
🏆 **Vivace** page **172**

***Erica erigena* 'Golden Lady'**
🏆 **Arbuste persistant** page **187**

Hamamelis
🏆 **Arbustes** pages **238-239**

***Hosta* 'Honeybells'**
🏆 **Vivace** page **260**

Jasminum officinale
🏆 **Liane** Solide liane volubile à fleurs estivales blanches, lourdement parfumées.
↕ 12 m

***Jasminum officinale* 'Argenteovariegatum'**
🏆 **Liane** page **292**

***Lilium* groupe Pink Perfection**
🏆 **Bulbe** page **317**

Lonicera caprifolium
🏆 **Liane** Le chèvrefeuille commun donne en été des fleurs odorantes rose et crème.
↕ 6 m

***Lonicera periclymenum* 'Belgica'**
🏆 **Liane** En juin, ce chèvrefeuille donne des fleurs crème striées de brun.
↕ 7 m

***Lonicera periclymenum* 'Graham Thomas'**
🏆 **Liane** page **324**

***Magnolia grandiflora* 'Goliath'**
🏆 **Arbre persistant** page **331**

***Mahonia* x *media* 'Charity'**
♀ **Arbuste persistant** page **335**

Osmanthus delavayi
♀ **Arbuste persistant** page **359**

***Paeonia lactiflora* 'Duchesse de Nemours'**
♀ **Vivace** page **364**

***Philadelphus* 'Beauclerk'**
♀ **Arbuste** page **364**

***Philadelphus* 'Belle étoile'**
♀ **Arbuste** page **384**

***Phlox paniculata* 'White Admiral'**
♀ **Vivace** Grosses têtes de fleurs blanc pur à douce odeur poivrée, écloses en été.
↕1 m

Pittosporum tenuifolium
♀ **Arbuste persistant** page **404**

Pittosporum tobira
♀ **Arbuste persistant ou petit arbre** page **405**

Primula florindae
♀ **Vivace** page **414**

***Rosa* 'Albertine'**
♀ **Rosier sarmenteux** page **454**

***Rosa* 'Arthur Belle'**
♀ **Rosier buisson à fleurs en bouquets** page **450**

***Rosa* 'Blessings'**
♀ **Rosier arbuste à grandes fleurs** page **448**

***Rosa* 'Compassion'**
♀ **Rosier grimpant** page **452**

***Rosa* 'Graham Thomas'**
♀ **Rosier buisson moderne** page **463**

***Rosa* 'Iceberg Climbing'**
♀ **Rosier grimpant** Cet excellent rosier se couvre tout l'été de fleurs blanc pur.
↕2,50 m

***Rosa* 'Just Joey', 'Mme A. Meilland'**
♀ **Rosiers buissons à grandes fleurs** page **449**

***Rosa* 'Margaret Merril'**
♀ **Rosier buisson à fleurs en bouquets** page **451**

***Rosa* 'Penelope'**
♀ **Rosier buisson moderne** page **463**

***Rosa* 'Remember Me'**
♀ **Rosier buisson à grandes fleurs** page **449**

Sarcococca hookeriana* var. *digyna
♀ **Arbuste persistant** page **483**

***Skimmia japonica* 'Rubella'**
♀ **Arbuste persistant** page **495**

Smilacina racemosa
♀ **Vivace** page **495**

***Syringa meyeri* 'Palibin'**
♀ ✱ **Arbuste** page **505**

***Syringa vulgaris* 'Madame Lemoine'**
♀ **Arbuste** page **507**

***Ulex europaeus* 'Flore Pleno'**
♀ **Arbuste persistant** L'arbuste, piquant, donne toute l'année quelques fleurs à odeur de noix de coco.
↕2,50 m ↔ 2 m

***Viburnum* x *burkwoodii* 'Park Farm hybrid'**
♀ **Arbuste persistant** Arbuste érigé, aux jeunes feuilles vert bronze et aux fleurs roses parfumées, au printemps.
↕3 m ↔ 2 m

***Viburnum carlesii* 'Aurora'**
♀ **Arbuste** Arbuste touffu aux boutons rouges s'épanouissant roses au printemps.
↕↔ 2 m

Plantes pour faire des bouquets

Pour faire des bouquets, il est agréable de cueillir les fleurs qu'on a fait pousser. Nombre d'annuelles sont cultivées exprès, mais bien d'autres végétaux peuvent orner la maison sans dégarnir le jardin. Pour avoir des tiges plus courtes mais plus nombreuses, pincez en début d'été celles des plantes aptes à se ramifier, comme les reines-marguerites ou les delphiniums.

Achillea **'Coronation Gold'**
♀ **Vivace** page 39

Aconitum **'Bressingham Spire'**
♀ **Vivace** page 42

Aster **'Little Carlow'**
♀ **Vivace** page 74

Aster pringlei **'Monte Cassino'**
♀ ✽ **Vivace** page 550

Astilbe **x** ***arendsii*** **'Fanal'**
♀ **Vivace** page 74

Astrantia major **'Shaggy'**
♀ **Vivace** Les bractées, autour des vrais fleurons, sont plus grandes que d'ordinaire.
↕ 30-90 cm ↔ 45 cm

Baptisia australis
♀ **Vivace** page 79

Callistephus **Milady Super Mixed**
♀ **Annuelles** page 97

Campanula lactiflora **'Prichard's Variety'**
♀ **Vivace** Cultivar compact, à grosse tête bleu-violet, en juin.
↕ 75 cm ↔ 45 cm

Campanula persicifolia **'Chettle Charm'**
Vivace Tapis de feuilles vert foncé et minces tiges, à fleurs blanc ombré de bleu.
↕ 1 m ↔ 30 cm

Chrysanthèmes
♀ **Vivaces non rustiques** pages 122-125

Clematis **'Vyvyan Pennell'**
♀ **Liane** page 131

Crocosmia **x** ***crocosmiiflora*** **'Solfaterre'**
♀ **Vivace** page 151

Delphinium **'Bellamosum'**
Vivace Tiges ramifiées à fins épis de fleurs bleu foncé, longuement écloses.
↕ 1-1,20 m ↔ 45 cm

Delphinium **'Bruce'**
♀ **Vivace** page 166

Delphinium **'Sungleam'**
♀ **Vivace** page 169

Dianthus **(Œillets de bordure)**
♀ **Vivaces** page 171

Dianthus **'Coronation Ruby'**
♀ **Vivace** Œillet lacinié à fleurs rose et rubis, à l'odeur de girofle.
↕ 38 cm ↔ 30 cm

Eryngium **x** ***tripartitum***
♀ **Vivace** page 192

Geum **'Mrs J. Bradshaw'**
♀ **Vivace** Feuilles basales soyeuses, tiges fines ramifiées et fleurs doubles écarlates.
↕ 40-60 cm ↔ 60 cm

Kniphofia **'Royal Standard'**
♀ **Vivace** page 298

Lathyrus odoratus **(Pois de senteur)**
♀ **Annuelle grimpante** page 303

***Leucanthemum* x *superbum* 'Wirral Supreme'**
♀ **Vivace** page 310

***Narcissus* 'Merlin'**
♀ **Bulbe** page 349

***Narcissus* 'White Lion'**
♀ **Bulbe** Fleurs blanches doubles, trop lourdes pour le jardin, mais parfaites en vase.
↕40 cm

***Osteospermum* 'Whirligig'**
♀ **Sous-arbrisseau gélif** page 361

***Paeonia lactiflora* 'Sarah Bernhardt'**
♀ **Vivace** page 364

***Phlox maculata* 'Alpha'**
♀ **Vivace** page 390

***Phlox maculata* 'Omega'**
♀ **Vivace** Têtes coniques de petites fleurs blanches, odorantes, à œil rose foncé.
↕90 cm ↔45 cm

***Physostegia virginiana* 'Vivid'**
♀ **Vivace** page 400

***Rosa* 'Alexander'**
♀ **Rosier buisson à grandes fleurs** page 448

***Rosa* 'Iceberg'**
♀ **Rosier à fleurs en bouquets** page 451

***Rosa* 'Royal William'**
♀ **Rosiers buissons à grandes fleurs** page 449

***Rosa* 'Silver Jubilee'**
♀ **Rosiers buissons à grandes fleurs** page 449

Rosiers buissons modernes
♀ **Arbustes caducs** pages 462-463

***Rudbeckia fulgida* var. *sullivantii* 'Goldsturm'**
♀ **Vivace** page 468

***Rudbeckia* 'Goldquelle'**
♀ **Vivace** page 468

***Scabiosa caucasica* 'Clive Greaves'**
♀ **Vivace** page 485

***Schizostylis coccinea* 'Sunrise'**
♀ **Vivace** page 486

***Solidago* 'Goldenmosa'**
♀ **Vivace** page 497

x *Solidaster luteus* 'Lemore'
♀ **Vivace** Têtes de pâquerettes jaunes.
↕90 cm ↔30 cm

***Tanacetum coccineum* 'Brenda'**
♀ **Vivace** page 508

***Tulipa* 'Sorbet'**
♀ **Bulbe** Fleurs tardives rose pâle, taches carmin.
↕60 cm

Veronica spicata* ssp. *incana
♀ **Vivace** page 533

Plantes pour potées printanières

Un bac ou une potée de feuillages persistants et des bulbes colorés embelliront une terrasse dès la fin de l'hiver. Donnez-leur un sol sur mesure : les rhododendrons, par exemple, demandent un substrat acide. Pour ménager les fleurs précoces, placez les contenants dans un coin abrité ; arrosez en hiver si nécessaire et faites un apport d'engrais dès le début du printemps.

***Agapanthus campanulatus* 'Albovittatus'**
Vivace non rustique Grosses têtes de fleurs bleues et feuillage strié de blanc.
↕90 cm ↔ 45 cm

***Ajuga reptans* 'Catlin's Giant'**
♀ **Vivace** Larges feuilles, épis bleus.
↕20 cm ↔ 60-90 cm

***Bergenia* 'Ballawley'**
♀ **Vivace** page **88**

***Camellia japonica* (cultivars)**
♀ **Arbustes persistants** pages **100-101**

***Camellia* x *williamsii* 'Donation'**
♀ **Arbuste persistant** page **104**

***Chaenomeles speciosa* 'Geisha Girl'**
Arbuste Fleurs abricot semi-doubles.
↕1 m ↔ 1,20 m

***Chamaecyparis lawsoniana* 'Minima Glauca'**
♀ **Arbuste persistant** Petit conifère bleuté, à port net.
↕90 cm

***Chionodoxa forbesii* 'Pink Giant'**
Bulbe Fleurs en étoile, roses à cœur blanc.
↕10-20 cm ↔ 3 cm

Chionodoxa sardensis
♀ **Bulbe** Fleurs odorantes, blanches, à revers strié de violet.
↕10-20 cm ↔ 3 cm

***Crocus chrysanthus* 'Ladykiller'**
♀ **Bulbe** Fleurs odorantes, blanches à revers strié de violet.
↕7 cm ↔ 5 cm

***Erica carnea* 'Myretoun Ruby'**
♀ **Arbuste persistant** Port étalé et fleurs roses fonçant avec l'âge.
↕15 cm ↔ 45 cm

***Hedera helix* 'Kolibri'**
♀ **Arbuste persistant** Tiges rampantes et feuilles panachées de blanc et de vert.
↕45 cm

***Hyacinthus orientalis* 'City of Haarlem'**
♀ **Bulbe** page **263**

***Hyacinthus orientalis* 'Gipsy Queen'**
♀ **Bulbe** Fleurs odorantes rose-orangé.
↕25 cm

***Hyacinthus orientalis* 'Hollyhock'**
Bulbe Épis serrés de fleurons doubles, rouges.
↕20 cm

***Hyacinthus orientalis* 'Violet Pearl'**
Bulbe Épis de fleurons odorants violet améthyste à bord clair.
↕25 cm

***Ilex* x *altaclerensis* 'Golden King'**
♀ **Arbuste persistant** page **271**

Myosotis **'Blue Ball'**
🏆 **Bisannuelle** Plante compacte à fleurs bleu azur.
↕ 15 cm ↔ 20 cm

Narcissus **'Ceylon'**
Bulbe page 348

Narcissus **'Cheerfulness'**
Bulbe page 348

Narcissus **(petits narcisses)**
Bulbes pages 346-347

Pieris **'Forest Flame'**
🏆 **Arbuste persistant** page 402

Pieris formosa **var.** ***forrestii*** **'Wakehurst'**
🏆 **Arbuste persistant** page 402

Pieris japonica **'Purity'**
🏆 **Arbuste persistant** Variété compacte à fleurs blanches et jeunes pousses claires.
↕↔ 1 m

Primula **groupe Gold-Laced**
🏆 **Vivaces** page 415

Primula **'Guinevere'**
🏆 **Vivace** page 415

Rhododendron **groupe Cilpinense**
🏆 **Arbuste persistant** page 444

Rhododendron **'Curlew'**
🏆 **Arbuste persistant** Petits bouquets de fleurs jaune vif.
↕↔ 60 cm

Rhododendron **'Doc'**
🏆 **Arbuste persistant** page 444

Rhododendron **'Homebush'**
🏆 **Arbuste** page 438

Rhododendron **'Mother's Day'**
🏆 **Arbuste persistant** Azalée persistante à fleurs rouge vif.
↕↔ 1,50 m

Rhododendron **'Ptarmigan'**
🏆 **Arbuste persistant** page 444

Rhododendron **'Susan'**
🏆 **Arbuste persistant** page 441

Tulipa **'Apricot Beauty'**
Bulbe Très belles fleurs saumon pastel.
↕ 35 cm

Tulipa **'Cape Cod'**
Bulbe Fleurs jaunes rayées de rouge et feuillage joliment tacheté.
↕ 20 cm

Tulipa **'Carnaval de Nice'**
Bulbe Fleurs rappelant des pivoines, doubles, panachées en rouge et blanc.
↕ 40 cm

Tulipa clusiana **var.** ***chrysantha***
🏆 **Bulbe** page 522

Tulipa **cultivars**
🏆 **Bulbe** pages 524-525

Tulipa praestans **'Unicum'**
Bulbe Feuillage liseré de crème, avec trois ou quatre fleurs écarlates par tige.
↕ 30 cm

Tulipa **'Toronto'**
🏆 **Bulbe** Tulipe multiflore, avec trois à cinq corolles corail vif.
↕ 25 cm

Viola **série Universal**
🏆 **Bisannuelle** Plantes compactes aux masses de petites fleurs bleu clair.
↕ 15 cm ↔ jusqu'à 30 cm

Viola **'Velour Blue'**
Bisannuelle Plantes compactes avec des masses de petites fleurs bleues.
↕ 15 cm ↔ 20 cm

Plantes pour potées estivales

Les potées apportent de la couleur à des coins sans terre ; elles sont soit garnies de plantes à demeure, soit emplies d'annuelles et de vivaces pour donner une pointe de couleur. Dans les grands bacs, associez un arbuste persistant et des plantes temporaires. Le choix est énorme mais chaque récipient demande, pour rester beau, arrosages et apports d'engrais réguliers.

Abutilon **'Canary Bird'**
♡ **Arbuste non rustique** Buisson à fleurs jaunes pendantes.
↕↔ jusqu'à 3 m

Abutilon megapotamicum
♡ **Arbuste non rustique** page 30

Agapanthus campanulatus **ssp.** ***patens***
♡ **Vivace non rustique** page 47

Argyranthemum **'Vancouver'**
♡ **Vivace non rustique** page 67

Clematis **'Doctor Ruppel'**
♡ **Liane** page 129

Crocosmia **'Lucifer'**
♡ **Vivace** page 152

Cuphea ignea
♡ **Vivace non rustique** page 155

Diascia barberae **'Blackthorn Apricot'**
♡ **Vivace non rustique** page 174

Diascia vigilis
♡ **Vivace non rustique** Les tiges rampantes portent des épis lâches de fleurs roses à cœur jaune.
↕ 30 cm ↔ 60 cm

Fuchsia **'Annabel'**
♡ **Arbuste non rustique** page 213

Fuchsia **'Celia Smedley'**
♡ **Arbuste non rustique** page 214

Fuchsia **'Display'**
♡ **Arbuste non rustique** Plante érigée à fleurs carmin et rose.
↕ 60-75 cm ↔ 45-60 cm

Fuchsia **'Nellie Nuttall'**
♡ **Arbuste non rustique** page 215

Fuchsia **'Snowcap'**
♡ **Arbuste non rustique** page 215

Fuchsia **'Swingtime'**
♡ **Arbuste non rustique** page 215

Fuchsia **'Thalia'**
♡ **Arbuste non rustique** page 215

Fuchsia **'Winston Churchill'**
♡ **Arbuste non rustique** Fleurs doubles, rose et lavande.
↕↔ 45-75 cm

Gazania
♡ **Vivaces non rustiques** page 222

Hosta **'Francee'**
♡ **Vivace** page 259

Hydrangea macrophylla **'Ayesha'**
♡ **Arbuste** Inhabituel par ses fleurs en coupe, ressemblant à celles du *Syringa*.
↕ 1,50 m ↔ 2 m

Lilium formosanum **var.** ***pricei***
♡ **Vivace** page 315

Lilium longiflorum
♡ **Vivace non rustique** page 316

Lilium monadelphum
♡ **Vivace** page 317

Lotus maculatus
♡ **Vivace non rustique** Minces feuilles argentées contrastant avec les fleurs crochues, orangées, sur des tiges rampantes.
↕ 20 cm ↔ illimité

Nicotiana langsdorfii
♡ **Annuelle** Épis légers de petites fleurs tubulaires vertes, à gorge large.
↕ jusqu'à 1,50 m ↔ jusqu'à 0,35 m

***Osteospermum* (cultivars)**
♡ **Vivaces non rustiques** page 361

***Pelargonium* 'Attar of Roses'**
♡ **Vivace non rustiques** page 372

***Pelargonium* à fleurs**
♡ **Vivaces non rustiques** pages 374-376

***Penstemon* 'Andenken an Friedrich Hahn'**
♡ **Vivace** page 378

***Penstemon* 'Hewell Pink Bedder'**
♡ **Vivace, non rustique** Plante touffue, florifère, à fleurs tubulaires roses.
↕ 45 cm ↔ 30 cm

***Petunia* 'Lavender Storm'**
Annuelle Plante compacte, couvre-sol, à grosses fleurs.
↕ 30cm ↔ 40 cm

***Petunia* 'Million Bells Blue'**
Annuelle Masses de petites fleurs bleues sur des plantes compactes, branchues.
↕ 25 cm

***Petunia* 'Prism Sunshine'**
Annuelle Le meilleur pétunia jaune, à grandes fleurs.
↕ 38 cm

Plumbago auriculata
♡ **Arbuste non rustique** page 407

***Rosa* 'Anna Ford'**
♡ **Rosier miniature** page 456

***Rosa* 'Gentle Touch'**
♡ **Rosier miniature** page 456

***Rosa* 'Queen Mother'**
Rosier miniature page 457

***Rosa* 'Sweet Magic'**
♡ **Rosier miniature** page 457

***Rosa* 'The Fairy'**
♡ **Rosier miniature** page 457

***Salvia patens* 'Cambridge Blue'**
♡ **Vivace non rustique** page 477

***Scaevola aemula* 'Blue Wonder'**
Vivace non rustique Fleurs bleues en éventail sur un vigoureux buisson étalé.
↕ 0,15 m ↔ 1,50 m

***Tropaeolum majus* 'Hermine Grashoff'**
♡ **Liane non rustique** page 520

***Verbena* 'Lawrence Johnston'**
♡ **Vivace non rustique** Feuillage vert vif et fleurs rouge éclatant.
↕ 45 cm ↔ 60 cm

***Verbena* 'Sissinghurst'**
Annuelle Plante étalée à feuilles fines et fleurs rose magenta.
↕ jusqu'à 0,20 m ↔ jusqu'à 1 m

Plantes pour potées d'automne

L'automne est le temps des changements, le moment où les feuilles des plantes caduques se teintent brillamment avant de tomber. La plupart des annuelles ont terminé leur rôle, mais quelques plantes, surtout parmi les vivaces frileuses comme les fuchsias ou les dahlias, continuent à fournir des taches de fleurs colorées. Les persistants servent d'arrière-plan à toutes les scènes.

Argyranthemum 'Jamaica Primrose'
♀ **Vivace non rustique** page 67

Canna 'Lucifer'
Vivace non rustique Cultivar nain à feuilles vertes et fleurs rouges frangées de jaune.
↕60 cm ↔50 cm

Chamaecyparis lawsoniana 'Ellwood's Gold'
♀ **Conifère** page 117

Chou 'Northern Lights'
Bisannuelle Chou d'ornement, frisé, blanc, rose et rouge.
↕↔30 cm

Clematis 'Madame Julia Correvon'
♀ **Liane** page 133

Escallonia laevis 'Gold Brian'
Arbuste persistant Fleurs roses dans un feuillage or vif.
↕↔1 m

Gaultheria mucronata 'Crimsonia'
♀ **Arbuste persistant** Acidophile à petites feuilles et belles baies rose foncé.
↕↔1,20 m

Hibiscus syriacus 'Woodbridge'
♀ **Arbuste** page 257

Hypericum x *moserianum* 'Tricolor'
Arbuste Étroites feuilles panachées de rose et fleurs jaunes.
↕30 cm ↔60 cm

Juniperus communis 'Compressa'
♀ **Conifère** page 293

Myrtus communis
♀ **Arbuste persistant** page 344

Nandina domestica 'Firepower'
✻ **Arbuste** page 561

Osmanthus heterophyllus 'Variegatus'
♀ **Arbuste persistant** Feuilles de houx frangées de crème et fleurs parfumées blanches.
↕↔5 m

Rudbeckia hirta 'Toto'
Annuelle Plante très compacte aux fleurs orange à cœur noir.
↕↔20 cm

Thuja orientalis 'Aurea Nana'
♀ **Conifère** page 512

Viburnum tinus 'Variegatum'
Arbuste persistant Feuilles largement bordées de jaune crème.
↕↔3 m

Plantes pour potées d'hiver

Peu de plantes s'épanouissent à cette saison; placez celles qui vont en potées près des portes et fenêtres, d'où vous pourrez les voir de l'intérieur. De nombreux persistants sont ravissants quand tout est nu alentour. Après quelques années en pot, placez les arbustes en pleine terre. Pour protéger les racines, habillez les récipients de plastique à bulles pendant les gelées.

***Aucuba japonica* 'Crotonifolia'**
♀ **Arbuste persistant** page **78**

Cyclamen coum
♀ **Bulbe** Feuilles cordiformes vert foncé et fleurs roses.
↕5-8 cm ↔ 10 cm

***Erica carnea* 'Springwood White'**
♀ **Arbuste persistant** page **187**

***Erica* x *darleyensis* 'Arthur Johnson'**
♀ **Arbuste persistant** Tiges dressées aux feuilles vert foncé, fleurs roses tout l'hiver.
↕75 cm ↔ 60 cm

***Euonymus fortunei* 'Harlequin'**
Arbuste persistant Arbuste compact aux jeunes feuilles marquées de blanc.
↕↔ 40 cm

***Fatsia japonica* 'Variegata'**
♀ **Arbuste persistant** Grandes feuilles lobées bordées de blanc ; fleurs crème sur les sujets adultes.
↕↔ 2 m

***Festuca glauca* 'Blaufuchs'**
♀ **Graminée ornementale** page **207**

***Gaultheria mucronata* 'Mulberry Wine'**
♀ **Arbuste persistant** page **220**

***Hedera helix* 'Eva'**
♀ **Liane persistante** Petites feuilles vert argenté bordées de blanc.
↕1,20 m

***Ilex aquifolium* 'Ferox Argentea'**
♀ **Arbuste persistant** page **273**

***Juniperus communis* 'Hibernica'**
♀ **Conifère** Érigé, aux aiguilles vert-gris.
↕3-5 m ↔ 0,30 m

***Lamium maculatum* 'Beacon Silver'**
Vivace Feuillage argent et fleurs magenta.
↕0,20 m ↔ 1 m

Laurus nobilis
♀ **Arbuste persistant** page **304**

***Liriope muscari* 'John Burch'**
Vivace Plante graminiforme à feuilles striées d'or et à fleurs violettes.
↕30 cm ↔ 45 cm

***Skimmia japonica* 'Rubella'**
♀ **Arbuste persistant** page **495**

Viburnum davidii
♀ **Arbuste persistant** page **535**

***Viola* 'Floral Dance'**
Bisannuelle Pensée d'hiver, aux couleurs variées.
↕15 cm ↔ jusqu'à 30 cm

***Viola* 'Mello 21'**
Bisannuelle Pensées mélangées, 21 coloris.
↕15 cm ↔ jusqu'à 30 cm

***Yucca gloriosa* 'Variegata'**
♀ **Arbuste persistant** Arbuste dressé à feuilles effilées, pointues, bordées de jaune.
↕↔ 2 m

Plantes pour potées au soleil

Un emplacement bien ensoleillé pouvant recevoir pots et bacs permet la culture de quantité de plantes. En dehors des massifs, la plupart des plantes frileuses à hiverner sous abri y prospèreront en apportant une touche d'exotisme. Les gros sujets demandent des bacs individuels que vous regrouperez pour des associations spectaculaires.

Aloe variegata
♀ **Succulente non rustique** page 53

Brachycome 'Strawberry Mist'
Vivace non rustique Plante basse étalée à feuillage plumeux et pâquerettes roses. Parfois appelée *Brachyscome*.
↕25 cm ↔45 cm

Cordyline australis 'Albertii'
♀ **Arbuste persistant non rustique** page 137

Correa backhouseana
♀ **Arbuste persistant, non rustique** page 140

Erica erigena 'Irish Dusk'
♀ **Arbuste persistant** De l'automne au printemps éclosent des fleurs rose vif dans un feuillage argenté.
↕60 cm ↔45 cm

Felicia amelloides 'Santa Anita'
♀ **Sous-arbrisseau non rustique** page 206

Fuschia 'Madame Cornélissen'
♀ **Arbuste** Dressé, à abondantes fleurs simples rouge et blanc.
↕↔60 cm

Gazania 'Daybreak Red Stripe'
Vivace non rustique À semer, pour avoir de belles fleurs jaune strié de rouge.
↕jusqu'à 20 cm ↔jusqu'à 25 cm

Geranium 'Ann Folkard'
♀ **Vivace** page 226

Geranium cinereum var. *subcaulescens*
♀ **Vivace** page 227

Geranium palmatum
♀ **Vivace non rustique** Grosse touffe de feuillage, grandes fleurs estivales mauves.
↕↔ jusqu'à 1,20 m

Hebe albicans
♀ **Arbuste persistant** page 240

Hebe 'Mrs Winder'
♀ **Arbuste persistant** Feuillage sombre, lavé de pourpre, et fleurs violettes en été.
↕1 m ↔1,20 m

Hosta 'Krossa Regal'
♀ **Vivace** Magnifique cultivar à feuilles dressées grises et grands épis de fleurs lilas.
↕70 cm ↔75 cm

Impatiens série Super Elfin
♀ **Annuelles** page 275

Ipomoea 'Heavenly Blue'
♀ **Liane annuelle** page 277

Jasminum mesnyi
♀ **Liane peu rustique** page 291

Lathyrus odoratus 'Patio Mixed'
♀ **Lianes annuelles** page 303

Leptospermum scoparium 'Red Damask'
♀ **Arbuste persistant** Plante frileuse à feuilles réduites et fleurs doubles rose foncé.
↕↔3 m

***Lobelia erinus* 'Kathleen Mallard'**
Vivace, non rustique Lobélia net à fleurs doubles bleues.
↕10 cm ↔ 30 cm

Mimulus aurantiacus
♀ **Arbuste persistant, non rustique**
page **341**

Myrtus communis* ssp. *tarentina
♀ **Arbuste persistant non rustique**
page **345**

***Osteospermum* 'Silver Sparkler'**
♀ **Vivace non rustique** Pâquerettes blanches et feuillage luisant, panaché.
↕↔ 45 cm

***Passiflora* 'Amethyst'**
♀ **Liane non rustique** Liane à pousse rapide, produisant tout l'été de belles fleurs lavande.
↕4 m

***Pelargonium* 'Clorinda'**
Vivace non rustique Feuillage odorant rêche et assez grandes fleurs rose vif.
↕45-50 cm ↔ 20-25 cm

***Pelargonium* 'Deacon Moonlight'**
Vivace non rustique Plantes compactes aux fleurs doubles lilas clair, feuillage net.
↕20 cm ↔ 25 cm

***Pelargonium* 'Dolly Varden'**
Vivace non rustique page **375**

***Pelargonium* 'Vista Deep Rose'**
Vivace non rustique Série à semer, d'un rose foncé uniforme.
↕↔ 30 cm

***Penstemon* 'Apple Blossom'**
♀ **Vivace non rustique** page **378**

***Penstemon* 'Osprey'**
♀ **Vivace** Épis de fleurs blanches, bordées de rose, sur une plante dressée.
↕↔ 45 cm

***Petunia* 'Duo Peppermint'**
♀ **Annuelle** Fleurs doubles roses résistant bien aux étés humides.
↕20 cm ↔ 30 cm

***Phormium* 'Sundowner'**
♀ **Vivace** page **393**

Rehmannia glutinosa
♀ **Vivace** Feuilles poisseuses sur de grandes tiges à fleurs tubulaires rose doux.
↕15-30 cm ↔ jusqu'à 30 cm

Rhodochiton atrosanguineus
♀ **Liane vivace non rustique** page **435**

Sempervivum arachnoideum
♀ **Succulente** page **492**

Solenopsis axillaris
Vivace non rustique Dôme plumeux aux fleurs fines mais voyantes, en étoile, bleues.
↕↔ 30 cm

***Thymus* x *citriodorus* 'Aureus'**
♀ **Arbuste persistant** Buisson bas à odeur citronnée, feuilles dorées et fleurs roses.
↕30 cm ↔ jusqu'à 25 cm

***Tropaeolum majus* 'Margaret Long'**
Vivace non rustique Dense plante rampante aux fleurs doubles orange clair.
↕↔ 30 cm

Tweedia caerulea
♀ **Vivace non rustique** Mince plante grimpante à feuilles grises et fleurs bleu ciel en étoile.
↕0,60 m-1 m

Plantes pour potées à l'ombre

Les coins ombragés sont parfois difficiles à garnir – le sol y est souvent sec –, mais quantité de plantes y poussent en pot. Pensez que la pluie les atteindra mal sous les arbres ; l'arrosage est donc utile toute l'année, avec de l'engrais en été. Ajoutez-y des bulbes, pour le printemps, des plantes à fleurs pour l'été. Forme et texture ont autant d'importance que la couleur.

***Acer palmatum* var. *Dissectum* 'Crimson Queen'**
♈ **Arbuste** Pousses souples aux feuilles pourpres finement dentées.
↕3 m ↔ 4 m

***Ageratum* 'Southern Cross'**
Annuelle Nette plante buissonnante à fleurs moussues bleu et blanc.
↕↔ 25 cm

***Ajuga reptans* 'Rainbow'**
Vivace Tapis de feuilles bronze tachetées de rose et jaune et fleurs bleues.
↕15 cm ↔ 45 cm

***Begonia* série Nonstop**
Vivaces non rustiques Plantes compactes à fleurs doubles en coloris variés.
↕↔ 30 cm

***Camellia japonica* 'Lavinia Maggi'**
♈ **Arbuste persistant** page **101**

Dryopteris erythrosora
♈ **Fougère rustique** Plante colorée aux jeunes frondes cuivrées.
↕60 cm ↔ 38 cm

Dryopteris wallichiana
♈ **Fougère rustique** page **180**

x *Fatshedera lizei* 'Annemieke'
♈ **Arbuste persistant** Tiges souples, feuilles à cœur or. Parfois appelé 'Lemon and Lime'.
↕1,20-2 m ou plus ↔ 3 m

Fatsia japonica
♈ **Arbuste persistant** page **206**

***Fuchsia* 'Dollar Princess'**
♈ **Arbuste non rustique** Plante robuste à petites fleurs doubles rouge et pourpre.
↕30-45 cm ↔ 45-60 cm

***Hedera helix* 'Ivalace'**
♈ **Liane persistante** page **246**

***Hedera helix* 'Manda's Crested'**
♈ **Liane persistante** Feuilles irrégulières, gaufrées ou bouclées, divisées, cuivre l'hiver.
↕1,20 m

***Hosta* 'Royal Standard'**
♈ **Vivace** page **260**

***Ilex crenata* 'Convexa'**
♈ **Arbuste persistant** page **274**

***Impatiens* 'Blackberry Ice'**
Annuelle Fleurs doubles pourpres et feuilles panachées de blanc.
↕jusqu'à 70 cm

***Impatiens* série Super Elfin**
♈ **Annuelles** page **275**

***Ipheion uniflorum* 'Wisley Blue'**
♈ **Plante bulbeuse** page **276**

***Pieris japonica* 'Little Heath'**
♈ **Arbuste persistant** compact aux feuilles marginées de blanc et rose au printemps.
↕↔ 60 cm

***Rhododendron* 'Vuyk's Scarlet'**
♈ **Arbuste persistant** page **437**

***Viola* 'Imperial Antique Shades'**
Bisannuelle Grosses fleurs rose et crème.
↕15 cm ↔ 25 cm

Arbres pour petits jardins

Les grands arbres n'ont pas toujours assez d'espace dans les petits jardins ou près des bâtiments. Hêtres, chênes et frênes sont bon marché, mais mieux vaut rechercher de petits sujets restant beaux pendant une grande partie de l'année. Tenez compte de l'ombre portée : les persistants serrés apportent sécheresse et obscurité, défavorables à de nombreux autres végétaux.

Acer davidii **'Ernest Wilson'**
Arbre caduc Feuilles unies virant à l'orange en automne, tombant en dégageant les banches vertes striées de blanc.
↕8 m ↔ 10 m

Acer palmatum, **cultivars**
♀ **Arbres ou grands arbustes caducs** pages **34-35**

Amelanchier **x** ***grandiflora*** **'Ballerina'**
♀ **Arbre caduc** page **55**

Betula utilis **var.** ***jacquemontii***
♀ **Arbre caduc** page **90**

Cercis siliquastrum
♀ **Arbre caduc** page **115**

Cornus **'Eddie's White Wonder'**
♀ **Arbre caduc** Arbre touffu, petites fleurs pourpre sombre et grandes bractées blanches.
↕6 m ↔ 5 m

Crataegus laevigata **'Paul's Scarlet'**
♀ **Arbre caduc** page **149**

Genista aetnensis
♀ **Arbre ou grand arbuste caduc** page **223**

Gleditsia triacanthos **'Rubylace'**
Arbre caduc Élegant feuillage divisé, d'abord lie-de-vin brillant puis vert bronze.
↕12 m ↔ 10 m

Laburnum **x** ***watereri*** **'Vossii'**
♀ **Arbre caduc** page **300**

Ligustrum lucidum
♀ **Arbre ou grand arbuste persistant** page **313**

Magnolia **'Heaven Scent'**
♀ **Arbre caduc** Fleurs en gobelet, roses à intérieur blanc, au printemps.
↕↔ 10 m

Magnolia **x** ***loebneri*** **'Leonard Messel'**
♀ **Arbre caduc** page **333**

Malus coronaria **'Charlottae'**
Arbre Arbre étalé à fleurs odorantes semi-doubles, printanières, rose pâle.
↕↔ 9 m

Malus tschonoskii
♀ **Arbre caduc** page **337**

Prunus serrula
♀ **Arbre caduc** page **423**

Pyrus calleryana **'Chanticleer'**
♀ **Arbre caduc** page **431**

Salix caprea **'Kilmarnock'**
♀ **Arbre caduc** page **470**

Salix **'Erythroflexuosa'**
Arbre caduc Arbre retombant à pousses contournées jaune-orangé.
↕↔ 5 m

Sorbus **'Joseph Rock'**
♀ **Arbre caduc** page **499**

Styrax japonicus, S. obassia
♀ **Arbres caducs** page **504**

Plantes pour « jardin de curé »

L'image idéalisée du jardin campagnard est estivale, avec des abeilles butinant paresseusement roses, lis, roses trémières et pivoines. En fait, ces jardins de curé étaient un franc mélange où se retrouvaient ce que ne voulaient pas les jardiniers avertis. Les fleurs de ces jardins sont souvent odorantes, généralement herbacées, et évoquent toujours le « bon vieux temps ».

Aconitum **'Spark's Variety'**
♀ **Vivace** page **42**

Alcea rosea **'Nigra'**
Bisannuelle Rose trémière noire
↕2 m ↔ 0,60m

Calendula **'Fiesta Gitana'**
♀ **Annuelle** page **96**

Campanula **'Burghaltii'**
♀ **Vivace** Hybride formant des touffes arrondies, avec de grandes fleurs bleu-gris tubulaires
↕60 cm ↔ 30 cm

Campanula persicifolia **'White Cup and Saucer'**
Vivace Clochettes blanc pur posées sur une coupelle blanche, comme une tasse sur une soucoupe.
↕90 cm ↔ 30 cm

Campanula portenschlagiana
♀ **Vivace** page **107**

Delphinium
♀ **Vivaces** pages **166-169**

Dianthus **'Gran's Favourite'**
♀ **Vivace** page **172**

Dicentra spectabilis
♀ **Vivace** page **172**

Eryngium alpinum
♀ **Vivace** page **191**

Eschscholzia californica
♀ **Annuelle** page **196**

Geranium macrorrhizum **'Album'**
♀ **Vivace** Feuilles persistantes odorantes et fleurs blanches estivales.
↕50 cm ↔ 60 cm

Geranium **x** ***oxonianum*** **'A. T. Johnson'**
♀ **Vivace** Cette plante touffue donne des fleurs rose argenté.
↕30 cm

Geranium sanguineum **'Album'**
♀ **Vivace** Plante compacte à feuilles divisées et fleurs blanches.
↕20 cm ↔ 30 cm

Geranium sylvaticum **'Mayflower'**
♀ **Vivace** page **229**

Geum **'Lady Stratheden'**
♀ **Vivace** page **230**

Kniphofia triangularis
♀ **Vivace frileuse** page **299**

Lavatera **(annuelles)**
♀ **Annuelles** page **308**

Lilium candidum
♀ **Bulbe** page **314**

Lupinus **'La Châtelaine'**
Vivace Hauts épis bicolores rose et blanc.
↕90 cm ↔ 75 cm

Lupinus polyphyllus **'Band of Nobles'**
♀ **Vivace** Bon mélange de plantes à semer, à hauts épis bicolores.
↕1,50 m ↔ 0,75 m

Lychnis chalcedonica
♡ **Vivace** page **327**

Paeonia lactiflora
'Bowl of Beauty'
♡ **Vivace** page **363**

***Paeonia officinalis* 'Rubra Plena'**
♡ **Vivace** page **365**

Papaver orientale
'Beauty of Livermere'
♡ **Vivace** page **366**

***Papaver orientale* 'Mrs Perry'**
♡ **Vivace** Fleurs saumon, satinées, dominant un puissant feuillage.
↕ 75 cm ↔ 60-90 cm

***Papaver rhoeas* Shirley Mixed**
♡ **Annuelles** page **367**

***Phlox* 'Kelly's Eye'**
♡ **Vivace** page **390**

***Phlox paniculata* (cultivars)** ♡
Vivaces page **391**

***Primula* 'Wanda'**
♡ **Vivace** page **407**

***Rosa* 'Ballerina'**
♡ **Rosier miniature** page **456**

***Rosa* 'Fantin-Latour'**
♡ **Rosier centifolia** page **461**

***Rosa* 'Gertrude Jekyll'**
♡ **Rose anglaise** page **463**

***Rosa xanthina* 'Canary Bird'**
♡ **Rosier arbuste** page **465**

Saxifraga* x *urbium
♡ **Vivace** Tapis de rosettes persistantes et flots de fleurs légères, blanches, au printemps.
↕ 30 cm ↔ illimité

Scabiosa caucasica
'Miss Willmott'
♡ **Vivace** page **485**

***Schizostylis coccinea* 'Sunrise'**
♡ **Vivace** page **486**

***Verbascum* 'Costwold Beauty'**
♡ **Vivace** page **529**

***Verbascum* 'Pink Domino'**
♡ **Vivace** Feuilles vert foncé donnant des épis simples de fleurs rose foncé.
↕ 1,20 m ↔ 0,30 m

Viola cornuta
♡ **Vivace** page **538**

Plantes pour rocailles

Les rocailles sont idéales pour les petites plantes, qu'elles surélèvent et qu'on peut ainsi mieux voir. Mais des banquettes permettent aussi d'avoir un milieu sur mesure pour ces plantes, souvent amateurs de drainage, avec un sol à la demande. La plupart des végétaux ci-dessous sont de culture aisée et ne demandent pas de soins spéciaux, ce qui les rend encore plus attrayants.

Adiantum pedatum
♡ **Fougère rustique** page **43**

Allium moly
♡ **Vivace bulbeuse** page **52**

Anchusa cespitosa
♡ **Alpine** Fleurs bleues à œil blanc, printanières, au cœur de feuilles étroites.
↕5-10 cm ↔ 15-20 cm

Androsace carnea* ssp. *laggeri
♡ **Vivace** page **57**

Androsace sempervivoides
♡ **Alpine** Tapis lâches de rosettes et fleurs roses au printemps.
↕2,5-5 cm ↔ 15-20 cm

Arenaria montana
♡ **Vivace** page **66**

***Armeria maritima* 'Vindictive'**
♡ **Vivace** Coussins de fleurs étroites et tiges minces de fleurs rose foncé.
↕15 cm ↔ 20 cm

Aurinia saxatilis
♡ **Vivace** page **78**

***Berberis thunbergii* 'Bagatelle'**
♡ **Arbuste** page **86**

***Campanula* 'Birch Hybrid'**
♡ **Vivace** Puissante plante rampante à clochettes bleu foncé.
↕10 cm ↔ 50 cm

***Campanula chamissonis* 'Superba'**
♡ **Alpine** Rosettes de feuilles vert clair disparaissant sous les fleurs bleu pâle, en juin.
↕5 cm ↔ 20 cm

Crocus corsicus
♡ **Bulbe printanier** page **153**

***Daphne petraea* 'Grandiflora'**
♡ **Arbuste persistant** page **164**

***Dianthus* 'La Bourboule'**
♡ ✻ **Vivace** page **173**

***Diascia barberae* 'Ruby Field'**
♡ **Vivace** Tapis de feuilles en cœur couvertes en été de fleurs saumon foncé.
↕25 cm ↔ 60 cm

Dryas octopetala
♡ **Arbuste persistant** Tapis de feuilles vert foncé, fleurs blanches, graines plumeuses.
↕0,10 m ↔ 1 m

Gentiana acaulis
♡ **Vivace** page **224**

***Geranium cinereum* 'Ballerina'**
♡ **Vivace** page **226**

Geum montanum
♡ **Vivace** page **230**

***Gypsophila* 'Rosenschleier'**
♡ **Vivace** page **235**

***Helianthemum* 'Fire Dragon', *H.* 'Henfield Brilliant'**
♡ **Arbustes** pages **247-248**

Iris cristata
♀ **Vivace** En sol frais, les tiges traçantes donnent de minces éventails de feuilles et, au printemps, des fleurs bleu-lilas et blanc.
↕10 cm

***Iris* 'Katharine Hodgkin'**
♀ **Plante bulbeuse** page **283**

Iris lacustris
♀ **Vivace** page **288**

Lathyrus vernus
♀ **Vivace** page **302**

***Leptospermum scoparium* 'Kiwi'**
♀ **Arbuste** page **310**

Lewisia cotyledon, L. tweedyi
♀ **Vivaces** page **312**

***Linum* 'Gemmell's Hybrid'**
♀ **Vivace** page **320**

Muscari aucheri
♀ **Vivace bulbeuse** page **344**

***Narcissus* 'Hawera'**
♀ **Bulbe** page **347**

***Omphalodes cappadocica* 'Cherry Ingram'**
♀ **Vivace** page **356**

Oxalis adenophylla
♀ **Plante bulbeuse** page **362**

***Oxalis enneaphylla* 'Rosa'**
Bulbe Touffes de feuilles frisées gris-vert ; fleurs roses en juin.
↕8 cm ↔ 15 cm

***Phlox divaricata* 'Chattahoochee'**
♀ **Vivace** page **387**

***Phlox douglasii* 'Boothman's Variety'**
♀ **Vivace** page **387**

***Phlox nana* 'Mary Maslin'**
Vivace Tiges rampantes et fleurs estivales écarlate vif.
↕20 cm ↔ 30 cm

***Pittosporum tenuifolium* 'Tom Thumb'**
♀ **Arbuste persistant** page **405**

Pulsatilla halleri
♀ **Vivace** page **429**

Ramonda myconi
♀ **Vivace** page **432**

Ranunculus calandrinoides
♀ **Vivace** page **433**

Ranunculus gramineus
♀ **Vivace** page **434**

***Rosmarinus officinalis* groupe Prostratus**
♀ **Arbuste** page **466**

Saponaria* x *olivana
♀ **Vivace** page **482**

***Saxifraga* 'Jenkinsiae'**
♀ **Alpine** page **484**

***Saxifraga* 'Southside Seedling'**
♀ ✱ **Vivace** page **484**

Sempervivum tectorum
♀ **Vivace** page **493**

Silene schafta
♀ **Vivace** page **494**

***Tulipa linifolia* groupe Batalinii**
♀ **Bulbe** page **523**

Tulipa turkestanica
♀ **Bulbe** page **523**

***Verbascum* 'Letitia'**
♀ **Sous-arbrisseau** page **531**

Veronica prostrata
♀ **Vivace** page **533**

Veronica spicata* ssp. *incana
♀ **Vivace** page **533**

Arbustes et lianes pour murs froids

Les murs et palissades les plus froids, à l'ombre presque toute l'année, bénéficient d'une température peu variable et d'un sol souvent frais, qui conviennent aux lierres, aux hydrangeas grimpants et à certains arbustes. Le soleil du matin pose parfois des problèmes en climat froid, le dégel rapide pouvant endommager pousses et fleurs, sur les camélias, par exemple.

Akebia quinata
Liane semi-persistante Tiges volubiles à feuilles vert foncé divisées ; fleurs printanières pourpres, odorantes.
↕ 10 m

***Camellia* x *williamsii* 'Francis Hanger'**
Arbuste persistant Les feuilles luisantes font un écrin aux fleurs blanches à cœur doré.
↕ 1,50 m

***Chaenomeles speciosa* 'Geisha Girl'**
Arbuste Plante buissonnante à fleurs semi-doubles, abricot clair.
↕ 1,50 m

***Clematis alpina* 'Helsingborg'**
🏆 **Clématite de mi-saison** Les masses de fleurs bleu pourpré foncé donnent des graines plumeuses.
↕ 2-3 m ↔ 1,50 m

***Clematis* 'Carnaby'**
Clématite de mi-saison Liane touffue à grandes fleurs roses, plus foncées au centre.
↕ 2,50 m ↔ 1 m

***Clematis* 'Henryi'**
🏆 **Clématite de mi-saison** page 130

***Clematis* 'Minuet'**
🏆 **Clématite tardive** page 133

***Clematis* 'Nelly Moser'**
🏆 **Clématite de mi-saison** page 130

***Clematis* 'Niobe'**
🏆 **Clématite de mi-saison** page 131

***Clematis* 'Venosa Violacea'**
🏆 ✱ **Clématite tardive** page 133

Codonopsis convolvulacea
🏆 **Vivace grimpante** page 134

Corylopsis pauciflora
🏆 **Arbuste** page 142

Cotoneaster horizontalis
🏆 **Arbuste** page 146

***Daphne odora* 'Aureomarginata'**
Arbuste persistant Arbuste bas, arrondi, aux feuilles bordées d'un liseré d'or et fleurs rose pâle odorantes.
↕ 1,50 m

***Euonymus fortunei* 'Emerald 'n' Gold'**
🏆 **Arbuste persistant** page 199

Forsythia suspensa
🏆 **Arbuste** page 209

***Garrya elliptica* 'James Roof'**
🏆 **Arbuste persistant** page 219

***Hedera canariensis* 'Gloire de Marengo'**
🏆 **Liane persistante** Feuilles vert argenté panachées de blanc et, en hiver, de rose.
↕ 4 m

***Hedera colchica* 'Dentata'**
🏆 **Liane persistante** page 245

Hedera colchica 'Sulphur Heart'
♀ **Liane persistante** page 245

Hedera helix 'Goldheart'
Liane persistante Tiges rouges à feuilles vert foncé marquées d'or au cœur.
↕8 m

Hydrangea anomala ssp. *petiolaris*
♀ ✱ **Liane** page 264

Jasminum humile
Arbuste persistant Arbuste retombant, peu ramifié, à fleurs jaune vif en été.
↕2,50 m

Jasminum nudiflorum
♀ **Arbuste** page 291

Kerria japonica 'Pleniflora'
♀ **Arbuste** Vigoureuse plante érigée à minces tiges vertes et fleurs doubles jaune-orangé.
↕3 m

Lonicera japonica 'Halliana'
♀ **Liane persistante** Liane vigoureuse à fleurs parfumées blanches, virant à l'or.
↕10 m

Muehlenbeckia complexa
Liane Masses de ramilles volubiles, filiformes, et feuilles en forme de violon.
↕3 m

Parthenocissus henryana
♀ **Liane** page 369

Parthenocissus quinquefolia
♀ **Liane** Vigoureuse liane caduque aux feuilles à cinq folioles, rougissant vivement en automne.
↕15 m

Pileostegia viburnoides
♀ **Liane persistante** Feuilles oblongues vert foncé et bouquets de fleurs blanches mousseuses.
↕6 m

Pyracantha 'Harlequin'
Arbuste persistant Arbuste piquant à feuilles panachées de blanc, fleurs blanches et baies rouges.
↕1,50 m ↔ 2 m

Rosa 'Albéric Barbier'
♀ **Rosier sarmenteux** page 454

Rosa 'Dublin Bay'
♀ **Rosier grimpant** page 452

Rosa 'Händel'
♀ **Rosier grimpant** page 453

Rosa 'Mermaid'
♀ **Rosier grimpant** Vigoureuse liane épineuse à feuilles luisantes sombres et fleurs simples jaune primevère.
↕6 m

Schizophragma integrifolium
♀ **Liane** Grande liane à feuilles sombres dentées et spectaculaires fleurs blanches.
↕12 m

Plantes pour murs chauds

Réservez les murs les plus chauds et ensoleillés aux plantes un peu frileuses. Ces endroits sont parfois très secs, surtout si la plate-bande est étroite et le toit très avancé, et les plantes peuvent avoir du mal à s'y établir. L'ensoleillement limité à l'après-midi est le plus plaisant pour les végétaux, qui pousseront mieux car ils auront un peu plus d'humidité.

***Abelia* 'Edward Goucher'**
♀ **Arbuste semi-persistant** page **28**

Abelia floribunda
♀ **Arbuste persistant non rustique** page **28**

Abelia* x *grandiflora
♀ **Arbuste semi-persistant** page **28**

***Abelia* x *grandiflora* 'Francis Mason'**
♀ **Arbuste persistant** Feuilles jaune et vert foncé ; fleurs rose clair en été.
↕ 1,50 m

***Abutilon* 'Kentish Belle'**
♀ **Arbuste non rustique** page **29**

Acacia dealbata
♀ **Arbre persistant** Peu rustique, mais très beau, avec un feuillage gris et des fleurs jaunes hivernales, odorantes.
↕ 4,50-9 m

Actinidia kolomikta
♀ **Liane** page **43**

Alonsoa warcsewiczii
♀ **Vivace peu rustique** page **54**

***Callistemon citrinus* 'Splendens'**
♀ **Arbuste persistant non rustique** page **97**

***Campsis* x *tagliabuana* 'Madame Galen'**
♀ **Liane** page **108**

Carpenteria californica
♀ **Arbuste persistant frileux** page **110**

***Ceanothus* 'Autumnal Blue'**
♀ **Arbuste persistant frileux** page **112**

***Ceanothus* 'Concha'**
Arbuste persistant Fleurs bleu foncé.
↕ 3 m

Cestrum parqui
♀ **Arbuste** Rameaux souples, feuilles étroites et bouquets estivaux de fleurs en tube chartreuse odorantes, surtout le soir.
↕ 2 m

***Clematis cirrhosa* 'Freckles'**
♀ ✻ **Clématite hâtive** page **553**

***Clematis* 'Étoile violette'**
♀ **Clématite tardive** page **132**

***Clematis* 'Jackmannii'**
♀ **Clématite tardive** page **133**

***Clematis* 'Lasurstern'**
♀ **Clématite de mi-saison** page **130**

Clematis rehderiana
♀ **Clématite tardive** page **133**

***Clematis* 'The President'**
♀ **Clématite de mi-saison** page **131**

***Clematis viticella* 'Purpurea Plena Elegans'**
♀ **Clématite tardive** page **133**

Clianthus puniceus
♀ **Arbuste persistant non rustique** page **134**

Cytisus battandieri
♀ **Arbuste semi-persistant** page **159**

Eccremocarpus scaber
♀ **Liane non rustique** page **180**

***Escallonia* 'Langleyensis'**
♀ **Arbuste persistant** page **195**

***Fremontodendron* 'California Glory'**
♀ **Arbuste non rustique** page **210**

Hedychium gardnerianum
♀ **Vivace** Grosses têtes de belles fleurs effilées, crème, odorantes.
↕2-2,20 m

Ipomoea indica
♀ **Liane non rustique** page **277**

Jasminum* x *stephanense
♀ **Liane** Pousse rapide et bouquets estivaux de fleurs roses odorantes.
↕5 m

Jovellana violacea
♀ **Arbuste semi-persistant** Frileux, fin feuillage et clochettes estivales violet clair.
↕60 cm ↔ 1 m

Lapageria rosea
♀ **Liane non rustique** page **301**

Lonicera* x *italica
♀ **Liane** page **323**

Lonicera* x *tellmanniana
♀ **Liane** page **325**

***Magnolia grandiflora* 'Exmouth'**
♀ **Arbuste persistant** page **330**

Passiflora caerulea
♀ **Liane frileuse** page **370**

Phygelius aequalis
♀ **Arbustes frileux** pages **396-398**

***Pittosporum tenuifolium* 'Silver Queen'**
♀ **Arbuste persistant** Fines tiges noires portant des feuilles argentées bordées de blanc; fleurs pourpres, odorantes, en automne.
↕1-4 m ↔ 2 m

Rhodanthemum hosmariense
♀ **Sous-arbrisseau** page **435**

Ribes speciosum
♀ **Arbuste** Buisson épineux à tiges légères, petites feuilles brillantes et fleurs rouges pendantes, évoquant les fuchsias.
↕2 m

Rosiers grimpants
♀ **Lianes semi-persistantes** pages **452-453**

***Solanum crispum* 'Glasnevin'**
♀ **Liane non rustique** page **496**

***Solanum jasminoides* 'Album'**
♀ **Liane non rustique** page **496**

Thunbergia grandiflora
♀ **Liane non rustique** page **513**

Trachelospermum jasminoides
♀ **Liane persistante non rustique** page **517**

Vestia foetida
♀ **Arbuste** Plante éphémère, frileuse, aux feuilles malodorantes et abondantes fleurs jaunes pendantes.
↕2 m ↔ 1,50 m

***Vitis* 'Brant'**
♀ **Liane** Vigne d'ornement à feuilles vertes virant au rouge en automne et à raisins noirs, comestibles.
↕7 m

***Wisteria floribunda* 'Alba'**
♀ **Liane** page **542**

Wisteria sinensis
♀ **Liane** page **543**

***Wisteria sinensis* 'Sierra Madre'**
♀ **Liane** Fleurs parfumées, bicolores.
↕9 m

***Zauschneria californica* 'Dublin'**
♀ **Vivace non rustique** page **545**

Haies à fleurs

Les haies fleuries offrent bien plus qu'une structure et une clôture : elles peuvent compter parmi les vedettes du jardin. Nombre d'arbustes à fleurs tolérant la taille conviennent, mais, vu le type de conduite qu'ils demandent pour bien s'épanouir, ils se prêtent mal aux haies régulières, ainsi qu'aux clôtures extérieures, qui doivent constituer un écran permanent.

***Escallonia* 'Apple Blossom'**
♀ **Arbuste persistant** page **194**

***Forsythia* x *intermedia* 'Lynwood'**
♀ **Arbuste** page **208**

***Fuchsia* 'Riccartonii'**
♀ **Arbuste** page **212**

***Hebe* 'Midsummer Beauty'**
♀ **Arbuste persistant** Feuilles vert vif et fleurs estivales virant au blanc, en courts épis.
↕ 1 m ↔ 1,20 m

***Hypericum* 'Rowallane'**
♀ **Arbuste** Semi-persistant à bouquets de coupes jaunes en été, sur les tiges souples.
↕ 2 m ↔ 1 m

***Lavandula angustifolia* 'Hidcote'**
♀ **Arbuste persistant** page **305**

Osmanthus* x *burkwoodii
♀ **Arbuste persistant** page **359**

***Philadelphus coronarius* 'Aureus'**
♀ **Arbuste** Feuillage doré que le soleil peut brûler, en sol maigre, et fleurs blanches odorantes.
↕ 2,50 m ↔ 1,50 m

***Potentilla fruticosa* 'Primrose Beauty'**
♀ **Arbuste** page **410**

Prunus* x *cistena
♀ **Arbuste** page **421**

Prunus lusitanica* ssp. *azorica
♀ **Arbuste frileux** page **423**

***Rhododendron* 'Hino-Mayo'**
♀ **Arbuste persistant** page **436**

***Ribes sanguineum* 'Pulborough Scarlet'**
♀ **Arbuste** page **446**

***Rosa* 'Buff Beauty'**
♀ **Rosier arbuste** page **462**

***Rosa* 'Chinatown'**
♀ **Rosier buisson à fleurs en bouquets** page **450**

***Rosa* 'Felicia'**
♀ **Rosier arbuste** page **462**

Spiraea* x *vanhouttei
♀ **Arbuste** page **502**

***Syringa pubescens* ssp. *microphylla* 'Superba'**
♀ **Arbuste** page **506**

***Viburnum tinus* 'Gwenllian'**
♀ **Arbuste persistant** Arbuste dense, à boutons rose foncé éclosant blanc rosé.
↕↔ 3 m

Haies à feuillage décoratif

Les plantes pour haies doivent supporter la taille. Celles qui n'ont qu'une pousse annuelle, comme l'if, se contentent d'une seule coupe, à l'inverse du troène, qui peut en demander deux ou trois. Les persistants ont la vedette, mais les caducs filtrent bien le vent et sont bon marché. (NB Les dimensions indiquées sont celles d'arbustes non taillés.)

***Buxus sempervirens* 'Elegantissima'**
♀ **Arbuste persistant** page **95**

***Buxus sempervirens* 'Suffruticosa'**
♀ **Arbuste persistant** page **95**

***Chamaecyparis lawsoniana* 'Fletcheri'**
♀ **Conifère** Dense feuillage gris sur un arbuste érigé, serré.
↕ 12 m

***Chamaecyparis lawsoniana* 'Lane'**
♀ **Conifère** page **117**

***Chamaecyparis lawsoniana* 'Pembury Blue'**
♀ **Conifère** page **117**

x *Cupressocyparis leylandii*
Conifère Plante très vigoureuse, adaptable en haie si on la taille jeune, puis régulièrement.
↕ 35 m ↔ 5 m

x *Cupressocyparis leylandii* 'Haggerston Grey'
♀ **Conifère** page **156**

x *Cupressocyparis leylandii* 'Robinson's Gold'
♀ **Conifère** La meilleure forme dorée, à jeune feuillage bronze.
↕ 35 m ↔ 5 m

Fagus sylvatica
♀ **Arbre caduc** Le hêtre et sa forme pourpre, taillés à 2 m, conservent leurs feuilles mortes en hiver.
↕ 25 m ↔ 15 m

***Ligustrum ovalifolium* 'Aureum'**
♀ **Arbuste persistant** Bon choix pour une haie dorée, à tailler régulièrement.
↕↔ 4 m

Prunus* x *cistena
♀ **Arbuste caduc** page **421**

Prunus laurocerasus
♀ **Arbuste persistant** Le laurier-cerise demande une taille soignée, mais peut être beau et supporte le recépage.
↕ 8 m ↔ 10 m

***Prunus laurocerasus* 'Otto Luyken'**
♀ **Arbuste persistant** page **422**

Prunus lusitanica
♀ **Arbuste persistant** Beau persistant à feuilles sombres et pétioles rouges ; non taillé, il fleurit blanc.
↕↔ 20 m

Taxus baccata
♀ **Arbre persistant** page **509**

Couvre-sols pour le soleil

Nombre de plantes traçantes ou rampantes peuvent servir de couvre-sols dans les jardins ensoleillés. La plupart cependant ne seront efficaces que contre les mauvaises herbes jeunes et très peu étoufferont les anciennes. Veillez donc à désherber avant plantation. Mêlez des végétaux différents pour pimenter le tout et ajoutez quelques plantes élevées pour donner du relief.

Alchemilla mollis
♀ **Vivace** page 49

***Artemisia stelleriana* 'Boughton Silver'**
Vivace Feuillage découpé persistant, argenté, en tapis dense.
↕15 cm ↔ 30-45 cm

***Campanula glomerata* 'Superba'**
♀ **Vivace** page 106

Ceanothus thyrsiflorus* var. *repens
♀ **Arbuste persistant frileux** page 113

Cornus canadensis
♀ **Vivace** page 138

***Dicentra* 'Stuart Boothman'**
♀ **Vivace** page 176

***Erica* x *darleyensis* 'Jenny Porter'**
♀ **Arbuste persistant** page 187

***Geranium* 'Johnson's Blue'**
♀ **Vivace** page 227

***Geranium* x *oxonianum* 'Wargrave Pink'**
♀ **Vivace** page 229

Hosta fortunei* var. *Aureomarginata
♀ **Vivace** page 259

***Juniperus squamata* 'Blue Carpet'**
♀ **Conifère** Plante basse aux pousses légèrement redressées.
↕30-45 cm ↔ 1,50-1,80 m

***Lamium maculatum* 'White Nancy'**
♀ **Vivace** page 301

Osteospermum jucundum
♀ **Vivace frileuse** page 360

Persicaria vaccinifolia
♀ **Vivace** page 382

***Phalaris arundinacea* 'Picta'**
♀ **Vivace** page 383

Phlomis russelliana
♀ **Vivace** page 386

***Phlox subulata* 'McDaniel's Cushion'**
♀ **Alpine** Feuillage mousseux couvert d'étoiles roses au printemps.
↕5-15 cm ↔ 50 cm

Potentilla megalantha
♀ **Vivace** page 411

Rosiers couvre-sol
♀ **Arbustes** pages 458-459

***Rosmarinus officinalis* 'Severn Sea'**
♀ **Arbuste persistant** Plante arrondie à tiges argentées et fleurs bleu vif.
↕1 m ↔ 1,50 m

Sempervivum ciliosum
♀ **Alpine** page 492

Veronica gentianoides
♀ **Vivace** page 532

***Viola* 'Nellie Britton'**
♀ **Vivace** page 539

Couvre-sols pour l'ombre

L'ombre est souvent considérée comme un problème, mais nombre de couvre-sols se passent de plein soleil. Plus l'ombre est dense cependant, plus restreint est le choix. Heureusement, les plus robustes sont persistants, quoique à pousse lente. Dans des conditions clémentes, beaucoup de ces végétaux s'étendent vite, remplaçant bien l'herbe sous les arbres.

Adiantum venustum
♀ **Fougère** page **44**

***Ajuga reptans* 'Catlin's Giant'**
♀ **Vivace** Énormes feuilles pourpres et grands épis bleus.
↕20 cm ↔ 60-90 cm

***Bergenia* 'Silberlicht'**
♀ **Vivace** page **88**

Convallaria majalis
♀ **Vivace** page **135**

Cotoneaster dammeri
♀ **Arbuste persistant** Arbuste étalé à fleurs blanches et baies rouges.
↕0,20 m ↔ 2 m

Epimedium* x *perralchicum
♀ **Vivace** page **184**

***Euonymus fortunei* 'Emerald Gaiety'**
♀ **Arbuste persistant** Dense feuillage bordé de blanc, rosé en hiver.
↕1 m ↔ 1,50 m

Euphorbia amygdaloides* var. *robbiae
♀ **Vivace** page **200**

Gaultheria procumbens
♀ **Arbuste persistant** page **221**

***Geranium macrorrhizum* 'Czakor'**
Vivace Tapis de feuilles odorantes, pourprées en automne, fleurs magenta en été.
↕50 cm ↔ 60 cm

***Geranium sylvaticum* 'Album'**
♀ **Vivace** Pour sol frais ; feuilles très découpées et petites fleurs blanches.
↕75 cm ↔ 60 cm

Hedera hibernica
♀ **Liane persistante** page **247**

***Heuchera* 'Red Spangles'**
♀ **Vivace** page **256**

***Hosta* 'Frances Williams'**
♀ **Vivace** page **259**

Omphalodes cappadocica
♀ **Vivace** page **355**

Pachysandra terminalis
♀ **Vivace** page **362**

Polystichum setiferum
♀ **Fougère** page **409**

***Sanguinaria canadensis* 'Plena'**
♀ **Vivace** Pour sol frais ; larges feuilles bleutées et fleurs doubles blanches.
↕15 cm ↔ 30 cm

***Tiarella cordifolia*, *Tolmiea* 'Taff's Gold'**
♀ **Vivaces** page **516**

Trachystemon orientalis
Vivace Grandes feuilles rêches, cordiformes, et fleurs de bourrache.
↕0,30 m ↔ 1 m

***Vinca minor* 'Argenteovariegata'**
♀ **Vivace** Fleurs bleu clair dans un feuillage vert amande et crème.
↕0,15 m ↔ 1m

Plantes pour sols lourds et argileux

Les sols lourds sont difficiles à travailler, qu'ils soient trempés ou secs. Ils hébergent des limaces et se réchauffent lentement : on les appelle « sols froids ». Cependant, ils sont souvent riches et, avec un bon apport de matière organique, ils se révèlent très fertiles. Écartez les plantes d'altitude (alpines) et celles qui sont un peu frileuses pour votre région.

***Campanula latiloba* 'Hidcote Amethyst'**
♀ **Vivace** Épaisses tiges de fleurs en coupe mauve pourpré, en juin.
↕90 cm ↔45 cm

***Clematis* 'Polish Spirit'**
♀ **Liane** Tardive, à fleurs simples pourpres, dotées d'anthères rouges.
↕5 m ↔2 m

***Cornus stolonifera* 'Flaviramea'**
♀ **Arbuste** page 140

***Cotoneaster* x *watereri* 'John Waterer'**
♀ **Arbuste persistant** page 148

***Deutzia* x *elegantissima* 'Rosealind'**
♀ **Arbuste** page 170

Digitalis grandiflora
♀ **Vivace** page 177

Filipendula purpurea
♀ **Vivace** page 207

Geranium psilostemon
♀ **Vivace** page 229

***Hemerocallis* 'Stella de Oro'**
♀ **Vivace** page 254

***Hydrangea paniculata* 'Kyushu'**
♀ **Arbuste** Feuilles luisantes, fleurs crème.
↕3-7m ↔2,50 m

***Iris sibirica* (cultivars)**
♀ **Vivace** page 279

***Lonicera nitida* 'Silver Lining'**
Arbuste persistant Les petites feuilles de cet arbuste en boule sont cernées de blanc.
↕↔1,50 m

***Mahonia aquifolium* 'Apollo'**
♀ **Arbuste persistant** page 334

***Narcissus* 'Jumblie'**
♀ **Bulbe** page 347

Persicaria campanulata
Vivace Petits bouquets de clochettes roses sur des tiges traçantes.
↕↔90 cm

***Philadelphus* 'Manteau d'hermine'**
♀ **Arbuste** page 385

***Potentilla fruticosa* 'Tangerine'**
♀ **Arbuste** Plante aérée, à fleurs jaunes lavées de rouge tout l'été.
↕1 m ↔1,50 m

***Rosa* 'Amber Queen'**
♀ **Rosier buisson à fleurs en bouquet** page 450

***Spiraea japonica* 'Anthony Waterer'**
♀ **Arbuste** page 501

***Syringa vulgaris* 'Katherine Havemeyer'**
♀ **Arbuste** page 507

Plantes pour sols sableux

Les sols sableux ont l'avantage de se labourer, biner et travailler à tout moment de l'année, car ils s'égouttent aisément. Cependant, l'eau, n'y restant pas, entraine les engrais et il faut y apporter de l'humus pour en améliorer la structure, garder la fraîcheur et les rendre fertiles. Les plantes argentées et les végétaux un peu frileux y sont particulièrement à l'aise.

***Buddleja davidii* 'White Profusion'**
♀ **Arbuste** page 93

***Calluna vulgaris* 'Darkness'**
♀ **Arbuste persistant** page 98

Ceratostigma willmottianum
♀ **Arbuste** page 114

***Echinops bannaticus* 'Taplow Blue'**
♀ **Vivace** Robuste chardon à fleurs globuleuses bleues.
↕ 1,20 m ↔ 0,60 m

***Erica cinerea* 'Eden Valley'**
♀ **Arbuste persistant** page 188

Eryngium* x *oliverianum
♀ **Vivace** page 191

***Escallonia* 'Peach Blossom'**
♀ **Arbuste persistant** Buisson retombant à fleurs pêche et blanc en juin.
↕↔ 2,50 m

Eucalyptus dalrympleana
♀ **Arbre persistant** Arbre à pousse rapide à feuilles adultes vertes et écorce blanche.
↕ 20 m ↔ 8 m

Genista hispanica
Arbuste Épineux de dimension réduite couvert en juin de petites fleurs jaunes.
↕ 0,75 m ↔ 1,50 m

Gladiolus communis* ssp. *byzantinus
♀ **Bulbe** page 232

***Kniphofia* 'Little Maid'**
♀ **Vivace** page 298

***Lavatera arborea* 'Variegata'**
Bisannuelle Plante persistante frileuse, très panachée, à fleurs pourpres la deuxième année.
↕ 3 m ↔ 1,50 m

***Lavatera* 'Rosea'**
♀ **Arbuste** page 307

Limnanthes douglasii
♀ **Annuelle** page 319

Oenothera macrocarpa
♀ **Vivace** page 354

***Penstemon* 'Hidcote Pink'**
♀ **Vivace** Bon penstemon à massifs, aux épis de petites fleurs roses tubulaires.
↕ 60-75 cm ↔ 45 cm

***Penstemon pinifolius* 'Mersea Yellow'**
Arbuste persistant Nain, étalé, à étroites fleurs jaunes estivales.
↕ 40 cm ↔ 25 cm

***Persicaria affinis* 'Superba'**
♀ **Vivace** page 381

***Persicaria bistorta* 'Superba'**
♀ **Vivace** page 381

***Potentilla fruticosa* 'Daydawn'**
♀ **Arbuste** page 410

***Potentilla nepalensis* 'Miss Willmott'**
♀ **Vivace** page 412

***Santolina rosmarinifolia* 'Primrose Gem'**
♀ **Arbuste persistant** page 481

Plantes pour sols crayeux

La majorité des plantes poussent en sol neutre à un peu alcalin, mais certaines préfèrent nettement le calcaire, voire la craie. On y trouve des groupes - comme les rhododendrons et camélias pour les sols acides - comprenant les œillets, les delphiniums et les clématites. La qualité du sol est importante : enrichissez-le en humus ; les sols à la fois crayeux et maigres restent difficiles à peupler.

***Aquilegia vulgaris* 'Nivea'**
♕ **Vivace** page **62**

***Buddleja davidii* 'Pink Delight'**
♕ **Arbuste** Fleurs rose vif sur de robustes épis coniques.
↕3 m ↔ 5 m

***Buddleja davidii* 'Royal Red'**
Arbuste page **93**

***Buddleja* x *weyeriana* 'Sungold'**
♕ **Arbuste** Bel hybride aux épis estivaux jaune d'or.
↕4 m ↔ 3 m

Cercis siliquastrum
♕ **Arbre** page **115**

***Chaenomeles speciosa* 'Nivalis'**
♕ **Arbuste** Cognassier du Japon à fleurs printanières blanc pur.
↕2,50 m ↔ 5 m

***Clematis* 'Comtesse de Bouchaud'**
♕ **Liane** page **133**

***Clematis* x *jouiniana* 'Praecox'**
♕ **Liane** Hybride inhabituel, rampant, aux nuages de petites fleurs blanc et bleu.
↕2-3 m

***Clematis* 'Miss Bateman'**
♕ **Liane** page **130**

Convallaria majalis* var. *rosea
Vivace Muguet à épaisses fleurs rosées, dotées du parfum caractéristique.
↕23 cm ↔ 30 cm

Cotoneaster sternianus
♕ **Arbuste persistant** page **148**

***Delphinium* 'Blue Nile'**
♕ **Vivace** page **166**

***Deutzia scabra* 'Pride of Rochester'**
Arbuste Les rameaux ont une belle écorce écaillée, mais on remarque surtout les fleurs roses doubles, odorantes.
↕3 m ↔ 2 m

Dianthus alpinus
♕ **Vivace** Coussin de feuillage gris produisant des fleurs odorantes dans les tons roses.
↕8 cm ↔ 10 cm

Dianthus deltoides
♕ **Vivace** Tapis de feuilles vert foncé couvert des semaines entières, en été, de petites fleurs rose vif.
↕20 cm ↔ 30 cm

***Dianthus* 'Monica Wyatt'**
♕ **Vivace** page **173**

***Euonymus europaeus* 'Red Cascade'**
♕ **Arbuste** page **199**

Fraxinus ornus
♕ **Arbre** Arbre buissonnant à cime ronde, belles fleurs blanches et feuillage d'automne pourpré.
↕↔ 15 m

Fuchsia **'Heidi Ann'**
♀ **Arbuste non rustique** Buisson dressé à fleurs doubles lilas et cerise.
↕↔ 45 cm

Fuchsia **'Prosperity'**
♀ **Arbuste** Vigoureuse plante rustique à fleurs doubles cramoisi et rose.
↕↔ 45 cm

Galanthus **'Magnet'**
♀ **Bulbe** page **218**

Helianthemum **'Jubilee'**
♀ **Arbuste** Petit arbuste à feuilles vert vif et fleurs doubles jaunes.
↕ 20 cm ↔ 30 cm

Helleborus orientalis
Vivace Fleurs inclinées dans les roses, blancs et verts, en fin d'hiver.
↕↔ 45 cm

Ilex aquifolium
'Silver Queen'
♀ **Arbre persistant** page 273

Magnolia **x** ***kewensis***
'Wada's Memory'
♀ **Arbuste** page 333

Magnolia **'Ricki'**
♀ **Arbuste** page 333

Magnolia salicifolia
♀ **Arbuste** page 333

Magnolia **x** ***soulangeana***
'Rustica Rubra'
♀ **Arbuste** page 333

Magnolia wilsonii
♀ **Arbuste** page 333

Morus nigra
♀ **Arbre** Le mûrier noir est un arbre rustique, à longue vie, pittoresque, aux fruits savoureux.
↕ 12 m ↔ 15 m

Philadelphus **'Sybille'**
♀ **Arbuste caduc** Buisson souple aux coupelles blanches, très odorantes en juin.
↕ 1,20 m ↔ 2 m

Prunus **'Okame'**
♀ **Arbre** page 424

Prunus **'Taihaku'**
♀ **Arbre** page 425

Prunus tenella **'Fire Hill'**
♀ **Arbuste** Des fleurs simples rose foncé couvrent au printemps les branches dressées.
↕↔ 1,50 m

Pulsatilla vulgaris
♀ **Vivace** page 429

Syringa vulgaris
'Charles Joly'
♀ **Arbuste** page 506

Verbascum **'Costwold Beauty'**
♀ **Vivace** page 529

Plantes pour sols acides

Les sols acides sont pauvres en calcium, élément nutritif issu du calcaire, mais certaines des plus belles plantes, dont les rhododendrons, bruyères et piéris, s'y sont adaptées au point de ne pousser que dans les terres qui en manquent, en appréciant encore plus qu'elles soient un peu ombragées et riches. Dans un sol imparfait, installez-les en grands pots et bacs de terre de bruyère.

***Acer japonicum* 'Aconitifolium'**
♀ **Arbuste** page **33**

Acer palmatum* var. *dissectum
♀ **Arbuste** Feuilles très divisées virant au jaune en automne, sur un arbuste arrondi.
↕2 m ↔ 3 m

***Acer palmatum* 'Seiryu'**
♀ **Arbuste** Arbuste érigé à feuilles divisées, orange en automne.
↕2 m ↔ 1,20 m

***Camellia* 'Leonard Messel'**
♀ **Arbuste persistant** page **102**

***Camellia sasanqua* 'Narumigata'**
♀ **Arbuste persistant** page **103**

***Camellia* x *williamsii* 'Debbie'**
♀ **Arbuste persistant** Fleurs rose foncé semi-doubles.
↕2-5 m ↔ 1-3 m

***Cassiope* 'Edinburgh'**
♀ **Arbuste persistant** page **111**

Crinodendron hookerianum
♀ ✱ **Arbuste persistant** page **150**

***Daboecia cantabrica* 'Bicolor'**
♀ **Arbuste persistant** page **161**

***Daboecia cantabrica* 'William Buchanan'**
♀ **Arbuste persistant** page **161**

Enkianthus campanulatus
♀ **Arbuste** page **183**

Erica arborea* var. *alpina
♀ **Arbuste persistant** page **186**

***Erica arborea* 'Estrella Gold'**
♀ **Arbuste persistant** Fleurs blanches odorantes apparaissant dans le feuillage chartreuse, pousses terminales or.
↕1,20 m ↔ 0,75 m

***Erica ciliaris* 'Corfe Castle'**
♀ **Arbuste** page **188**

***Erica ciliaris* 'David McLintock'**
♀ **Arbuste** page **188**

***Erica cinerea* 'C. D. Eason'**
♀ **Arbuste** page **188**

***Erica cinerea* 'Fiddler's Gold'**
♀ **Arbuste** page **188**

***Erica cinerea* 'Windlebrooke'**
♀ **Arbuste** page **188**

***Erica erigena* 'W. T. Ratcliff'**
♀ **Arbuste persistant** Plante compacte à feuilles vertes et fleurs blanches.
↕75 cm ↔ 55 cm

***Eucryphia nymansensis* 'Nymansay'**
♀ **Arbuste persistant** page **198**

***Hamamelis* x *intermedia* 'Pallida'**
♀ **Arbuste** page **239**

***Hydrangea macrophylla* 'Blue Wave'**
♀ **Arbuste** Cette variété à fleurs plates donne un spectacle raffiné avec ses têtes de fleurs petites et grandes, bleues.
↕ 1,50 m ↔ 2 m

Iris douglasiana
♀ **Vivace** page **281**

Kalmia latifolia
♀ **Arbuste** page **295**

Leiophyllum buxifolium
♀ **Vivace** page **309**

***Lithodora diffusa* 'Heavenly Blue'**
♀ **Arbuste persistant** page **321**

***Magnolia liliiflora* 'Nigra'**
♀ **Arbuste** page **331**

Meconopsis betonicifolia
♀ **Vivace** page **339**

Meconopsis grandis
♀ **Vivace** page **340**

***Pieris* 'Forest Flame'**
♀ **Arbuste persistant** page **402**

***Pieris japonica* 'Blush'**
♀ **Arbuste persistant** page **403**

Primula pulverulenta
♀ **Vivace** page **418**

***Rhododendron* 'Beethoven'**
♀ **Azalée persistante** page **436**

***Rhododendron* 'Dora Amateis'**
♀ **Rhododendron nain** page **444**

***Rhododendron* 'Ginny Gee'**
♀ **Rhododendron nain** Plante compacte à fleurs roses virant presque au blanc.
↕↔ 60-90 cm

Rhododendron impeditum
♀ **Rhododendron nain** Feuilles bleutées disparaissant sous les fleurs lavande, au printemps.
↕↔ 60 cm

***Rhododendron* 'Palestrina'**
♀ **Azalée persistante** page **437**

***Rhododendron* 'Rose Bud'**
♀ **Azalée persistante** page **437**

***Rhododendron* 'Vuyk's Rosyred'**
♀ **Azalée persistante** page **437**

Sarracenia flava
♀ **Vivace** page **483**

***Skimmia japonica* 'Rubella'**
♀ **Arbuste persistant** page **495**

Sollya heterophylla
♀ **Liane non rustique** page **497**

Trillium grandiflorum
♀ **Vivace** page **519**

Vaccinium corymbosum
♀ **Arbuste** page **526**

Vaccinium glaucoalbum
♀ **Arbuste** page **527**

***Vaccinium vitis-idaea* groupe Koralle**
♀ **Arbustes** page **527**

Plantes pour sols pauvres

S'il est vrai que la plupart des plantes poussent mieux en terre bien préparée, quelques-unes croissent en sol pauvre, sans préparation ni amendement. Nombre d'annuelles s'accommodent de lieux incultes pour disparaître quand ils s'améliorent et accueillent de plus grosses plantes. Elles sont bienvenues ici, ainsi que quelques vivaces et arbustes.

***Achillea* 'Moonshine'**
♈ **Vivace** page 41

Artemisia abrotanum
♈ **Arbuste** Feuilles plumeuses, parfumées.
↕↔ 1 m

***Buddleja davidii* 'Empire Blue'**
♈ **Arbuste** page 93

***Ceanothus* 'Blue Mound'**
♈ **Arbuste persistant** page 112

***Cytisus praecox* 'Allgold'**
♈ **Arbuste** page 160

Cistus* x *purpureus
♈ **Arbuste persistant** page 127

***Erysimum cheiri* 'Harpur Crewe'**
♈ **Vivace** page 193

***Eschscholzia caespitosa* 'Sundew'**
Annuelle Nette, courte, à feuilles divisées grises et fleurs jaune pâle.
↕↔ 15 cm

Fallopia baldschuanica
♈ **Liane** page 204

***Festuca glauca* 'Blaufuchs'**
♈ **Graminée ornementale** page 207

***Gaillardia* 'Dazzler'**
♈ **Vivace** page 217

Genista lydia
♈ **Arbuste** page 223

***Hebe ochracea* 'James Stirling'**
♈ **Arbuste persistant** page 242

'Iberis sempervirens
♈ **Arbuste persistant** page 270

***Kolkwitzia amabilis* 'Pink Cloud'**
♈ **Arbuste** page 299

Lathyrus latifolius
♈ **Liane** page 302

***Lavandula angustifolia* 'Twickel Purple'**
♈ **Arbuste persistant** page 305

***Lavatera* (arbustives)**
♈ **Arbustes** page 307

Phlomis fruticosa
♈ **Arbuste persistant** page 386

***Potentilla fruticosa* 'Elizabeth'**
♈ **Arbuste** page 410

Robinia hispida
♈ **Arbuste** page 446

***Santolina chamaecyparissus* 'Lemon Queen'**
Arbuste persistant Feuillage argenté plumeux et petites fleurs rondes jaune pâle.
↕↔ 60 cm

***Thymus vulgaris* 'Silver Posie'**
Arbuste persistant Thym panaché à fleurs roses.
↕ 15-30 cm ↔ 40 cm

Plantes pour sols humides

Les sols détrempés, peu drainés, sont inhospitaliers pour de nombreuses plantes. Les racines doivent respirer et, si tous les interstices dans la terre sont emplis d'eau, elles pourrissent le plus souvent, sauf quelques espèces. Toutefois, en sol constamment mouillé, de belles plantes prospèrent et survivent, même à quelques jours d'inondation.

***Alnus glutinosa* 'Imperialis'**
♀ **Arbre** page **53**

***Astilbe* x *crispa* 'Perkeo'**
♀ **Vivace** page **75**

***Astilbe* 'Sprite', *A.* 'Straussenfeder'**
♀ **Vivace** pages **75-76**

***Cardamine pratense* 'Flore Pleno'**
♀ **Vivace** Fleurs doubles, rose lilacé.
↕ ↔ 20 cm

***Chamaecyparis pisifera* 'Boulevard'**
♀ **Conifère** page **119**

Cimicifuga racemosa
♀ **Vivace** page **126**

***Cornus alba* 'Sibirica'**
♀ **Arbuste** page **137**

Darmera peltata
♀ **Vivace** page **165**

***Euphorbia griffithii* 'Dixter'**
♀ **Vivace** Bractées orange, feuillage sombre.
↕ 75 cm ↔ 1m

***Filipendula rubra* 'Venusta'**
♀ **Vivace** page **208**

Fritillaria meleagris
♀ **Bulbe** page **211**

Iris forrestii
♀ **Vivace** page **282**

Iris pseudacorus*, *I. versicolor
♀ **Vivaces** pages **278-279**

***Ligularia* 'Gregynog Gold'**
♀ **Vivace** page **313**

***Lobelia* 'Queen Victoria'**
♀ **Vivace** page **322**

Lysichiton americanus
♀ **Vivace** page **327**

Lysichiton camtschatcensis
♀ **Vivace** page **328**

Lysimachia clethroides
♀ **Vivace** page **328**

***Lysimachia nummularia* 'Aurea'**
♀ **Vivace** page **329**

***Lythrum salicaria* 'Feuerkerze'**
♀ **Vivace** page **329**

Matteuccia struthiopteris
♀ **Fougère rustique** page **338**

Mimulus cardinalis
♀ **Vivace** page **341**

Osmunda regalis
♀ **Fougère rustique** page **360**

***Primula* type Candélabre**
♀ **Vivaces** page **418**

Primula denticulata
♀ **Vivace** page **412**

Primula rosea
♀ **Vivace** page **419**

***Rodgersia pinnata* 'Superba'**
♀ **Vivace** page **447**

Plantes pour sites chauds et secs

La fourniture en eau devenant un problème, les plantes sobres méritent l'attention. Elles ont souvent des feuilles argentées, réduites, et sont parfois odorantes. Le jardin peut donc rester attrayant toute l'année. Elles sont au mieux sur lit de gravier, excellent paillis qui conserve la fraîcheur. En outre, beaucoup poussent vite, sont persistantes et peu exigeantes.

***Abutilon vitifolium* 'Veronica Tennant'**
♀ **Arbuste** page **30**

Achillea tomentosa
♀ **Vivace** page **41**

Agave victoriae-reginae
♀ **Vivace** page **48**

Allium hollandicum
Bulbe Hautes tiges portant des boules de petites fleurs pourpres.
↕ 1 m

***Alstroemeria ligtu* hybrides**
♀ **Vivace** page **55**

***Armeria juniperifolia* 'Bevan's Variety'**
♀ **Vivace** page **68**

***Artemisia* 'Powis Castle'**
♀ **Vivace** page **70**

***Artemisia schmidtiana* 'Nana'**
♀ **Vivace** Tapis persistant plumeux, argenté, à petits glomérules dorés en été.
↕ 8 cm ↔ 30 cm

Ballota pseudodictamnus
♀ **Arbuste persistant** page **79**

***Ceanothus arboreus* 'Trewithen Blue'**
♀ **Arbuste** page **111**

***Ceanothus* 'Cascade'**
♀ **Arbuste persistant** Les branches recourbées portent des masses de fleurs bleu cendré, en mai.
↕↔ 4 m

Cedronella canariensis
Vivace non rustique Feuilles un peu collantes, aromatiques, et petits bouquets estivaux mauves.
↕ 1,20 m ↔ 0,60 m

Ceratostigma plumbaginoides
♀ **Vivace** page **114**

***Cistus* x *aguilarii* 'Maculatus'**
♀ **Arbuste persistant** page **126**

Convolvulus cneorum
♀ **Arbuste persistant** page **136**

Cytisus battandieri
♀ **Arbuste** page **159**

Cytisus* x *kewensis
♀ **Arbuste** Tiges arquées couvertes au printemps de fleurs crème.
↕ 0,30 m ↔ 1,50 m

Cytisus multiflorus
♀ **Arbuste** Arbuste dressé, puis étalé, et masses de petites fleurs blanches.
↕ 3 m ↔ 2,50 m

***Dianthus* 'Haytor White'**
♀ **Vivace** page **172**

Dictamnus albus* var. *purpureus
♀ **Vivace** page **177**

Dierama pulcherrimum
Vivace Touffes de feuilles fines donnant des tiges recourbées de clochettes roses, pendantes.
↕ 1-1,50 m ↔ 0,60 m

Eryngium bourgatii
Vivace Feuilles épineuses marbrées d'argent en touffes compactes et tiges ramifiées de fleurs piquantes bleu acier.
↕ 15-45 cm ↔ 30 cm

***Erysimum* 'Bowles' Mauve'**
🏆 **Arbuste persistant** page **192**

***Erysimum* 'Wenlock Beauty'**
🏆 **Vivace** page **193**

Eschscholzia caespitosa
🏆 **Annuelle** page **196**

Euphorbia characias
🏆 **Vivace** page **201**

***Euphorbia characias* ssp. *wulfenii* 'John Tomlinson'**
🏆 **Vivace** page **201**

Euphorbia myrsinites
🏆 **Vivace** page **202**

Gaura lindheimeri
🏆 **Vivace** page **221**

Geranium maderense
🏆 **Bisannuelle** page **572**

Gymnocalycium andraea
🏆 **Cactus** page **234**

x *Halimiocistus sahucii*
🏆 **Arbuste persistant** page **236**

x *Halimiocistus wintonensis*
🏆 **Arbuste persistant** Fleurs crème à cœur brun écloses en bouquets dans le feuillage feutré.
↕ 60 cm ↔ 90 cm

Halimium lasianthum
🏆 **Arbuste persistant** page **237**

Hebe macrantha
🏆 **Arbuste persistant** page **242**

Hebe rakaiensis
🏆 **Arbuste persistant** page **243**

***Hibiscus syriacus* 'Woodbridge'**
🏆 **Arbuste** page **257**

Lavandula stoechas* ssp. *pedunculata
🏆 **Arbuste persistant** page **306**

Parahebe perfoliata
🏆 **Arbuste persistant** page **368**

***Rosmarinus officinalis* 'Benenden Blue'**
Arbuste persistant Branches érigées à feuilles vert foncé et fleurs bleu vif.
↕↔ 1,50 m

Spartium junceum
🏆 **Arbuste** page **500**

Tulipa linifolia
🏆 **Bulbe** page **522**

Tulipa tarda
🏆 **Bulbe** Chaque bulbe donne un bouquet de fleurs blanc et jaune sur de courtes tiges.
↕ 15 cm

***Verbascum* groupe Cotswold 'Gainsborough'**
🏆 **Vivaces** page **530**

Verbascum dumulosum
🏆 **Vivace** page **530**

***Verbascum* 'Helen Johnson'**
🏆 **Vivace** page **531**

Plantes pour l'ombre humide

Une plate-bande au sol humide et presque toujours à l'ombre est précieuse pour établir des plantes de sous-bois... sans le bois! Sans l'effet asséchant des racines d'arbres, le sol accueillera une plus grande gamme de végétaux. Des exotiques himalayennes ou sud-américaines y prospéreront, surtout si la terre est acide. Hellébores, lis et gougères apprécieront également.

Anemone nemorosa, A. ranunculoides **'Robinsoniana',**
♀ **Vivaces** page 60

Athyrium filix-femina
♀ **Fougère rustique** page 77

Cardiocrinum giganteum
♀ **Bulbe** page 108

Digitalis* x *mertonensis
♀ **Vivace** page 178

Dodecatheon meadia* f. *album
♀ **Vivace** page 179

***Epimedium* x *youngianum* 'Niveum'**
♀ **Vivace** page 185

***Galanthus* (perce-neige)**
♀ **Bulbes** pages 217-219

Gentiana asclepiadea
♀ **Vivace** page 225

Hacquetia epipactis
♀ **Vivace** Plante de sous-bois ; collerettes foliaires, bouquets de fleurs jaunes.
↕5 cm ↔15-30 cm

***Hydrangea aspera* groupe Villosa**
♀ **Arbuste** page 265

Iris graminea
♀ **Vivace** page 283

Mahonia japonica
♀ **Arbuste** page 334

Onoclea sensibilis
♀ **Fougère rustique** page 356

Polygonatum* x *hybridum
♀ **Vivace** page 408

Polystichum aculeatum
♀ **Fougère** page 409

Primula sieboldii
♀ **Vivace** Rose ou blanche.
↕60 cm ↔30 cm

***Pulmonaria* 'Lewis Palmer'**
♀ **Vivace** page 426

Sarcococca confusa
♀ **Arbuste persistant** page 482

Thalictrum flavum* ssp. *glaucum
♀ **Vivace** page 511

Tiarella cordifolia
♀ **Vivace** page 516

***Tolmiea* 'Taff's Gold'**
♀ **Vivace** page 516

Trillium luteum
♀ **Vivace** page 519

***Trollius* x *cultorum* 'Orange Princess'**
♀ **Vivace** page 520

Uvularia grandiflora
♀ **Vivace** page 526

Viburnum* x *carlcephalum
♀ **Arbuste** page 534

Plantes pour l'ombre sèche

L'ombre sèche sous les arbres est peu favorable aux végétaux. Les plus robustes sont des bulbes printaniers qui disparaissent sous tere en été avant que le sol dessèche. Certains persistent et des fleurs d'hiver y survivent également. Il leur faut cependant un sol bien travaillé et des arrosages durant plusieurs saisons avant qu'ils ne s'installent.

Asplenium scolopendrium
♀ **Fougère rustique** page **71**

***Aucuba japonica* 'Rozannie'**
Arbuste persistant Cultivar à feuilles vertes et fleurs bisexuées autofertiles, donnant de nombreuses baies.
↕↔ 1 m

Bergenia cordifolia
Vivace Les grandes feuilles arrondies, persistantes, font un bon couvre-sol, avec de belles fleurs roses printanières.
↕ 60 cm ↔ 75 cm

Dryopteris filix-mas
♀ **Fougère rustique** page **179**

***Euonymus fortunei* 'Emerald 'n' Gold'**
♀ **Arbuste persistant** page **199**

***Galanthus nivalis* 'Flore Pleno'**
♀ **Bulbe** page **218**

***Geranium macrorrhizum* 'Ingwersen's Variety'**
♀ **Vivace** page **228**

***Hedera helix* 'Little Diamond'**
♀ **Liane persistante** page **246**

***Hedera hibernica* 'Sulphurea'**
Liane persistante Lierre à feuilles serties d'or, excellent couvre-sol.
↕ 3 m

***Helleborus foetidus* 'Wester Flisk'**
Vivace Excellent cultivar, tiges rouges, feuilles vert foncé, fleurs vertes bordées de rouge.
↕ 60 cm ↔ 1 m

Iris foetidissima
♀ **Vivace** Feuilles persistantes, fleurs pourpre et brun, graines hivernales orange.
↕ 30-90 cm

***Iris foetidissima* 'Variegata'**
♀ **Vivace** page **282**

***Kerria japonica* 'Golden Guinea'**
♀ **Arbuste** page **296**

***Lamium galeobdolon* 'Hermann's Pride'**
Vivace Plante compacte à tiges courbes marbrées d'argent et fleurs jaune pâle.
↕ 0,45 m ↔ 1 m

***Rhododendron* 'Cécile'**
♀ **Arbuste** page **438**

Rubus tricolor
Arbuste persistant Tiges traçantes aux jolis aiguillons rouges, feuilles vert foncé.
↕ 6 cm ↔ 2 m

Ruscus aculeatus
Vivace Les feuilles sont remplacées par des tiges aplaties, piquantes, persistantes, baies rouges épisodiques.
↕ 75 cm ↔ 1 m

Ruscus hypoglossum
Vivace Tiges recourbées luisantes, persistantes, non piquantes..
↕ 45 cm ↔ 1 m

***Vinca minor* 'Atropurpurea'**
♀ **Vivace** page **538**

Plantes pour sites ventés

Les jardins soumis aux vents violents, surtout s'ils sont froids, rendent le jardinage malaisé. Choisissez des végétaux compacts, se passant de tuteurs, et évitez les larges feuillages, qui s'abîment. Les cultivars tardifs échapperont aux gelées printanières. Protégez les sujets d'un filet, à la plantation puis en hiver, et installez des haies ou écrans comme brise-vent.

Aster alpinus
♀ **Vivace** page **71**

***Berberis thunbergii* 'Golden Ring'**
Arbuste Buisson épineux à feuilles pourpres bordées d'un liseré d'or.
↕ 1,50 m ↔ 2 m

***Calluna vulgaris* 'Kinlochruel'**
♀ **Arbuste persistant** page **98**

***Chaenomeles* x *superba* 'Pink Lady'**
♀ **Arbuste** page **116**

***Deutzia* x *hybrida* 'Mont Rose'**
♀ **Arbuste** page **170**

Dianthus gratianopolitanus
♀ **Vivace** Tapis bas de feuilles grises et fleurs roses solitaires.
↕ 15 cm ↔ 40 cm

***Erica carnea* 'Vivelli'**
♀ **Arbuste persistant** page **187**

***Erica* x *watsonii* 'Dawn'**
♀ **Arbuste persistant** page **189**

Hypericum olympicum
♀ **Arbuste** Cet arbuste caduc compact à feuilles grisées donne de grandes fleurs jaunes.
↕ 25 cm ↔ 30 cm

***Philadelphus* 'Virginal'**
♀ **Arbuste** Bouquets de fleurs blanches, doubles, parfumées sur des tiges érigées.
↕ 3 m ↔ 2,50 m

***Potentilla fruticosa* 'Abbotswood'**
♀ **Arbuste** page **410**

***Salix gracilistyla* 'Melanostachys'**
♀ **Arbuste** Arbuste dressé à feuilles grises et chatons noirs à anthères rouges, en fin d'hiver.
↕ 3 m ↔ 4 m

Salix reticulata
♀ **Arbuste** Arbrisseau prostré à feuilles luisantes et chatons printaniers dressés, jaune et rose.
↕ 8 cm ↔ 30 cm

***Sambucus nigra* 'Guincho Purple'**
♀ **Arbuste** page **480**

***Spiraea japonica* 'Shirobana'**
♀ **Arbuste** Masses de feuillage ponctuées de fleurs roses ou blanches tout l'été.
↕ 60 cm ↔ 90 cm

***Spiraea nipponica* 'Snowmound'**
♀ **Arbuste** page **502**

Tamarix tetrandra
♀ **Arbuste** page **508**

***Viburnum opulus* 'Roseum'**
♀ **Arbuste** Arbuste dressé à pousse rapide, et boules de fleurs blanches au printemps.
↕↔ 4 m

Plantes de bord de mer

Les jardins côtiers sont ventés et, près du rivage, les plantes doivent s'accommoder de l'association du vent et du sel. En revanche, ils sont épargnés par le froid. Les plantes argentées et les persistants y poussent souvent et, si l'action du vent peut être atténuée, nombre de végétaux s'en arrangent. Les hydrangéas, entre autres, font fréquemment l'orgueil de ces lieux.

Agapanthus caulescens
♈ **Vivace** page 47

Arbutus unedo
♈ **Arbre persistant** page 66

Berberis darwinii
♈ **Arbuste persistant** page 84

Buddleja globosa
♈ **Arbuste** page 94

Choisya ternata
♈ **Arbuste persistant** page 121

Crambe maritima
Vivace Feuilles bleutées et têtes ramifiées de fleurs blanches donnant des graines en capsules.
↕↔ 60 cm

***Elaeagnus* x *ebbingei* 'Gilt Edge'**
♈ **Arbuste persistant** page 182

***Erica* x *williamsii* 'P. D. Williams'**
♈ **Arbuste** page 189

***Escallonia* 'Donard Radiance'**
♈ **Arbuste persistant** Fleurs estivales roses.
↕↔ 2,50 m

***Escallonia* 'Iveyi'**
♈ **Arbuste persistant** page 195

x *Fatshedera lizei*
♈ **Arbuste** page 205

***Fuchsia* 'Mrs Popple', *F.* 'Tom Thumb'**
♈ **Arbustes** page 212

x *Halimiocistus wintonensis* 'Merrist Wood Cream'
♈ **Arbuste persistant** page 236

***Hebe cupressoides* 'Boughton Dome'**
♈ **Arbuste** page 240

***Hebe* x *franciscana* 'Variegata'**
♈ **Arbuste persistant** page 241

***Hebe* 'La Séduisante'**
♈ **Arbuste persistant** Grandes feuilles ombrées de pourpre ; fleurs rouge pourpré.
↕↔ 1 m

***Hydrangea macrophylla* 'Altona'**
♈ **Arbuste** page 266

***Hydrangea macrophylla* 'Geoffrey Chadbund'**
♈ **Arbuste** Inflorescences aplaties, rouges.
↕ 1 m ↔ 1,50 m

Leptospermum rupestre
♈ **Arbuste** page 309

Lupinus arboreus
♈ **Arbuste** page 326

***Matthiola* série Cinderella**
♈ **Bisannuelles** page 339

Olearia macrodonta
Arbuste persistant page 355

***Senecio cineraria* 'Silver Dust'**
♈ **Bisannuelle** page 493

A

B

D

E

F

G

I

J

K

M

Q

R

S

T

Remerciements

Nous tenons à remercier tout particulièrement Hélène et Patrice Fustier, organisateurs des Journées des plantes de Courson, de nous avoir remis la liste commentée des Mérites décernés à Courson ainsi que Muriel de Curel pour celle des Médailles d'or et d'argent décernées à la Fête des plantes vivaces de Saint-Jean-de-Beauregard.

Les journées des plantes de Courson se tiennent au printemps (le 3e week-end de mai) et en automne (le 3e week-end d'octobre).
Le parc est ouvert tous les dimanches et jours fériés et la semaine sur rendez-vous.

Domaine de Courson
91680 Courson-Monteloup
Tél. 01 64 58 90 12 / Fax 01 64 58 97 00
e-mail : coursondom@aol.com
http://www.chateauxetcountry.com

Le domaine de Saint-Jean-de-Beauregard organise chaque année deux fêtes des plantes qui célèbrent au printemps (mi-avril) les plantes vivaces et en automne (mi-novembre) les fruits et légumes oubliés.
Le château, le pigeonnier, le potager et le parc sont ouverts au public tous les dimanches et jours fériés de 14 à 18 h, et tous les jours sur rendez-vous sauf le mercredi, réservé aux groupes.

Domaine de Saint-Jean-de-Beauregard
91940 Saint-Jean-de-Beauregard
Tél. 01 60 12 00 01 / Fax 01 60 12 56 31

Dorling Kindersley remercie pour leur contribution à l'édition originale : Geoff Stebbings, Candida Frith-Macdonald, Simon Maughan, Andrew Mikolajski, Sarah Wilde, Tanis Smith et James Nugent; à la Royal Horticultural Society, Vincent Square: Susanne Mitchell, Karen Wilson et Barbara Haynes. Et aussi Wendy Bartlet, Ann Thompson, Louise Paddick, Charlotte Oster, Sean Hunter; merci aussi à Diana Miller, Keeper de l'Herbarium de Wisley.

Crédits photographiques

Les illustrations de couverture sont extraites de l'ouvrage.

g=gauche, d=droite, h=haut, m=milieu, b=bas.

A-Z Botanical 252hg Anthony Cooper 312hg Geoff Kidd 212bd, 228bd Malcolm Richards 538hg Gillian Beckett 31hd Neil Campbell-Sharp 72hg, 144hg, 330bg, 336hg Garden Picture Library Brian Carter 47bd, 144bg, 320hg, 422hg, 480bg, 493bd John Glover 6, 56bg, 150hg, 219bd, 338hg, 342hg, 409bd, 511bd, 515hd Sunniva Harte 72b Neil Holmes 94bg Lamontagne 119bd, 181bd Jerry Pavia 264hg Howard Rice 32hg, 77bd, 365bd David Russel 508hg, 509hd J S Sira 402hg Derek Gould 148bd Diana Grenfell 259mg Photos Horticultural 55bd, 514bg, 531m Andrew Lawson 26, 205hd, 337bd Clive Nichols 113bd, 193bd, 263hd, 271hd, 289bd, 325hd, 466hg RHS Garden, Wisley 12 Eric Sawford 92hd; Harry Smith Collection 47hd, 49hd, 63hd, 68bg, 69hd, 95hd, 110bg, 117l, 118bg, 126hg, 248hg, 300hg, 304hg, 310bg, 319bd, 334hg, 344bg, 383hd, 420bg, 481hd, 520bg, 529bd